북한 에너지,
미래를 위한 협력과 도전

북한 에너지, 미래를 위한 협력과 도전

초판 1쇄 발행  2020년 1월 15일
초판 2쇄 발행  2021년 1월 29일

지은이 | 권세중
펴낸이 | 윤관백
펴낸곳 | 도서출판 선인

등  록 | 제5-77호(1998.11.4)
주  소 | 서울시 마포구 마포대로4다길 4(마포동 324-1) 곶마루빌딩 1층
전  화 | 02)718-6252 / 6257
팩  스 | 02)718-6253
E-mail | sunin72@chol.com
Homepage | www.suninbook.com

값  25,000원
ISBN  979-11-6068-333-2  93340

· 잘못된 책은 바꿔 드립니다.

# 북한 에너지,
# 미래를 위한 협력과 도전

권 세 중 저

# 서언

 2018년 4월 27일 남북 정상회담을 시작으로 남북한 간에 세 차례의 정상회담이 개최되었다. 2018년 6월에는 싱가포르에서 첫 번째 북미 정상회담이 개최되었다. 2019년 2월 베트남에서 제2차 북미 정상회담이 열린 데 이어 6월에는 판문점에서 사실상 제3차 북미 정상회담이 개최되었다. 이러한 일련의 변환기적 외교 양상은 남북관계는 물론 북한 사회 자체의 변화를 반영하면서 이를 촉진하는 일종의 촉매가 되고 있다. 동북아의 두터운 냉전의 잔재를 걷어내고 지정학적 전환을 예고하는 역사적 사건이라 할 만하다. 그 의미와 파장은 당장 느낄 수 있지만 시간이 가면서 서서히 더욱 깊게 체감할 수도 있다.

 이러한 상황에서 우리는 약간의 과장된 현상 속에 숨어 있는 진실을 마주쳐야 할 필요가 있다. 핵문제 이슈도 그렇고 인권 이슈도 그러하다. 간단함 속에 복잡성이 내재되어 있다. 단기간에 쉽게 해결할 수 있는 아이디어가 별로 없다. 복잡한 주체와 변수가 얽혀 있다. 무엇부터 풀 수 있고 풀어가야 할지 막막하기도 하다. 북핵과 인권 이슈 등 각각의 이슈를 넘어 북한문제에 대해 보다 관심을 가져야 하는 이유이다.

 이러한 현실인식을 바탕으로 북한문제에 접근하기 위해서는 에너지 이슈에 관심을 가질 필요가 있다. 에너지는 기본적인 생활을 영위하는 데 없어서는 안 될 필수 품목이면서 국가 기간산업으로 국가안보에도 불가결한 자원이다. 만성적인 에너지난과 전력난을 겪고 있는 북한에 있어서 그 중요성을 아무리 강조해도 지나치지 않다. 따라서 에너지를 둘러싼 안보적, 경제적, 사회적 실타래를 풀지 않고는 변화의 흐름을 따라가기 어렵다.

  북한의 에너지난은 어제 오늘의 일이 아니며 지난 수십 년간 지속되면서 악화된 문제이므로 그 근원부터 고찰해 보아야 한다. 북한 에너지난을 이해하려면 세계적인 탈냉전 이후 1990년대 북한 체제의 에너지난 특성과 에너지 산업 현황을 살펴볼 필요가 있다. 구소련 붕괴 후 도래된 북한의 에너지난이 더욱 심화된 이유는 북한이 자력갱생 원칙을 탈피하지 못하고 오히려 이를 고수함으로써 에너지정책이 경직되고 효율성을 저해하게 되어 부정적 파급효과를 초래하게 된 데에 있다. 그럼에도 주체사상과 자립경제 노선에 기초한 북한의 자력갱생 원칙은 여전히 금과옥조로 되어 있다. 따라서 북한이 자력갱생 원칙을 채택한 배경과 이러한 정책의 실패와 에너지난의 여타 분야에 대한 파급효과 등을 분석해 보아야 한다.

  이 책에서는 1990년대 초반 고난의 행군을 지나 김정일이 헌법 개정을 통해 국방위원장에 취임한 1998년을 거쳐 2011년 김정은 집권 이후에 이르기까지 20여 년에 걸쳐 북한의 에너지정책을 고찰하고 지속가능한 협력을 위한 도전과 방안을 제시해 보고자 하였다.

  북한 에너지 문제와 정책을 제대로 파악하기란 쉽지 않다. 자료나 통계의 부족과 정확성에 대한 의문이 항상 제기될 수밖에 없다. 그럼에도 북한에서 발간된 기본 문헌과 노동신문, 조선중앙통신 등 주요 언론 및 방송 매체를 통해 드러난 지도자의 교시와 경제연구 등 잡지 등에 게재된 정책 관련 논문, 기고문 등은 중요 고찰대상이다. 김정일과 김정은의 정책 구상과 방향은 현지지도를 통해서도 비교적 명확하게 드러나는 측면이 있음을 감안해 볼 때, 발전소 등의 현지지도 계기 공표된 지시사항도 살펴보아야 한다.

  이 책은 북한 에너지 문제의 현황과 함께 북한의 자구노력과 정책이 대외여건과 부딪치면서 전개된 과정들을 통시적으로 정리해 보고, 양자 및 다자협력의 배경과 동인, 그리고 성과와 한계에 대한 평가를 내려 보고자 하였다. 대북한 에너지협력의 제약요인으로 작용하고 있는 북핵문제와 대북한 에너지 협력의 시사점을 제공하고 있는 체제전환국의 에너지협력 관련 사례분석을 통해 대북한 에너지협력 관련 구체적인 상황적 맥락에도 관심을 기울였다.

대북한 양자협력에 있어서는 주요 정책 당국자들의 언명과 일간지 보도 등을 통해 그간의 협력과 논의들을 정리하고 평가해 보았다. 다자 및 국제기구, 비정부기구, 기업 등 주요 행위자와 이해상관자 간의 파트너십 구축 동향과 관련하여 기후변화와 개발협력 이슈와 연계되는 에너지적 측면들을 통해 다자협력의 특징적 요소에 대해서도 살펴보았다. 이 과정에서 국제적인 차원의 변수로 등장하고 있는 새로운 다자규범과 지구적 의제 등을 선별하였으며, 이러한 국제적 경향과 추세가 북한과의 새로운 에너지 협력에 대해 어떤 시사점을 주고 있는지 여부도 파악하고자 하였다.

북한은 UN체제를 통해 국제사회와 상호작용은 물론 협력사업을 전개하고 있는데, 이러한 북한의 노력은 북한의 국제협력 규범 및 추세에 대한 인식 정도와 수용성의 수준과 범위를 분석하는 데 유용하다고 볼 수 있다. 아울러 향후 북한의 미래 에너지 전략 마련에 일정한 시사점을 주고 있다.

이 책은 2016년 2월 경남대 수여 박사학위 논문인 "북한 에너지 문제와 양자 및 다자협력기제 연구"의 내용을 수정, 보완하였다. 목차는 크게 4개의 장으로 구성되어 있다. 제1장은 북한 에너지의 문을 열어보는 것으로서 북한 에너지 문제의 특성과 현황, 에너지난의 원인과 파급효과에 대해 설명하였다. 제2장은 북한의 에너지정책과 자구 노력 등을 고찰하였으며, 에너지 문제의 전개과정에 상응한 북한 에너지정책의 시기구분을 통해 대략적인 흐름을 소개하였다. 아울러 북한 에너지정책의 평가와 함께 정책의 내재적 한계를 담아 보고자 하였다.

제3장은 북한에 대한 에너지 양자협력과 다자협력의 전개과정을 고찰해 보

았다. 양자협력 대상으로는 남-북, 중-북, 러-북, EU-북 등 주요한 4개의 양자협력을 선정했으며, 다자협력으로는 남-북-러 등 역내 소다자협력과 광역두만강개발계획(GTI), 동북아 에너지협력 논의, UN체제의 협력을 살펴보았다. 또한 북한 에너지 관련 국제협력 평가를 위한 예비 단계로서 체제전환국인 중국과 몽골의 에너지 분야 협력 사례와 대북한 에너지 협력의 제약과 한계를 드러낸 KEDO와 6자회담 사례도 고찰하였다.

제4장에서는 효과적인 대북한 에너지 협력기제 구축을 위한 구조적, 상황적 조건을 모색해 보고자 하였다. 북한 에너지 문제의 특성을 종합적으로 점검하는 동시에 다자협력이 가지는 한계요인을 적시하고 향후 대북 에너지협력의 지속성을 도모하기 위한 정책적 방향 등을 고민하면서 마무리하였다.

핵문제로 인해 제재와 협력의 갈림길에 처해 있는 북한이 비핵화에 뚜렷한 진전을 보이면 북한의 양자적 다자적 협력기제는 제도화의 폐달을 가속화해 나갈 것이다. 이러한 협력적인 정책 노선은 순수하게 북한의 몫이기도 하지만 북한 협력을 견인하는 국제사회도 나누어 져야 할 공동의 몫이기도 하다. 이제 양자택일을 해야 하는 북한의 선택이 보다 분명한 방향을 띠어야 하는 역사의 순간이 다가오고 있다. 이에 따라 남북 간 화해와 협력의 토대를 다지고 한반도의 지속가능한 발전을 여는 촉매제로서 북한 에너지 협력의 중요성은 더욱 커지고 있다.

이 책을 세상에 내 놓으면서 발간되기까지 도움을 준 여러 분에게 고마움을 표시하지 않을 수 없다. 먼저 북한 에너지 문제에 대한 인식을 일깨워 주고 이끌어 주신 이수훈 경남대 교수님께 감사드린다. 동 대학 김근식 교수님과 북한대학원대학교 신종대 교수님께서도 중요한 사항에 대해 코멘트를 해 주셨다. 한국개발연구원(KDI) 최창용 교수는 북한 경제에 대한 조언과 자료를 제공해 주었다. 특히 한국환경정책평가연구원(KEI)의 김호석 북한협력연구실장은 데

이터와 자료의 업데이트를 위해 많은 도움을 주었고 편집 과정에도 수고를 아끼지 않았다. 책의 내용과 관련해서 직간접적으로 큰 도움을 주신 북한대학원대학교 임을출 교수와 에너지경제연구원의 김경술 선임연구위원께도 깊은 감사를 드린다. 외교부 글로벌에너지협력센터의 배성호 연구원도 자료 보완에 도움을 준 데 대해 고맙게 생각한다.

  끝으로 춘천 요양병원에 계시며 자식 걱정으로 늘 걱정이 태산인 어머님과 노년에 시와 수필, 그림으로 왕성한 활동을 하시는 장모님께 고마움을 전한다. 정신적인 지주로서 중요한 고비마다 핵심적인 몇 마디로 많을 것을 생각하게 해 주신 한승수 전 총리님께도 감사드린다. 무엇보다 책을 발간할지 여부를 결정하는 문제부터 질책과 고언을 준 아내 수아에게 감사함을 전한다. 아빠로서 많은 시간을 같이 해 주지 못한 빈이, 민이, 공이 세 아이에게도 사랑을 전한다. 이 외에도 음으로 양으로 도움을 주신 모든 분께 감사를 드리고 싶다.

2019년 12월  
저자

# 차례

서언 /5

## 제1장 북한의 에너지 ··············································· 19
1. 북한 에너지, 무엇이 문제인가? ·································· 19
2. 북한 에너지 문제를 보는 시각 ··································· 23
3. 북한의 에너지 현황 ············································· 35
    가. 북한의 에너지 수급 ········································· 35
    나. 북한의 에너지 산업 ········································· 41
        1) 석탄산업 ················································ 41
        2) 석유산업 ················································ 44
        3) 발전산업 ················································ 47
4. 북한 에너지난 ·················································· 54
    가. 북한 에너지난의 배경과 특징 ································ 54
    나. 북한 에너지난의 영향과 파급효과 ···························· 59

## 제2장 북한의 에너지정책 ······ 65
1. 목표와 원칙 : 자립적 민족경제와 자력갱생 ······ 65
2. 에너지 문제의 전개과정과 시기별 정책 ······ 72
   가. 1시기: 탈냉전 직후 고난의 행군과 핵 프로그램의 발전(1991~1997) ····· 74
   나. 2시기: 에너지 수급 안정화와 이중적 에너지정책 추진(1998~2002) ······ 78
   다. 3시기: 제네바 기본합의 와해와 새로운 정책전환 모색(2003~2008) ····· 86
   라. 4시기: 본격적 대체에너지 발굴 확대와 녹색기술 추구(2009~현재) ······ 90
3. 정책의 평가와 한계 ······ 101
   가. 3대 정책 방향 ······ 102
   나. 정책의 한계 ······ 109

## 제3장 북한 에너지 협력 ······ 119
1. 국제 에너지 협력 ······ 119
   가. 국제협력의 유형과 평가기준 ······ 119
   나. 양자 협력 : 제한적 협력과 의존성 심화 ······ 124
   다. 다자 협력 : 잠재성의 제약과 제도화의 진전 ······ 129
2. 양자협력 ······ 136
   가. 남-북한 협력 ······ 136
      1) 역대 정부별 대북한 지원 방향 ······ 137
      2) 대북한 전력 지원과 남-북한 에너지 협력 문제 ······ 141
   나. 중국-북한 협력 ······ 144
      1) 원유 및 석탄 부문 협력 ······ 146
      2) 전력 및 인프라 부문 협력 ······ 149
      3) 중국-북한 협력의 특성과 변화요인 ······ 151

다. 러시아-북한 협력 ································································· 153
　　1) 원유, 가스 및 석탄 부문 협력 ········································ 154
　　2) 수력, 원자력 및 전력 부문 협력 ···································· 156
라. EU-북한 협력 ································································· 158
　　1) 정부 간 및 공적 부문 협력 ············································ 159
　　2) 민간 부문 협력 ······························································· 160
3. 다자협력 ·················································································· 163
　가. 소다자협력과 동북아 에너지협력 논의 ······························ 163
　　1) 소다자협력 ······································································ 166
　　2) 동북아 에너지협력 논의 ················································· 170
　나. 두만강 유역 중심 다자협력(GTI) ······································ 177
4. UN체제 중심의 대북한 에너지협력 ······································ 186
5. 에너지 협력 사례: 체제전환국 중심 ····································· 198
　가. 중국 간쑤(甘肅)성 청정에너지 개발 프로젝트 ················· 199
　　1) 국제협력 추진 배경 ························································ 199
　　2) 사업 추진 성과 ······························································· 200
　　3) 북한에 대한 시사점 ························································ 202
　나. 몽골 에너지 분야 기술지원 ··············································· 203
　　1) 국제협력 추진 배경 ························································ 204
　　2) 사업 추진 성과 ······························································· 204
　　3) 북한에 대한 시사점 ························································ 207

## 제4장 지속가능한 북한 에너지 미래 전략 ········· 213
1. 대북한 에너지 협력의 제약 ········· 213
    가. 북핵문제와 양자협력상의 제약 ········· 213
    나. 북핵문제와 다자협력상의 제약 ········· 219
        1) 사례 1 : KEDO의 대북 경수로 건설 무산 ········· 221
        2) 사례 2 : 6자회담의 교착 ········· 237
2. 대북한 국제협력기제의 요건 ········· 254
    가. 구조와 행위자 ········· 254
    나. 글로벌 차원의 규범 형성 ········· 258
        1) 수원국의 주도성과 지속가능한 에너지의 보편적 접근 ········· 258
        2) 파트너십과 글로벌 거버넌스 증진 ········· 262
        3) 신재생에너지 비중 확대와 녹색협력 강화 ········· 266
    다. 북한의 역량과 수용성 ········· 273
3. 대북한 에너지 협력기제의 원칙과 운용 ········· 281
    가. 국제협력의 원칙 ········· 281
    나. 대북한 에너지 협력의 내용과 방향 ········· 283
    다. 다자협력의 유용성과 이행요건 ········· 288
4. 지속가능한 북한 에너지를 위한 미래 전략 방향 ········· 290

참고문헌 /301

## ■ 표 차례

〈표 1-1〉 북한의 석탄/석유 공급량 및 발전량 추이 ·················· 37
〈표 1-2〉 남북한 주요 에너지 공급 상황 비교 (2001~2017) ············ 37
〈표 1-3〉 북한의 에너지 수급 현황 ································· 40
〈표 1-4〉 북한의 석유정제시설 현황 ································ 45
〈표 1-5〉 북한의 수력발전설비 현황(MW) ··························· 48
〈표 1-6〉 북한의 화력발전설비 현황 ································ 50
〈표 1-7〉 남북한 설비별 발전용량 추이 비교(1990~2016) ·············· 52
〈표 2-1〉 북한의 신재생에너지개발 국가 5개년 계획 개요 ············· 81
〈표 2-2〉 북한의 풍력발전 단계별 개발 계획 ························ 90
〈표 2-3〉 북한의 CDM 사업 추진현황 ······························ 99
〈표 2-4〉 북한의 2016년 에너지 발란스 ··························· 110
〈표 3-1〉 대북한 에너지 협력의 유형별 사례 ······················· 123
〈표 3-2〉 대북한 에너지 양자협력 행위자 분석(요약표) ·············· 126
〈표 3-3〉 대북한 에너지 다자협력기제 평가 ······················· 135
〈표 3-4〉 한-러 간 북한 경유 천연가스 도입을 위한 양해각서 주요 내용 ····· 168
〈표 3-5〉 AREP 프로그램 공약액 ································ 190
〈표 3-6〉 지속가능한 에너지 사업 기대성과 및 재원 목표 ············ 193
〈표 3-7〉 '11-15 전략적 협력 기본계획'의 에너지 분야 성과 일람표 ······ 195
〈표 3-8〉 장예시 청정에너지 개발 프로젝트 목표와 실제성과 ·········· 202
〈표 3-9〉 몽골 에너지 분야 유형별 기술지원 성과 ·················· 207
〈표 4-1〉 미국의 대북한 에너지 지원(1995-2009) ···················· 218
〈표 4-2〉 북-미 제네바 기본합의서: 주요 의무사항 ·················· 226
〈표 4-3〉 경수로사업 추진 경과 ·································· 227
〈표 4-4〉 후속의정서 협상 추진현황 ······························ 230
〈표 4-5〉 사업비 재원분담 결의 내용 ····························· 231
〈표 4-6〉 KEDO 중유의 북한 에너지 수급에서의 비중 ··············· 233

〈표 4-7〉 북한 제시 4단계 일괄타결안 ················································· 239
〈표 4-8〉 9.19 공동성명의 상호 의무/교환 내용 ···································· 244
〈표 4-9〉 6자회담 개최시기와 주요 결과 ············································· 251
〈표 4-10〉 9.19 공동성명과 중국 측 조정안의 비교 ····························· 253
〈표 4-11〉 IDA의 양허성 자금지원 비중의 부문별 변화 ······················ 265
〈표 4-12〉 국제사회의 AREP 프로그램 지원활동(1998~2000) ············· 277

## ■ 그림 차례

〈그림 1-1〉 대북한 에너지협력기제 분석 모형 ······································· 34
〈그림 1-2〉 북한의 1차 에너지 원별 구성 ············································· 36
〈그림 1-3〉 북한의 주요 수력, 화력발전소 분포 현황 ··························· 53
〈그림 1-4〉 북한 에너지난의 연계 구조 ················································· 59
〈그림 1-5〉 북한 에너지난의 파급효과 ··················································· 62
〈그림 2-1〉 북의 에너지 자립도 ··························································· 111
〈그림 2-2〉 북한의 석유제품 수요 ······················································· 112
〈그림 2-3〉 북한의 연료별 전기 생산 ·················································· 113
〈그림 2-4〉 북한 에너지 주요 지표 ······················································ 113
〈그림 3-1〉 대북한 에너지 양자협력별 유형 평가 ······························· 128
〈그림 3-2〉 대북한 에너지 다자협력 관련 행위자별 동기/의도 ·········· 132
〈그림 3-3〉 대북한 에너지 다자협력의 구조와 협력유형 ···················· 133
〈그림 3-4〉 GTI 대상지역 ···································································· 181
〈그림 3-5〉 간쑤성 청정에너지 개발 프로젝트 대상 지역 ·················· 200
〈그림 4-1〉 대북한 바이오가스 프로젝트 추진 개요 ·························· 287

# 제1장
# 북한의 에너지

# 제1장 북한의 에너지

## 1. 북한 에너지, 무엇이 문제인가?

　북한에서의 에너지 문제의 성격은 다기하다. 단순한 에너지의 문제가 아니라 경제문제이면서 정치문제이고, 사회문제이면서 민생문제라는 복합적 성격을 보유하고 있다. 이러한 복합적 성격의 에너지가 북한에 있어서는 체제의 생존을 좌우하는 매우 중요한 전략적 재화(strategic commodity)이다. 또한 취약한 북한 사회의 지속가능한 발전을 가능하게 해 주는 열쇠이기도 하다.

　북한 에너지 문제의 특성은 단순히 열쇠가 일시적으로 기능을 하지 못하는 '어떤 문제'라기보다는 열쇠 자체가 변형되고 녹슬어 잘못되어 버린 '기능부전의 위기상황'에 있다고 보는 것이 적절하다. 자체의 역량과 노력으로는 해결이 사실상 불가능한 상황에 처해버린 북한 에너지난의 현실은 북한의 에너지정책이 실패로 귀결되었음을 말해준다.[1] 따라서 북한의 만성적인 에너지난 극복을

---

[1] 어떤 정책의 성공과 실패 여부를 규정하기 위해서는 객관적인 정황과 사실은 물론 주관적인 판단을 종합적으로 감안할 필요가 있다. 문제는 정책목표 달성, 사회 개선, 공공가치 보존, 절차적 요건, 정치적 파급효과, 단기 혹은 장기적 검토 여부 등 다양한 측면에 따라 판단이 달라질 수 있으며, 실제의 상황에서 완전한 성공과 실패는 존재하지 않고 부분적인 성공과 실패의 경우가 더 많다. 북한의 경우에는 다원적인 민주질서가 결여되어 있으므로 정책결정 과정에 있어 관련 이슈들이 많이 배제되고 정책결정의 영역이 상당히 제한되는 비결정(non-decision-making)의 상태에 있다고 볼 수 있다. 이러한 비결정은 지배적인 신념, 가치, 제도적 과정과 절차만이 고려되고 나머지는 거부되는 '편향성의 동원'(mobilization of bias)을 통해 작동된다. 이는 북한이 내부

위해서는 국제사회와의 협력이 필수적이다.[2]

그러나 북한은 심각한 에너지난 속에서도 수십 년간 핵 프로그램 개발을 지속적으로 추구하면서 국제사회로부터 고립을 자초하였고, 국제협력의 실패를 초래하였다. 이로써 북한 에너지 문제는 정책실패와 국제협력의 실패라는 이중적 실패(double failure)를 야기하였다.[3] 이는 단순히 물질적 에너지의 빈곤만이 아닌 정책적 상상력의 부족, 협력의지의 부족이라는 정신적 에너지의 빈곤마저도 드러내고 있다.

핵문제를 포함한 북한 문제는 단기적이고 대증요법식의 처방으로는 해결할 수 없으며, 한반도를 넘어서는 동북아의 큰 틀에서 국제사회의 단합되고 협조적인 정책이 이루어져야 한다. 국제사회는 북한에 대해 지속적이면서도 일관된 신호를 줄 수 있도록 긴밀한 협력을 모색해야 한다. 북한 에너지 문제에 대한 국제사회의 의미 있는 합의를 모색하기 위해서는 대북 협력을 저해하고 있는 북한 핵문제 및 그 근저를 이루고 있는 북한 문제에 대한 정확한 이해를 필요로 한다. 아울러 1990년대 이래 진행되어 온 북한에 대한 국제사회의 지원 노력과 성과에 대해서도 재평가를 해 볼 필요가 있다. 1995년에 북한에 대한 인도적 지원이 본격 개시된 지 20여 년이 지난 시점에서 북한 에너지 지원을 위한 국제협력과 함께 전반적인 지원체제를 에너지적 관점에서 조망해 보는 것은 의미가 있다.

북한이 처해있는 총체적 난국과 이를 타개하기 위한 정책방향을 모색하기 위

---

적으로 규정한 절차적 요건을 충족시킬 수 있으나, 객관적인 정책 목표 달성이나 사회개선, 지지층 확보와 같은 정책성공의 여타 핵심 요건을 충족시킬 수 있는 방법이 원천적으로 차단되어 있다. '편향성의 동원' 개념의 배경과 상세 내용에 대해서는 Peter Bachrach and Morton Baratz, *Power and Poverty: Theory and Practice*, New York: Oxford University Press, 1970 참조.
2) 여기서의 국제사회는 범세계적인 차원의 국제체계와 동북아 지역 차원의 국가 간 체계는 물론 외국의 정부와 기업, 민간기구, 국제개발 및 금융기구 등을 포함하고 있다.
3) 국제사회의 관점에서 보자면, 북한의 핵무기와 미사일 발사 등 북한의 도발적 행동과 프로그램을 억제하고 국제사회로 연계시키려는 대북 제재 역시 소기의 성과를 달성하지 못하고 실패하였다는 측면에서 삼중의 실패(triple failure)라고 규정할 수 있다.

해서는 북한의 경제 상황과 제약 요소, 그리고 그간 핵개발의 이면에 내재하고 있는 북한 에너지 이슈의 복합적인 측면들을 우선적으로 고찰할 필요가 있다. 북한은 냉전시기 국내 부존자원과 사회주의권 국가들과의 협력을 통해 에너지 수급을 관리해 왔으나, 탈냉전 이후 사회주의권 경제가 붕괴하면서 그 취약성을 노출하였다.

사회주의권의 지원이 중단되면서 경제가 악화되자 북한은 고난의 행군을 전개하면서 그간 잘 드러나지 않았던 에너지 문제의 중요성을 절감하고 나름대로 타개책을 모색해 왔다. 북한은 에너지와 경제난 타개를 위한 국제협력의 필요성을 인식하였으나 체제와 정권 안보 불안에 대한 우려로 자력갱생 원칙을 고수하고 핵개발을 가속화하는 정책을 선택하였다. 이는 국제사회의 개발 원조를 이끌어 내지 못한 채 북한이 제재국면에 처하면서 에너지난과 경제난을 가중시키는 결과를 초래하였다.[4] 북한의 에너지 문제는 북한의 안보와 경제 개발에 영향을 미치는 핵심 변수이며, 향후 한반도의 미래 향방을 가늠하는 중요한 요소라고 할 수 있다.

북한의 기본적인 에너지정책이라 할 수 있는 자력갱생 원칙은 수입 자원인 석유 사용을 감소하려는 노력과 함께 석탄 및 수력 자원에 대한 의존도를 증가시키는 결과를 가져왔다. 북한은 에너지 문제의 심각성을 깊이 자각하고 이를 해결하기 위한 방안으로 자체적으로 에너지 절약, 효율화, 새로운 에너지원 발굴 등을 위한 노력을 전개하였다. 특히 북한은 2000년대 중반에 들어오면서 경제가 조금씩 회복하기 시작하면서 새로운 자원을 발굴하고 기술을 개발하는 데 역량을 투입했다. 에너지 인프라를 현대화하고 에너지 생산성 향상을 모색하면

---

[4] 북한의 에너지난 및 식량 등 경제난의 구체 상황 이해를 위해서는 James Williams, D. V. Hippel, and Nautilus Team, "Fuel and Famine: Rural Energy Crisis in the DPRK," *Asian Perspective*, Vol. 26, No. 1, 2002 참조.

서 태양열, 지열 등 새로운 에너지를 사용하기 시작했다. 또한 외국의 에너지 산업과 기술 발전 동향을 모니터하면서 기후변화와 온실가스 배출에 관심을 기울이는 동시에 녹색 에너지에 대한 투자 필요성을 더욱 인식하게 되었다.

그러나 미국과 UN을 중심으로 하는 대북한 제재와 압박이 가중되면서 북한에 대한 국제사회의 에너지 협력은 단절되고 기초적인 에너지와 식량 공급에 있어 대중국 의존도가 심화되었다. 북한은 최소한의 수준에서 중국과 연결된 고립된 '에너지 섬'으로서 체제 모순을 증폭시키면서 스스로 설정한 자력갱생의 원칙조차도 실현 불가능한 상태로 전락하고 말았다. 결국 국제사회의 원조 없이는 자활이 어려운 상태에 처한 북한이 어떠한 접근과 방법을 통해 국제사회의 지원을 이끌어 내는지가 북한 경제와 에너지 문제 해결의 사활적 조건이 된 것이다.

국내정책과 국제협력의 실패라는 이중적 실패에 직면한 북한 에너지난을 들여다보는 데 있어 문제의식은 크게 세 가지로 나눌 수 있다. 첫째는 북한의 최우선적인 해결과제인 에너지난을 타개하기 위해 북한이 전개한 에너지정책과 자구노력이 왜 실패했는지를 고찰하는 것이다. 둘째는 국내문제인 에너지 안보 문제 해결을 위해 왜 국제사회에서 북한에 관여하고 해결하기 위해 나서야 하는지에 관한 문제이다. 셋째는 국제사회는 그간 양자 및 다자협력을 통해 북한의 에너지 문제 해결을 위한 노력을 전개하였음에도 불구하고 왜 협력의 목적 달성에 실패했는지를 규명해 보는 데 있다.

이를 위해 이 책에서는 우선 북한에 총체적인 경제난을 초래한 에너지 문제의 원인과 특성, 그리고 북한의 자구적인 대응노력을 시기적 구분을 설정하여 살펴보았다. 이러한 북한의 정책 노력의 한계가 무엇인지를 살펴보고 북한 에너지에 대한 양자 및 다자 협력기제를 비교, 평가해 보고자 하였다. 그리고 북한이 취하고 있는 정책 방향과 글로벌 규범에 대한 인식태도를 토대로 북한과 국제사회 간 협력의 접점을 조명해 보고, 제한적이고 비대칭적인 양자협력과 잠재성이 제약된 상황하에서 모색된 다자협력의 유형을 도출해 보았다.

끝으로 제약된 다자협력의 잠재성을 발현하여 그 유용성과 효과성을 제고하는 조건들에 대해서도 살펴보았다. 이러한 시도를 통해 궁극적으로 북한의 에너지 수요를 충족시키고 안보적 우려를 일부나마 해소하면서 한반도에서 재생에너지와 녹색기술 협력에 기반 한 지속가능발전 전략을 모색해 보고자 하였다.

## 2. 북한 에너지 문제를 보는 시각

북한의 에너지 및 경제난 타개를 위해서는 북한의 대외정책의 근본적인 패러다임이 바뀌거나 북한을 둘러싼 한반도 안보 딜레마가 원천적으로 해소되어야 한다. 이러한 상태가 실현되기에는 상당한 시간을 요할 수 있으나 2018년 4월 남북정상회담을 계기로 정세 변화로 인한 일정한 제약 하에서도 한반도에서 안보위기 해소 노력과 함께 경제 및 환경적 측면에서의 대북한 에너지 협력 문제 논의가 개진될 것으로 전망된다. 따라서 안보와 경제가 연계되고, 국내 및 국제 이슈가 중첩적으로 이어지는 북한 에너지 이슈의 특성과 현황에 대한 정확한 진단과 분석과 함께, 북한의 에너지정책과 그간 진행되었던 국제협력에 대한 평가를 시도해 볼 필요가 있다.

북한의 에너지 문제를 바라보는 패러다임의 정립과 북한에 대한 에너지 협력 기제의 효과적인 구축을 위해서는 글로벌 거버넌스 측면에서의 연구[5]와 함께 국제협력 이론에 대한 고찰이 필요하다. 첫째는 신현실주의 내지 구조주의적

---

[5] 글로벌 거버넌스의 구성 및 변화에 대한 이론적 시각을 잘 정리한 글로는 Margaret P. Karns and Karen A. Mingst 지음, 김계동·김현욱·이상현·이상환·최진우·황규득 옮김, 『국제기구의 이해: 글로벌 거버넌스의 정치와 과정』, 서울: 명인문화사, 2011, pp. 41~74 참조.

접근이다.6) 북한이 처해있는 에너지 안보 딜레마와 북핵 위기는 신현실주의적 관점에서 가장 적합하게 설명될 수 있다. 신현실주의는 국제체제가 일정한 구조로 이루어져 있다고 보고 있다.

이러한 구조는 상위 권위체가 없는 무정부 상태에서 국가 간 권력분포에 의해 결정된다. 국가들은 국가를 유지하고 안전을 확보하기 위한 일정한 이익과 동기를 가지고 있으며, 국제체제의 구조에서 오는 권력 변동과 상대국의 조치와 행동이 자국의 안보상황에 미칠 영향에 민감하게 반응한다. 따라서 상호이익의 순간에서도 국가들은 절대적인 이익의 수용보다는 상대적인 이익의 배분과 의도를 정확히 알 수 없는 상대방에 의한 배반 가능성에 더 관심을 보이기 때문에 협력을 끌어내기가 용이하지 않다.7)

북한의 경우 권력분포가 매우 불균등한 동북아시아 지역체제에서 대외적인 위협요인에 민감하게 반응하고 있으며, 국제사회의 북한에 대한 정책 전환 요구에 대해 이러한 조치가 가져올 상대적 권력 내지 이득 배분에 대한 갈등과 속임수의 두려움으로 쉽사리 입장을 변화하지 않으려는 유인이 존재한다. 결국 일국의 안보를 보장할 수 있는 것은 힘이며, 절대적인 힘을 키워야 하므로 국가 간 협력보다는 갈등이 우선하게 된다.

북한의 경우 대외적으로 매우 취약한 안보구조를 가지고 있어 이를 극복하고자 비대칭적 안보수단으로서 억지력 확보를 위해 핵 프로그램을 추구하고 있다고 한다면,8) 신현실주의 시각에서도 북한의 입장 변화를 유도할 수 있는 이론

---

6) 이러한 현실주의적 접근으로는 Kenneth N. Waltz, *Theory of International Politics*, Reading, MA: Addison-Wesley, 1979; John Lewis Gaddis, "Toward the Post-Cold War World," *Foreign Affairs*, Vol 70, No. 2, Spring 1991. pp. 101-122; John J. Mearsheimer, "The False Promise of International Institutions," *International Security*, Vol 19, No. 3, Winter 1994/1995, pp. 9~12 참조.

7) Waltz, 앞의 책, p. 105.

8) Scott D. Sagan and Kenneth Waltz, *The Spread of Nuclear Weapons: A Debate*, New York: W. W. Norton, 1995.

적 근거는 가능하다. 월츠에 의하면, 북한의 핵무기 개발은 그 의도가 방어적이기 때문에 한반도와 동북아시아의 안정을 근본적으로 저해하기보다는 세력균형이 무너지는 것을 막아 북한의 위협인식을 줄여준다고 주장한다. 북한의 핵문제를 방어적인 의도로 해석할 경우 북한 체제의 안보를 보장해 주면 핵무기를 해결할 수 있다는 논리도 가능하게 된다.

이러한 논리의 정책적 함의는 북한이 핵 포기에 이를 정도의 강력한 유인책을 어떻게 마련하는가와 북한이 원하는 '말과 말', '행동대 행동'의 원칙에 입각해서 어떻게 전략을 수립하고 협상을 하는가의 정책적 선택의 문제에 귀착되게 된다. 협상을 통한 북한 핵문제 해결과 관련하여 북한의 의도와 행동양식을 정확히 이해하여 갈등과 위기의 악순환에서 평화적 해결의 선순환 구조를 만들어야 한다는 주장은 배반을 비생산적으로 만드는 상호성(reciprocity)의 원칙을 준용함으로써 가능하다.9)

신현실주의적 전통을 이으면서도 신자유주의와 레짐이론, 공공재이론을 일부 차용하여 국제협력을 설명하는 이론으로 패권안정이론(hegemonic stability theory)을 들 수 있다. 패권안정이론은 비대칭적 권력분포로 이루어지는 국제질서에서 패권국이 공공재를 제공함으로써 세계 정치경제 질서의 안정을 가져왔다고 보고 있다. 이는 패권국이라는 권력분포 정점에 존재하는 강대국을 중심으로 국제협력이 이루어지는 불평등적인 질서를 상정하고 있다.

이에 반해, 합리적 선택이론 혹은 전략적 선택이론은 권력의 변수를 고려하지

---

9) Leon V. Sigal, *Disarming Strangers: Nuclear Diplomacy with North Korea*, Princeton, NJ: Princeton University Press, 1998. 무정부적 상태에서도 전략적 선택과 상호성을 통해 국제협력을 창출할 수 있으며, 상호성에 기반한 협력은 자율적인 조정능력(self-policing)이 있다. Charles P. Kindleberger, *The World in Depression, 1929-39*, Berkeley: University of California Press, 1973; "International Public Goods Without International Government," *American Economic Review*, Vol. 76, No. 1, March 1986, pp. 1~13. 한편, 상호성에 기반한 국제협력의 구체 과정과 내용에 대해서는 Robert Axelrod, *The Evolution of Cooperation*, New York: Basic Books, 1984 참조.

않고 국가의 행동은 주관적인 기대효용에 대한 합리적 계산에 근거한다고 가정하고 있다. 합리적 선택이론은 미시경제학의 이론을 차용하여 객관적이고 물질적인 조건으로부터 국가의 선호가 도출되며 합리적 계산과 타협을 통해 국제협력을 이루고 제도를 형성한다고 주장한다. 합리적 선택이론에 따르면, 국가들은 국가이익을 위해 국제제도를 설계하고 활용하는 데 관심이 있다.[10] 국제제도는 불확실성을 축소하고 거래비용을 감소시키며 기대를 안정화하도록 하여 국가들이 보유하고 있는 이기적인 협력을 촉진시키기 때문에 존재하게 된다.[11]

둘째는 자유주의 시각에서의 신기능주의와 신자유주의적 제도주의이다. 신기능주의는 국가 간 비정치적 영역에서의 협력을 통해 국제적인 협의체를 형성하고 이를 통해 이익을 보게 되는 국가들이 협력에 대한 유인과 학습효과를 경험한다고 주장한다.[12] 국제적인 협의체는 국제기구로서 정치적 권한과 역할을 확대하게 되고 국가들보다 우위에 서게 되면서 국가들은 국제기구의 결정에 의존하게 되는 것이다. 그러나 이러한 정치적 권한 이전은 자연스런 파급효과에 의해 이루어지는 것이 아니라 국가 엘리트들의 정치적 의지와 노력이 있어야 가능하다.

신기능주의 접근에서 드러난 비정치적 영역과 정치적 영역 간의 자연적인 연계성 부족 문제 해결은 고위급 정치인사들의 정치적 동력에 달려있다. 신기능주의의 한반도에 있어서의 함의는 남북 정상 등 고위급 회담의 역할이 중요하며, 각각 중견국과 취약국의 위치에 있는 남북한 공히 국제정치적인 외생변수

---

[10] 이런 측면에서 국제제도는 국제행위자들이 직면한 문제들에 대한 합리적이고 타협적인 반응을 통해 고안된다고 할 수 있다. Barbara Koremenos, Charles Lipson and Duncan Snidal, "The Rational Design of International Institutions," *International Organization*, Vol. 55, No. 4, Autumn 2001, pp. 768.

[11] Robert O. Keohane, "Institutional Theory and the Realist Challenge After the Cold War," in David A. Baldwin, ed., *Nationalism and Neoliberalism: The Contemporary Debate*, New York: Columbia University Press, 1993, pp. 288.

[12] 신기능주의에 대해서는 Ernst B. Haas, *The Uniting of Europe: Political, Socail and Economic Force, 1950-1957*, Stanford: Stanford University Press, 1958.

의 요인이 매우 중요하다는 데 있다. 이는 북한문제와 한반도의 분단 상황을 관리하고 해결하는 기제로서의 국제기구나 국제 레짐의 역할이 더욱 부각되어야 함을 의미한다.

신기능주의의 단점으로는 국제기구에 대한 관계에 있어서 국가의 역량과 능력을 상대적으로 과소평가하는 경향이 있다. 그러나 냉전의 유산이 강하고 국제협력의 전통이 약한 동북아 역내에서 국가이익, 민족주의나 역사문제 등 국내체제의 영향력이 매우 강하므로 신기능주의의 입지가 제한적이라고 볼 수 있다. 이러한 역내 상황은 역으로 국가와 국제기구 경계에서 활동을 매개하고 영향을 주고받는 지자체, 비정부기구, 기업 등의 다양한 행위자들의 활동을 촉진하고 거버넌스를 구축해 가는 노력이 필요함을 일깨워 준다.

신자유주의적 제도주의는 복합적 상호의존 상태에 대응하는 국제제도의 형성과정과 역할에 대해 중요성을 부여하고 있다.[13] 국가는 물질적 이익을 위해 국제 협력 여부를 판단하게 되는데, 국가 간 협력을 방해하는 장애를 제거하여 국가의 협력성향이 발현될 수 있도록 하는 수단이 국제제도이기 때문이다. 이 이론에 따르면, 국제제도는 상호합의를 통해 행동의 원칙 및 규범들을 규정하여 국가의 행동유형에 관해 안정적인 기대를 갖도록 해준다. 또한 국제제도는 양질의 정보를 제공하고 이를 국가 행위자 간에 공유토록 하여 국제정치에서의 불확실성을 감소시켜 준다. 더 나아가 국가로 하여금 합의 위반에 따른 비용을 상승시키고 국가 간 거래비용을 감소시켜 국제협력을 촉진하는 기능을 수행하게 된다.

---

[13] Robert O. Keohane and Joseph S. Nye, *Power and Interdependence: World Politics in Transition*, Boston: Little, Brown, 1977; Robert O. Keohane, *International Institutions and State Power: Essays in International Relations Theory*, Boulder: Westview Press, 1989. Keohane에 따르면, 국제제도는 "행동 역할을 규정하고 활동을 제한하며 기대를 형성시키는 공식적 혹은 비공식적인 규칙의 집합"을 의미한다. 위의 책, p. 3.

그러나 한반도 및 동북아 역내 상황에서 국제제도를 형성하기 위한 전 단계인 국가 간 상호 합의와 이를 통한 행동의 원칙, 규범들을 형성하고 이행하는 것이 매우 어려운 구조를 갖고 있는 점이 동 이론을 적용하는 데 있어서의 한계라고 할 수 있다. 이러한 국제제도를 통한 협력구도 창출을 위해서는 북한이 혜택을 볼 수 있는 이슈를 발굴하고, 북한이 신뢰할 만한 국가 및 여타 파트너를 참가토록 해야 한다. 그리고 북한으로서도 협력의 이득을 경험하도록 유인할 수 있는 단계적이고 지속적인 협력 프로그램을 수립할 필요가 있다. 북한과의 지속적인 협상을 주도해 가는 국제기구나 국제레짐을 구축하여 국제협력의 원칙과 규범을 형성하고 준수토록 해야 한다.[14]

세 번째 이론적 근거는 구성주의(Constructivism)이다. 웬트(Wendt)는 신현실주의와 세계체제론을 비판하면서 이들 이론이 각각 개체주의적 환원론과 구조에 대한 물신화의 문제점을 가지고 있다고 비판하였다. 그는 국제체제를 형성하는 주체와 구조 사이에 존재하는 상호구성적인 속성(mutually constitutive nature)에 주목해야 한다고 하면서 행위자와 체제의 구조적 속성 모두를 규명할 수 있는 구조적-역사적 분석방법(structural-historical analysis)이 필요하다고 주장하였다.[15] 구성주의는 국가의 물질적 이익보다는 국가이익 및 정책이 생성되는 구조와 조건과 과정에 초점을 맞추고 있는데, 정체성, 규범, 선호체계와 같은 표상적(idealistic) 요소의 중요성을 강조한다.[16] 즉, 국가는 국가 간 상호

---

[14] 현재로서 이러한 역할을 담당하는 국제기구로서는 UNESCAP과 UNDP를 중심으로 한 유엔 체제가 유일하다고 할 수 있다. UNDP는 북한과의 전략적 협력 기본계획을 2차례에 걸쳐 이행하였고, 3번째 전략적 협력 기본계획을 수립하였다.

[15] Alexander Wendt, "Agent-Structure Problem in International Relations Theory," *International Organization*, Vol 41, No. 3, 1987. 웬트가 구성주의 이론에 대한 언급을 먼저 제기하였으나, 국제정치학에서 구성주의가 수용된 것은 1989년 오누프(Onuf)의 논문이 발표되고 나서부터이다. Nicholas Greenwood Onuf, *World of Our Making: Rules and Rule in Social Theory and International Relations*, Columbia: University of South Carolina Press, 1989.

[16] 구성주의 이론에 대해서는 Alexander Wendt, *Social Theory of International Politics*, Cambridge:

작용을 통해 정체성과 이익을 재규정하고 사회세력간의 새로운 역학관계에서 국제협력을 구조화하고 글로벌 이슈를 다루는 표상적 제도로서 거버넌스를 구축해 나가게 된다.[17]

구성주의에 따르면, 국가는 신현실주의나 신자유주의에서 주장하는 것처럼 합리적으로 국가이익을 규정하고 행동하는 주체가 아니라 사회적인 설득과 이해, 확신 속에서 형성된 국가이익을 판단하고 협력 여부를 결정한다. 따라서 국제사회의 설득과 이해에 의해 합의를 이룬 공통의 이해나 집합적 정체성은 국가정책 설정에 중요한 근거가 된다. 국가는 국제사회의 성원으로서 사회적인 관계를 염두에 두고 자신의 신뢰성과 정당성을 지키고자 하며, 좋은 평판을 유지하려고 한다. 국가는 사회적인 관계망 속에서 자신의 이미지와 정체성을 더욱 포괄적으로 파악할 수 있는 '사회적인 존재'인 것이다.

따라서 국가는 국제적인 합의인 집합적 이해에 대해 관심을 집중하게 되는데, 집합적 이해는 일종의 규범으로서 국가들이 행동하는 기준을 형성하게 된다. 국제기구나 국제제도는 국제 규범을 창출하고 국가로 하여금 국제정치적 맥락에서 이를 평가하게 하고 새로운 관행을 축적토록 하여 국가이익과 선호체계에 영향을 줌으로써 국가가 새로운 규범에 순응하고 국제적인 협력을 유인하는 기제로 작용한다.

구성주의 시각을 준용하여 북한의 변화를 유도하기 위해서는 북한이 자체적으로 규정하는 국가 정체성과 이익이 변화하도록 국제사회의 집합적인 이해를

---

Cambridge University Press, 1999; John Gerald Ruggie, "What Makes the World Hang Together? Neoutilitarianism and the Social Constructivist Challenge," *International Organization*, Vol. 52, No. 4, 1998.

17) Mathew J. Hoffmann, "What's global about global governance? A constructivist account," in Alice D. Ba and Mathew J. Hoffmann, eds, *Contending Perspectives on Global Governance: Coherence, Contestation and World Order*, Abingdon: Routledge, 2005, pp. 110~128.

설파하고 설득해야 하는데, 핵 프로그램과 같은 경성안보적 이슈에는 북한의 저항감이 높아 매우 어렵다. 다만, 북한이 기후변화에 대응하면서 에너지 효율화와 신재생에너지 개발에 관심을 표명하고 있고, UN체제와의 협의 등에서 새천년개발목표(MDGs: Millennium Development Goals)와 지속가능발전목표(SDGs: Sustainable Development Goals)를 적극적으로 이행을 하겠다는 입장을 표명한 바 있다. 이러한 북한의 입장이 정책적 사고의 전환을 의미하는지는 분명치 않으나, 북한이 국제사회의 새로운 규범적 동향에 비추어 자신을 반추해 보고 기존의 입장을 정립해 가는 상호작용의 과정에 있는 것으로 보인다.[18]

따라서 구성주의는 에너지 분야에서 집합적 이해를 형성해 가고 있는 지속가능한 신재생에너지의 보편적 접근이라는 지구적 명제 하에서 북한의 선호체계와 정체성을 국제사회의 수준에 끌어 오도록 하는 이론적 검토가 필요함을 일깨워주고 있다. 다만, 구성주의는 이미 구축된 글로벌 거버넌스를 설명하는 데는 유용하나 거버넌스의 형성을 가늠하는 예측가능성의 부분에서는 한계를 드러내고 있다.[19]

국제사회론적 시각은 국가중심의 행위자를 중시하면서도 국제사회를 구성하는 다양한 행위주체들을 "독립적인 정치공동체"로 정의하여 하부 행위자들까지도 포괄적으로 다루고 있다. 국제체제는 행위자들이 공통의 규범을 준수하고 공통의 규칙과 제도를 수용하며 공통의 이익을 인지하는 하나의 사회라는 개념을 형성토록 하였다.[20]

---

18) Pyongyang International Information Centre of New Technology and Economy, "Renewable Energies Growing in DPRK," *World Wind Energy Association Quarterly Bulletin*, Issue 1, March 2015, pp. 36~39.
19) Robert W. Cox, "Civil Society at the Turn of the Millennium: Prospects for an Alternative World Order," *Review of International Studies*, Vol 25, No. 1, 1999.
20) Hedley Bull, *The Anarchical Society: A Study of Order in World Politics*, New York: Columbia University Press, 1977.

국제사회론은 공통의 이익과 가치, 규범에 대한 공통의 이해를 중시하고 관행과 국제법, 외교관계 등을 존중한다는 면에서 구성주의와 시각을 같이 한다. 다만, 국제사회론은 역사사회학에 바탕을 두고 국가 간에 합의가 형성되고 공통의 이해와 관행이 정착해 가는 역사적 진화과정에 대한 분석을 강조한다.[21] 이러한 측면에서 국제사회론은 국가 간에 이루어지는 사회적 상호작용을 통해 일정한 이슈영역에서 글로벌 거버넌스 형성과 변화를 추적하는 데 이론적 토대를 제공할 수 있다.

한편, 사회연결망 이론과 복잡계 네트워크 이론적 시각에서 국제협력과 제도화 과정을 분석하는 시도도 이루어지고 있다.[22] 네트워크 이론은 단순한 협력을 넘어선 개인, 조직, 등 미시적 행위자들이 상호연결망을 구성하고, 구조가 비슷한 패턴으로 연속적으로 반복되는 프랙탈(fractal) 구조[23]가 미시-거시 연계를 위한 중요한 요소가 된다. 복잡계 네트워크에서는 수많은 행위자들이 자발적으로 자기 조직화를 해 나가면서 미시적 접촉과 네트워킹을 무제한적으로 행하게 되는데, 주된 행위자를 중심으로 노드가 이루어지고, 이를 통해서 연결망이 확대되고 통제되기도 하는 글로벌 거버넌스 형성 노력을 고찰할 수 있는 장점이 있다.

---

21) Stephen Hobden, "Historical Sociology: Back to the Future of International Relations?" Stephen Hobden and John M. Hobson, eds., *Historical Sociology of International Relations*, Cambridge: Cambridge University Press, 2002, pp. 42~62.
22) 네트워크이론은 제이콥슨이 국제기구를 둘러싼 상호의존의 네트워크 연구에서 네트워크의 중요성을 지적하면서 연구가 활발히 전개되었다. Harold K. Jacobson, *Networks of Interdependence: International Organizations and the Global Political System*, 2nd ed., New York: Knopf, 1984. 복잡계 네트워크 이론과 네트워크 권력에 대해서는 각각 David Byne, *Complexity Theory and the Social Sciences: An Introduction*, London: Routledge, 1998; 김상배, "네트워크 권력의 세계정치: 전통적인 국제정치 권력이론을 넘어서," 『한국정치학회보』, 제42권 제4호, 2008, pp. 397~408 참조.
23) 프랙탈(fractal) 구조는 일부 작은 조각이 전체와 비슷하여 자기 유사성을 갖는 기하학적 구조를 지칭한다. 프랙탈은 무한정한 확장성(never-ending pattern)을 지니고 있으며, 상호작용하는 환류의 고리에서 단순한 형태가 지속적으로 반복해 발생함으로써 규모도 커지게 되고 그물망처럼 확대되면서 복잡성을 띠고 전개되는 특성이 있다.

그러나 사회연결망이론과 복잡계 네트워크적 시각은 국제사회에 적극적으로 자기주도성을 갖고 네트워킹을 해 나가는 선진국이나 개방적이고 중추적인 역할을 모색하는 중견 개도국에 합당한 개념이다. 따라서 북한에 대한 지원 내지 다자협력기제에 대한 고찰에는 유용성이 다소 떨어진다고 할 수 있다.

이 책에서는 신현실주의 시각에서 월츠가 주장한 바, 북한이 방어적 억지력으로서 추구하는 핵 프로그램과 체제 안전 보장 및 경제적 유인 제공을 놓고 협상을 전개할 수 있는 상황적 맥락, 즉 안보-안보, 안보-경제 교환 모델적 접근을 일부 수용하고 있다.[24] 대북한 다자협력기제 평가와 관련해서는 글로벌 거버넌스 구조 형성에 보다 잘 적용될 수 있고 설명력이 있는 신자유주의 시각보다 동북아 및 한반도 환경에서 행위자들의 정체성과 이익이 어떻게 사회적으로 구성되는가에 초점을 둔 구성주의의 시각을 원용해서 분석해 보고자 했다.[25]

북한의 경우에도 미국과 중국이 주도하는 글로벌한 국제체제의 변환과 역내 주요 행위자인 중국과 일본이 추동하는 동북아 지역체제의 권력 변화과정에 적응해야 하며, 다양한 수준에서 진행되는 국제협력의 요인과 변화의 흐름에 맞추어 자신의 정체성과 이익을 재규정하지 않으면 안 되는 상황에 처해 있다고 볼 수 있다. 북한의 자신의 정체성과 이익을 국제추세에 맞추어 새롭게 정의하게 된다면 에너지 등 호혜적인 이슈분야의 협력을 통해 초보적인 신뢰구축을

---

[24] 이러한 접근은 1994년 북-미 간 제네바 기본합의와 2003년 8월부터 약 5년간 지속된 6자회담의 기본적인 토대가 되었다. 9.19 공동성명과 2.13 합의, 10.3 합의를 이끌어 내며 초기 조치 이행단계까지 도달했으나, 핵 프로그램 신고를 둘러싼 대립 등 신뢰부족의 문제로 협상자체가 중단되고 말았다. 그러나 핵 프로그램 포기와 안보와 경제 보상 논의 자체가 완전히 폐기된 것은 아니다. 비록 실현 가능성이 훨씬 더 낮아지기는 했으나, 교환모델 자체는 여전히 유효하다고 볼 수 있다.

[25] 구성주의적 시각을 통해 한반도 상황을 분석한 연구로는 박건영, 『한반도의 국제정치: 평화와 통일을 위한 새로운 접근』, 서울: 오름, 1999; 서보혁, "탈냉전기 북-미관계에 관한 구성주의적 접근: 북한의 국가정체성을 중심으로," 한국외국어대학교 박사학위논문, 2003; 이근, "구성주의 시각에서 본 남북정상회담: 양면게임을 통한 정체성 변화 모색," 『국가전략』, 제7권 제4호, 2001; 전재성, "구성주의 국제정치이론과 남북관계," 『국방대 교수논집』, 제24호, 2002 등이 있다.

다져 나가면서 평화 정착의 길도 다져 나갈 수 있는 길이 열릴 수 있다.

이 책은 북한 에너지를 둘러싼 양자 및 다자협력기제 연구를 위해 두 가지의 전제를 설정하였다. 첫째는 대북한 양자 및 다자협력기제 구축에 있어 제약요인으로 작용하고 있는 핵 프로그램과 이로 인한 갈등으로부터 오는 영향은 우선 배제하고자 한다. 다만, 북한 핵 프로그램이 대북한 에너지 협력을 가로막는 최대 장애요인으로서 북한의 대내 에너지정책 및 자구노력을 고찰함에 있어서는 상수로 간주하였고, 국내정책과 국제협력의 접점을 통해 이루어지는 대북한 에너지 양자 및 다자협력의 전개과정을 고찰하는 데 있어서는 변수로 처리하였다. 이러한 전제조건은 협력의 효과성을 제고하기 위해 북한이 필요로 하면서도 비정치적이고 덜 민감한 협력 이슈를 발굴하여 기능적 시각에서 접근하는 상황을 가능하게 한다.

둘째는 북한이 대외적으로 고립상황에 처해 있으나 구조와 여타 행위자와의 상호작용을 통해 정체성과 이익을 형성해 가는 '국제사회의 행위자'라는 것이다.[26] 이는 북한의 정책과 입장을 구조나 행위자에 귀속된 단일 변수에 의해 분석하는 것이 아니라 국제정치의 행위자와 구조가 상호작용을 통해 구성되고(constituted), 재구성되는(reconstructed)되는 과정에서 바라보아야 한다는 것이다. 북한은 에너지난 극복 노력 과정에서 자체적인 역량의 한계를 인식하고 국제사회와의 갈등과 협력 과정에서 이익을 추구하고 규범을 학습해 나가는 과정에 있다고 볼 수 있다. 이러한 전제에서 본다면, 북한과 국제사회 간 상호 조응노력을 토대로 북한의 수요에 기초한 효과적인 다자협력 기제 창출이 가능하다.

---

26) 체클(Checkel)에 의하면 구성주의는 두 가지 핵심적 가정을 제시하고 있다. 하나는 행위자인 국가가 행동을 영위하는 환경은 물질적일 뿐 아니라 사회적이라는 것이다. 다른 하나는 이러한 여건이 행위자인 국가에게 이들의 이익에 대한 이해들을 제공할 수 있다는 것이다. 다시 말해, 환경들이 그러한 것들을 구성해 간다는 것이다. J. Checkel, "The Constructivist Turn in International Relations Theory," *World Politics*, Vol. 50, No. 2, 1981, pp. 326~327.

이 책은 북한의 대내외 변인들이 동북아 역내 국가 간의 양자협력과 소다자 및 다자협력에 어떠한 영향을 미치면서 전개되는지에 대한 초보적 단계의 시도라고 할 수 있다. 역내 구도에서 개별 행위자들을 식별해 내고 매개변수로서 이들 행위자들이 처한 구조적 특성 하에서 도출되는 동기와 의도, 동원할 수 있는 자원과 이러한 자원전달을 둘러싼 전략적 상호작용과 조정기제 등을 중심으로 분석해 보았다. 이 책의 기본 분석틀이라 할 수 있는 대북한 에너지협력기제 분석 모형은 아래 그림과 같다.

〈그림 1-1〉 대북한 에너지협력기제 분석 모형

**환경 변수**
- 북한의 내부 요인
  - 북한 에너지난과 영향
  - 북한 에너지 정책 실패
- 북한/국제사회 협력
  - 북한의 정책, 인식 전환
- 체제전환국 협력 사례
  - 중국과 몽골의 에너지 협력
  - 공통점과 차이점 발굴

**행위자 변수**
- 북한
- 한국, 중국, 러시아, EU국가
- 제약요인 (상수) 북핵문제 미북관계
- 국제기구 (UN, IEA, IRENA, OECD, WB, ADB)

**매개변수**
- 구조/특성
- 동기/의도
- 동원자원 전달방식
- 조정기제

**협력 결과(유형)**
- ❖ 양자 협력
  - 비대칭적·제한적 협력
- ❖ 동북아 지역 협력
  - 소다자협력
  - 두만강 유역 협력(GTI)
  - 지역 에너지협력 논의
- ❖ 글로벌 다자 협력
  - UN체제 중심 협력기제
  - 개발원조와 다자협력 기제의 효과성

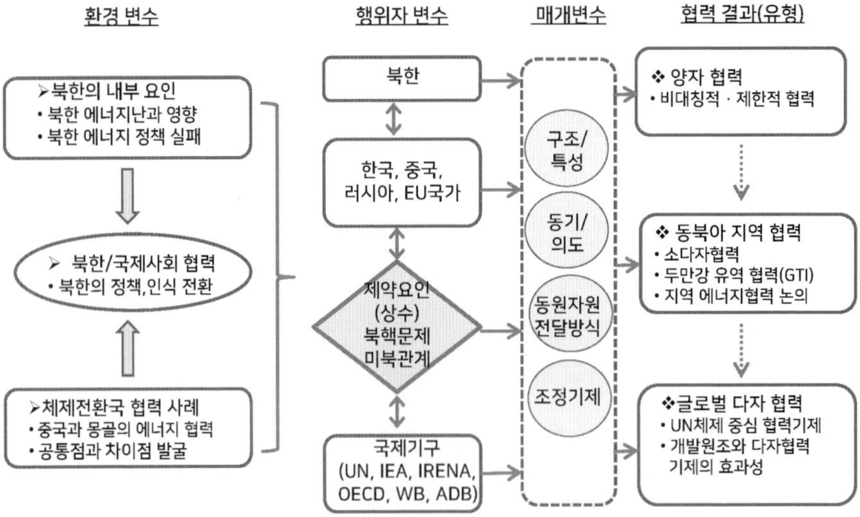

## 3. 북한의 에너지 현황

### 가. 북한의 에너지 수급

북한의 에너지 공급규모는 1990년 최고수준인 2,396만 석유환산톤(TOE: Ton of oil equivalent)을 기록하였으며[27], 이후 연평균 4.2% 수준의 감소세를 보여오다 2016년도에 들어서는 991만 TOE를 기록하였다. 이 수치는 1990년 수준에서 58.6% 감소한 것으로 북한의 에너지 공급은 절반 이상 축소되었다. 남북한 에너지 공급 격차는 1990년 남한의 1/4 수준이었으나 2016년도에는 1/30로 크게 벌어졌다.[28]

북한의 1차 에너지 공급 구조는 석탄과 수력이며, 수입에 의존하는 석유는 2016년 기준으로 전체의 11.8%를 차지하였다.[29] 2016년 북한의 1차 에너지 공급은 석탄이 43.2%, 수력이 32.3%, 석유가 11.8%, 기타 12.7%로 되어 있다. 북한의 1차 에너지원 구조에서 주목할 현상은 바이오매스 사용의 증가이다.[30] 이러한 현상은 전력난이 심화되고 석탄 증산이 한계에 부딪치자 주민들이 난방과 취사용으로 땔감이나 작물 부산물, 유기물 사용 등을 확대한 데서 기인하고 있다. 북한에서 바이오매스 사용은 1990년에 비해 2배나 증가했는데 결국 산림

---

[27] 에너지 단위인 석유환산톤(TOE: ton of equivalent)은 $10^7$kcal이며 원유 1톤의 에너지 물량을 나타내는 국제적인 계량단위이다. 북한의 무연탄은 6,150kcal/kg, 갈탄은 4,200kcal/kg, 코크스는 6,500kcal/kg의 열량을 적용하여 TOE로 환산하며, 수입석탄은 수출국의 석탄열량과 실제 보고된 열량을 적용하여 환산한다. 원유는 산유국의 평균 열량이 다르기 때문에 각 산유국의 평균 열량을 적용하며, 석유제품은 제품에 따라 1.15TOE~0.96TOE/톤으로 환산된다.
[28] 통계청, 『2017 북한의 주요통계지표』, 서울: 통계청, 2017, p. 40.
[29] 북한의 원유수입은 1995년 110만 TOE로서 전체의 6.4%를 차지해 20년 전과 비교해 별 차이를 보이지 않고 있는데, 1998년 140만 톤을 수입하여 10%로 증가한 것 이외에 거의 한 자리수를 기록해 왔다.
[30] Peter Hayes 등의 연구에 의하면, 2009년 북한의 1차 에너지원은 석탄이 50%, 바이오매스가 27%, 수력 7%, 정유제품이 약 7% 가량으로서 바이오매스의 비중이 상당히 높은 것을 알 수 있다. Peter Hayes et al., op. cit, p. 161.

황폐화를 초래하고 산사태에 취약하게 되는 결과를 가져오게 되었다.

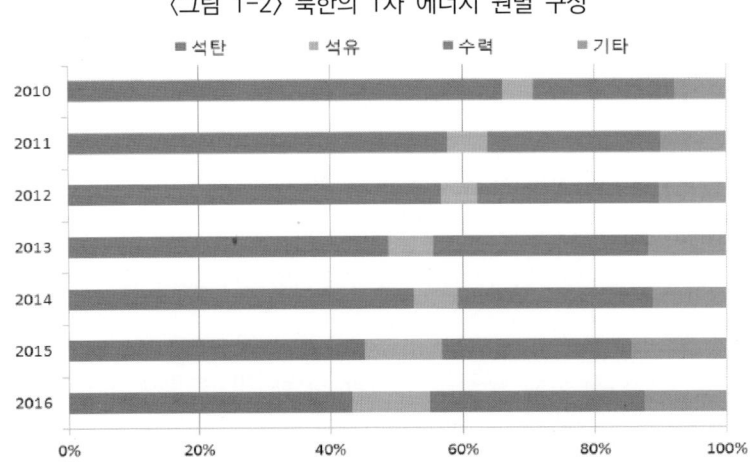

〈그림 1-2〉 북한의 1차 에너지 원별 구성

자료: 국회예산정책처(2018), 「북한 경제개발 재원조달을 위한 국제기구와의 협력방안」, p. 24.

에너지원별로 1990년대와 비교해 보면, 석유의 감소가 가장 두드러지며 수력은 상대적으로 감소폭이 적었다. 1990년 에너지 공급규모를 100으로 할 경우, 2011년 공급규모는 석탄 62%, 석유 28%, 수력 89%, 기타 에너지 113% 수준으로 나타났다. 이는 북한 경제가 1990년 수준의 에너지 공급에서 아직 회복하지 못하고 있으며 전 수요부문에 걸쳐 에너지 공급 부족 상황이 만성적임을 알 수 있다. 1차 에너지 공급능력 부족으로 인해 가정, 산업, 공공, 수송 등 주요 생산 분야에 있어 총체적 기능 부전 현상이 발생하게 되었으며, 이는 다시 에너지 공급능력의 활력을 가로막는 악순환의 원인이 되고 있다.

북한의 에너지 부문에 필수적인 석유는 중국의 지원과 한반도에너지개발기구(KEDO)의 지원으로 일정부분 숨통을 트긴 했으나 2002년 11월을 끝으로

KEDO의 지원이 끊긴 데다 경화부족으로 자체 수입량은 매우 미미한 수준이다. 발전량의 경우도 1990년대에서 일정부분 회복하긴 했으나 만성적인 부족상태를 벗어나지 못하고 있다.

〈표 1-1〉 북한의 석탄/석유 공급량 및 발전량 추이

(단위: 만 톤, 천배럴, 억kWh, %)

| 구분 | 1990 | 1992 | 1994 | 1996 | 1998 | 2000 | 2002 | 2004 | 2006 | 2008 | 2010 | 2013 | 2016 |
|---|---|---|---|---|---|---|---|---|---|---|---|---|---|
| 석탄 | 3,315 | 2,920 | 2,540 | 2,100 | 1,860 | 2,250 | 2,190 | 2,280 | 2,468 | 2,506 | 2,500 | 2,660 | 3,106 |
|  | -23.4 | -5.8 | -6.3 | -11.4 | -9.7 | 4.6 | -5.6 | 2.2 | 2.6 | 1.5 | -2.0 | 3.1 |  |
| 원유 | 18,472 | 11,142 | 6,670 | 6,861 | 3,694 | 2,851 | 4,376 | 3,900 | 3,841 | 3,878 | 3,870 | 4,237 | 3,885 |
|  | - | -19.5 | -33.0 | -14.6 | -1.2 | 22.7 | 3.1 | 7.0 | 0.2 | 1.1 | -1.7 | 10.5 |  |
| 발전량 | 277 | 247 | 231 | 213 | 170 | 194 | 190 | 206 | 225 | 255 | 237 | 221 | 239 |
|  | 4.2 | -6.1 | 4.5 | -7.4 | -11.9 | 4.5 | -5.7 | 5.1 | 4.4 | 7.4 | 0.8 | 2.8 |  |

* %: 전년 대비 증감률
출처: 통계청의 각 년도 주요 통계지표와 통일부 자료.

〈표 1-2〉 남북한 주요 에너지 공급 상황 비교 (2001~2017)

|  |  | 단위 | 2001 | 2005 | 2010 | 2015 | 2016 | 2017 | CAGR (2001~2017) |
|---|---|---|---|---|---|---|---|---|---|
| 석탄 생산량 | 북한(A) | 만톤 | 2,310 | 2,406 | 2,500 | 2,749 | 3,106 | 2,166 | -0.40 |
|  | 남한(B) | 만톤 | 382 | 283 | 208 | 173 | 173 | 149 | -5.71 |
|  | (B/A) | 배 | 0.2 | 0.1 | 0.1 | 0.1 | 0.1 | 0.1 |  |
| 발전 용량 | 북한(A) | 만kW | 775 | 782 | 697 | 743 | 766 | 767 | -0.06 |
|  | 남한(B) | 만kW | 5,086 | 6,226 | 7,608 | 9,765 | 10,587 | 11,716 | 5.35 |
|  | (B/A) | 배 | 6.6 | 8 | 10.9 | 13.1 | 13.8 | 15.3 |  |
| 발전량 | 북한(A) | 억kWh | 202 | 215 | 237 | 190 | 239 | 235 | 0.95 |
|  | 남한(B) | 억kWh | 2,852 | 3,646 | 4,747 | 5,281 | 5,404 | 5,535 | 4.23 |
|  | (B/A) | 배 | 14.1 | 17 | 20 | 27.8 | 22.6 | 23.6 |  |
| 원유 도입량 | 북한(A) | 만배럴 | 424 | 383 | 385 | 385 | 390 | 385 | -0.60 |
|  | 남한(B) | 만배럴 | 85,937 | 84,320 | 87,242 | 102,611 | 107,812 | 111,817 | 1.66 |
|  | (B/A) | 배 | 202.7 | 220.2 | 226.6 | 266.5 | 276.5 | 290.6 |  |

* CAGR: 연평균 성장률(compound annual growth rate)
자료: 한국은행. 산업연구원(2018), "북한 에너지·전력 현황과 남북 태양광분야 협력방향," 「KIET산업경제」, p. 22에서 재인용.

상기 〈표 1-1〉은 북한 내 석탄, 석유, 발전량 등 에너지 공급구조와 현황을 잘 보여주고 있다. 2000년대 북한의 에너지원 공급 상황을 보면, 석탄 공급량은 1990년 3,315만 톤에서 1998년에 최저수순인 1,860만 톤까지 56%가량 떨어졌다가, 2016년도에 3,106만 톤을 생산하여 1990년대 수준 근처까지 회복하는 모습을 보이고 있다. 전력 생산량 역시 1990년도 277억kWh에서 1998년도에 최저수준인 170억kWh까지 떨어져 1990년 대비 61% 감소하였으나 2016년도에 239억kWh로 약 86.2%선까지 회복하였다.

그러나 원유 도입량의 경우 2000년도 285.1만 배럴까지 떨어져 1990년 대비 15.4% 정도로 감소하였다. 2016년 원유 도입량은 388.5만 배럴로서 1990년 대비 약 21% 수준에 불과하여 별다른 개선을 보이지 못하고 있다. 북한의 원유도입량은 1990년대 중반 이후로 300만 배럴대를 넘지 못하였으나[31], 2013년도에 400만 배럴대로 진입하여 소폭 증가세를 보였으나 2016년도에는 300만 배럴대를 기록했다.

북한에서 석탄은 가장 중요한 에너지원으로서 전반적인 산업분야에서의 식량 자원으로 간주되었으며, 정부가 주도적으로 석탄 생산 및 보급에 주력해 왔다. 석탄은 북한 내 화력발전의 연료가 되고 있으며, 철강생산에도 주에너지원이 되고 있다. 북한 정부는 석탄 증산을 위해 각고의 노력을 전개하고 있지만 1989년 및 1990년에 정점을 찍고 이후 내리막길을 걸으며 한계상황에 처했다. 그러다가 2010년대 후반 들어 증가세를 보였는데 2016년도에는 3,106만 톤을 기록하여 마의 3,000만 톤 생산 한계를 돌파했다.

북한 내 석탄생산의 급감은 전력과소비 구조 하에서 화력발전의 생산성을 떨어뜨리고, 궁극적으로 전체적인 발전 능력을 저해하여 전력난을 야기하는 원인

---

[31] 통일부, 『북한 이해 2013』, 서울: 통일부 통일교육원, 2013, p. 155.

이 되었다. 전력난은 화물 수송과 운반체계에 차질을 가져오고 설비 자재 이송과 석탄조달을 어렵게 하여 다시 전력난을 가중시키는 요인으로 작용했다.

〈표 1-2〉는 남북한 간 석탄 생산량, 발전 용량, 발전량, 원유 도입량 등 주요 에너지 공급 상황을 비교하고 있다. 석탄 생산을 제외한 여타 에너지 공급 추이는 연평균 성장률의 차이를 극명하게 보여주고 있다.

에너지 수요 측면에서 보면, 1990년대의 에너지난은 연료 부족과 사회주의 시장 축소로 인해 북한의 에너지 수요를 급격하게 위축시켰다. 제품 판매 시장의 위축, 설비와 기자재 부족, 연료 부족 등은 산업 생산 감소와 함께 에너지 사용의 감소를 초래하여 에너지 수요는 절반가량 감소했다. 북한의 전력 소비는 1970년대 수준에 머물러 있을 정도로 최소한 수준에서 이루어지고 있다. 북한의 일인당 전력 소비는 2016년도 650kWh 정도인데, 이는 1971년 연 평균 919kWh에도 미치지 못하는 수준이다. 1인당 전력소비가 1990년에 1,247kWh까지 상승하는 등 1990년대 초반에 증가세를 보였으나, 1990년대 중반에 이르러 추세가 역전되어 1995년에는 912kWh로 축소되었다. 이후 2000년에는 712kWh 수준에서 2010년도 744kWh로 소폭 증가했으나 2016년에는 650Wh로 떨어졌다. 특히 1인당 전력 소비는 1990년 대비 절반 수준에 그치고 있는데, 이는 1971년 919kWh보다도 상당히 낮은 수준이다.[32]

북한의 연간 전력 소비 총량은 1971년 13.46TWh에서 1990년 25.11TWh로 증가하는 등 1990년대 초반에 정점을 찍고 2000년 16.33TWh까지 떨어졌다. 그러나 이후 완만한 회복세를 보여 2005년 19.29TWh를 기록했으나, 2008년 18.12TWh, 2010년 18.24TWh 수준에서 2012년에는 16.19TWh으로 떨어졌고

---

[32] 『연합뉴스』, 2012년 8월 6일. 동 보도에 따르면, 북한의 1인당 전력 사용량이 1970년대 초반 수준으로 30여 년 전과 유사한 상황에 처해 있으며, 전기를 사용하는 주민은 다섯 명 중 한 명에 불과해 전기사용의 부익부 빈익빈 현상이 심각하다는 지적이 제기되었다.

2016년에 14.25TWh를 기록하여 40여 년 전 수준으로 추락했다.

다음은 북한의 에너지 수급 현황을 표로 나타낸 것이다.

〈표 1-3〉 북한의 에너지 수급 현황

| 구분 | 1990 | 2000 | 2005 | 2010 | 2011 | 2012 | 2016 |
|---|---|---|---|---|---|---|---|
| 총인구(백만 명) | 20.2 | 22.8 | 23.8 | 24.5 | 24.6 | 24.8 | 25.4 |
| GDP(PPP 기준)<br>(10억 불, 2005년 가격) | 147.99 | 103.17 | 107.48 | 99.76 | 101.26 | 102.78 | |
| 에너지생산량(Mtoe) | 28.91 | 18.79 | 22.04 | 20.83 | 20.13 | 20.26 | 21.29 |
| 에너지 순수입(Mtoe) | 4.31 | 0.96 | -0.70 | -1.93 | -6.14 | -6.18 | -12.47 |
| 총에너지공급(TOE) | 33.22 | 19.72 | 21.33 | 18.90 | 13.99 | 14.08 | 8.82 |
| 전력 소비(TWh) | 25.11 | 16.33 | 19.29 | 18.24 | 16.19 | 16.19 | 14.25 |
| 1인당 전력소비(kWh) | 1,243 | 715 | 810 | 744 | 657 | 654 | 650 |
| 1인당 석유공급(toe) | 0.13 | 0.04 | 0.04 | 0.03 | 0.03 | 0.03 | |
| GDP(PPP 기준) 대비<br>총에너지공급<br>(toe/천불, 2005년 가격) | 0.22 | 0.19 | 0.20 | 0.19 | 0.14 | 0.14 | |

\* Mtoe: 백만 석유환산톤(million ton of equivalent)
출처: IEA, 통계청 홈페이지.

상기 〈표 1-3〉에서 보듯이 북한의 에너지 수급현황은 1990년과 비교해 볼 때, 인구가 520만 명 증가한 것 이외에 에너지 관련 통계지표는 하락세를 보였다. 북한은 에너지와 연료부족으로 산업생산이 감소하였으며, 이는 다시 에너지 수요를 위축시키면서 산업부문의 에너지 수요는 1990년대 최대 수요처였으나 가계부문에 역전되었다. 에너지 소비구조(2009년)를 보면 가계가 40%로 가장 많고, 산업부문이 35%, 군대가 10%, 농업부문이 5%, 상업부문이 4%, 운송부문이 3%를 보이고 있다.[33]

---

33) Peter Hayes et al, op. cit, p. 165.

## 나. 북한의 에너지 산업

### 1) 석탄산업

북한 에너지 산업은 크게 석탄산업, 석유산업, 전력산업 등으로 구별할 수 있다. 우선 석탄산업의 경우, 북한의 석탄 매장량은 남한의 10배에 달하는 막대한 양으로 북한은 석탄을 '공업 식량, 주체 공업의 원료'로서 주에너지원으로 여기고 있다. 북한 내 부존되어 있는 석탄 매장량은 약 205억 톤으로 무연탄이 45억 톤, 갈탄이 160억 톤 가량이며, 유연탄(역청탄)은 없다.[34]

지역별로 보면, 주로 평남 북부와 남부, 고원지대, 함북 북부와 남부 등에 부존되어 있다.[35] 북한의 풍부한 석탄 부존량을 배경으로 1970년대부터 석탄을 이용한 화력발전소 건설이 활기를 띠면서 석탄산업이 번창하여 1985년에 정점에 이르렀다. 그러나 1990년대 들어 발전소 건설이 정체가 되면서 석탄산업은 1998년까지 감소세를 기록했다. 화력발전소 건설이 둔화된 데는 외화부족에 따라 원유 수입이 사실상 중단되어 에너지난이 가중되고 투자재원이 여의치 않아 자금과 기술이 부족한 상황이 결정적으로 작용했다. 북한은 1990년대 잇단 재해로 최대 탄전인 안주탄광을 비롯한 저지대의 탄광들이 침수피해를 입어 석탄 생산은 더욱 감소하였다. 이에 따라 북한은 협동농장이나 기업소별로 자체적인 에너지 수요 충당을 위해 소규모 탄광 개발을 독려하면서 석탄 증산을 위해 매진해 왔다. 이러한 정책은 석탄 난개발을 야기하였으며, 전국적으로 석탄산지를 상당히 훼손하기도 하였다.

북한의 석탄정책은 수입에너지 소비를 억제하기 위해 석탄소비를 최대한 장

---

34) 이인우, 『북한의 광물자원 통계』, 원주: 한국광물자원공사, 2017.9.
35) 이 중 평남 북부, 남부 및 고원탄전은 무연탄을, 함북 북부 및 남부 탄전은 갈탄을 보유하고 있으며, 북한은 무연탄광 70여 개, 유연탄광 30여 개 등 100여 개 이상의 중앙탄광을 운영하였으며, 지방단위의 소규모 탄광도 500여 개 이상 산재한 것으로 알려졌다.

려하는 방향으로 전개되었는데, 이에 따라 저열량탄까지 발전용이나 민생용으로 사용하고 있다.36) 이에 따라 열관리 사업의 일환으로 저열량탄의 이용확대를 위해 기술개발과 연구작업을 독려하였다. 공업부문에 있어서는 국내 무연탄을 원료로 하는 회전로와 소성로 개발에 역량을 집중하였으며, 화학산업에 있어서도 석유화학 대신에 석탄화학을 발전시키는 등 석탄중심의 공업체계를 발전시켰다. 북한이 내세우는 순천 비날론 연합기업의 경우 석탄과 석회석을 원료로 하여 섬유는 물론 메탄올, 카바이트, 질소비료 등 300여 종의 화학제품을 생산하고 있다.

북한의 석탄산업은 국가역량을 결집한 정책노력으로 이어졌으나, 증산이 한계에 이르면서 큰 문제점을 드러내었다.37) 첫째, 자본 및 기술 부족으로 인해 전근대적인 생산방식을 고수하고 있다는 점이다. 상태가 좋은 탄광의 경우에도 인력 위주의 사갱형식으로 개발되고 있어 심부채탄에 한계를 보이고 있다. 대부분의 탄광들에서는 손수레 인력을 동원한 화차방식으로 운영되고 채탄장비들이 열악하여 생산성이 매우 낮은 상황이다.

둘째로, 1990년대 발생한 홍수 피해 복구 과정에서 자본과 장비가 부족하여 복구 불능으로 방치되고 있는 탄광들이 많다는 사실이다. 셋째, 경제침체에 따른 중간재 부족 심화로 석탄생산력이 저하되었다. 특히 전력공급이 부족하여 생산 및 운반기계를 돌릴 수 없고, 탄광 내부에서 솟아오르는 물을 적기에 펌프 배수를 하지 못해 갱내 침수상태가 심각하다. 이는 생산력의 저하뿐만 아니라 붕괴 등 안전사고의 위험도가 커지고 개보수 비용이 증가하는 등 석탄생산을 제약하는 구

---

36) 가정의 난방이나 군소공장의 연료로 사용되는 석탄은 열량이 3,000kcal/kg 이하의 저열량탄이며, 1,600kcal/kg 이하의 초무연탄도 사용되고 있다. 반면, 고열량탄은 산업용 원료나 외화획득을 위해 수출용으로 활용되었다.
37) 김경술, 『남북 에너지협력 프로젝트별 추진방안 분석 연구』, 의왕: 에너지경제연구원, 2012, pp. 17~19.

조적 요인이 되어 버렸다. 전력 이외에도 갱목 등 부자재, 기계부품 및 윤활유 공급 부족으로 장비 유지 보수가 적기에 이루어지지 못하고 있다.

넷째는 국가가 더 이상 관리하지 않는 이른바 폐광에 주민들이 자체 연료 조달을 위해 생산하는 '인민탄'의 문제이다. 인민탄은 연간 5천여 톤이 생산되는데 추락사를 비롯한 각종 사고로 인해 당국에서 금지하고는 있으나 금하지는 못하고 있다.

북한 석탄산업에 있어서 중요한 변화양상은 국내 수급요인과 중국과의 관계이다. 북한은 1994년 석탄 배급이 중단됨에 따라 자체적으로 취사와 난방용 연료를 확보해야 하므로 장마당에서 석탄을 구매하지 못하는 대부분의 주민들은 연료난에 허덕이고 있다. 한편, 북한은 자급용 석탄이 부족한 상황에서도 외화벌이를 위해 5,500kcal/kg 이상의 고품질 무연탄을 중국에 수출하였다. 이에 따라 무연탄 수출물량이 확대하면서 수급구조에 어려움을 가중시키고 있다. 북한의 열악한 석탄산업 인프라로 인해 외국업체가 진출을 꺼리고 있으며, 개발권을 확보한 중국 업자들도 직접 개발하기보다는 장비와 자금을 선제공하고 현물을 가져가는 형태를 취하고 있다.

결국 북한의 무연탄은 제값을 받지 못하고 수출하는 경우가 빈번한데 대중국 무연탄 수출단가가 2004년도 30불 내외에서 2010년도에 85불까지 오르긴 했으나 국제시세의 절반 가까운 수준에서 매매가 이루어졌다. 2014년도 북한이 중국에 수출한 무연탄 가격은 73.4불로 떨어졌으며, 수출규모는 1,132.2백만 불로 2013년의 1,373.7백만 불보다 17.6% 감소하였다. 북한의 대중 무연탄 수출은 2006년 이후 처음으로 줄어든 기록을 보였다.[38] 전반적으로 보아 북한의 석탄 수출은 2016년까지 중국의 석탄 수입에서 85%에 가까운 점유율을 차지할 정도로 압도적이었

---

38) 『연합뉴스』, 2015년 2월 6일.

으나, 2017년 8월 북한의 대륙간탄도미사일(ICBM) 발사에 따른 석탄, 철 등의 수출을 전면 금지하는 유엔 대북 결의 제2371호 채택 이후 매우 미미한 수준으로 쪼그라들었다.39)

## 2) 석유산업

북한의 석유산업은 자력갱생의 원칙이 무력할 정도로 철저하게 대외의존적인 산업분야이다. 부존된 원유가 없는 상황에서 불가피한 측면이 있기는 하나 기본적으로 지원되는 원유 이외에 원유의 도입을 최대한 억제하고 있어 에너지 분야의 효율성을 저해하고 있다. 따라서 북한 석유산업의 우선적인 과제는 유리한 조건으로 원유를 도입하는 것이다. 그러나 소련해체 이후 우호가격에 의한 원유 공급 중단과 함께 재원부족으로 국제시세로 원유를 수입할 수 없었다.

북한의 원유 정제능력은 일일 7.2만 배럴 수준으로 1980년 이후 증설이 이루어지지 않아 매우 열악한 수준이다. 북한에 소재한 정유공장으로는 구소련의 지원으로 건설된 나진의 승리화학공장40)과 중국이 지원한 봉화화학공장41) 등

---

39) 『연합뉴스』, 2019년 8월 9일.
40) 함경북도 선봉에 소재한 승리화학공장은 구소련의 지원하에 1973년에 1기 설비가, 1979년에 2기 설비가 완공되었다. 연간 정제능력은 기당 100만 톤씩 총 200만 톤이다. 소련 극동지역의 원유를 나호트카 항에서 웅기항으로 운반, 하역한 후, 다시 공장으로 인도하여 정제하였다. 그러나 1990년부터 원유공급이 중단되어 정상가동이 이루어지지 않고 있는 상태이다. 이러한 배경에는 러시아가 극동의 코즈미노에 동태평양송유관(ESPO: East-Siberia Pacific Oil Pipeline)을 통해 들어오는 원유를 정제할 수 있는 대규모 석유정제센터를 완공함에 따라 승리화학공장이 가지는 전략적 중요성이 반감한 데에도 원인이 있었다.
41) 평안북도 피현군에 소재한 봉화화학공장은 1975년 3월 김일성 주석의 지시로 착공되었으며, 1978년 1기가 완공되고 1980년 중국의 지원하에 증설되었다. 공장은 북한 서부지역의 대표적인 유류 공급 공장으로서 중국의 헤이룽장(黑龍江)성 다칭(大慶)산 원유를 '조·중 우호송유관'을 통해 도입하고 있으며, 연간 150만 톤의 정유능력을 가지고 있다. 당초 '백마화학공장'으로 명명되었으나 1978년 5월 중국 화궈펑(華國鋒) 주석의 평양방문을 계기로 150만 톤 규모로 확장이 결정되면서 명칭도 '봉화화학공장'으로 개칭되었다. 봉화화학공장은 2015.6.31. 창립 40돌 기념 보고대회를 열었으며, 당 중앙위 차원에서 축하문을 보낸 것으로 알려졌다. 『노동신문』, 2015년 7월 2일.

2개소가 있다. 북한으로 들어오는 원유는 전량 두 정유공장에서 정제되는데, 원유부족 및 가동 정지 기간이 장기화되어 설비 노후화가 상당히 진행되었다. 원유저장시설은 상기 2개의 정유공장 내에 소재하고 있으며, 이외에 남포항에 소재한 것으로 알려진 5만 톤급 중유 저장설비가 있다.

〈표 1-4〉 북한의 석유정제시설 현황

| 구분 | 연간 정제능력 | 건설 시기 | 협조국 |
| --- | --- | --- | --- |
| 승리화학공장 | 200만 톤<br>(4.1만b/d) | 1973년 9월 1기<br>100만 톤/년 건설완료, 가동<br>1979년 2월 2기<br>100만 톤/년 건설완료, 가동 | 구소련 |
| 봉화화학공장 | 150만 톤<br>(3.1만b/d) | 1978년 9월 1기<br>100만 톤/년 건설완료, 가동<br>1980년 50만 톤 증설 | 중국 |

출처: 김경술 외(2013), p. 33.에서 수정, 보완

승리화학공장은 러시아산 원유를 정제할 목적으로 구소련의 지원하에 건설되었는데, 구소련 연방이 해체되면서 북-러 간 무역결제 방식이 우호가격에 의한 청산계정 방식에서 경화결제 방식으로 변경되고 러시아 자체의 원유생산이 감소되어 전면 중단되는 사태에 직면하게 되었다. 북한은 한때 일시적으로 중동산 원유를 도입하여 조업을 한 바 있으나, 현재는 정상가동이 되지 않고 있다.

봉화화학공장은 일일 3.1만 배럴 정제능력을 보유하고 있으며, 승리화학공장의 가동이 중단되면서 북한 유일의 정제공장으로 남아 있다.[42] 북한은 '조·중

---

[42] 북한은 2012년 6월 승리화학공장의 지분 20%를 1,000만 불에 몽골 정유업체인 HBOil JSC사에 매각하여 10억 불을 유통한 것으로 알려졌다. HBOil사는 북한의 정유 회사인 '원유개발총회사(KOEC International)'로부터 지분을 인수했는데, KOEC사는 북한 내 원유탐사와 개발권을 가진 '조선석유개발회사(Korea Oil Exploration Corp)'의 자회사이다. 몽골의 HBOil사는 원유를 북한에 수출하고 승리화학공장에서 정제과정을 거친 뒤 석유제품을 다시 몽골로 역수입할 의도를 갖고 투자했다. 『자유아시아방송』(RFA), 2013년 12월 20일.

우호송유관'을 통해 1990년대 중반까지 연간 80만~100만 톤의 원유를 공급받았다. 북한은 1989년 연간 2,500만 톤을 수입하기도 했으나 1997년 이후 원유 공급이 급격히 줄어들어 1999년에는 31만 톤까지 떨어진 바 있다.

북한은 원유 탐사 노력도 전개하였는데 1950년대 말부터 서해안의 서한만(서조선만)과 안주분지 등에 대한 지질탐사를 실시하였다. 북한은 1993년 4월 '지하자원법'을 제정했는데, 제8조에 석유자원의 개발이용을 위해 외국 자본과의 협력을 본격적으로 추진하도록 법체계를 정비하였다. 아울러 '원유탐사총국'을 '원유공업성'으로 승격하였다. 1994년 3월에 개최된 최고인민회의 제9기 7차회의 계기에 강성산 총리는 연설을 통해 탐사장비를 확충하고 투자를 확대할 것이라며 유전개발에 열의를 보였다.

1997년 9월에는 김정일 국방위원장이 국내 석유개발의 조속한 성과를 강조함으로써 석유개발 추진의지를 표명하였다. 이에 따라 북한은 자체기술로 남포 앞바다와 평남 안주지역에 시험적으로 시추를 진행하였으며, 호주, 스웨덴, 영국 기업들과 탐사계약을 통해 탐사활동을 전개하였다.[43] 2004년 들어 영국과 아일랜드에 본사를 두고 있는 아미넥스(Aminex)사와 20년간 석유탐사 및 개발계약을 체결하였다. 그러나 가시적인 성과가 없자 북한 노두철 부총리는 2005년 중국을 방문하여 5억불 규모의 북-중 해상 석유공동개발협정에 서명하였으나 양국 간 이해 불일치 등으로 인해 성과가 별무하다. 북한에는 아직 경제성 있는 유전이 발견되지 않고 있으며, 투자 관련 제도적 여건 등이 미비하여 본격적인 시추와 개발이 안 되고 있다.

---

43) 스웨덴의 Taurus Petroleum사는 서해의 두 개 블록에 대한 탐사계약을 맺었으며, 호주의 BHP사도 동해안 지역의 한 블록에 대해 계약을 추진하기도 하였다.

### 3) 발전산업

북한의 발전산업은 수력과 화력발전소를 중심으로 이루어지고 있다. 북한 내 전반적인 산업활동을 제고하고 경제를 활성화하기 위해서는 전력난을 우선적으로 해결해야 하는 상황임을 감안하여 한계상황에 이른 석탄화력 발전보다는 수력 발전소 건설과 대체에너지 개발에 매진하고 있다.

북한의 발전산업은 해외에서 발전연료를 수입하기보다 자체 부존자원인 석탄과 수력을 활용하여 전력을 생산하고, 이를 송배전망에 의해 배분하는 구조로 이루어져 있다. 과거에는 수력과 화력의 비중이 50:50으로 추진되었으나, 탄광 심부화 진전으로 인한 석탄생산의 어려움과 산업부문에 우선적으로 충당하다 보니 발전용으로 사용하는 데 제한적이라 수력의 비중이 다소 높아졌다. 북한의 발전산업에 대한 통계는 정확하게 보도되지 않아 실상을 파악하기가 용이하지 않은 실정이다. 간헐적으로 나오는 발전소 건설 관련 보도와 발간된 문서 등을 통해서 추정하는 경우가 많다. 또한 북한은 소수력 발전소를 계속 짓고 있으므로 수시로 모니터링해서 수정하는 작업이 필요하다.

북한의 수력산업은 산악지형을 따라 발달한 수자원을 활용하여 일제시대부터 수풍, 장진강, 부전강 수력발전소가 건설되어 북한 전력생산의 중추를 형성하였다. 북한은 1960년대까지 수력에 의존한 전력생산 구조를 유지하였다. 북한에는 전국적으로 30개소에 6,623.5MW 가량의 중대형 수력발전 설비가 운영되고 있는 것으로 파악되고 있다. 북한의 30개 중대형 수력발전소 현황은 〈표 1-7〉과 같다.

<표 1-5> 북한의 수력발전설비 현황(MW)

| | 명칭 | 용량 | 소재지 |
|---|---|---|---|
| 1 | 강계청년 | 225 | 자강 장강군 |
| 2 | 금야강 | 270 | 함남 동해지구 |
| 3 | 남강 | 45 | 평양 강동군 |
| 4 | 내중리 | 12 | 양강 김형직군 |
| 5 | 대동강 | 200 | 평남 덕천시 |
| 6 | 미림갑문 | 32 | 평양 사동구역 |
| 7 | 백두산영웅청년 | 100 | 양강도 백암군 |
| 8 | 봉화갑문 | 20 | 평양 강동군 |
| 9 | 부령 | 32 | 함북 부령군 |
| 10 | 부전강 | 204 | 함남 신흥군 |
| 11 | 삼수 | 50 | 양강 삼수군 |
| 12 | 서두수(3월17일) | 510 | 함북 청진시 |
| 13 | 수풍 | 1,200 | 평북 삭주군 |
| 14 | 안변청년 | 324 | 강원 안변군 |
| 15 | 어랑천 | 134 | 함북 어랑군 |
| 16 | 영원 | 90 | 평남 령원군 |
| 17 | 예성강청년 | 34 | 황북 토산군 |
| 18 | 운봉 | 400 | 자강 자성군 |
| 19 | 원산군민 | 40 | 강원 법동군 |
| 20 | 원산청년 | 60 | 강원 법동군 |
| 21 | 위원 | 390 | 자강 위원군 |
| 22 | 장자강(독로강) | 90 | 자강 만포시 |
| 23 | 장진강 | 348 | 함남 영광군 |
| 24 | 천마 | 12 | 평북 천마군 |
| 25 | 태천 | 746 | 평북 동창군, 태천군, 박천군 |
| 26 | 태평만 | 190 | 평북 삭주군 |
| 27 | 통천 | 17 | 강원 통천군, 창도군 |
| 28 | 허천강 | 406 | 함남 허천군, 단천시 |
| 29 | 흥주 | 22.5 | 자강 강계시 |
| 30 | 희천(청천강계단식) | 420 | 자강 희천군 |
| | 계 | 6,623.5 | |

출처: 에너지경제연구원 및 여타 자료 참조

　북한의 수력발전소들은 80%가량이 일제시대에 지어졌거나 20년 이상 된 노후화된 발전소로서 부품 조달 및 기술적 문제로 유지보수가 제대로 이루어지지 못하고 있다. 또한, 홍수 등 자연재해로 인한 피해, 부품 공급과 관련된 연관산업의 부실, 윤활유 부족 등으로 관리운영에 어려움을 노출하고 있다.

중대형 수력 발전소가 부지, 자금, 기술 등으로 추가 건설에 어려움이 노정되자, 북한은 전력난 해소를 위해 1990년대 중반부터 투자비가 적게 들고 건설기간도 짧은 1만kW급 이하의 중소형 발전소 건설을 전국적으로 독려하였다.44) 중소형 발전소 건설 사업은 일부 성공을 거둔 것으로 대대적으로 홍보되기도 했지만, 전력계통에 연결되지 못하였고, 자체 시군별로 경쟁적으로 건설하는 과정에서 무리가 따르게 되었다. 게다가 강우량 부족 등 계절적 영향, 효율성 저하 등으로 기대만큼 효과가 높게 나타나지 못했다. 결국 북한은 2000년을 전후하여 희천발전소 등과 같은 대규모 발전소 건설에 노력을 기울이게 되었다.

희천발전소는 평양에서 북서쪽 175km 떨어진 자강도의 청천강 유역에 위치해 있다. 1980년대 이래 최대의 토목공사라고 일컬어질 만큼 대규모 공사로서 2001년에 건설을 시작하여 자재난 등으로 어려움을 겪다가 2009년 3월 김정일의 현지지도 후 공사가 재개되었다. 김정일은 8차례나 희천발전소를 찾을 정도로 공을 들였는데, 2009년 현지지도 시 희천발전소 건설속도를 혁명적 군인정신에 바탕을 둔 '선군시대의 새로운 천리마속도', '희천속도'로 명명하였다. 결국 북한 정부 차원에서 각고의 노력을 기울인 끝에 2012년 4월 5일 김영남 최고인민회의 상임위원장, 최영림 내각총리 등이 참석한 가운데 희천발전소 1호기와 2호기 준공식이 개최되었다.45)

북한의 화력발전은 주원료인 석탄의 증산이 어려운 상황인 데다가 발전시설

---

44) 북한은 1998년 한 해에만 5,000개에 이르는 중소형 발전소가 건설되었으며, 1998년부터 2002년까지 6,500개의 중소형 수력발전소를 건설한 것으로 전해진다.
45) 노동신문은 조선노동당 중앙위원회와 중앙군사위원회 명의의 공동축하문을 전하면서 10년이 걸리는 공사를 3년으로 단축하여 김일성 탄생 100주년을 기념했다고 치하하면서 동 공사를 강성대국을 여는 상징적 사업으로 소개하였으며, '선군시대의 대기념비적 창조물'이라고 평가했다. 『노동신문』, 2012년 4월 6일.

노후화로 심각한 상황에 처해 있다. 한때 KEDO 중유를 화력발전소에 착화용으로 사용하긴 했으나 대북 중유공급이 중단되면서 평양화력발전소, 북창화력발전소 등의 발전에 차질을 겪기도 했다. 북한에는 북한이 동양최대라고 부르는 북창화력발전소를 비롯하여 평양화력발전소, 선봉화력발전소 등 8개의 중대형 화력발전소가 있으며, 대부분 구소련의 설비 및 부품에 의존한 러시아식 열병합발전소이다.[46)]

원료는 석유를 사용하는 선봉화력발전소를 제외하고는 석탄을 사용하고 있는데, 청진화력발전소와 청천강화력발전소가 유연탄을, 북창화력, 평양화력, 동평양화력, 순천화력, 12월발전소 등은 무연탄을 사용하고 있다. 북한의 석탄화력발전소는 바닷물을 용수로 사용하고 있는 특성상 해안가 등으로 입지가 제한되어 있어 송전시설이 미비한 북한으로서는 석탄화력발전소를 통해 내륙지방의 전력수요를 감당하는 데는 많은 한계를 보여주고 있다.

〈표 1-6〉 북한의 화력발전설비 현황

| 발전소명 | 소재지 | 준공년도 | 설비구성 (만kW, 기) | 총용량 (만kW) |
|---|---|---|---|---|
| 북창화력발전소 | 평남 북창 | 1970~1985 | 10×16 | 160 |
| 평양화력발전소 | 평양시 평야구역 | 1965~1968 | 20×2 10×1 | 50 |
| 선봉화력발전소 | 함북 웅기군 | 1967~1976(?) | 5×4 | 20 |
| 청천강화력발전소 | 평남 안주군 | 1976~1978 | 5×4 | 20 |
| 청진화력발전소 | 청진시 | 1984~1986 | 5×3 | 15 |
| 순천화력발전소 | 평남 순천군 | 1987 | 5×4 | 20 |
| 동평양화력발전소 | 평양시 낙랑구역 | 1994 | 5×1 | 5 |
| 12월화력발전소 | 남포시 대안구역 | 1996 | 5×1 | 5 |
| 비계통독립전원 |  |  |  | 6 |
| 계 |  |  |  | 301 |

출처: 김경술, 앞의 책, p. 35.

---

46) 평안남도 순천군의 순천비날론공장 부지 내에 소재한 순천화력발전소는 중국의 지원에 의해 건설되었다.

북한의 원자력 산업은 전무한 수준으로 북한은 자체 매장된 풍부한 우라늄 자원을 개발하여 원자력 발전을 추구하기도 하였다. 특히 제3차 7개년계획 (1987~1993)년간 구소련의 지원으로 44만kW급 원자력발전소 건설을 추진하였으나 소련이 붕괴하면서 진행되지 못했다. 1994년 10월 북-미 간 제네바 기본합의문에 따라 진행 중이던 2,000MW급 경수로 건설사업도 2002년 제2차 북핵 위기의 여파로 대북 중유공급이 중단되면서 그 이듬해 12월 사실상 중단되었다.

2013년 4월 북한은 원자력총국을 확대 개편하여 원자력공업성을 설립하였다. 북한 원자력총국은 같은 달 기구개편에 즈음하여 대변인 명의로 "력사적인 당중앙위원회 전원회의에서 제시된 경제건설과 핵무력건설 병진로선에 따라 유라니움농축공장을 비롯한 녕변의 모든 핵시설들과 5MW 흑연감속로의 용도가 조절 변경되었으며, 재정비되어 정상가동을 시작하였다"고 밝혔다.[47] 이로써 보듯 북한은 원자력발전소를 가동하고 있지 않음에도 에너지 부족 문제를 타개하려는 노력의 일환으로 국제무대에서 원자력의 평화적 이용 문제를 지속적으로 이슈화하였다.[48]

북한은 천연가스를 사용하고 있지 않고 있어 가스 산업은 미발달된 상태이다. 다만, 러시아로부터 도입된 천연가스를 경유하는 파이프라인 건설과 관련하여 러-북 간 논의가 있었을 뿐이다.

한편, 북한의 신재생에너지 산업은 현재 발전 전력 생산량이 아직 미미한 수준이나 북한 정부의 신규 에너지 발굴사업 의지와 더불어 확장성이 높은 에너지 산업이 되고 있다. 북한은 신재생에너지의 범위를 넓게 해석하여 태양열, 풍력, 지

---

[47] 북한의 원자력총국은 핵 프로그램 개발까지도 관장하고 있으며, 상기 대변인 성명은 핵무기 고도화 및 질적 수준 제고를 위한 일련의 조치로 해석된다. 원자력총국의 원자력공업성으로의 확대 개편은 북한이 핵 프로그램에 대한 정책을 강화하겠다는 의지로 해석되었다.

[48] 김혁철은 원자력발전의 비중을 높일 것을 주장하고 있다. 김혁철, "에네르기, 동력문제를 해결하는데서 나서는 중요한 문제," 『경제연구』, 제1호, 평양: 과학백과사전출판사, 2018, pp. 23.

열, 생물가스, 조력 등 다양한 에너지원을 포함하고 있다. 북한의 대체에너지 발굴 노력과 신재생에너지 사업은 노동신문이나 중앙조선통신 등을 통해서 투자 성과 등을 공개하고 있어 북한 에너지정책 동향과 관련하여 지속적으로 모니터링이 요구된다.

〈표 1-7〉 남북한 설비별 발전용량 추이 비교(1990~2016)

| | | 1990 | 1995 | 2000 | 2005 | 2010 | 2015 | 2016 용량 | 2016 구성비 | CAGR (1990~2016) |
|---|---|---|---|---|---|---|---|---|---|---|
| 남한 | 합계 | 21,021 | 32,184 | 48,451 | 62,258 | 76,078 | 97,649 | 105,866 | 100 | 6.42 |
| | 수력 | 2,340 | 3,093 | 3,149 | 3,883 | 5,525 | 6,471 | 6,485 | 6.1 | 4.00 |
| | 화력 | 11,065 | 20,475 | 31,586 | 40,659 | 52,837 | 63,813 | 68,788 | 65 | 7.28 |
| | 원자력 | 7,616 | 8,616 | 13,716 | 17,716 | 17,716 | 21,716 | 23,116 | 21.8 | 4.36 |
| | 신재생 | - | - | - | - | - | 5,649 | 7,477 | 7.1 | |
| 북한 | 합계 | 7,142 | 7,237 | 7,552 | 7,822 | 6,968 | 7,427 | 7,661 | 100 | 0.27 |
| | 수력 | 4,292 | 4,337 | 4,952 | 4,812 | 3,958 | 4,467 | 4,701 | 61.4 | 0.35 |
| | 화력 | 2,850 | 2,900 | 2,960 | 3,010 | 3,010 | 2,960 | 2,960 | 38.6 | 0.15 |
| | 원자력 | - | - | - | - | - | - | - | | |

자료: 통계청. 산업연구원(2018), "북한 에너지·전력 현황과 남북 태양광분야 협력방향,"「KIET산업경제」, p. 22에서 재인용.

아래 〈그림 1-3〉은 2018년 7월 한국핵정책학회와 한국원자력학회가 주최한 남북한의 에너지 협력 관련 세미나에서 소개된 내용으로서 북한의 주요 수력 및 화력발전소 분포 현황을 나타내고 있다.

〈그림 1-3〉 북한의 주요 수력, 화력발전소 분포 현황

| 발전소명 | 소재지 | 만kW |
|---|---|---|
| 내중리 | 양강도 김형권군 | 1.2 |
| 서두수 | 양강도 대흥단군 | 45.1 |
| 장진강 | 함북 영광군 | 39.7 |
| 운봉 | 자강도 자성군 | 40.0 |
| 강계청년 | 자강도 장강군 | 24.6 |
| 위원 | 자강도 위원군 | 39.0 |
| 생리 | 자강도 동신군 | 0.8 |
| 강자강 | 자강도 만포시 | 9.0 |
| 부전강 | 함남 신흥군 | 22.6 |
| 허천강 | 함남 허천군 | 39.4 |
| 수풍 | 평북 삭주군 | 100.0 |
| 태평만 | 평북 삭주군 | 19.0 |
| 태천 | 평북 태천군 | 40.0 |
| 천마 | 평북 천마군 | 1.2 |
| 대동강 | 평남 덕천시 | 20.0 |
| 순천갑문 | 평남 순천군 | 0.5 |
| 연풍 | 평남 안주시 | 0.5 |
| 남강 | 평양시 강동군 | 13.5 |
| 미림갑문 | 평양시 사동구역 | 3.2 |
| 봉화갑문 | 평양시 강동군 | 2.0 |
| 안변청년 | 강원도 안변군 | 20.0 |
| 합계 |  | 481.3 |

Ⓗ 수력발전소

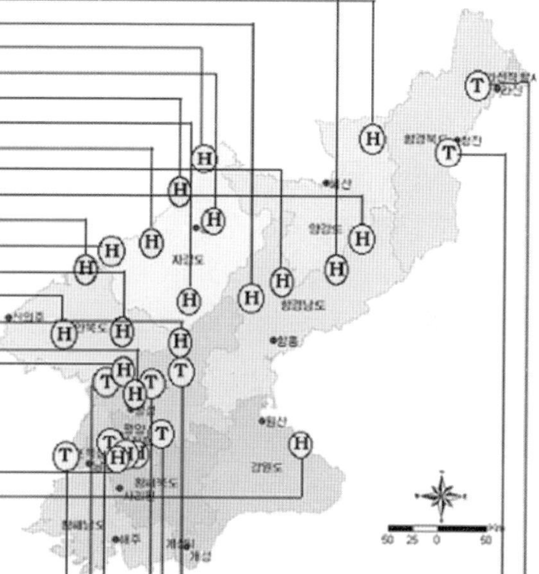

Ⓣ 화력발전소

| 발전소명 | 소재지 | 만Kw |
|---|---|---|
| 청진발전소 | 함북 청진시 | 20 |
| 선봉발전소 | 함북 웅기군 | 20 |
| 북창발전소 | 평남 북창 | 160 |
| 동평양발전소 | 평양시 낙랑구 | 5 |
| 순천발전소 | 평남 순천군 | 20 |
| 평양발전소 | 평양시 평양구역 | 50 |
| 청천강발전소 | 평남 안주군 | 5 |
| 12월발전소 | 남포시 대안구역 | 5 |
| 합계 |  | 295 |

자료: 김경술(2018), "북한 에너지 현황과 남북 에너지협력 전망," 한국핵정책학회·한국원자력학회 세미나, 2018.7, p. 7.

## 4. 북한 에너지난

### 가. 북한 에너지난의 배경과 특징

2016년 기준 북한의 발전설비 용량은 7,661MW로서 남한(105,866MW)의 1/14에 불과하며, 발전 전력량은 239억kWh로 남한(5,404억kWh)의 1/23에 머물러 있다.[49] 한국전쟁 직후 첫 조사시점인 1965년 남한의 전력생산 능력은 769MW로 북한 2,385MW의 1/3 수준에 불과하였다. 그러나 1965년부터 2016년까지 51년간 남한은 137배 성장했지만, 북한은 3배가량 늘어나는 데 그쳐 그 차이는 더욱 극명하게 나타났다.[50] 원유도입량의 격차는 더욱 커서 북한이 389만 배럴의 원유를 도입한 데 비해, 남한은 1,078백만 배럴의 원유를 도입하여 북한의 278배 수준을 기록하였다. 해방 직후 남한보다 전력자원이 월등히 우세했던 북한이 분단 70년 만에 현격한 격차로 남한에 추월당하였으며, 급기야 만성적인 에너지난을 겪게 된 것이다. 이러한 현상을 이해하기 위해서는 북한 에너지난의 배경과 특징을 살펴 볼 필요가 있다.

북한의 에너지 산업은 1989년을 기점으로 급격한 쇠퇴의 길을 걷기 시작했다. 1990년대 초 사회주의경제권이 붕괴되면서 소련에 의존하던 구상무역 방식의 공급이 끊겨 석유수입이 급감하게 되고, 이것이 다시 석탄생산에 필요한 석유와 전력의 절대적인 부족 문제가 발생하면서 에너지난이 촉발되었다. 에너지 부족으로 인해 제반 산업여건이 열악한 상태에 빠지게 되었지만, 역으로 자본과 기술 부족한 데다 연관산업마저 발달하지 못해 산업활동에 필요한 에너지를 적기에 공급받을 수 없게 되었다. 이로 인해 경제 시스템 전반에 부정적인 연

---

[49] 통계청, 『2017 북한의 주요통계지표』, 서울: 통계청, 2017, pp. 42~43
[50] 『연합뉴스』, 2018년 4월 23일.

쇄적 파급효과가 발생하였다. 결국 1990년대에 들어와 북한은 석유, 전력, 석탄 등 3대 에너지 자원이 모두 공급이 50% 가량으로 감소하여 총체적 에너지난을 겪었으며, 개별 에너지 유형들간에 상호 악순환을 그리면서 에너지 사정이 더욱 악화되었다.51)

북한의 에너지 위기는 경제성장과 삶의 질을 저해하는 아킬레스건이다. 경제성장을 위해서는 제조업 분야를 비롯한 산업가동과 수송 및 물류 분야의 원료를 적기에 제공하는 것이 매우 중요하다. 그러나 북한은 수송 및 물류분야에서의 연료 부족으로 자재공급에 애로가 많고, 기본적인 교통망조차 제대로 정비되어 않아 산업가동률은 30% 내외 수준에 머물고 있다. 또한 북한에는 평양 등 대도시를 제외하고는 전국적으로 발달한 고압 송전망이 부재한데다, 송배전 설비도 심각하게 노후화되어 정전이 빈번하게 발생하고 있다. 배전선의 경우에도 나선피복으로 되어 있어 사고 위험성에 노출되어 있는 상황이다.

주민 생활에 있어서도 난방과 취사용으로 사용할 연료 부족으로 인해 주민들이 자체적으로 땔감을 구하다 보니 산림이 황폐화되었다. 산림 황폐화 현상은 홍수와 가뭄 재해 빈발 등과 겹쳐 농작물 생산에도 부정적 영향을 끼치고 있다. 에너지 부족으로 인한 공장가동 저하는 비료 생산 부족 등을 야기하여 식량문제까지 악화되는 등 북한은 에너지난으로 인한 악순환 고리에 직면해 있다. 에너지-식량-물의 연계고리가 선순환을 그리지 못하고 악순환으로 이어지면서 지속가능한 발전에 위협을 가하게 되었다. 결국 북한이 겪고 있는 총체적인 에너지난은 그 자체로 중요한 문제이지만, 식량난, 환경문제 등과 복합적으로 연계되어 전개된다는 것이 북한 에너지난의 특징이라 할 수 있다.52)

---

51) 이수훈, "북한 문제의 에너지적 차원," 『현대북한연구』, 6권 1호, 서울: 경남대학교 북한대학원, 2003, p. 180.
52) 위의 논문, p. 173.

북한 에너지난 접근에 있어서는 국가경제 및 사회 인프라적인 측면에서의 에너지가 가지는 안보의 독특한 측면에 대한 이해가 필수적이다.[53] 북한에 있어 에너지 문제는 실제로 핵실험이나 장거리 미사일 발사 문제만큼이나 중요한 국가 정책적 이슈이다. 북한 정권의 근간을 이루는 안보와 경제 모두 에너지 문제와 밀접한 관계를 맺기 때문이다. 만성적인 북한의 에너지 불안은 핵 프로그램의 근본적인 차원이며, 에너지 딜레마를 해결하는 것이야말로 한반도의 긴장상태를 완화하는 데 긴요하다.[54] 북한이 과거 일련의 6자회담 석상에서 경수로 발전소 건설과 중유 제공 등 에너지 지원문제를 핵심적 협상카드로 내밀었던 이유가 여기에 있다.

북한의 에너지 시스템이 붕괴되고 에너지 문제가 악화된 원인은 크게 6가지를 들 수 있다.[55] 첫째는 수십 년간 지속되어 온 만성적인 자본부족이다. 탈냉전 이후 여타 사회주의국가가 대부분 겪은 문제이기는 했으나, 북한은 대외 개방과 개혁을 거부한 채 내부적으로 해결할 자본역량을 가지고 있지 못해 폐쇄적 에너지 시스템 하에서 심각한 기능부전에 처하게 되었다.

둘째는 북한의 낙후된 에너지 기술수준이다. 북한이 보유하고 있는 2곳의 정유공장은 모두 러시아와 중국 등 외국 지원으로 건설되었으며, 화력발전소 역시 자체적으로 건설해 본 경험이 없다. 수력부문에 있어서도 댐 분야에서는 경

---

[53] 에너지 안보란 "어느 한 국가가 환경적 측면을 고려하면서 그 나라의 정치, 경제, 사회, 군사적 이익과 목적을 달성하는 데 충분하고 지속적인 에너지를 저렴하게 확보하는 전반적인 과정"으로 이해할 수 있다. 안세현, "북한의 에너지 안보 구축: 동북아시아 천연가스 협력 방안," 『국제관계연구』, 제18권 제1호(2013), p. 69. 안세현은 북한의 에너지 부족과 에너지 산업구조의 문제점 등을 검토하고 여타 에너지에 비해 천연가스가 북한 에너지 안보 구축과 남북문제 해결에 해법이 될 수 있음을 지적하면서 이 과정에서 한국 정부가 선도적 역할을 해야 한다고 주장하였다.

[54] Peter Hayes, David von Hippel, and Scott Bruce, "The DPRK Energy Sector: Current Status and Future Engagement Options," *The Korean Journal of Defense Analysis*, Vol. 23, No. 2, June 2011, p. 159.

[55] 김경술·윤재영·최경수·나희승·황영진·박정준, 『북한 에너지·자원·교통분야의 주요 개발 과제』, 안양: 국토연구원, 2013, pp. 59~67.

험과 기술이 있으나 기계적인 부문에 있어서는 취약하다.

　셋째는 정책 기획과 집행 기능의 한계로서 경제성, 효율성, 생산성 등을 중시하는 시장경제적 개념이 미약하다. 정책 수립 절차에 있어서도 비합리적 정책 수립 과정으로 인해 정책실패와 정책역량 부족을 드러내었다.

　넷째는 생산 인프라와 여건의 한계이다. 에너지 연관 산업, 수송, 공공서비스, 민생 등 모든 부문이 부실의 늪에 빠져 있어 여타 부문을 견인할 능력을 갖지 못하고 전반적으로 복합적이고 구조적인 문제에 처해 있다.

　다섯째는 제재로 인한 대외관계의 단절 내지 축소이다. 북한 스스로가 경제적 교역능력을 상실하였으며 핵무기 개발 등으로 경제제재를 받고 있어 에너지 부문의 기능을 저하시키고 있다. 북한 경제의 사실상 유일한 숨통이라 할 수 있는 중국을 제외하면 실질적인 대외 거래량은 거의 미미한 실정이다.

　끝으로 민간 활력을 끌어낼 수 있는 상업적 에너지시스템의 부재이다. 북한은 국가의 기능이 정지된 사회주의 시스템으로서 시장원리의 도입이 이루어지고 있지 않아 효율성 개선은 요원하다. 북한 사회에 장마당 등 시장 시스템이 작동하기는 하지만 에너지와 같은 전략적 재화에 있어서 민간 시장의 역할은 부재하다고 할 수 있다.

　북한의 에너지난이 북한 내부와 한반도를 넘어 국제적인 문제가 된 것은 북한 에너지의 핵 프로그램 개발이라는 근본적 이슈 때문이다. 북핵 프로그램으로 인한 가공할 위협은 인구 밀집도가 매우 높은 한반도적 차원에서 더욱 극명하게 느껴질 수밖에 없다. 북한은 핵 프로그램 개발로 인해 국제적인 핵비확산 체제에 정면 도전한 불량국가로 낙인 찍혔고, 국제제재나 압박을 통해서라도 해결해야 할 문젯거리로 전락해 버렸다.

　2010년대에 들어 북한 에너지난의 특성은 또 다른 차원의 글로벌 차원의 변수와 무관할 수 없게 되었다. 대외적으로 고립된 북한으로서도 국제사회의 기류와 흐름에 대해 온전히 거부할 수만은 없는 상황이 된 것이다. 이는 기후변화와 에너지에 관한 국제적 논의 흐름이 글로벌한 파급효과를 확산시킨 바에도 기인하지만, 북한 자체적으로도 국제적 추세를 일정 부분 수용하고 협력하려는 자생적인 움직임이 일고 있기 때문이기도 하다.

2020년 이후(post-2020) 새로운 기후변화체제 형성 과정에서 요구되는 국제적인 자발적 온실가스 감축 노력과 UN이 새천년개발목표(MDGs) 후속목표로 2015년 합의한 '2030 지속가능개발의제'에서 요구하는 국제적 합의사항을 외면할 수 없게 되었다. 북한은 UN 기후변화협약 당사국으로서 온실가스 감축 의무를 이행해야 하며 온실가스 감축을 위한 국가계획을 UN 기후변화협약 사무국에 제출해야 하는 의무를 가지고 있다. UN 등 국제사회에서 논의되는 에너지 배분 원칙인 지속가능하고 공평하고 균형된(sustainable, equitable, balanced) 접근에 있어서도 북한의 에너지 시스템으로는 이를 달성하는 것이 요원한 상황이라 할 수 있다.

북한은 지속적인 국제적인 제재 하에서 고립상황에 처해 있지만, 심각한 에너지 문제의 파급효과를 자각하고 에너지 위기를 탈피하고자 자체적인 에너지 확보 방법을 강구하고 있다. 전통적인 에너지원을 최대한 확충하고 에너지 절약 및 효율화를 실행하며, 신재생 에너지를 발굴하려는 노력이 그것이다. 북한은 기존의 전통적인 석탄과 석유 등으로부터 태양열, 풍력, 조력, 바이오 등 신재생에너지에 이르기까지 에너지원을 다양하게 확대하려 하고 있는데, 이는 기존 에너지가 한계상황에 이른 상태에서 자구적 노력으로 할 수 있는 최선의 방책이기도 하다.

<그림 1-4> 북한 에너지난의 연계 구조

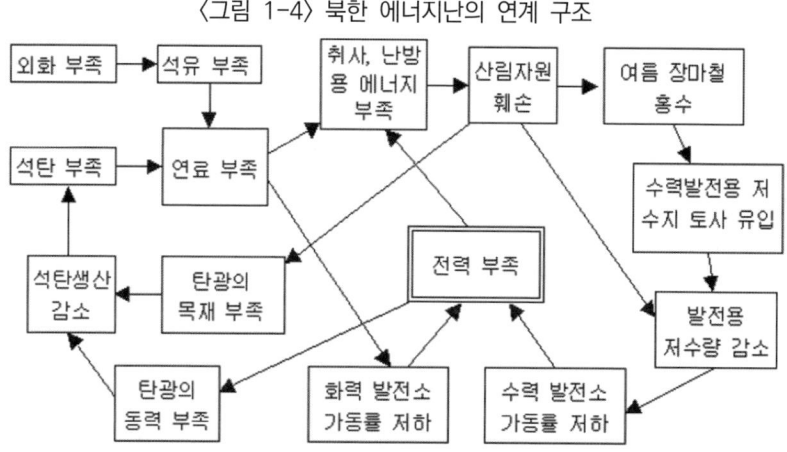

자료: 한국전기연구원, 「남북한 전력협력 방안」, 1998.

## 나. 북한 에너지난의 영향과 파급효과

북한에서의 에너지난의 여파는 우선 에너지 안보의 취약성을 극명하게 드러냈다. 에너지 안보는 어느 국가가 국가의 전반적 발전 목표를 추진하기 위해 경제적으로 합리적인 비용을 통해 지속적으로 충분한 에너지를 확보하는 총체적 과정으로 이해할 수 있다.[56] 국가의 지속가능개발을 확보하는 데 필수적인 에너지는 전략적 재화로서 국가의 우선적인 관심사가 될 수밖에 없다. 에너지 안보가 취약해 질 경우 국가발전은 물론 전반적 국민 생활 자체가 위태로워질 수 있기 때문이다. 북한의 에너지 문제는 에너지 확보의 문제 뿐 아니라 에너지 인프라 자체의 부실과 결부된 위기상황에 처해 있다.

---

[56] 에너지 수급 안정과 수출입 시장의 다변화, 운송 안전, 에너지 인프라 안전, 안정적 투자환경 조성, 효율성 증대는 물론 심리적 측면까지 고려한 에너지 안보에 대한 전반적인 접근에 대해서는 Daniel Yergin, "Ensuring Energy Security," *Foreign Affairs*, Vol. 85, No. 2, March/April 2006, pp. 69~82 참조.

북한의 전력망의 경우 통합된 단일 계통으로 연결되어 있는데 송배전 손실이 클 뿐만 아니라 지역적으로 단절된 부분이 많아 고립된 지역으로 남아 있는 지역이 많다. 북한은 전기가 제대로 안 들어오는 것은 기본이고 전기가 들어오면 이는 국가에서 배려해서 특별한 혜택을 베푼 '배려전기'라는 용어도 등장하였다.57) 전력난으로 대표되기도 하는 북한 에너지난은 단순히 에너지의 부족이나 결핍 문제만이 아니고 전반적인 경제난의 핵심고리이며, 민생과 직결되는 사회문제이면서 민감한 정치문제이다. 북한 경제는 1990년대 이래 에너지난과 경제침체 간 악순환의 고리를 그리며 추락하였다. 실제로 북한의 국내총생산(GDP)은 1992년 208.8억 불에서 1996년 105.9억 불로 절반가량 감소하였다.58)

북한의 에너지문제는 또한 대기오염, 산림고갈 및 토양파괴, 자연재해, 하천과 연안해 오염 등 다양한 환경오염을 유발하고 있는 환경문제이기도 하다. 상대적으로 효율성이 높은 석유나 천연가스보다는 석탄에 과도하게 의존하는 북한의 에너지 수급구조와 중공업 위주 산업구조는 환경에 지나친 부하를 주었다.

특히 질이 낮은 갈탄 등 석탄의 사용은 이산화황, 이산화질소, 일산화탄소 등 대기오염물질을 훨씬 더 많이 배출한다. 노후화된 에너지 이용시설이나 발전소 등은 오염물질 배출이 많고 배출되는 오염물질에 대해서도 적절한 처리시설을 구비하지 못해 환경문제를 악화시키는 원인이 되었다. 이러한 대기오염은 미세먼지 발생원인이 되기도 하여 우리나라 미세먼지 발생량의 10%~15%에 이른다는 연구결과도 나와 있다. 결국 북한의 에너지 부족과 외화 부족은 땔감용 벌목을 야기하여 산림훼손을 유발시켰으며, 이로 인한 토양유실은 토지오염과 해양오염을 심화시켰다.

---

57) 『VOA』, 2012년 2월 9일, https://www.voakorea.com/archive/article-0209-special-nk-electricity-shortage-139006519.

58) Ministry of Land and Environment Protection (DPRK), *DPRK's First National Communication under the Framework Convention on Climate Change*, April 2000, p. 21.

또한 에너지난은 주민들이 땔감을 구하는 과정에서 산림황폐와 토양유실로 이어져 환경오염 발생 및 자연재해 악화가 초래되었고, 이는 수력발전 감소 등 전력난으로 인한 비료생산 감소로 이어졌다. 비료생산 감소는 식량감소를 초래하고 급기야 국가배급체제를 붕괴시켜 식량난을 더욱 심화시켰다.

1990년대 들어 더욱 악화된 식량난으로 인해 북한은 1992년 이후 매년 133만~233만 톤의 식량이 부족하여 외국에서 도입하지 않으면 안 되었다. 1994년 이전에는 식량부족분을 전량 경화로 매입하였으나 1995년부터는 국제사회의 지원과 상업적 수입을 병행하였다. 그럼에도 북한은 필요한 수요를 충족하지 못해 매년 33~128만 톤의 식량부족사태에 직면하게 되었다.[59] 북한은 이미 사회주의적 집단영농 생산방법으로 인한 생산력 감소로 1980년대 중반부터 식량난이 시작되었다. 대규모 아사자가 발생한 1995년~1997년간 식량 부족분은 감량배급(1인당 546g) 기준으로 연평균 155만 톤에 이르렀다.

2000년대 들어서도 매년 100만 톤 이상의 식량이 부족하나 1990년대의 중반과 같은 기근현상이 발생하지 않은 것은 남한과 국제사회의 지원, 개인경작지 증대, 시장을 통한 식량거래 때문이라고 할 수 있다. 북·중 접경지역을 통해 유입되는 식량과 전국적으로 발달된 장마당 거래를 통해 북한 주민은 식량위기를 견뎌 나가고 있다.[60]

북한의 에너지난과 전력난은 북한 주민들에게 불안감을 조성하는 원인이며, 식량난과 빈곤문제가 결부된 민생문제 등은 정권의 통치 정당화에 부정적 영향을 미칠 수 있는 정치문제이다. 아래 그림은 북한 에너지난으로 인한 영향과 파급효과를 보여주고 있다.

---

[59] 양문수, 『북한경제의 구조: 경제개발과 침체의 메커니즘』, 서울: 서울대학교 출판부, 2001, pp. 36~37.
[60] 이재춘, "베트남과 북한의 개혁·개방정책 비교 연구," 경남대학교 박사학위논문, 2013, p. 204.

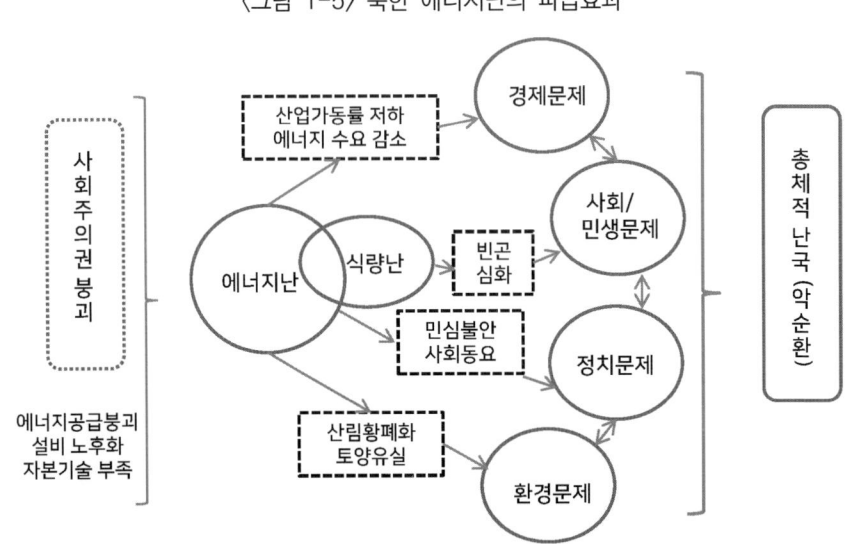

〈그림 1-5〉 북한 에너지난의 파급효과

북한은 김정은 시대 들어 평양에 새로운 건물이 들어서고 경제상황이 호전되는 기미를 보이기도 했으나[61] 에너지 문제는 여전히 심각한 수준이다. 특히 평양이나 대도시를 제외한 지방은 더욱 사정이 열악하여 자체적으로는 회생 불가능한 수준에 있다. 총체적 난국의 핵심요인인 에너지난을 풀지 않고서는 북한이 지속가능한 발전을 하는 것은 불가능하다고 할 수 있다.

---

61) 『아시아투데이』, 2015년 2월 8일. 아시아 투데이는 중국 외교부 주관 외교학술지 『세계지식』(世界知識)을 인용, 김정은 집권 이후 이뤄진 경제개선 조치로 인해 제재국면에서도 북한의 경제상황이 호전되었다고 보도하였다.

## 제2장
# 북한의 에너지 정책

# 제2장 북한의 에너지정책

## 1. 목표와 원칙 : 자립적 민족경제와 자력갱생

　북한에서의 자력갱생 원칙은 자립적 민족경제건설 노선에 바탕을 두고 있다. 자립적 민족경제노선은 1950년대 대내적인 권력투쟁과 대외적인 중·소분쟁의 와중에서 '주체의 방법론'에 기초하여 정립된 북한 경제체제의 운영방식이다. 자립적 민족경제건설 노선은 단계적으로 체계화되었는데, 1956년 경제에서의 자립, 1957년 정치에서의 자주, 1962년 국방에서의 자위노선을 거쳐, 1960년대 주체사상으로 통합되어 정식화되었다. 최중극은 자립적 민족경제건설 노선의 본질적 특성을 다음과 같이 규정하였다.

　　자립적민족경제는 국내의 수요를 기본적으로 국내생산으로 보장하는 경제이며 원료생산으로부터 완제가공품 생산에 이르기까지 생산순환이 완결되고 부문들사이의 유기적련계가 이루어진 조화로운 경제이며 현대기술로 장비되고 과학기술의 새로운 성과가 끊임없이 도입되어 재장비되여가는 경제이며 생산과 소비가 유기적으로 련관되고 통일된 경제이다. 바로 여기에 자립적민족경제의 본질적특성이 있다."[62]

---

62) 최중극, 『주체의 사회주의 정치경제학 연구』, 평양: 과학, 백과사전출판사, 1978, p. 89.

자립적 민족경제를 이루기 위한 하위 개념으로서의 자력갱생은 혁명정신 내지 혁명사상으로 승화되어 내부 동원기제로 활용되었다. 자력갱생은 "자기의 혁명 임무에 끝까지 충실하며 자본가, 지주 등 온갖 착취 계급들을 때려 부시기 위한 판가리 싸움에서 자기의 힘으로 적을 쓸어 버리고 새 사회를 건설하려는 로동 계급과 공산주의자들의 철저한 혁명적 립장"이다.[63] 대내적으로 공산주의의 적을 제거하고 권력 공고화에 기여했던 자력갱생 노선은 1970년대가 되면서 대외적인 면이 부각되었다.

북한은 중국이 1978년 12월 제11기 3차 중앙위원회 전체회의(3중전회)를 통해 실용주의 정책노선을 선택하자 이에 대한 불만표출과 함께 타개책 모색 과정에서 자력갱생 원칙을 내세웠다. 김정일은 1978년 12월 25일 '우리식대로 살아나가자'라는 구호아래 자력갱생을 강조하는 연설을 하였다.[64] 실제로 북한은 1980년대 이전부터 자립적 민족경제 건설과 이를 위한 에너지 시스템을 구축하고 자체적인 연료와 원료 조달을 통해 주체적인 산업을 발전시키는 것을 목표로 삼아왔다.[65] 사회주의 건설 전반에 있어서 주체사상을 토대로 자력갱생 원칙을 엄격히 지켜오고 있으며, 에너지정책에 있어서도 이를 토대로 국내 부존

---

63) 강덕비 편, 『자력갱생과 혁명사상』, 평양: 조선로동당출판사, 1963, p. 12~13.
64) 김정일은 조선로동당중앙위원회 조직지도부, 선전선동부 책임일꾼 협의회에서 행한 연설에서 "오늘 조선의 정세는 우리들에게 자력갱생의 혁명정신을 높이 발휘할 것을 절실히 요구하고 있습니다. 지금 어느 나라도 남을 도와주려고 하지 않으며 도와주려고 하여도 도와줄 형편이 못됩니다"라고 지적하면서 당의 전투력을 높일 것을 강조하였다. 김정일, "당의 전투력을 높여 사회주의건설에서 새로운 전환을 일으키자," 1978년 12월 25일, 『주체혁명위업의 완성을 위하여 4』, 평양: 조선로동당출판사, 1987.
65) 김정일 국방위 위원장은 김일성 탄생 70주년 기념 전군주체사상 토론회에 제출한 "주체사상에 대하여" 제하의 연설문에서 다음과 같이 역설하였다. "자립적민족경제를 건설하기 위하여서는 자체의 원료, 연료기지를 튼튼히 꾸며야 합니다. 원료와 연료를 남에게 의존하는 것은 경제적으로 자립하고 경제를 안전하고 전망성있게 발전시키자면 반드시 자체의 원료, 연료 기지에서 의거하여야 하며 원료, 연료에 대한 수요를 기본적으로 자체로 충족시켜야 합니다"『김정일 전집』, 7권, 평양: 조선로동당출판사, 1996, pp. 184~185.

자원 개발에 역점을 두었다.66) 북한은 공업화 초기단계부터 자력갱생 노선에 따라 산업에너지 체계 구성에 있어 부존자원인 석탄 에너지에 의존하는 주탄종유(主炭從油) 정책을 채택했다.

그러나 1980년대부터 이미 심부화(深部化) 현상이 진행된 석탄 광산은 채탄 장비의 노후화, 신규 설비투자 부족, 자재 공급의 차질 등이 겹치며 증산 여력이 축소되었다. 1990년대 들어 외부지원에 의존해 왔던 경제가 탈냉전 이후 지원감소로 인해 파산 지경에 직면하고, 3년 연속 발생한 대홍수의 여파로 폐광이 잇달아 발생하면서 에너지 수급 구조가 악화되었다. 유례없는 경제적인 극한상황에서도 북한은 외부와의 협력을 통해 활로를 찾지 않고 자력갱생의 원칙을 더욱 고수하는 정책을 취했다. 이에 따라 적기에 필요한 에너지 공급을 제공하지 못했고, 전반적인 에너지정책 수립의 부조화(mismatch)로 인해 국제적 추세에 적응하거나 조응을 하지 못함으로써 경제 위기를 가중시켰다.

자력갱생 원칙에 따른 또 다른 현상은 수주화종(水主火從) 정책이라 할 수 있다. 북한은 산악지형이 발달해 있고 수자원이 비교적 풍부하여 수력발전 위주의 건설을 추진하였다. 1970년대부터 무연탄 위주로 발전소 정책이 변경되기는 하지만, 수력발전은 여전히 매우 중요한 발전의 형태였다. 그러나 수력발전은 강우량의 영향을 많이 받는 데다 산사태 등으로 인한 토사의 범람, 하수면의 상승, 댐으로의 토사 유입 등으로 수력발전소의 정상 가동에 어려움을 초래하기도 하였다. 이는 다시 전력난을 야기하는 원인이 되었다.

기본적으로 자력갱생의 원칙은 국제적인 분업구조 하에서 이익을 얻는다는 측면보다는 손해를 보게 된다는 측면을 강조하여 이를 탈피하여 국내적으로 자

---

66) "사회주의 건설에서 나서는 중요한 작업을 성과적으로 수행하기 위한 중요한 열쇠는 자력갱생의 혁명정신, 집단주의적 생활방식, 이신작칙의 혁명적 기풍을 높이 발휘하는 데 있다." 정종훈, "올해의 총진군은《고난의 행군》을 승리적으로 결속하기 위한 최후돌격전," 『경제연구』, 제1호, 평양: 과학백과사전종합출판사, 1997, p. 3.

급자족적인 완결체제를 이룩하려는 폐쇄형 경제정책이다. 자력갱생의 목표는 국내 부존의 천연자원 이용을 최대화하여 에너지 자급도를 가능한 끌어 올리고, 에너지의 수입을 최대한 낮추어 비용을 줄이는 것이다. 이는 부존자원의 지리적 분포와 특성에 영향을 받아 자원 배분이 편중되고 수급이 왜곡되면서 안보적으로도 대단히 취약한 결과를 가져오게 되었다.

북한은 석탄이 풍부하지만 석유가 매장되어 있지 않은 상황에서 자력갱생 원칙을 고수하다보니 현대 경제산업에 필요한 화학산업을 석유화학이 아닌 석탄화학에 의존하게 되어 경제 전체의 효율성마저 떨어지게 되었다. 자력갱생의 원칙하에 국내에서 제공 가능한 석탄, 그리고 수력에 지나치게 의존하게 된 결과, 에너지 수급구조가 기형적으로 왜곡되었다. 경제의 효율성을 제고하는 대신에 에너지 자급률 제고가 우선적으로 추진되면서 더욱 경제가 침체하게 되고 자본축적마저도 불가능하게 되었다. 이는 다시 외화 부족으로 이어져 품질과 효율성이 우수한 수입 에너지를 도입할 수 없게 되었다.

북한 정부가 자력갱생에 나서게 된 배경에는 풍부한 석탄매장량이 있다. 북한은 1950년대부터 석탄 채취 공업을 우선적으로 발전시켜 왔으며, 발전, 산업, 가정 및 상업의 민생부문 등 대부분의 분야에 있어 석탄의존형 경제 및 에너지 구조를 형성하고 있다. 이러한 자력갱생의 원칙에 따른 석탄의존은 북한의 에너지 안보를 강화시키기는커녕 오히려 취약하게 만들어 버렸다. 기본적으로 에너지의 지속적이고 안정적인 공급이 더욱 어렵게 되었을 뿐만 아니라, 석유를 전량 중국의 송유관에 의존하게 만드는 예속적 에너지 시스템이 구축되었기 때문이다. 이는 북한의 전반적인 국가안보에도 치명적 영향을 미칠 수 있는 요인이라 할 수 있다.

북한은 대내적으로 중앙에서의 에너지 절약 및 신재생 에너지 개발과 함께 군 단위의 지방차원에서는 '1지역 1발전소 정책'을 전원개발의 기본으로 삼고

각 수요지 근교에 전력을 공급할 목적으로 발전소를 건설한다는 방침을 견지하고 있다. 이는 경제분야에서 중앙정부의 배급제 폐지 정책과 유사하게 전력부문에 있어서 중앙의 전력배분이 제대로 이루어지지 않기 때문에 지방 자체적으로 에너지원을 발굴하고자 하는 '지방차원의 자력갱생정책'으로도 볼 수 있다.

북한이 중소탄광 개발에 열을 올리는 것이나 소수력 발전에 역점을 두는 것 역시 지방정부에 에너지에 대한 권한과 책임을 분산시키는 이러한 정책의 일환으로 해석된다. 이는 중앙정부 차원에서도 지방정부에 대한 에너지 배분 책임을 경감하는 전략으로 정책적 실패의 부담을 경감할 수 있는 정책이기도 하다.

북한은 1990년대 이래 일관되게 '인민경제 4대 선행부문', 즉 석탄, 전력, 금속, 철도 부문의 추진을 강조해 왔다.[67] 북한은 특히 선행부문 중 석탄을 1순위로 놓으면서 광업부문 투자를 지속적으로 확대했다. 북한은 2003년 이후 석탄 생산량이 점차 회복세를 보이기 시작했는데 이는 홍수 피해를 입었던 일부 탄광이 복구되고, 중국이 일부 탄광에 설비투자를 해 주었기 때문이다. 중국의 북한 탄광에 대한 설비 및 수송 투자는 2010년 이후 북한의 대중국 대규모 무연탄 수출이 급증하는 요인이 되었다.[68] 또한 2000년대 중반 이후부터 금속, 기계, 군수산업에 중점을 두면서 일부 공장 및 기업소의 가동률이 증가한 것으로 나타나고 있다. 주요 산업분야에 대한 투자에 있어 4대 선행부문은 금과옥조로 간주되고 있는데, 이들 부문들은 상호 유기적으로 연계되어 있어 에너지 공급이 효과적으로 이루어지지 않으면 선순환 구조를 만들어 가기 어려운 상황이다.

북한은 가중되는 국제사회의 제재 하에서도 "국내 원료, 연료에 의거하는 경

---

[67] "인민경제 선행부문인 석탄공업, 전력공업, 철도운수와 금속공업을 결정적으로 추켜세워야 한다." 리민철, "경애하는 김정일 동지의 령도를 높이 받들고 공화국 창건 50돐을 사회주의승리자의 대축전으로 빛내이자,"『경제연구』, 제1호, 평양: 과학백과사전종합출판사, 1998년, p. 3.
[68] 통일부,『북한 이해 2013』, 서울: 통일부 통일교육원, 2013, p. 156.

제만이 가장 안정되고 생활력 있는 경제"라고 간주하면서 국내 부존자원에 의존한 자력갱생의 원칙을 더욱 확고하게 유지하였다. 북한은 자립민족경제만이 국제적인 자원위기와 경제침체 상황에서도 버텨 나갈 수 있는 내성을 갖추면서 높은 경쟁력을 확보할 수 있는 수단이라고 간주하였다.[69]

북한은 전력난이 심화되는 상황 속에서 '자력갱생'의 원칙에 따라 경직된 에너지 시스템을 고수하였으며, 산업부문이나 화물부문에 있어서도 효율성이 높은 석유 소비를 최소화하기 위해 전력에 의존하도록 하여 전력과소비 구조를 만들어 내는 결과를 초래했다. 이러한 불합리한 에너지정책은 전력난을 더욱 악화시켰고 전반적인 에너지 문제의 여파로 인해 산업부문에 있어서 에너지 집약산업이 퇴조하는 결과를 가져왔다. 이는 에너지 사용이 적은 원자재 수출이나 섬유산업으로 관심이 이동하게 됨을 의미했다. 게다가 북한 정부는 김정일 시대 선군정책을 펴면서 민간 부문보다 군에 우선적인 에너지 배분 정책을 펴면서 경제성장은 더욱 어려워지게 되었다.

북한이 주장하는 '주체'나 '자력갱생' 원칙과는 반대로 에너지 분야의 실제에 있어서 주요 인프라와 연료 공급은 외부 세력에 의존할 수밖에 없었다. 한국전쟁 이후 폐허가 된 도시 에너지 인프라 재건과 전후 복구사업은 소련과 중국의 지원을 받았다. 특히, 1990년 이전에 건설된 화력발전소들은 대부분 소련의 도움을 받았으며, 연료 공급도 소련으로부터 이루어졌다. 1990년대 구소련 사회주의권 붕괴로 초래된 에너지난은 자력갱생의 원칙과는 반대되는 결과로서 소련에서 중국으로 의존대상이 전이되는 결과를 가져왔다.

---

[69] "제국주의 반동들의 경제기술 봉쇄 책동을 짓부시고 최첨단을 돌파하여 과학기술강국, 경제강국을 건설하는 가장 혁명적인 길은 자력갱생의 기치를 더욱 높이 들고 강성대국 건설의 요구에 맞게 인민경제의 주체화를 힘있게 다그쳐 나라의 자립적 민족경제를 계속 높은 수준에로 발전시켜나가는 것이다." 한지일, "현시기 원료, 연료의 주체화, 국산화는 자립경제 강국 건설의 필수적 요구," 『경제연구』, 제1호, 평양: 과학백과사전출판사, 2012, p. 11.

북한으로서는 국제적인 제재난국에서 왜곡된 에너지 수급구조를 온존하기 위해서는 중국의 지원이 절실했다. 자체 기술 부족으로 인한 생산의 어려움으로 지난 20여 년간 북한 내에서는 중국에서 수입해 가는 수력 발전 및 석탄 화력 발전 설비가 증가하였다. 이에 따라 전력 생산에서 수력발전과 석탄 화력발전의 비중이 계속 높아지게 되었다. 이는 중국의 수력 및 석탄 화력발전 설비의 기술력이 세계적인 수준에 이른 데 비해, 가격은 서방 국가들의 절반 밖에 되지 않는 데에도 기인하고 있다. 소련 해체 이후 중국이 북한의 최대 석유 수입국이 되었지만, 북한이 석유 수입을 늘렸다기보다는 중국과 북한의 소비재 무역과 관련하여 석유 수입 대상국이 구소련에서 중국으로 대체된 결과라고 할 수 있다.

　북한의 자력갱생 정책의 모순적 측면은 과거 에너지난 발생 이전에 잉태되어 있었던 것으로 자력갱생의 슬로건과는 반대로 소련 의존에서 중국 의존으로 의존대상이 전이되었다. 결국 자력갱생의 에너지정책은 후원국이 의존국에 대한 지원을 철회하게 되면 체제에 대한 안전을 위협할 정도로 취약한 에너지 안보 시스템을 구축하는 결과를 낳았다.

　북한은 만성적인 에너지난 타개 차원에서 기존의 에너지원 확대에 한계를 느끼고 에너지 효율화와 새로운 에너지원 발굴을 위한 신재생 에너지 발굴을 위한 독려 활동을 전개하고 있다. 이러한 녹색 에너지정책 역시 외세에 의존하지 않고 자체 부존자원을 활용하려는 자력갱생 원칙의 연장선상에서 이해될 수 있다. 북한 정부는 대체 에너지 발굴과 새로운 기술 도입 및 기술혁신을 북한이 외세에 의존하지 않고 자체적으로 에너지난을 극복할 수 있는 열쇠로 인식하고 있다. 따라서 북한은 강성국가 건설을 위해 주체사상과 자력갱생의 명분을 확고히 할 수 있는 대체에너지 기술 개발에 주력하고 있다. 아울러 새로운 에너지원 발굴을 위한 실질적 요청에 부응하고 에너지 절약운동을 벌여 나가는 과

정에서 기술혁신의 중요성을 강조하는 이유가 여기에 있다.[70]

## 2. 에너지 문제의 전개과정과 시기별 정책

북한 에너지 문제는 생존과 직결되는 체제 안보적 사활적 요소와 공장 시설을 돌리고 자원을 개발하는 데 있어 필수적인 경제요소로서의 핵심적인 기능을 수행하고 있다. 1990년대 초반 전 세계적인 탈냉전의 여파로 인한 혼란과 시련기를 거치며 안보와 경제 문제가 교차하는 이슈로서의 에너지 문제는 북한의 벼랑끝 전술과 함께 협상용 카드로서도 충분히 유용성을 보였다. 1993년 제1차 북핵 위기는 외부로부터 에너지를 확보하여 경제 활성화에 기여하려는 안보-경제 교환 모델의 선례를 구성하면서 북핵문제의 협상을 통한 해결에 모종의 기대감을 갖게 만들었다.

그러나 2001년 미국 부시정권이 출범하면서 북한문제는 당사국 간 현실과 인식의 격차를 목도하게 되고, 결국 2002년 10월 KEDO의 대북한 중유 공급 중단 결정이 내려지는 결과를 초래하였다. 이러한 조치는 북-미 간 상호 불신을 깊게 하고 북한의 핵과 에너지에 대한 정책에 있어 인식의 전환을 바꾸게 하는 계기가 되었다. 2002년 우라늄농축 프로그램으로 촉발된 제2차 북핵위기는 북한 에너지 문제가 하드코어적인 강성 이슈로 더욱 부각되었고, 협상을 통한 해결 가능성이 더욱 어려움에 처하게 되었다. 제2차 북핵위기는 제1차 위기때와는 달

---

[70] "전사회적으로 절약투쟁을 강화하는 것은 강성국가건설의 최후승리를 위한 총진군이 힘있게 벌어지고 있는 오늘 더욱더 절실한 문제로 제기되고 있다. ... 경제강국 건설을 위한 우리 당의 정책은 빈 구호가 아니라 절약형의 기업전략, 경영전략을 구현하는 과정을 통하여 실현된다. ... 절약의 가장 큰 예비는 기술혁신에 있다. 절약투쟁에서도 과학기술발전, 새 기술도입을 기본적으로 틀어줘고 나가야 한다." 『노동신문』, 2014년 6월 17일.

리 미국이 양자협상을 통해 해결하지 않고 다자적 접근을 모색하여 2003년 8월 제1차 6자회담이 개최되었고 2005년 9월 제4차 6자회담 2단계 회의에서 9.19 공동성명에 합의하는 결실을 보게 되었다. 그러나 9.19 공동성명 이행과정에서 불거진 BDA 은행 북한 계좌 동결 문제는 북한에게 국제금융의 냉혹한 면을 체험하게 해 주었다. 결국 2007년 2.13 합의로 북-미 간 봉합이 되었지만 검증문제를 이유로 하여 6자회담은 2008년 12월 수석대표회의를 개최한 이후 더 이상 열리지 못했다. 이는 북핵문제를 협상으로 해결하는 접근법에 회의감을 불러일으키면서 6자회담 무용론까지 제기되는 결과에 이르게 되었다.

북한은 안보와 경제를 넘나드는 협상용 카드로서 에너지 이슈를 활용하는 한편, 다른 측면에서는 대체에너지 개발을 위한 정책개발에 점차 관심을 기울이기 시작했다. 즉, 북한은 1990년대 사실상 핵 개발을 시도하면서도 에너지난 타개를 위해 신재생에너지 기술개발 필요성을 인식하게 된 것이다.

북한은 1993년 신재생 에너지 개발을 국가의 장기적인 주요 전략으로 설정하고 '비재래식에너지개발센터'(NCEDC : Non-Conventional Energy Development Center)를 설립하였으며, 이듬해에 각료급이 참석하는 '신재생에너지 산업화를 위한 국가 비상임위원회'(NNREC : National Non-Standing Renewable Energy Committee)를 설립하였다. 1998년에 들어서는 가정 및 공공 부문에서 신재생에너지 이용 사업을 본격 추진하기 위해 '에너지관리법'을 제정, 공포하는 등 1990년 초반 이래 신재생 에너지의 잠재력을 평가하고 에너지난 해결의 수단으로서 관심을 기울였다.

북한의 신재생에너지에 대한 관심과 국제사회를 대상으로 한 모니터 활동은 2000년대 들어 기후변화에 대한 관심과 함께 본격화되었다. 특히, 2000년대 후반 6자회담이 중단되고 5.24 조치로 인해 남북관계가 봉착상황에 이르자, 북한은 소수력과 석탄 자원 개발 등 기존의 에너지 자원 확충에 역량을 쏟으면서도 새로운 에너지원 발굴과 기술개발을 위한 투자를 강화하였다.

북한의 에너지정책은 이슈의 복합적 성격상 북한 미사일과 핵문제를 둘러싼 대내외적 변수로 인해 굴절되면서 전개되었다. 북한 에너지 관련 주요 정책 및 사건의 전개과정을 통해 북한 당국의 에너지난 해결을 위한 정책 대응과 국제 사회와의 교류경험과 상호 작용 등을 아래와 같이 4개의 시기로 구분하여 살펴보았다.[71]

### 가. 1시기: 탈냉전 직후 고난의 행군과 핵 프로그램의 발전(1991~1997)

북한의 에너지난은 소련의 해체로 인한 파급효과가 미친 1991년부터라고 할 수 있다.[72] 북한은 1991년부터 경화결제방법에 의한 정상적인 국제가격으로 원유를 도입하게 되어 공급이 급감하게 되었다. 필요한 석유를 전량 수입에 의존해야 했던 소규모 폐쇄경제인 북한으로서는 그대로 피해를 떠안을 수밖에 없었다. 석유 공급 급감으로 인해 석탄 자원에 더욱 매달려야 했던 북한으로서는 총체적인 에너지난과 전력난에 직면하여 이를 일거에 해소하기 위한 궁여지책으로 원자력에너지 개발을 구상하였다.

우라늄 자원을 풍부하게 보유하고 있는 북한으로서는 원자력에너지를 이용하여 발전을 할 수 있고, 또 플루토늄 재처리를 통해 핵무기를 제조할 수 있다는 것은 커다란 매력으로 작용했다. 북한은 1992년 2월 12일 최고인민회의 상설회의 결정 제15호로 '원자력법'을 채택하였다.[73] 동 법은 원자력의 이용과 핵

---

[71] 여기에서 소개된 4개의 시기는 연도별로 명확하게 구분하기는 어려우며 시기별로 다소 중첩적인 면도 존재한다. 그러나 에너지 관련 북한의 대응이라는 측면에서 북한 정책의 추이를 가늠하는 데는 도움이 될 것으로 판단된다.

[72] 정우진, "북한의 체제와 에너지난," 현대경제사회연구원, 『북한 경제의 오늘과 내일』, 서울: 현대경제사회연구원, 1996, p. 68; 이수훈, 앞의 논문, p. 175.

[73] 동 법은 1999년 1월 최고인민회의 상임위원회 정령 제372호로 수정 보충, 1999년 3월 최고인민

설비, 핵물질의 수출입을 국가가 감독 통제하도록 하며(제4조), 자립적인 원자력공업을 건설하고 핵안전보호대책을 세우기 위하여 내각 산하에 비상설기구인 원자력위원회를 두도록 하였다.

북한은 남한의 원자력 발전에 자극을 받아 경수로 도입을 모색하게 되는데 1985년 12월 소련과 '원자력발전소 건설을 위한 경제기술협정'을 체결하고 4기의 440MW급 소련형 VVER 경수로 원전 도입을 추진하였다. 이 과정에서 소련의 요구로 1985년 12월 12일 핵비확산조약(NPT: Nuclear Non-Proliferation Treaty)에 가입하게 되었다.

북한은 1993년 제1차 북핵위기가 발생하자 핵 프로그램 개발에 대한 의혹을 부인하면서 사찰 문제로 대립을 이어가다가 1993년 3월 NPT 탈퇴를 선언하게 되는데, 당시 북한에는 1987년부터 가동하기 시작한 평안북도 영변 소재 5MW급의 흑연 감속 원자로 이외에 50MW와 200MW급 원자로도 건설 중에 있었다. 미증유의 북핵위기 사태가 발생하자 IAEA와 유엔, 그리고 미국을 중심으로 한 국제사회는 북한을 대상으로 NPT 체제 복귀를 위한 노력을 집중하였다. 북한과 미국은 1993년 6월부터 1994년 7월까지 3단계에 걸친 협상을 가지게 되는데, 동 협상 시 북한은 핵과 에너지에 대한 논리가 체계적인 형태를 갖추지 못한 채 혼재된 상태에서 경수로 제공과 핵을 맞교환하는 제안을 내놓을 정도로 심각한 국내 에너지난을 겪고 있었다. 특히 1993년 7월 제네바에서 개최된 제2단계 북-미 협상에서는 북한의 제의에 따라 핵확산 위험도가 높은 흑연감속로를 폐기하고 비교적 위험도가 덜한 경수로를 제공하는 문제를 집중적으로 협의하였다.

그러나 북한은 협상이 비교적 순조롭게 진행되어 가고 있던 와중에도 위기를

---

의 상임위원회 정령 519호로 수정되는 등 2차에 걸쳐 보완되었다.

고조시켜 협상을 유리하게 끌고 가려는 위협 전술을 구사하였다. 1994년 5월 북한은 원자로에서 연료봉을 분리하게 되는데, 이로 인해 미국은 고위급회담을 철회하고 유엔을 통해 제재절차를 시도하였다. 미국의 선제공격설이 제기되고 위협이 극에 달한 상황에 봉착하자, 북한은 유화정책으로 선회하게 되었으며, 1994년 6월 카터 전 대통령과 김일성의 극적인 평양 회담에서 타협의 전기가 마련되었다.

미국 클린턴 행정부는 당초 김일성-카터 합의에 없었던 내용인 '북한이 5MW 원자로에 연료를 재적재하지 않고, 사용후 연료봉의 재처리를 하지 말 것'을 요구했는데, 이러한 새로운 조건에 대해 북한은 이전의 거부방침을 바꾸어 그대로 수용했다. 이는 당시 북한의 지도부로서도 통제할 수 없는 위기상황으로 치닫고 있다는 위험신호를 감지하고 군사적 충돌로 인한 정권 붕괴라는 최악의 시나리오를 예방하려는 위험회피 전략을 채택한 결과였다. 북한의 위험회피 전략은 결국 북한의 핵과 에너지에 대한 정책 전환을 가져오게 하였다.[74]

북한과 미국은 1994년 7월 제네바에서 3차 협상을 개최하였는데, 양측은 흑연감속 원자로와 경수로의 교환방법에 대한 합의와 함께 경수로 건설기간 동안 북한에 대한 대체에너지 제공에도 합의하였다. 1994년 김영삼 대통령의 8.15 광복절 경축사는 평화적 핵에너지 이용을 위한 남북협력 가능성 관련 낙관적 분위기를 반영하였다.[75] 북한과 미국은 이러한 분위기 속에서 동년 10월 제네바에서 타협을 볼 수 있었다.

---

74) John Oberdofer, *The Two Koreas: A Contemporary History*, New York: Basic Books, 2001, p. 236; Joel S. Wit, Daniel B. Poneman and Robert L. Gallucci, *Going Critical: The First North Korean Nuclear Crisis*, Washington D.C.: Brookings Institution Press, 2004, p. 398.

75) "우리는 북한이 핵활동의 투명성을 보장한다면, 북한의 경수로 건설을 비롯한 평화적 핵에너지의 개발에 우리의 자본과 기술을 지원할 용의가 있습니다. 이것은 우리 민족공동체의 미래를 함께 설계하는 '민족 발전 공동계획'의 첫 사업이 될 수 있습니다."

북한의 핵 프로그램은 대내적으로 핵보유를 통한 국가위신 강화와 체제 공고화를 기할 수 있고, 대외적으로는 첨단 무기의 열세를 보완하는 비대칭적 전력을 강화하면서 억지력을 강화하는 핵심수단이라고 볼 수 있다. 동북아 지역 정세와 미국의 대북정책, 남북관계 등이 핵 프로그램의 대내외적 여러 측면과 연계되면서 북한은 핵전략의 우선순위를 조정하게 되는데, 제1차 북핵위기는 대내외적으로 핵무기 프로그램을 국가전략의 차원에서 개발하고자 하는 북한 정부의 강력한 의지를 드러내 준 계기라고 할 수 있다. 북한의 핵전략은 다시 말해 북한의 국내정치적 상황과 연계하여 대외협상을 유도하는 '핵무기 효용론'의 관점으로 파악될 수 있다.76)

한편, 북한은 1993년 법률적, 제도적인 정비 차원에서 신재생에너지 개발을 장기적 국가행동계획의 주요 전략으로 채택하고, 국가과학원 산하에 '비재래식에너지개발센터(NCEDC: Non-Conventional Energy Development Center)를 설립하였다. 1994년에 각료급으로 구성되는 '신재생에너지 산업화를 위한 국가비상임위원회(NNREC: National Non-Standing Renewable Energy Committee)를 설립하였다.

에너지적 관점에서 볼 때 북한이 1993년과 1994년에 법률적 제도적 관점에서 각각 비재래식에너지개발센터(NCEDC)와 신재생에너지 산업화를 위한 국가비상임위원회(NNREC)를 설립한 것은 북한이 내부적으로 겪고 있는 총체적 에너지난의 우선적 탈출에 초점이 모아진 것으로 보인다. 북한은 1990년대 홍수피해 등 자연재해로 석탄 갱도가 침수되어 채탄사정이 악화되었으며, 이에 더해 발전설비 노후화, 자재 및 부품공급 차질 등으로 전력난이 더욱 심화되었다. 이른바 고난의 행군 하에서 북한은 식량난, 경제난, 에너지난을 동시에 겪게 되

---

76) 배정호·박재적·황지환·황재호·한동호·유영철, 『북한 핵의 국제정치와 한국의 대북전략』, 서울: 통일연구원, 2011, p. 45.

면서 체제의 안위까지도 우려되는 상황이었다. 북한은 NPT 탈퇴라는 초강수로 긴장을 고조시킨 다음 유리한 입장에서 협상에 들어가는 전술을 택했다. 소위 벼랑끝 전술을 통해 공세적인 입장을 통해 실리를 극대화하자는 협상 기법이었다. 이 단계에서는 에너지난 극복을 위해 외부세계의 지원이 절실했고 결국 지리한 수차례의 밀고 당기는 협상과정을 통해 북-미 제네바 기본합의문을 타결했던 것이다. 북한은 외부적으로는 제네바 합의의 틀은 지켜 가면서 대내적으로는 체제의 안보를 위해 군을 확고히 다지면서 내부 결속력을 공고히 해 나갔다. 전체적으로 보아 이 시기는 북한의 에너지난 타개를 위해 핵의 다목적성과 복합적 측면을 최대로 활용하면서 이를 협상 카드화하여 최대한 경제적 실리를 추구했던 기간으로 평가할 수 있다.

### 나. 2시기: 에너지 수급 안정화와 이중적 에너지정책 추진(1998~2002)

1997년 김일성 사망 3주기 탈상이 끝나고 김정일의 시대가 개막되었다. 북한에 수백만명의 아사자를 낸 고난의 행군도 1997년에 점차 해소되는 상황에 접어들고, 북-미 간 제네바 기본합의를 통해 연간 50만 톤의 중유를 확보하여 에너지 수급도 어느 정도 안정화되었다. 김정일은 1998년 헌법 개정을 통해 국가주석을 김일성에게 영원히 부여하고 국방위원회 위원장 자격으로 국가를 통치하기 시작하였다. 새로이 출범한 김정일 정권으로서는 피폐해진 경제난을 극복하고 위해적인 안보요소를 제거하여 정권의 안정을 공고히 할 필요가 있었다.

대외적으로는 여타국 및 국제기구들과의 적극적인 협력을 통해 시장경제에 대한 교육 기회를 확대하여 변화를 모색하고자 하였다. 북한은 1997년 김정일 체제 안착을 위해 대기근을 극복하고 국제적인 협조 하에 대외적인 환경을 안정적으로 관리할 필요가 있었다. 북한은 1997년부터 정부 내 중견관리자들의 경제학, 경영학, 국제법 지식 함양을 위해 해외연수를 보내기 시작하였고, 1998년에는 나진·선봉 경제무역지대에 나진기업학교를 설립하여 경제무역관리들을 대상으로 다양한 시장경제교육을 실시하였다.77)

특히, 북한은 국내 에너지원 확보를 위해 우선적인 노력을 기울였으며, 1998년 초 자강도 현지지도 계기에 중소형 수력발전을 대대적으로 건설하도록 독려하였다.78) 아울러 국제적인 차원에서는 KEDO를 통해 매년 50만 톤씩 제공받는 중유를 지속적으로 확보하기 위해 제네바 기본 합의의 틀을 유지하면서 가능한 최대한 실리를 취하고자 하였다. 북한은 또한 1998년 2월 에너지의 체계적이고 효율적인 관리를 위해 '에너지관리법'을 제정하여 가정 및 공공부문에서 신재생에너지의 이용을 활성화하고 적극 사업을 전개하기 시작했다. 동 법은 수력, 풍력 등을 이용한 중소형 발전소 건설과 함께 석유 대체 연료 개발, 지열과 바이오매스 사용 등을 장려하고 있다.

북한을 둘러싼 국제사회의 분위기도 비교적 우호적으로 전개되었다. 1999년 5월 페리(William Perry) 미국 대북정책조정관이 방북하였으며, 9월 15일 대북포괄적 접근방안을 권고하는 페리보고서를 미 의회에 제출하였다. 동년 9월에는 미국의 대북한 경제제재 완화 정책이 발표되었다. 2000년 10월 조명록 조선인민군 차수가 방미하여 클린턴 대통령을 면담하고 클린턴 대통령의 북한 방문을 초청하는 김정일 위원장의 친서를 전달하는 단계까지 발전했다.

북한은 국제적인 비정부기구와 협조관계를 구축하여 대체에너지 기술개발을

---

77) 상세한 내용은 이종무·김태균·송정호, 『북한의 역량발전을 위한 국제협력 방안』, 서울: 통일연구원, 2012, pp. 66~71.

78) "중소형발전소를 대대적으로 건설하여 나라의 전기화를 적극 실현해나가야 하겠습니다. ... 우리 나라에서는 풍력보다 수력을 리용하는 중소형발전소를 건설하는 것이 더 파악이 있고 담보성이 있습니다. 중소형발전소를 이르는 곳마다에 건설하면 양어도 할 수 있고 풍치도 아름다워질 수 있습니다. 중소형발전소를 건설하는 것은 국토건설도 겸하게 되므로 일거량득인 셈입니다." 『김정일 선집 14(1995-1999)』, 평양: 조선로동당출판사, 2004, p. 398.

통해 에너지난을 타개해 나가고자 시도했다. 미국의 에너지 환경 및 안보 전문 연구기관인 노틸러스 연구소는 1997년부터 2003년까지 북한 내 농촌지역에 풍력발전 사업을 전개하였다.

북한의 노동신문은 2001년 1월 1일 "《고난의 행군》에서 승리한 기세로 새 세기의 진격로를 열어 나가자" 제하로 로동신문, 조선인민군, 청년전위 공동사설을 게재하여 혁신적인 안목과 기발한 착상, 진취적인 사업기풍을 강조하면서 새로운 사고, 새로운 길을 열어나가자고 호소하였다. 1월 4일에는 21세기를 맞아 새로운 시각과 새로운 높이에서 문제를 보고 해결해야 한다고 하면서, "올해를 새로운 전변의 해로 빛내이자"는 내용의 사설을 게재하였다. 동 사설은 이러한 연장선상에서 새로운 사고와 기풍을 확산하려는 시도라고 할 수 있다.

북한은 에너지정책에 있어서도 새로운 사고와 기술을 적용하여 대체에너지를 발굴하기 위한 차원에서 2001년에 '신재생에너지개발 국가 5개년 계획'을 수립, 시행하였다. 동 계획은 아래 표와 같이 풍력, 태양광, 태양열, 조력, 바이오가스 및 매스, 연료전지 등 6개의 신재생 에너지원과 에너지 DB 및 기획 등 7개 부문에 걸쳐 계획을 담고 있다. 신재생에너지는 기존의 전력계통으로는 연결이 불가능한 소규모 농촌지역의 전력 공급에 일정 부분 기여하고 있는 것으로 평가된다.

그러나 2001년 부시 행정부 출범과 함께 미국이 대북정책에 대한 전면적 검토를 하게 되자 북한문제는 협상을 통한 해결보다는 고립과 대립으로 가는 선택의 갈림길에 놓이게 되었다. 부시 행정부의 새로운 대북정책은 클린턴 행정부 시기에 형성된 긍정적 미-북 관계에서 부정적 미-북 관계 형성을 예고하는 것이었다. 부시 행정부는 제네바 기본합의문에 대해서 반감을 가지고 있었고, 북한 핵동결에 합의한 것은 명백한 실수였으므로 이를 무효화해야 한다는 생각을 갖고 있었다.

〈표 2-1〉 북한의 신재생에너지개발 국가 5개년 계획 개요

| 구분 | 관련기관 | 목표 | 현황 |
|---|---|---|---|
| 풍력 | ·과학원 전기공학연구소 기계공학연구소 지리연구소<br>·김일성대학 | ·풍력지도 작성, 1MW 시범플랜트 입지선정<br>·100MW급 발전기 시제품 설계, 제작<br>·안정적 계통연계 | ·50W, 100W, 1kW, 5kW 등 소형 터빈개발, 800~1,000개소의 원격지 조명 및 관개용 설치<br>·4.5kW, 90W급 수입발전기 설치<br>·발전기 연구개발: 투자부족, 정보부족으로 정체 |
| 태양광 | ·과학원 전자공학연구소<br>·김일성대학 | ·세계적 수준의 아몰포스 실리콘 전지개발<br>·1MW/y 생산라인의 설계 및 완성 | ·1980년대부터 연구개발<br>·20×20$cm^2$ 모듈 국내기술로 개발<br>·90년대 초부터 효율 12%의 단결정질 실리콘/웨이퍼 생산 |
| 태양열 | ·과학원 열공학연구소<br>·과학원 신재생에너지 개발센터<br>·김책기술대학<br>·과학대학 | ·효율 40%의 평면형, 50%의 진공관식 개발<br>·효율 50% 이상, 200℃ 이상, 용량 5kW 집중형 집열기 개발<br>·농촌 취사, 공조, 펌핑, 건조 등에 적용<br>·난방, 조명, 냉방이 바이오 가스와 결합된 농촌 표준 주택 개발 | ·1980년대부터 다양한 유형의 집열기가 설치되었으나, 별 다른 성과를 거두지 못함.<br>·저효율, 저급 단열재로 인한 과중량, 열악한 선택 흡수막<br>·주요 자재를 대체재로 사용하여 신뢰성과 내구성 저하<br>·국산 집열기 높은 비용으로 보급 확산 부진<br>·연구개발 및 제조공정 투자 부족 |
| 조력 | ·과학원 수력공학연구소<br>·과학원 기계공학연구소 | ·효율 65%-75%, 1MW급 수평축터빈 개발<br>·2MW급 조력발전 시범사업 타당성 연구<br>·조력이용과 농업용 간척지 이용의 평가 | |
| 바이오<br>가스 발효 | ·과학원 열공학연구소 신재생에너지 개발센터<br>·김책기술대학 | ·고성능 발효기 개발, 겨울철 3$m^3$/$m^3$ day 생산 가능 발효장비<br>·폐기물 다단계 활용 시범 플랜트 운영 | |

| | | | |
|---|---|---|---|
| 바이오매스 가스화, 직접연소 | · 과학원 열공학연구소 | · 500㎥/h, 효율 65%의 농업, 산림부산물 가스화설비 개발<br>· 발열량 6MJ/N㎥의 가스 생산<br>· 가정 및 농촌용 바이오매스 연소기기 개발 | · 1980년대 초기부터 농촌지역 500여 개소 바이오가스 발효기 보급<br>· 서해안지역 농촌에 120kWh 규모의 왕겨가스제조기 보급되어 정상적으로 가동 중<br>· 왕겨를 제외하고 농업 및 산림부산물 가스제조기는 실패 |
| 연료전지 | · 김일성대학<br>· 자연과학대학 | · 수소생산용 적정 촉매 및 reformer 개발<br>· 6.5% wt 용량의 수소저장 합금 개발<br>· 3kW 용량의 고체 폴리머 연료전지 개발 | · 1kW 알칼린 연료전지 시제품 생산으로 충분한 인력과 연구설비 확보<br>· 스팀 형성 촉매와 화학공장 및 일반산업용 다른 촉매 생산 성공 |
| 에너지 DB 및 기획 | · 과학원 열공학연구소<br>· 과학원 신재생에너지 개발센터 | · 에너지정보시스템 업그레이드, 정보수집 기법 개발<br>· 국가 에너지시스템 전망, 분석모델 개발 | · 에너지 지표시스템 연구<br>· 에너지정보 인터넷시스템 개발<br>· 부문별 에너지진단시스템 개발<br>· 에너지 수요전망 및 MARKAL-based 공급최적화 분석 |

출처: 류지철·김경술, 「에너지 위기와 북한 당국의 대책」, 『통일연구』, 제9권 제2호(2005), pp. 136~137.

2002년도는 북한 핵문제 해결 환경이 악화되고 에너지난이 심화되는 계기를 맞는 분수령이 되는 중요한 시기였다. 2002년 1월 1일 노동신문, 조선인민군, 청년전위 공동사설은 "자립경제의 현실적요구와 전망에 맞게 채취공업발전에 계속 커다란 힘을 넣어야" 한다고 하면서, 전력공업, 석탄공업, 금속공업, 철도운수 등 경제건설의 주공전선에서 돌파구를 열어가야 함을 강조하였다. 북한은 2002년도 경제건설에서 가장 우선적인 역량을 투입해야 할 4개의 주공전선 중에서 전력공업 발전을 최우선으로 강조하였다. "무엇보다 먼저 전력공업에서부터 경제적 앙양을 일으켜야 한다. … 전력공업은 오늘 우리 나라 인민경제에서 가장 중요한 주공전선이며, 이것을 풀지 않고서는 경제건설을 한 걸음도 추진시킬 수 없다."[79]

2002년도는 또한 3년 후인 2005년 초반경으로 예정된 경수로 핵심부품 인도시기를 앞두고 특별사찰을 받아야 하는 상황과 맞물려 협상을 통해 북한의 핵 포기 여부 의지를 가늠할 수 있는 진실의 순간이기도 했다.[80] 북한의 에너지에 대한 협상주의적 접근은 2002년 하반기 제임스 켈리(James Kelly) 미 국무부 동아태차관보 방북시까지는 유효했다고 볼 수 있다. 켈리 차관보의 방북기간 중 10월 3일 개최된 김계관 외무성 부부장과의 회담시 김계관 부부장은 고농축우라늄(HEU: high enriched uranium)을 언급한 켈리 차관보에게 과감한 접근법(bold approach)을 거론하자고 제의했다. 북한은 협상에 대한 기대는 접지 않고 있었으며, 제네바 합의틀을 유지해야 한다는 의지를 확고하게 가지고 있었다.

그러나 북한은 협상보다는 고농축우라늄(HEU)에 대한 추궁으로 일관한 미국의 태도에 변화된 분위기를 감지했는데, 이는 북한이 강경한 분위기로 전환하는 계기가 되었다. 특히 켈리 차관보가 10월 4일 강석주 외무성 제1부부장을 만났을 때 북한의 강경한 태도는 확인되었다. 강석주 제1부부장은 미국이 북한을 악의축으로 규정하고 선제공격의 대상으로 삼는 등 1994년 제네바 합의를 철저히 파괴했다고 비난하면서 "북한은 가능한 최대의 군사현대화를 실현하고자 하는 선군정책을 강화하기로 결정했다"고 언급했다.[81]

김정일은 북·미 간 제네바 합의틀을 지켜나가면서 에너지원인 중유를 지속적으로 확보하고 경수로 건설을 통하여 전력난을 해결한다는 기대를 갖고 있었다.

---

79) 한성기, "올해 경제건설에서 틀어 쥐고 나가야 할 주공전선," 『경제연구』, 제2호, 평양: 과학백과사전출판사, 2002, p. 12.
80) 이용준, 『게임의 종말: 북핵 협상 20년의 허상과 진실, 그리고 그 이후』, 파주: 한울, 2010, pp. 114~117.
81) Charles Pritchard 지음, 김연철·서보혁 옮김, 『실패한 외교』, 서울: 사계절출판사, 2008, p. 75.

그러나 2002년 11월 14일 한반도에너지개발기구(KEDO: Korea Energy Development Organization) 집행이사회에서 결정한 대북 중유 공급 중단 결정은 북한 에너지 문제 접근에 있어 이러한 기대를 접는 전환점이 되었다. 2002년 11월 9일 일본 동경에서 개최된 한미일 3자 대북정책조정감독그룹(TCOG: Trilateral Coordination and Oversight Group) 회의 시 중유공급을 지속하면서 최대한 외교적 해결 노력을 기울이자는 한국 정부와 일본, 그리고 이에 반대하는 미국 등 한미일 3국 간 의견차를 보이며 합의 없이 종료되었지만, 미국의 강경 분위기는 결국 한 달여 뒤 KEDO 이사회결정을 통해 대북 중유공급 중단으로 결말을 보게 되었다. KEDO의 대북 중유공급 중단은 북한에 상당한 타격을 입힌 것으로 보인다. 선봉화력발전소의 가동 중단과 함께 북창, 평양, 동평양, 청진, 순천, 영변 등 6개 화력발전소에 대한 부정적 파급효과로 북한 전력생산에 10% 가량의 차질이 발생할 것으로 추정되었다.

2002년 11월 25일 노동신문 논평은 미국이 KEDO의 이름을 빌어 중유공급 중단을 결정했다고 비난하면서 미국의 일방주의적 책동이 절대로 통할 수 없고 미국이 책임을 져야한다고 주장했다. 동 논평은 "미국이 래년까지 우리에게 건설하여 넘겨주기로 한 경수로건설은 착공한지 8년이 된 오늘까지 기초구뎅이나 파놓은 상태에 있다"고 비난하고, 한반도의 엄중한 사태를 해결하기 위해서는 북미 간 불가침협정을 체결해야 함을 주장하였다.[82]

동년 12월 12일에 북한은 외무성 대변인 담화를 발표하고 중유공급 중단으로 인해 북한의 전력생산에 당장 공백이 발생했다고 하면서 1994년 북미 간 제네바 합의를 통해 성사된 핵동결을 해제하고 핵시설의 가동과 건설을 즉시 재개한다고 선언했다. 북한은 2002년 12월 21일부터 행동을 개시했다. 5MW 원자로,

---

82) 리현도, "미국의 강도적론법은 조선에서 통하지 않는다: 국제적합의를 파기한 책임에서 벗어 날 수 없다," 『노동신문』, 2002년 11월 25일.

사용후 핵 연료봉, 핵연료 제조공장, 방사화학실험실 등 4개 시설에 대한 봉인 제거와 감시카메라 작동을 정지, 제거한 후 연료봉을 교체하는 등 동결을 해제하는 조치를 취했던 것이다. 12월 26일에 들어서는 IAEA 사찰관 3명을 추방토록 통보를 발하고 12월 31일 결국 추방시켰다. 2003년 1월에는 핵비확산조약(NPT)을 탈퇴한다고 선언했다.

북한은 정부성명을 통해 북한이 NPT에서 탈퇴를 하지만 핵무기를 만들 의사는 없으며 현 단계에서의 북한의 핵활동은 오직 전력생산을 비롯한 평화적 목적에 국한될 것이라고 주장하고, 미국이 대북 적대시 압살정책을 그만두고 핵위협을 걷어치운다면 핵무기를 만들지 않는다는 것을 미북 사이에 별도의 검증을 통해 증명해 보일 수 있다고 공언했다. 이는 미국이 적대시 정책을 계속하는 한 북한은 이에 맞서 핵무기를 제조하겠다는 의사를 표명한 것으로 핵무기 제조의사를 공식화한 것으로도 해석할 수 있다. 이로써 북한 핵문제는 제네바 합의 이전 상태로 되돌아가게 되었다.

2002년 말 한반도를 둘러싼 안보환경이 악화되는 와중에 KEDO의 중유 공급 중단 결정이 내려진 데다 석탄생산이 전년보다 5.1% 감소한 2,190만 톤으로 떨어지면서 전력생산이 위축되었다. 특히 화력발전소가 총 발전능력의 절반가량 차지하는 데다 겨울철에는 수력발전 가동이 안 되어 화력발전이 거의 전적으로 발전을 담당하고 있어 겨울철에 접어들면서 내려진 대북중유 공급 중단은 전력난과 에너지난을 더욱 심화시켰다. 이러한 상황에서 김정일 정권은 2003년도에 에너지 수급구조와 난맥상을 빠른 기간 내에 효과적으로 관리해 나가면서, 안정적인 공급 확보를 기하기 위해 1차 에너지를 추가로 확보해야 하는 절명적 과제를 안게 되었다.

이 시기를 요약한다면, 북한 김정일 정권이 북-미 간 제네바 기본합의의 틀을 유지하면서 국제적인 협력사업을 통해 안정적인 에너지 관리를 시도하고자 하였으며, 일정부분 안정적 수급을 이뤄가던 시기였다. 그러나 동시에 선군노선을 확립하고, 제네바 합의의 허점을 이용하여 비밀리에 우라늄 농축을 추구한 시기이기도 했다. 이러한 북한의 이중적 에너지정책과 태도는 북한에 적대적인 부시 미행정부의 출현으로 북-미 간 협상의 근본적 합의가 붕괴됨으로써 국제협조를 통한 에너지난 해결 노력에 역효과를 가져옴으로써 자기모순을 드러내게 되었다.

### 다. 3시기: 제네바 기본합의 와해와 새로운 정책전환 모색(2003~2008)

2002년 KEDO의 대북한 중유 공급 중단 결정 이후 북한으로서는 KEDO 중유를 대체할 만한 연료를 발굴하거나 도입하는 것이 가장 급선무였다. 북한의 석유수입은 2003년 들어 급격히 증가했는데 2003년 상반기 중 북한의 석유 수입실적은 전년 동기 대비 88.0% 증가한 65백만 불을 기록하였다. 이는 KEDO 중유 공급 중단 이후 기존의 발전설비를 가동할 대체유를 확보하기 위한 노력에서 나온 것으로 추정된다.

북한은 2002년 말 에너지 사정이 더욱 악화됨에 따라 2003년부터 시작되는 '에너지 수급계획 3개년 계획'(2003~2005)을 발표했는데, 이는 주로 석탄산업을 비롯한 4대 선행부문에 대한 투자와 발전방향을 담고 있다. 북창, 평양 등 주요 석탄화력발전소 설비 개선과 기계부품 공업을 개선하여 전력생산을 확대하고, 전력공급을 원활히 하여 석탄생산에 박차를 가하며, 동시에 수년 내로 금속산업과 화학산업을 발전시킨다는 것이 골자였다.

북한에서는 이 계획을 '연료·동력문제 해결을 위한 3개년 계획'이라고 하며, 전력 및 석탄 생산에 자본 및 노동력, 수송 등을 집중 배분하도록 하였다. 이에는 대체연료 개발에도 박차를 가한다는 내용도 포함되었다. 2003년도 공동사설은 예년과 마찬가지로 4대 선행부문을 지속적으로 발전시켜 나갈 것을 지적하였다. 그러면서도 "올해 사회주의경제 건설에서 새로운 변혁을 일으키는 데서 중요한 것은 또한 전력, 석탄, 금속공업과 철도운수를 인민경제 활성화의 중요한 고리로 계속 틀어 쥐고 이 부문에서 새로운 혁신이 일어나게 하는 것이다"라고 하면서 새로운 변혁의 필요성을 강조하였다.[83]

문일봉 재정상은 2003년 3월 최고인민회의 제19기 6차회의 예산보고에서 "올해 우리는 연료동력문제를 결정적으로 풀기 위해 지난해보다 전력공업에서는 112.8%로, 석탄공업에는 1.3배 이상으로 투자를 늘리게 된다"고 천명했다.[84] 동년 3월 신영성 전기석탄공업성 부상은 전력난 해소를 위해 '전력증산 3단계 계획'을 발표했는데, 이는 대규모 수력발전소 건설과 원자력 발전부문을 포함한 러시아와의 에너지협력 방안 추진이 들어가 있는 것으로 파악되었다.[85] 2000년대 초 북한은 실제로 러시아와의 전력계통망 연계를 통한 전력 수입에 많은 관심을 가지고 러시아와 수차 협의를 전개하기도 하였다.

북한은 다른 한편 신재생에너지 개발에 관심을 갖고 2003년 풍력 에너지 개발을 가속화하기 위해 '평양국제새기술경제정보센터'(PIINTEC: Pyongyang International Information Centre of New Technology and Economy)를 설립하여 국제사회와의 교류를 위한 창구 역할을 맡도록 하였다. PIINTEC는 환경과 에너지, IT 등의 부문에서 국제적 교류를 활성화하기 위해 설립되었으며, 북한 매체에서 "첨단과학기술분야에서 협력을 기대하는 민간단체(NGO)와 조선의 교류협력의 창"으로 소개되고 있다. 동 센터는 "자료기지를 구축하고 국토환경보호성을 비롯한 연관

---

83) 오선희, "공화국의 위력을 떨치는 데서 올해 사회주의경제 건설의 주요과업," 『경제연구』, 제1호, 평양: 과학백과사전출판사, 2003, p. 7.
84) 『연합뉴스』, 2003년 7월 11일.
85) 류지철·김경술, "에너지 위기와 북한당국의 대책," 『통일연구』, 제9권 제2호, 2005, p. 124.

단위의 연구성과를 종합적으로 체계화하는 사업을 벌이고" 있으며, 관련 전문가 양성을 위해 실습 대표단의 해외 파견과 토론회 등을 수시 개최하고 있다.

동 센터는 특히 풍력에너지를 포함한 첨단 과학 기술 관련 국제협력을 주도하고 있다.[86] 메탄가스 활용방안도 지속 강구하여 2003년 평양시 력포구역 룡산협동농장 700가구에 메탄가스 생산설비가 갖춰졌고 력포, 소신, 세우물 등 협동농장에는 가구별로 메탄가스 생산장비가 설치됐다. 평안북도 구성시의 경우에는 '전 농촌주택의 메탄가스화'를 시정 목표로 정하고 추진하고 있다. 평안남도 숙천군 장흥리처럼 전 농가가 메탄가스만으로 취사와 난방을 하는 '메탄가스화 마을'도 생겼다.[87] 황해남도 남포, 강원도 고성 자동차사업소 등은 자동차를 메탄가스로 활용하고 있다.

2003년 8월 북한은 6자회담 개최에도 합의하여 2004년 6월까지 세 차례의 회담을 개최하게 된다. 그럼에도 핵문제에 대한 인식의 간격은 좁혀지지 않고 서로의 입장만 확인할 뿐이었다. 북한은 6자회담 전 과정을 통해 에너지 지원과 경수로 건설에 대한 속내를 내비치게 되는데, 이미 경수로는 미국이 원하는 핵심의제가 아니었다. 북한은 결국 2004년 6월 제3차 6자회담 이후 1년이 넘도록 회담에 소극적인 자세로 전환하면서 2005년 초반 들어 상황을 더욱 악화시키는 행동을 취했다. 이로 인해 6자회담 재개가 불투명해지자 한국 정부는 2005년 7월 12일 중단상태에 처한 KEDO 경수로사업 종료 대신에 200만kW의 전력을 3년 이내에 북핵 폐기와 함께 직접 송전방식으로 제공하겠다는 중대제안을 발표하였다. 이러한 한국 정부는 북한이 제4차 6자회담에 임하도록 하는

---

[86] 『NK chosun』, 2006년 7월 26일. PIINTEC 소개책자는 http://oldsite.nautilus.org/archives/energy/AES2004Workshop/dprk_piintecbrochure.pdf 참조.

[87] 『민족21』, 2008년 8월 22일, http://www.minjog21.com/news/quickViewArticleView.html?idxno=2855. 동 기사는 민주평화통일자문회의 기관지 『통일시대』, 2006년 2월호부터 2007년 1월호까지 실린 연재 기사 일부를 민주평통의 양해하에 다시 게재한 것이다.

데 강력한 유인을 제공하기 위해 대담한 조치를 발표한 것이다.

동년 9월 13일 개최된 제4차 6자회담 2단계 회의 후 참가국들은 북핵 폐기에 관한 9.19 공동성명을 발표하지만 공동성명의 문구 해석을 둘러싼 갈등이 재연되었다. 이는 상대방 간의 충분한 교감과 이해에 기초한 합의가 아니라 상대방의 변화 가능성에 대한 기대감에 기초한 합의이었기 때문에 실제 이행과정에 있어 문제가 발생하게 된 것이다. 9.19 합의 이후에 BDA 문제로 이행이 지연되다가 9.19 공동성명 이행을 위한 실질적 타결이 이루어진 것은 1년 반이 경과한 2007년 2.13 합의였다.

북한은 6자회담이 진행되는 과정에서도 신재생에너지 기술 확보 차원에서 2005년 세계풍력에너지협회(WWEA)에 가입하였으며, 2006년 1월에 '지속가능발전을 위한 세계에너지네트워크'(GNESD: Global Network on Energy for Sustainable Development)에 가입하였다. 2006년 평양시는 전력난 해소를 위해 광복거리 내 50세대의 시범아파트를 태양열난방가구로 건설하는 등 신재생에너지 개발 및 실용화를 위해 매진했다.

대외적으로 북한은 2006년 스위스의 비정부기구(NGO)인 CFC(Campus für Christus)와 기술협력을 실시하였고, UNDP는 2007년부터 북한의 정책적 우선순위를 반영하여 상호 협의하에 전략적 협력 기본계획을 수립하여 국가 에너지정책에 대한 정책 자문과 기술협력을 실시하였다.

북한은 풍력에너지 개발을 국가에너지 전략으로 채택하여 2006년부터 2010년까지 1,000kW급 시험발전소를 건설하고 2020년까지 500MW급의 풍력발전설비로 확대해 나가고 있다. 이를 위해 북한은 3단계에 걸쳐 풍력발전단지를 조성할 계획으로, 제1단계(2006~2010년)에서 600kW급 풍력터빈으로 구성된 10MW 규모 풍력발전 시범단지를 건설하고, 2단계(2011~2015)에서 국제기구 및 NGO 등과 협력해 100MW 시범단지를 조성하려 했다. 그리고 3단계(2016~2020)에서

500MW 생산을 목표로 여건이 좋은 서해안에 대규모의 해상풍력 단지 건설을 조성하고, 지방에 소형 풍력발전기를 설치한다는 계획이다.[88] 북한의 풍력발전 단계별 계획은 아래와 같다.

〈표 2-2〉 북한의 풍력발전 단계별 개발 계획

| 단계 | 목표 생산량 | 달성방법 |
| --- | --- | --- |
| 1단계 (2006-2010) | 10kW-600kW 개별형 | 풍력발전 지식, 건설, 운영, 관리기술 습득 |
| 2단계 (2011-2015) | 100MW | 국제기구와 NGO를 통해 진행 |
| 3단계 (2015-2020) | 500MW | 내륙과 더불어 해상풍력 추진 |

출처: 『민족21』, 앞의 글, p. 163.

요약컨대, 이 시기에는 북한이 중유 공급 중단으로 미-북 간 협상 노력이 퇴조하자 새로운 정책 전환을 모색하게 되는데, 북-미 양자 간 협상구도가 3자회담을 거쳐 6자회담으로 이동함으로써 북핵문제에 대한 다자주의가 가동되는 시점이었다. 에너지 시각에서 보면, 북한은 6자회담을 통해 중단된 에너지 지원 보상과 경수로 건설 재개를 위해 노력하는 한편, 신재생에너지의 중요성을 자각하고 기술개발과 혁신 등 에너지 분야에서의 국제적 협력의 확보를 위해 노력하였다.

### 라. 4시기: 본격적 대체에너지 발굴 확대와 녹색기술 추구(2009~현재)

2008년 12월 수석대표 회의를 마지막으로 6자회담이 답보상태에 놓이게 되고 남북관계가 악화된 상황에서 북한은 김정은 후계체제 확립을 위한 준비를 해 나갔다. 이 과정에서 북한은 핵에 대한 집착을 강화하면서도 2009년 12월

---

88) 『민족21』, 앞의 글, p. 163.

화폐개혁 등 경제관리 시스템에 대한 개선 노력을 전개하였다. 이러한 배경에서 6자회담 공전상태를 우회하면서 에너지난 극복을 위해 유엔 등 국제기구와 유럽의 민간기구 등과의 협력을 강화하였다. 동 시기는 북한이 새천년개발계획(MDGs) 등 국제사회의 동향에 일정 부분 동참하면서 에너지 분야에 있어 국제협조 중시 원칙을 채택하여 에너지 효율화와 친환경적인 신재생에너지인 녹색에너지 발굴 확대를 위해 노력하고 있는 시기라고 할 수 있다.

북한은 2000년대 후반 들어 에너지 문제의 합리적 이용과 함께 세계적인 추세에 맞추어 지속가능발전의 관점에서 에너지 이용 문제에 접근하게 되었다. 리금순은 에너지 문제의 성격을 "에네르기 자원을 합리적으로 개발리용하는 것은 또한 세계적으로 심각해지는 에네르기 문제와 관련하여 우리 나라에서 경제의 지속적 발전을 이룩하기 위한 절박한 요구로부터도 제기된다."고 하면서 지속가능발전의 시각에서 해법을 모색하고 있다.[89]

이러한 배경에서 북한에 순환경제의 개념이 소개되고 확산되면서 폐기물과 쓰레기의 재처리 문제 등을 포함해 녹색경제의 일환으로서 순환경제 발전에 대한 인식이 제고되었다. 김광철은 "순환경제를 발전시키는 것이 경제를 끊임없이 발전시키는 데서 나서는 중요한 요구로 되는 것은 우선 순환경제를 발전시키면 경제건설에 필요한 물질적원천인 자원을 원만히 제공해줄수 있게 되는 것과 관련된다."며 순환경제의 중요성을 강조하였다.[90]

세계은행은 2007년부터 지구환경기금(GEF) 700만 불(당시 환율로 100억 원

---

[89] 리금순, "에네르기 자원의 합리적 개발리용은 사회주의경제건설의 중요한 요구," 『경제연구』, 제4호, 평양: 과학백과사전출판사, 2008, p. 39.

[90] 김광철, "순환경제의 발전은 현시기 경제를 끊임없이 발전시키기 위한 중요한 도구," 『경제연구』, 제1호, 평양: 과학백과사전출판사, 2009, p. 18.; 함정련, "현시기 순환경제를 발전시키는 것은 자원을 절약하고 환경오염을 막기 위한 중요한 요구," 『경제연구』, 제3호, 평양: 과학백과사전출판사, 2012 참조.

가량)을 투입하여 평양 덕동 돼지농장의 축산 분뇨를 바이오가스로 전환하는 프로젝트를 추진하고자 하였다. 그러나 2008년 12월 6자회담이 중단되고 2009년 4월 대포동 2호 미사일 발사와 동년 5월 제2차 핵실험에 이르기까지 남북 간 대립이 심화되면서 교류가 중단되는 상황에 이르자 북한에 대한 협력사업이 정체기를 맞게 되었다.

  세계은행의 바이오가스 프로젝트의 경우 북한의 협조하에 개시되었음에도 불구하고, 남북 간 경색된 분위기와 6자회담 중단 등 정치안보 변수의 영향으로 사업이 중단되고 말았다.[91] 6자회담이 공전되면서 북한 핵문제에 대한 협상주의는 사실상 휴지기를 맞게 되고 북한은 핵무기의 소형화, 경량화, 고도화 등 핵 프로그램을 강화하면서 다양한 에너지 발굴정책을 강화해 나갔다. 2008년도 북한의 석탄생산과 전력생산이 증산되었는데 이에는 KEDO로부터 도입한 18만 8천톤의 중유가 전력증산에 기여한 것으로 보인다. 그러나 2009년 이후부터 전력생산이 감소세를 보이고 있어 북한으로서는 에너지 효율과 새로운 에너지원 발굴에 더욱 박차를 가하게 되었다.

  북한의 바이오가스 프로젝트의 중단이 의미하는 바는 그나마 제한적인 상황 속에 전개되던 국제기구를 매개로 한 남북한, 미국 간의 3각협력 구도가 파열되기 시작했음을 알리는 신호탄이었다. 북한은 2009년경부터 대한민국과 미국을 우회하여 적극적으로 과학기술을 개발하고 신재생 에너지 기술 도입을 시도하였다. 북한은 국제적인 제재와 고립상황에서 유엔개발계획(UNDP)을 중심으로 한 유엔체제와의 협력은 중시했다. 2008년 이전에는 공식적으로 새천년개발목표(MDGs)를 평가한다거나 글로벌 개발협력 거버넌스에 대한 인식을 드러내

---

91) 이한희 경기도 남북교류협력전문관 면담(2015년 8월 12일.). 이한희 전문관은 당시 세계은행에서 북한과의 협력을 담당했는데, 적어도 북한의 정책담당 실무자들은 동 사업에 상당한 관심과 열의를 가지고 있었다고 언급하였다.

지 않았으나, 2009년 이후부터 강성대국 건설이라는 국가우선목표 이행과 관련하여 MDGs를 언급하기 시작하였다.92)

2007년 3월 UNDP 자금 전용 의혹으로 폐쇄했던 UNDP 북한사무소가 2009년 9월에 재개소하는 등 상황이 호전되자 북한은 UNDP와의 협력활동을 강화하였다. 북한과 UNDP는 이후 2011년부터 개시되는 5개년 전략적 협력 기본계획을 수립하고 MDGs 이행을 위한 노력을 전개하였다. 결국 북한은 국제사회의 저탄소 경제사회 논의와 에너지 발전 기술을 모니터링해 가면서 다양한 에너지원 확보노력을 전개하였다.93) 동시에 신재생 에너지 등 녹색기술 도입을 위한 국제협력과 자체 기술개발에 더욱 박차를 가하였다.

한편, 2010년 11월 미국의 핵과학자인 지그프리드 핵커(Siegfried Hecker) 박사의 방북을 통해 북한의 우라늄 농축 프로그램(UEP: Uranium Enrichment Program)이 공개되자 북핵문제는 새로운 상황을 맞게 되었다. 플루토늄 핵 프로그램의 동결, 불능화와 신고, 폐기를 목표로 논의되던 6자회담의 틀은 북한의 우라늄 농축 프로그램에 대한 논의도 협상의 본질적 의제로 추가되어야 하는 새로운 상황에 직면하게 되었다.94) 이로써 북한의 핵 프로그램 폐기와 체제 안전 보장, 그리고 에너지 지원이라는 안보-안보, 안보-경제 등 이중적 교환에 근거한 협상은 북한의 우라늄 농축으로 인해 유연성과 연계성이 절연된 채 협상재개의 모멘텀을 상실하고 말았다. 북핵문제는 미사일 문제 등과 더불어 여

---

92) 임을출, "글로벌 개발협력 거버넌스에 대한 북한의 시각과 대응: 새천년개발목표(MDGs) 체제와의 관계를 중심으로," 『통일정책연구』, 제22권 2호, 2013, p. 148.
93) "수력발전소나 화력발전소에만 전적으로 의존할 것이 아니라 풍부한 생물, 바람, 태양, 바다, 폐열, 화학에너지 등 온갖 에네르기 자원을 개발하여 발전소들을 건설할 것을 절실히 요구하고 있다." 장성호, "중소형발전소 건설에서 나오는 원칙적 요구," 『경제연구』, 제1호, 평양: 과학백과사전출판사, 2009, p. 25.; "경제의 저탄소화를 성과적으로 실현하기 위한 중요한 방도의 하나는 에네르기자원의 다양화이다." 한철호, "경제의 저탄소화를 위한 자원의 다양화," 『경제연구』, 제2호, 평양: 과학백과사전출판사, 2012, p. 26.
94) 배정호 외, 앞의 책, p. 47.

전히 북한의 개발협력 여건을 가로막고 북한이 절실히 원하는 에너지 기술 도입 노력에도 장애로 작용하였다. 이러한 상황에서 북한은 대체에너지 발굴과 녹색기술 확보를 위해 더욱 노력을 기울이게 되었다.

북한은 2009년에 자체 기술로 개발한 태양광 가로등을 평양에 처음으로 설치하였다. 북한은 2011년 10월 평양 만경대지구에 '태양열설비센터'를 설립하였으며, 아파트 지붕과 베란다 등에 본격적 설비를 구축하고 있다. 김정일 국방위원장이 직접 태양열설비센터를 방문했는데, 이 자리에서 태양열 에너지 이용범위를 확대하고 효과성을 높이기 위한 연구를 확대해야 함을 강조하였다. 김정일 위원장은 현지지도 현장에서 "새로 생산한 태양열물가열기들을 만경대지구를 비롯한 평양시내 건물들과 인민군 부대들에 시범적으로 설치하여 효과성을 검증하는 것과 함께 태양열물가열기들을 대대적으로 생산하기 위한 투쟁을 줄기차게 밀고나가야 한다"고 지시하였다.[95]

북한은 태양열을 이용한 농업생산성 향상을 위한 노력을 전개하고 있으며, 특히 태양열남새온실 건설에 힘쓰고 있다. 김정일은 "남새농장에서 전변을 가져오자면 태양열에 의한 남새생산방법과 같은 선진적인 방법을 적극 받아들여야 합니다."라고 태양열에 기초한 농업생산을 지시한 바 있다. 2012년 11월 노동신문은 강계시 공인지구의 신규 건설과 흥주지구의 개건보수 사례를 보도하면서 여타 협동농장에서도 자체 실정에 맞게 태양열남새온실을 건설하기 위한 사업이 경쟁적으로 벌어지고 있다고 소개하였다.[96]

2015년 초에 평양 낙랑구역 도로 · 강 · 하천시설 사업소가 개발한 '태양전지 자동도로청소기'를 도입했다고 조선중앙통신을 통해 보도되었는데, 이 도로청소차는 휘발유나 경유 등을 쓰지 않고 태양전지로 움직이도록 설계된 것이 특징이

---

95) 『노동신문』, 2011년 10월 10일.
96) 『노동신문』, 2012년 11월 9일.

다. 조선중앙통신은 이 청소차가 태양열을 활용해 공해가 전혀 없고 한 시간 내 2만㎡를 청소할 수 있어 청소부의 수고도 덜어줄 수 있다고 소개하였다.97)

북한은 2010년대 들어 지식경제시대를 강조하면서 과학기술 발전을 역설하고 있는데 최첨단 기술로서의 CNC 기술을 소개하는 등 과학기술 강국 구상 의지를 표명하고 있다. 북한의 과학기술 중시 정책은 단순한 지식경제 시대를 맞이하는 대응 전략을 넘어서 핵무기의 고도화와 관련된 군사기술, 경제건설을 위한 새로운 경영기법과 노하우, 신재생 에너지 기술 등 다분히 포괄적인 개념으로 이해되는 것이 바람직하다. 이에 따라 국가과학원의 위상과 역할이 강화되었으며, 국제사회와의 협력도 주도적으로 추진하고 있다. 2003년 설립된 평양국제새기술경제정보센터(PIINTEC)는 초기 김용순 대남담당비서의 아들인 김성이 맡았으나, 2012년 3월 PIINTEC이 유럽과 미국의 전문가들을 초청하여 산림 및 경관 관련 국제토론회를 개최했을 당시 리성욱 국가과학원 부원장이 동 센터 소장으로 소개되었다. 리성욱은 중국, 러시아 등과의 협력에서 북한측 대표를 맡고 있으며, 우리나라와 협력 시에도 IT 부문 대표로 나선 바 있다.98)

북한이 2011년 1월 밝힌 '국가경제개발 10개년 전략계획'은 12대 개발 분야를 제시하고 있는데 에너지와 교통인프라의 확충이 주된 역점 분야이다. 에너지 확충과 관련해서는 석유에너지 개발, 원유 2,000만 톤 가공, 전력 3,000만kW 생산 등이 포함되어 있다. 북한이 제시한 12개 사업분야 중 여타 분야는 농업개발, 5대 물류산업단지 조성(라선, 신의주, 원산, 함흥, 청진), 지하자원 개발, 고속도로 3,000km 건설, 철도 현대화 2,600km, 공항 및 항만 건설, 도시 개발 및 건설, 국가개발은행 설립, 제철 2,000만 톤 생산이다.99) 이러한 야심찬 전략

---

97) 『자유아시아방송』(RFA), 2015년 2월 5일.
98) 『디지털타임스』, 2012년 5월 7일. www.dihur.co.kr/m/post/147#.
99) 『연합뉴스』, 2011년 1월 15일.

계획은 실현가능성에 의문이 제기되지만, 북한은 에너지 문제를 "사회주의 건설에서 반드시 해결되어야 할 원칙적인 문제의 하나"[100]로 규정하고, 만성적인 전력난 타개를 위한 노력을 우선적으로 강조했다.

북한은 2013년 9월 최고인민회의 상임위원회에서 신재생에너지법을 채택하였다.[101] 이 법은 신재생에너지의 정의와 임무, 신재생에너지원 연구 개발, 이용에 있어서의 기본원칙, 신재생에너지 개발계획 및 촉진, 신재생에너지의 소재와 기술부문의 이행, 법적 의무사항 등으로 구성되어 있다. 동법은 특히 신재생에너지의 개발을 위한 교류와 협력 및 여타 국가 및 국제기구로부터의 지원의 중요성을 강조하고 있다.

북한은 극심한 전력난을 타파하기 위해 에너지 절약 운동을 전개하는데, 2010년대에 이르러 에너지 절약운동이 단순한 캠페인을 넘어 자원과 환경문제를 해결하는 수단으로서 경제 시스템 개선까지 확장된 개념으로서의 에너지 절약형 사회 건설을 주장하였다. 림명철은 "현시기 사회주의 강국 건설을 다그치는 데서 절실한 문제의 하나는 나라의 경제를 에네르기 절약형으로 발전시키는 것이다. … 에네르기 자원과 환경문제를 동시에 해결하면서도 경제강국 건설을 적극 다그치기 위하여서는 나라의 경제를 에네르기 절약형으로 발전시켜야 한다."고 주장하였다.[102] 북한은 사회주의 강국 건설을 위해서는 에너지 절약형 경제체제를 실현하는 것이 절실한 과제임을 인식하게 되었다. 김정은 북한 국방위원회 제1위원장은 2014년 신년사에서 절약투쟁을 힘있게 벌려야 한다고

---

100) 한성기, "전력공업을 앞세우는 것은 사회주의 건설의 필수적 요구," 『경제연구』, 제4호, 평양: 과학백과사전종합출판사, 1998, p. 13.
101) North Korean Economic Watch, "North Korea adopts renewable energy law," 2013년 9월 17일. www.nkeconwatch.com/2013/09/17/north-korea-adopts-renewable-energy-law/
102) 림명철, "나라의 경제를 에네르기 절약형으로 발전시키는 데서 나서는 중요요구," 『경제연구』, 제2호, 평양: 과학백과사전출판사, 2012, p. 36.

하면서 아래와 같이 지시했다.

> 인민경제 모든 부문에서 생산적잠재력과 내부예비를 남김없이 동원하여 생산을 늘리는것과 함께 절약투쟁을 힘있게 벌려야 합니다. 절약은 곧 생산이며 애국심의 발현입니다. 전사회적으로 절약투쟁을 강화하여 한W의 전기, 한g의 석탄, 한방울의 물도 극력 아껴쓰도록 하며 모두가 높은 애국심과 주인다운 태도를 가지고 나라살림살이를 깐지게 해나가는 기풍을 세워야 합니다.[103]

이러한 절약투쟁은 경제 전반에 걸친 사회운동이기는 하나, 특히 에너지 부문에서 효율화와 함께 절약의 중요성이 강조되었다. 경제체제를 에너지 절약형으로 만드는 데 필요한 과제는 첫째로 "인민경제의 자립성, 주체성을 강화하는데 철저히 복종하도록" 하고, 둘째로 "모든 부문, 모든 단위의 근로자들이 에네르기 절약사업에 적극 참가하도록" 하며, 셋째로 "에네르기 절약을 위한 최첨단 기술을 적극 도입하는 것"이다.[104] 북한은 대외적으로 에너지 절약과 효율화를 위해 외국의 기술사례를 적극 파악하고 도입하기 위한 국제협력을 강화하는 노력도 전개했다.

북한의 대체에너지 발굴 확대와 녹색기술 추구와 관련해 주목해 볼 만한 정책은 청정개발체제(CDM: Clean Development Mechanism) 도입에 관한 것이다. 1997년 체결된 교토의정서는 경제수단을 통한 온실가스 감축 사업으로서 청정개발체제(CDM: Clean Development Mechanism)와 공동이행체제(JI: Joint Implementation)를 제도화했는데, CDM은 의무감축대상국(부속서 1국가)이 비의무감축대상국(비부속서1국가)에서 온실가스 감축 사업을 통해 온실가스 배

---

103) 『노동신문』, 2014년 1월 1일.
104) 림명철, 앞의 글, p. 36.

출을 줄이거나, 비의무감축대상국에서 발생한 감축실적을 구매하여 자국의 감축목표 달성에 활용하는 개발사업이다. JI도 동일한 프로젝트이나 선진국인 의무감축국가 간에만 적용된다.

북한은 온실가스 배출량은 높지 않으나, 산림이 황폐화되어 있고, 에너지 설비 노후화와 에너지의 효율성, 기술수준이 낙후되어 있어 CDM의 잠재력이 높은 국가이기도 하다. 북한도 역시 이를 인식하고 유엔 기후변화협약 체제상의 CDM을 활용하여 기후변화를 녹색산업으로 전환하려는 정책 구상도 실천하고자 하였다. 북한은 2008년 청정개발체제 사업의 국가승인기구(DNA: Designated National Authority)를 설립하여 CDM 사업으로서의 에너지사업을 추진하였다.

북한이 CDM 사업을 통한 탄소배출권 거래에 관심을 두게 된 중요한 이유는 핵실험과 미사일 발사 등 잇단 대남도발로 국제제재의 압박 속에서 경제난을 타개할 수 있다는 기대도 가지고 있기 때문인 것으로 보인다. 유엔 기후변화 사무국(UN Climate Change Secretariat)에서 국제시장에서 탄소배출권 거래를 통해 외화를 벌어 들이는 것이 유엔의 대북제재 위반이 아니라고 판정한 것도 이러한 결정에 기여한 것으로 추정된다. 그러나 북한의 탄소배출권 거래를 중개하는 토픽 에네르고(Topic Energo)사는 CDM 사업을 통해 얻는 현금을 친환경 기술 개발을 위해 사용할 것이라며 선을 그었다. 즉, 탄소배출권 거래대금을 북한에 외화로 전달하는 것이 아니라 재생에너지 생산과 관련된 기술지원 사업에 투자하는 방식으로 보상한다는 입장을 밝힌 것이다.[105]

북한은 2011년 2월부터 6개 수력발전소를 유엔기후변화협약(UNFCCC) 체제에서 인정하는 CDM 사업으로 등록하는 절차를 개시하여 2013년 11월 공식 등록했다. 등록된 사업의 예상감축량은 연간 약 20만$CO_2$ 환산톤에 이르고 있으

---

105) 『자유아시아방송』(RFA), 2012년 6월 13일.

며, 외국회사의 기술이전이 이루어지지 않는 사업이다. 북한에서 진행 중인 CDM 사업은 아래와 같다.

〈표 2-3〉 북한의 CDM 사업 추진현황

| 연번 | 진행단계(등록일) | 사업명 | 사업참여자 | 인증기간 | 적용방법론 및 CDM 사업규모 | 사업개요 | 연간 예상 저감량 ($CO_2$ 환산톤) |
|---|---|---|---|---|---|---|---|
| 1 | 등록 (12.5.16) | 함흥수력 발전소 1호 | 함흥전력회사/ Topic Energo | 13.1.13~ 22.12.31 (고정) | AMS-I.D 전력계통과 연계된 신재생에너지 발전 소규모 사업 | 금진강 하류 신규 수력발전소 건설, 동부전력망에 공급 -발전용량: 10MW -발전량:연30,880MWh -운영개시: 13.1월 | 23,738 |
| 2 | 등록 (12.7.13) | 백두산 선군청년 수력발전소 2호 | 남강수력건설 연합기업소/ Topic Energo | 14.1.1~ 23.12.31 (고정) | | 황토암수강 하류 신규 수력발전소 건설, 동부전력망에 공급 -발전용량: 14MW -발전량:연55,200MWh -운영개시일: 14.1월 | 47,689 |
| 3 | 등록 (12.7.13) | 금야 수력 발전소 | 금야전력회사/ Topic Energo | 13.1.1~ 22.12.31 | | 금야강 신규 수력발전소 건설, 동부전력망에 공급 -발전용량: 7.5MW -발전량: 연22,500MWh -운영개시일: 13.1월 | 19,874 |
| 4 | 등록 (12.7.20) | 예성강 수력발전소 4호 | 금천전력회사/ Topic Energo | 12.12.1~ 19.11.30 (갱신) | | 예성강 신규수력발전소 건설, 서부전력망에 공급 -발전용량: 10MW -발전량: 연40,030MWh -운영개시일: 12.12.1 | 32,719 |
| 5 | 등록 (12.8.22) | 예성강 수력발전소 5호 | 강동수력 연합기업소/ Topic Energo | 12.12.1~ 19.11.30 (갱신) | | 예성강 신규수력발전소 건설, 서부전력망에 공급 -발전용량: 10MW -발전량: 연41,150MWh -운영개시일: 12.12.1 | 34,476 |

| | | | | | | | |
|---|---|---|---|---|---|---|---|
| 6 | 등록<br>(12.10.23) | 예성강<br>수력발전소<br>3호 | 토산전력회사/<br>Topic Energo | 12.12.1~<br>19.11.30<br>(갱신) | | 예성강<br>신규수력발전소 건설,<br>서부전력망에 공급<br>-발전용량: 10MW<br>-발전량: 연42,800MWh<br>-운영개시일: 12.6.1 | 34,979 |
| 7 | 타당성<br>평가<br>(11.6월<br>-7월) | 원산군민<br>수력발전소<br>1호<br>(20MW) | | | ACM0002:<br>전력계통과<br>연계된<br>신재생에너지<br>발전에 대한<br>통합 방법론 | | 67,260 |
| 8 | 사전고려<br>(11.2.22) | 함흥<br>수력발전소<br>2호<br>(20MW) | | | | | |
| 9 | 사전고려<br>(11.5.23) | 평양방직소<br>에너지효율<br>개선사업 | | | | | |

출처: UNFCCC; 박지민, "북한 에너지부문 CDM 사업 현황 및 전망," 「세계 에너지시장 인사이트」, 제13-46호, 2013.12.27.), pp. 5~6에서 재인용.

　　북한 내에서 진행되고 있는 CDM 사업은 주로 수력발전소 건설 사업에 집중되어 있다. 북한이 6개의 수력발전소를 가동하여 연간 20만 톤의 이산화탄소 배출을 줄일 수 있으며, 탄소배출권(CERs)을 통해 거래하여 50만 유로의 이익을 창출할 수 있다고 추정되었다.[106] 그러나, UNFCCC에 등록되어 있는 CDM 사업이 탄소배출권을 발급받고 거래되어 수익이 발생하기까지는 복잡한 단계의 과정과 난관이 기다리고 있어 상당한 시간이 소요될 전망이다. 아울러 파리협정 이행을 위한 후속조치 협상에서도 CDM을 파리협정에서 어떻게 수용하고 운용할지 여부에 대해 이견을 해소하기가 어려운 상황이기도 하다. 특히 글로벌 경기 하강에 따른 국제배출권 시장의 움직임도 무시할 수 없는 부분이며

---

106) 임강택 외(2013), 앞의 보고서, p. 121.

불확실성이 완전히 해소되지는 않은 상황이다.

그럼에도 기후변화 대처를 위한 국제사회의 온실가스 저감 노력이 강화되는 추세에 있어 잠재성이 많은 북한 CDM과 같은 온실가스 감축사업이 원만하게 진행될 경우 남북한 경제협력은 물론 국제개발협력 사업에도 긍정적 영향을 미칠 수가 있다. 이 경우 온실가스 감축노력을 배가해야 하는 한국 정부로서는 온실가스 감축 협력 사업을 기반으로 남북한 상생협력을 도모할 수 있는 가능성과 유인이 매우 커진다고 볼 수 있다.

## 3. 정책의 평가와 한계

일국의 어떤 정책을 평가하는 문제는 객관성과 주관성의 요건 충족에 있어 판단의 문제가 개입되므로 용이하지 않다. 정책의 효과 면에서는 성공했지만 절차적 요건에서 실패하는 경우도 있고, 양자를 다 충족시킬지라도 사회 전반의 지지가 낮아 결국 실패로 귀결될 수도 있기 때문이다. 그런가 하면, 단기적으로는 성공하거나 실패한 정책이 상당한 시간이 경과되어 그 반대의 효과가 나타날 수 있다.

이와 관련하여 맥코넬(Allan McConnell)은 정책 평가에 있어 프로그램, 절차, 정치의 세 영역에서 분석을 시도하였다. 맥코넬은 정책수행자들이 설정한 목표의 달성 여부, 상당한 반대의견 존재 여부, 사실상의 보편적인 지지층 존재 여부 등에 따라 성공과 실패가 갈린다고 주장하고, 정책 성공과 실패 사이에는 다양한 스펙트럼이 있음을 제시하였다. 맥코넬은 중간 스펙트럼의 대표적인 것으로 반등적 성공(resilient success), 갈등적 성공(conflicted success), 불안한 성공(precarious success)을 들었다.[107]

어떤 정책이 실패할 경우 새로운 정책 변화가 일어날 것인가도 연구 주제이다. 국내정치적인 이유 등으로 어떤 정책의 실패가 새로운 정책변화로 이어지는 것은 매우 어려운 일이다. 월쉬(James Walsh)에 따르면, 탈냉전 시대의 영국의 안보정책은 북대서양조약기구(NATO: North Atlantic Treaty Organization)에 의거하여 결정되었는데, 이는 구 유고연방에 대한 정책 실패로 귀결되었다. 그럼에도 대안으로 제기된 유럽적인 접근을 강조하는 정책은 국내 정치적인 제약으로 채택되지 못하고 1997년 노동당이 선거에서 승리하고 나서야 정책변화가 이루어질 수 있었다고 분석했다.[108] 더구나 유일영도체제를 고수하고 있는 북한정권의 속성상 일개 개인이 아닌 정권 차원에서 정책실패를 인정하는 것은 사실상 불가능하다. 따라서 북한의 대내외 정치적인 요소는 배제하고 객관적인 정치 및 경제 여건 하에서 소기의 정책목표 달성여부와 정책이행의 효과성, 수요자인 주민의 편익증진, 지속가능성 등을 근거로 정책을 평가할 필요가 있다.

### 가. 3대 정책 방향

북한의 에너지정책은 크게 세 방향으로 정리할 수 있다. 첫째는 전력 및 에너지 공급능력 확충이다. 둘째는 에너지 수요관리 측면에서의 절약 및 효율화이다. 셋째는 신재생에너지 발굴 확대이다. 북한이 추구하는 이 같은 정책방향은 북한의 에너지난과 국제적 추세를 감안할 때 불가피한 선택이기도 하다. 그러나 에너지 수급구조의 개편이 이루어지지 않고, 부족한 자본과 기술을 도입할 수 있는 개방형·상업형 에너지체제를 도입하지 않는 한 미봉책에 불과할

---

107) Allan McConnell, "Policy Success, Policy Failure and Grey Areas In-Between," *Journal of Public Policy*, Vol. 30, No. 3, December 2010, pp. 345~362.
108) James I. Walsh, "Policy Failure and Policy Change: British Security Policy After the Cold War," *Comparative Political Studies*, Vol. 39, No. 4, May 2006, pp. 490~518.

뿐이다.

북한의 에너지정책 평가를 위해서는 세 가지 정책방향을 좀 더 세부적으로 살펴 볼 필요가 있다. 먼저 전력 및 에너지 공급능력 확충정책이다. 북한은 자력갱생 원칙에 따라 일찍부터 부존량이 풍부한 석탄을 최대한 개발하여 에너지원을 확보하고 에너지 자립도를 높이고자 노력했다. 우선 한계상황에 다다른 석탄증산을 위해 전국적으로 중소탄광 개발을 독려했는데, 이는 주민들의 난방용 연료공급을 확대하여 땔감 수요를 줄이는 긍정적 효과도 있었다.

리부기는《중소규모탄광을 적극 발전시키는 것은 주체적인 연료기지 축성의 합법적 요구》제하의 논문에서 "석탄자원이 있는 모든 지역들에서 중소규모 탄광을 대대적으로 개발 운영하면 수송비를 절약하고 철도수송의 긴장성을 풀수 있으며, 석탄의 도중손실을 없앨 뿐 아니라 대규모탄광의 석탄생산에 유리한 조건을 지어 주면서도 인민들의 땔감 문제를 해결할 수 있게 한다."고 석탄사용의 긍정적 측면을 제시하였다.[109]

이는 지방단위의 자체 수요에 충족할 석탄을 채굴토록 하는 것으로 전반적인 에너지 권한의 분권화 현상과 맥을 같이 한다. 그러나 신규 탄광 개발에 대한 실질적인 성과는 매우 미미한 정도이다. 이에 따라 북한은 채탄효율성을 개선하기 위한 채굴기법 발굴 노력도 경주하고 있다. 동시에 부존자원인 석탄산업의 효율성 제고를 위해 2010년 북한은 '석탄법'을 제정하여 석탄 공업에 대한 투자를 확대하고 국제기구들과의 교류를 확대하고 외자를 유치하고자 했다. 이는 2차 핵실험 이후 국제사회의 제재가 강화되자 외부의 에너지원 도입보다는 내부의 자원이용의 효율성을 높이려는 시도로 해석된다.

북한에는 비교적 수자원이 풍부하고 개발에 유리한 자연조건을 갖추고 있고,

---

[109] 리부기, "중소규모탄광을 적극 발전시키는 것은 주체적인 연료기지 축성의 합법적 요구," 『경제연구』, 제2호, 평양: 과학백과사전출판사, 2002, p. 39.

생산비용이 저렴한 편이며, 유사시 전력 수요에 대해 안정적으로 보장할 수 있어 수자원은 이미 오래전부터 신뢰성 높은 에너지로 간주되었다. 리승필에 따르면, "우리나라의 조건에서 경제발전과 인민생활에서 요구되는 연료, 동력수요보장의 중요한 담보는 수력자원에 기초한 전력생산을 높이는데" 있으며, "중소형발전소는 투자의 효과성과 생산의 믿음성 보장에서 다른 동력자원에 의거하는 발전소건설에 비하여 전력생산기지 축성에서 우월한 형태로 된다."[110] 1990년대 중반 들어 지방에 소재한 소규모 공장과 가정용 전력 충당을 위해 비용이 비교적 저렴하게 용이하게 건설할 수 있는 중소형 발전소 건설에 매진하였다.[111] 전력난이 심화된 상황에서 급격한 석탄증산이 용이하지 않고, 원유수입이 어려워 화력발전소 가동도 여의치 않고 원자력발전소도 자본과 시간이 투입되는 데 비해 중·소형 수력발전소는 비교적 건설이 용이하였기 때문이다. 김일성은 1994년 수력발전소의 중요성을 다음과 같이 역설한 바 있다.

> 지금 하고 있는 수력발전소 건설을 다그쳐 빨리 끝내야 긴장한 전기문제를 풀수 있습니다. 우리나라에 화력발전소들이 적지 않지만 석탄을 제대로 대주지 못하여 은을 내지 못하고 있습니다. 원자력발전소를 건설하면 전기문제를 풀수 있지만 원자력발전소를 건설하는데는 기일이 오래 걸립니다."[112]

---

110) 리승필, "지방경제의 종합적 발전에서 중소형수력발전소 건설의 유리성과 그 성과적 추진," 『경제연구』, 제3호, 평양: 과학백과사전종합출판사, 1999, pp. 23~24.
111) "중소규모발전소들을 대대적으로 건설할데 대한 당의 방침을 철저히 관철해나가는데서 무엇보다 중요한 것은 일꾼들과 근로자들 속에서 위대한 장군님의 말씀과 당의 방침 관철에서 절대성, 무조건성의 원칙을 철저히 지켜나가는 것이다." 리충길, "우리 당의 수력에네르기 자원 리용방침과 중소규모 수력발전소 건설," 『경제연구』, 제3호, 평양: 과학백과사전종합출판사, 1998, p. 20.
112) 김일성, "라진-선봉 자유무역지대 개발과 수력발전소 건설을 다그칠데 대하여," 『김일성 저작집』, 제44권, 평양: 조선로동당출판사, 1994, p. 459.

화력발전 분야의 에너지 증산과 관련, 북한은 1990년대 중반부터는 화력발전소를 새로 건설하기보다는 기존의 발전소 설비를 보수하는 수준에 그치고 있다. 북한은 전기석탄공업성을 중심으로 전력생산을 독려하는 차원에서 화력발전소 설비 보수를 대대적으로 전개하였다. 이에 따라 2000년대 초반 북창화력발전연합기업소, 동평양화력발전소 등의 보수가 이루어지기도 했다. 그러나 북한은 자본과 기술 부족으로 기존 설비 개보수에 많은 어려움을 겪고 있다.

둘째로 에너지 절약 및 효율화 정책이다. 북한에는 '1W의 에너지가 피 한방울이다'라는 말이 있을 정도로 에너지 궁핍현상이 만성화되어 있다. 북한은 이미 1980년대 중반경에 '한 집 한 등 켜기 운동'을 벌일 정도로 전력부족 현상은 이미 오래전부터 진행되어 왔다. 북한은 2000년대 중반 이후에도 에너지 공급이 1990년 수준을 회복하지 못하게 되자 극심한 전력난은 에너지 절약 운동을 더욱 적극적으로 전개하는 유인이 되고 있다.[113] 사실 전력 증산 노력에 못지않게 중요한 것이 에너지 이용 효율화와 절약이라고 할 수 있다. 북한은 강성국가 건설을 실현하는 데 있어 절약형의 기업전략, 경영전략이 필요함을 인식하고 절약투쟁에 있어 기술혁신과 신기술 도입을 추구하고 있다. 북한은 발전소 시설 정비 보수를 통한 에너지 효율 노력도 아울러 전개하고 있다. 특히 북한은 북부지역에 소재한 대규모 수력발전소 - 허천강발전소, 부전강발전소, 장자강발전소, 서두수발전소, 위원발전소, 남강발전소, 삼수발전소, 어랑천발전소, 예성강발전소, 강계청년발전소, 태천발전소, 장진강발전소를 위주로 정비보수를 조속히 마무리하도록 박차를 가하고 있다.[114] 북한은 희천발전소와 같

---

[113] "긴장한 에너지 문제를 해결하는 중요한 방도의 하나는 생산된 에네르기를 합리적으로 분배하고 효과적으로 이용하는 것이다. … 제한된 에네르기 원천을 합리적으로 분배리용하여야 인민경제부문들 사이의 조화로운 발전을 이룩하고 경제를 계획적으로, 균형적으로 발전시킬 수 있다." 장성호, "에네르기 분배와 경제발전," 『경제연구』, 제2호, 평양: 과학백과사전출판사, 2006, p. 20.

은 대규모 발전소와 각 지방에 중소규모 발전소 건설을 동시에 독려하였으나 새로운 발전소 건설만으로는 한계를 느끼고, 발전능력을 최대로 발휘할 수 있도록 과학기술을 활용한 발전소의 현대화가 중요하다는 것을 인식하게 되었다.[115]

북한은 국제시장에서 수입을 해야 하는 석유에 대한 의존도를 줄이는 정책을 펴고 있으며 이에 따라 구소련 해체 직전과 비교해서 북한의 석유 의존도는 절반 가량 감소하였다. 북한이 중국의 석탄액화유 설비를 구입하여 석탄액화유 생산에 나설 경우 석유 의존도는 더욱 줄어들 것으로 보인다. 석유는 북한에서 우선적으로 교통수단이나 화학공업 발전에 사용되고 있다. 특히 화학공업 발전에 있어 석탄을 원료로 했을 때보다 석유를 사용했을 때가 생산효율이 뛰어나고 품질이 우수하기 때문에 석유 수입에 있어 중요한 고려요소가 된다. 북한은 교통수단에 있어서도 수력발전과 석탄 화력발전을 이용해 철도, 시내 전차, 지하철 등에 에너지를 공급하고 활용도를 증대함으로써 석유에 대한 의존도 감소를 도모하고 있다.

셋째는 신재생에너지 발굴 확대이다. 북한은 화석연료에 대한 의존도를 낮추고 대체에너지를 개발하는 차원에서 신재생 에너지 발굴에 박차를 가하고 있다. 북한은 초기부터 수력발전에 많은 정책적 지원과 투자를 해 왔으나 가뭄과 겨울철 수량 감소 등으로 인한 한계상황에 부딪치게 되자, 풍력발전의 잠재력

---

[114] 『노동신문』, 2013년 7월 22일.
[115] "전력공업부문에서는 대규모 수력발전소와 중소규모 수력발전소 건설을 힘있게 다그쳐야 한다. 원래 대규모 수력발전소 건설과 중소규모 수력발전소 건설을 잘 배합하는 것은 우리 당의 시종일관한 방침이다." 렴병호, "인민경제의 선행부문, 기초공업부문을 앞세우는 것은 선군시대 경제건설로의 기본요구," 『경제연구』, 제3호, 평양: 과학백과사전출판사, 2008, p. 11; "희천속도로 경제강국 - 중요한 문제는 또한 모든 부문, 모든 단위에서 과학기술중시 기풍을 철저히 확립하는 것이다." 박철민, "희천속도는 경제강국 건설의 위대한 추동력," 『경제연구』, 제3호, 평양: 과학백과사전출판사, 2011, p. 11.

의 평가하고 이를 활용하고자 노력해 왔다. 북한은 1978년 풍력에너지팀을 구성해 기초조사를 시작하여 지속적으로 자료를 축적했다. 북한은 20년간 130개 지역에 대한 조사결과 풍속이 초당 4.5m 이상인 지역이 전체의 18%에 달해 상당히 양호한 조건을 구비하고 있는 것으로 평가했다.116) 북한 정부가 풍력에너지 개발을 국가의 중요 정책으로 채택함에 따라 이를 지원하기 위해 대학 차원에서는 김책공업종합대학이 전기공학부 안에 풍력발전연구실을 만들고 풍력을 이용한 발전기 개발에 매진을 하고 있으며, 자연에너지 활용을 위한 새로운 발전기 모델을 개발하고 있다.117)

북한에서는 주거지를 중심으로 태양에너지 개발 및 이용이 지속 확산되고 있는 추세이다. 2006년 평양시는 전력난 해소를 위해 광복거리 내 50세대의 시범 아파트를 건설하면서 태양열난방가구를 설치하였다.118) 자연에너지개발이용센터와 김책공업종합대학은 태양열 에너지를 수집하여 사용한 후 나머지는 돌이나 철판에 흡수했다가 나중에 열을 전달받는 축열식 방식을 도입하여 일반 가구의 난방과 취사용으로 활용할 수 있도록 연구를 진행했다.119) 태양열 사업을 위한 국제협력도 비교적 활발히 이루어졌다. 2001년 일본의 시민단체인 'Korea 어린이 캠페인'이 평양 교외의 택암(澤岩) 협동농장 내 탁아소 지붕에 태양광 패널을 설치한 것으로 보도120)되기도 했는데, 특히 EU 국가들과의 태양열 활용을 위한 협력이 비교적 활발하게 진행되었다.

---

116) 『민족21』, "북의 신재생에너지 개발 어디까지 왔나: 풍력·태양열·조력·바이오매스 기초연구 탄탄," 2010년 2월호, p. 162.
117) 『자유아시아방송』(RFA), 2015년 2월 5일. 김책공업대학 김용산 풍력발전연구실장은 2014년 12월 중순 조선중앙TV에 나와 "실험을 거듭해 풍력발전 효율을 40% 이상 높이는 발전기 날개를 개발하는 데 성공했다"고 밝혔다.
118) 『연합뉴스』, 2007년 3월 11일.
119) 『연합뉴스』, 2007년 8월 1일.
120) 『조선일보』, 2001년 7월 28일.

북한은 바이오매스에도 상당한 관심을 두고 있는데 '생물에너지를 개발 이용하기 위한 기초연구'에 투자를 확대하고 있다. 북한은 '자연에네르기개발이용센터' 주도하에 메탄가스 등 바이오매스 이용기술을 개발하고 보급하는 데 노력을 기울여 왔다. 주로 가축분뇨, 인분으로부터 나오는 메탄가스를 가정 난방용이나 자동차 운행에 이용하는 시도가 이루어지고 있다. 2002년 김정일 국방위원장이 평안북도 구성시 남산협동조합 현지지도를 통해 '메탄가스화 시범마을'을 조성토록 하면서 '전군중적 운동'으로 전개할 것을 지시한 이후, 메탄가스를 발전용, 연료용으로 활용하기 위해 매진하고 있다.[121] 2003년에는 남산협동조합 480가구, 중방협동농장 180가구, 기룡, 신풍협동농장 100가구 등 총 1,200여 가구에 메탄가스 생산설비를 설치하였다. 농촌에서는 메탄가스를 활용한 발광등 '광명2002-가'를 널리 보급하고 있다. 이 조명등은 과학원 열공학연구소에서 개발했는데, 메탄가스 1㎥로 일일 7~8시간 사용할 수 있다고 알려졌다.[122]

1990년대 이래 북한에서는 실질적인 바이오매스 사용 증가가 이루어져 20년간 에너지 믹스부분은 2배 이상 증가되었다. 그러나 바이오매스 사용 증가는 많은 지역에서 산림 감소를 초래하고 산사태의 원인이 되고 있으며, 자연재해에 대한 취약성을 노출시키기도 했다. 이는 결국 경제 회복에 장애가 되는 요소로 작용하기도 한다. 지열에너지는 길주, 명천, 안주지구 등 유리한 대상지역을 정하고 주민난방용으로 이용토록 국가적 차원의 투자와 기초연구를 진행하고 있다.

북한의 조력발전의 경우 잠재량이 약 4,700MW로 추정되는데, 남포 조력발전소를 설계하였으나, 비용문제로 중단된 상태이다. 북한은 1MW급 수평흐름터빈 개발, 2MW급 발전 시범사업 타당성 확인, 조력에너지 데이터베이스 확보,

---

121) 배성인, 앞의 논문, p. 79.
122) 『조선중앙통신』, 2005년 3월 8일.

최적입지 선정 등을 목표로 연구를 진행 중이다.123)

## 나. 정책의 한계

북한에서 에너지 위기가 발생한지 20여 년이 경과하였지만, 북한의 에너지난은 구조적인 문제를 해결하지 못한 채 지금까지 지속되어 오고 있다. 북한은 국가 에너지정책의 방향을 기존의 에너지원 확보를 위해 인력과 자원을 최대로 동원하면서도 신재생에너지를 중심으로 한 에너지 믹스를 다양화하고자 하였다. 즉, 소수력 및 중대형 수력발전소 건설 독려, 석유와 천연가스의 채굴, 신재생 에너지의 발굴 노력과 함께 수요 관리 차원에서 에너지 절감 노력을 대대적으로 전개하였다. 이와 동시에 새로운 에너지 기술 도입을 위해 해외 동향 모니터링을 강화하고 국제사회의 협력을 확대하고자 했다.

그럼에도 북한의 에너지 공급량은 수요량의 절반가량에 머무르고 있고, 1990년 수준에도 도달하지 못하고 있는 실정이다. 가동률이 30% 내외에 머물러 한계생산에 직면해 있는 발전소, 정전이 잦고 전압이 불완전한 송전 전압은 자체 해결의 수준을 넘어섰다. 아래의 〈표 2-4〉는 국제에너지기구(IEA)가 2018년에 발간한 『세계 에너지 발란스』(World Energy Balances)에 포함된 내용으로서 2016년 기준 북한의 에너지 원별 생산과 수입현황과 함께 1차에너지 및 최종에너지 구성을 보여주고 있다.

IEA에 따르면, 2016년도 북한의 에너지 생산량은 2,130만TOE 수준으로서, 1,440여만TOE가량의 에너지가 부족한 상황이다.124) 북한의 1차 에너지 총공급

---

123) 허은녕, "남북한 에너지 자원과 에너지정책 비교," 윤여창 외, 『남북한 환경정책 비교연구』, 서울: 서울대학교 출판부, 2008, p. 201; 배성인, 앞의 논문, p. 79.
124) 아래 북한 에너지 통계 관련 〈표 2-4〉와 〈그림 2-1〉에서 〈그림 2-4〉는 IEA, World Energy Balances (2018)에서 인용하였다.

량(TPES: total primary energy supply)은 880여만TOE 정도로 대폭 줄어들었으며, 석탄이 압도적인 우세를 보이고 있다. 이는 자력갱생 원칙에 의한 주탄종유(主炭從油)의 비효율적인 에너지 믹스 정책에 기인한 것으로 한계생산에 처한 석탄산업 구조와 신기후체제의 온실가스 감축 추세와 맞물려 어려움을 가중시키는 요인이다.

〈표 2-4〉 북한의 2016년 에너지 발란스

단위: 천 TOE

| | 석탄 | 원유 | 석유제품 | 수력 | 바이오/폐기물 | 전력 | 합계 |
|---|---|---|---|---|---|---|---|
| 생산 | 19,083 | | | 1,101 | 1,108 | | 21,292 |
| 수입 | 899 | 536 | 498 | | | | 1,933 |
| 수출 | -14,402 | | | | | | -14,402 |
| **일차에너지** | 5,580 | 536 | 498 | 1,101 | 1,108 | | 8,822 |
| 통계 오차 | -1 | | | | | | -1 |
| 발전소 | -704 | | -405 | -1,101 | | 1,455 | -755 |
| 용광로 | -69 | | | | | | -69 |
| 석유정제 | | -536 | 531 | | | | -5 |
| 에너지산업 자가사용 | | | -15 | | | -138 | -153 |
| 손실 | | | | | | -230 | -230 |
| **최종에너지** | 4,805 | | 609 | | 884 | 1,087 | 7,385 |
| 산업 | 3,658 | | 89 | | | 544 | 4,291 |
| (철강) | 64 | | | | | | 64 |
| (기타) | 3,594 | | 89 | | | 544 | 4,227 |
| 수송 | | | 480 | | | | 480 |
| (도로) | | | 480 | | | | 480 |
| 가정 | | | 40 | | 121 | | 161 |
| 기타 | 1,148 | | | | 763 | 544 | 2,455 |
| 전력생산 | | | | | | | |
| **전력생산** | 3184 | | 942 | 12800 | | | 16926 |

자료: IEA, World Energy Balances(2018).

본격적인 녹색에너지 기술추구에도 불구하고 북한의 에너지 수급구조는 석탄과 수력 위주를 벗어나지 못하고 있다. 다만, 생물연료와 폐자원을 활용한 에너지 생산이 증가하여 수력을 통한 에너지 생산량과 비슷한 수준에 있다. 지열과 태양력, 풍력 에너지 등은 아직 초보 수준에 있고 소규모로서 가정 소비용으로 사용되고 있어 의미 있는 에너지원으로서는 아직 역할을 하지 못하고 있다.

북한은 자력갱생 원칙에 의거하여 자체 부존된 자원과 기술로 에너지 생산에 주력한 결과, 에너지 자립도는 아래 〈그림 2-1〉과 같이 크게 향상될 수 있었다.

〈그림 2-1〉 북의 에너지 자립도*

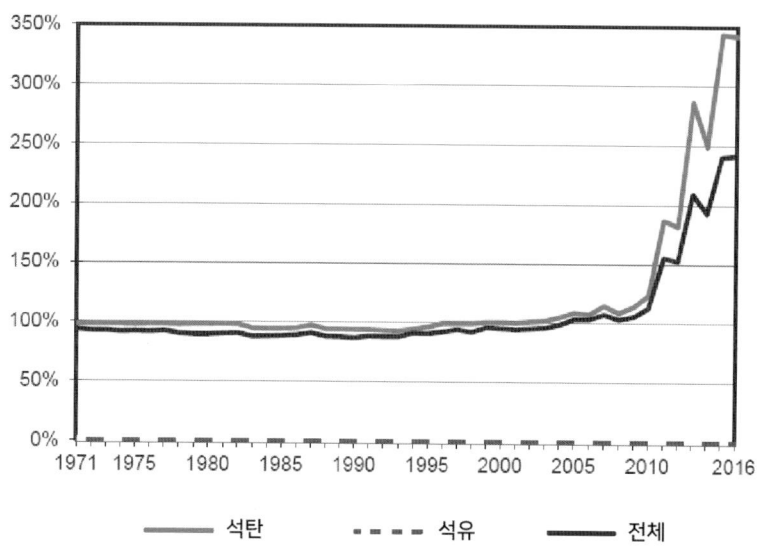

\* 생산량은 TPES로 나눈 값.
자료: IEA, World Energy Balances (2018)

그러나 〈그림 2-2〉에서 알 수 있듯이 산업과 교통, 가정 등 거의 모든 부문에 필수적인 석유제품의 수요가 1990년대에 비해 매우 위축되는 등 산업 전반에 생산성 저하와 비효율을 초래하였다.

또한 〈그림 2-3〉는 연료별 전력 생산을 나타내고 있다. 전력 생산은 석탄과 수력이 절반가량을 차지하다가 수력발전이 더 많아졌으며 석유에 의한 전력생산은 거의 전무하다.

〈그림 2-4〉는 에너지 주요 지표 추이로서 국내총생산(GDP) 대비 1차에너지 총공급량 및 전력공급량과 1인당 1차에너지 총공급량 및 전력공급량 추계를 나타내고 있다. 북한은 에너지난 극복을 위해 자구노력을 강화하였으나 에너지 지표들이 개선되기는커녕 전반적으로 하향곡선을 그려왔으며, 1990년대 초반 수준을 회복하기에는 상당히 미흡한 수준이다.

〈그림 2-2〉 북한의 석유제품 수요 (백만톤)*

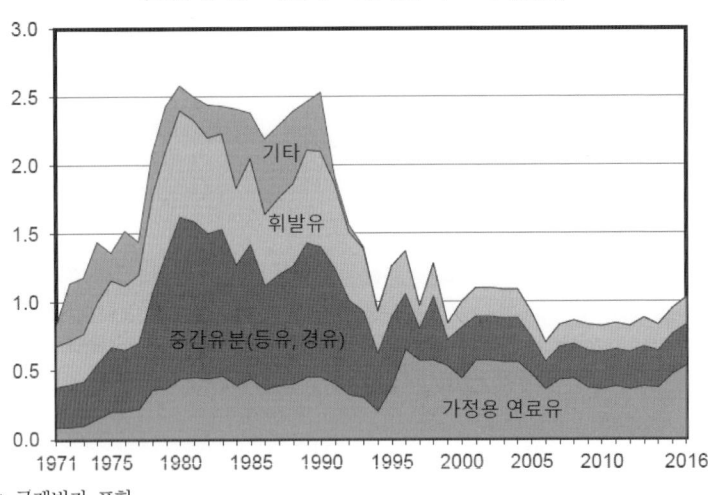

* 국제벙커 포함
자료: IEA, World Energy Balances(2018).

〈그림 2-3〉 북한의 연료별 전기 생산

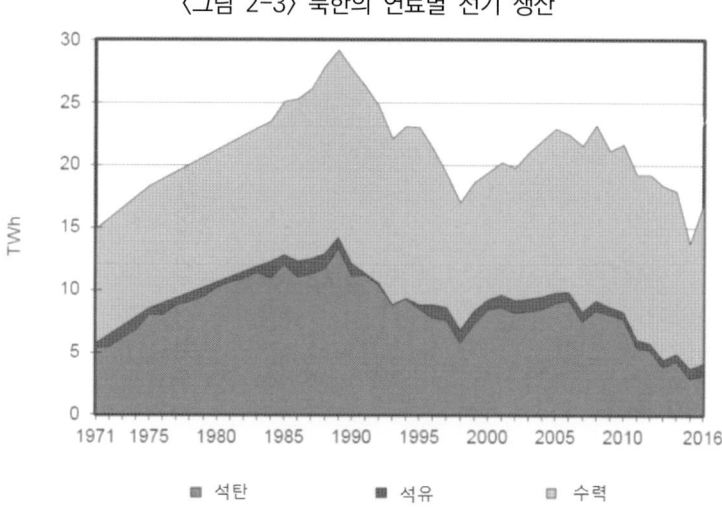

■ 석탄   ■ 석유   ■ 수력

자료: IEA, World Energy Balances(2018).

〈그림 2-4〉 북한 에너지 주요 지표*

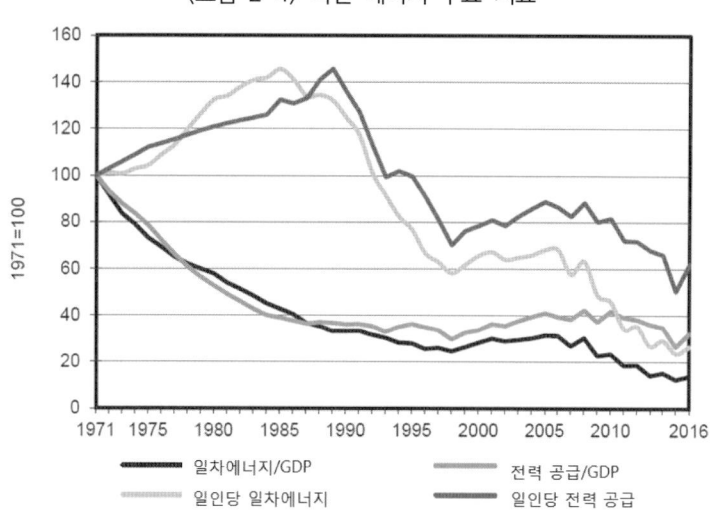

일차에너지/GDP        전력 공급/GDP
일인당 일차에너지     일인당 전력 공급

* GDP: 2010년 달러 환산 기준
자료: IEA, World Energy Balances (2018)

북한의 에너지정책의 실패 요인은 북한 에너지난이 초래된 원인에 대한 철저한 반성과 극복노력이 결여된 데 있다. 북한 에너지난의 근본원인을 찾아내고 이를 해결하기 위한 정책과제를 제대로 선별해내지 못하고 북한 내부의 관점에서만 해결책을 추구함으로써 정책부조화(mismatch)를 야기한 것이다.[125] 북한 에너지정책이 실패한 요인으로는 첫째로 에너지정책 자체의 기본 목표를 제대로 설정하지 못한 데 있다. 에너지정책의 목표가 공급자 위주로 되어 있는 데다 소비자의 수요는 안중에 없다는 데 있다. 이는 정책이 존립하는 근거가 소비자의 이익과는 관계가 없으므로 국민의 혜택과는 관계가 없는 정책이 나오게 된 것이다.

둘째로는 만성적인 외화부족과 설비와 기술 미비에 따른 문제이다. 북한도 문제점을 알고 대처하려 하나 신규 발전소 건설이나 노후 발전소 수리 및 점검, 송배전망 현대화 등에 있어 자체적으로 조달이 불가능한 구조에서 외국 자본이나 기업과의 단절이 지속되었기 때문이다. 더구나 제대로 훈련받은 인력이 부족한 것도 정책실패의 원인이기도 하다.

셋째는 개방적인 정책과 상업적 거래에 대한 인식부족이다. 북한의 에너지난은 이미 자체적으로 해결이 불가능한 상황에 이르렀음에도 상업적 거래나 개방적이고 혁신적인 방법을 도입하고자 할 정책적 유인이 결여되었다.

넷째로는 외부적인 요인으로서 북핵문제로 인한 대북제재의 지속이다. 북핵문제는 북한 에너지난 해소를 위한 양자 및 다자협력기제 형성을 가로막고 있어 효과적인 에너지 문제 해결을 더욱 어렵게 하고 있다.

북한은 대내외적 고립과 어려운 환경 속에서도 에너지난 해결을 위한 자구노

---

[125] 류지철 등은 북한 에너지 부문의 정책과제를 5가지로 제시했는데, 이는 ① 자력갱생 정책기조의 포기, ② 개방형 에너지 시장 체제의 정립, ③ 기존 에너지 시설의 개보수, ④ 에너지 공급능력의 확충, ⑤ 정책역량 기반의 확충이다. 류지철·김경술, 앞의 논문, pp. 142~145.

력을 적극 전개하였다. 북한 김정은 체제는 대북제재를 더 이상 변수가 아닌 상수로 놓고 에너지정책을 펴고 있어 이러한 북한의 에너지원 확보 노력은 적극적으로 이루어지고 있다. 그러나 아직 북한의 이러한 정책은 2018년 IEA가 발간한 보고서에서 드러난 바와 같이 실효를 거두지 못한 것으로 평가된다. 북한의 자력갱생에 의한 신재생 에너지 발굴 노력이 일부 도움이 되겠지만 근본적인 해결에 되기에는 어렵다. 그 이유로는 3대 정책방향 등 북한의 자구노력이 방향성에 있어서는 적절한 측면이 있으나, 새롭게 설정된 정책을 떠받치는 요소 간 연계 고리가 미비한데 있다. 다시 말해, 에너지 수급을 포함한 기본적인 에너지 체계가 안정되어 있어야 하나 에너지난이 만성화되어 불안한 상태에서 대외고립으로 에너지 부족분에 대한 외부에서의 충분한 도입이 어려워 새로운 정책을 추진할 수 있는 물적, 제도적 기반이 결여된 구조적 한계를 노정했던 것이다.

북한은 발전설비 노후화와 낙후된 기술수준, 자재와 설비 부족, 혁신 마인드 결여 등 제반 사정으로 인해 외부의 지원 없이는 에너지난의 근본적 해결이 불가능한 상태에 이르렀다. 따라서 북한의 에너지정책은 소기의 정책목표를 달성하지 못했고, 정책 이행이 효과적이지도 못했으며, 주민 생활을 개선하거나 편익 증진을 사실상 이루지 못하고 있어 지속가능성 측면에서도 상당한 의문이 제기되고 있음을 감안할 때, 정책실패로 평가할 수 있다.[126]

---

[126] McConnell에 의하면, 정책실패는 정책수행자들이 설정한 목표를 달성하지 못하고, 반대의견이 상당하며, 지지층이 사실상 존재하지 않는 상황을 의미한다. McConnell, 앞의 논문, pp. 356~357.

# 제3장
# 북한 에너지 협력

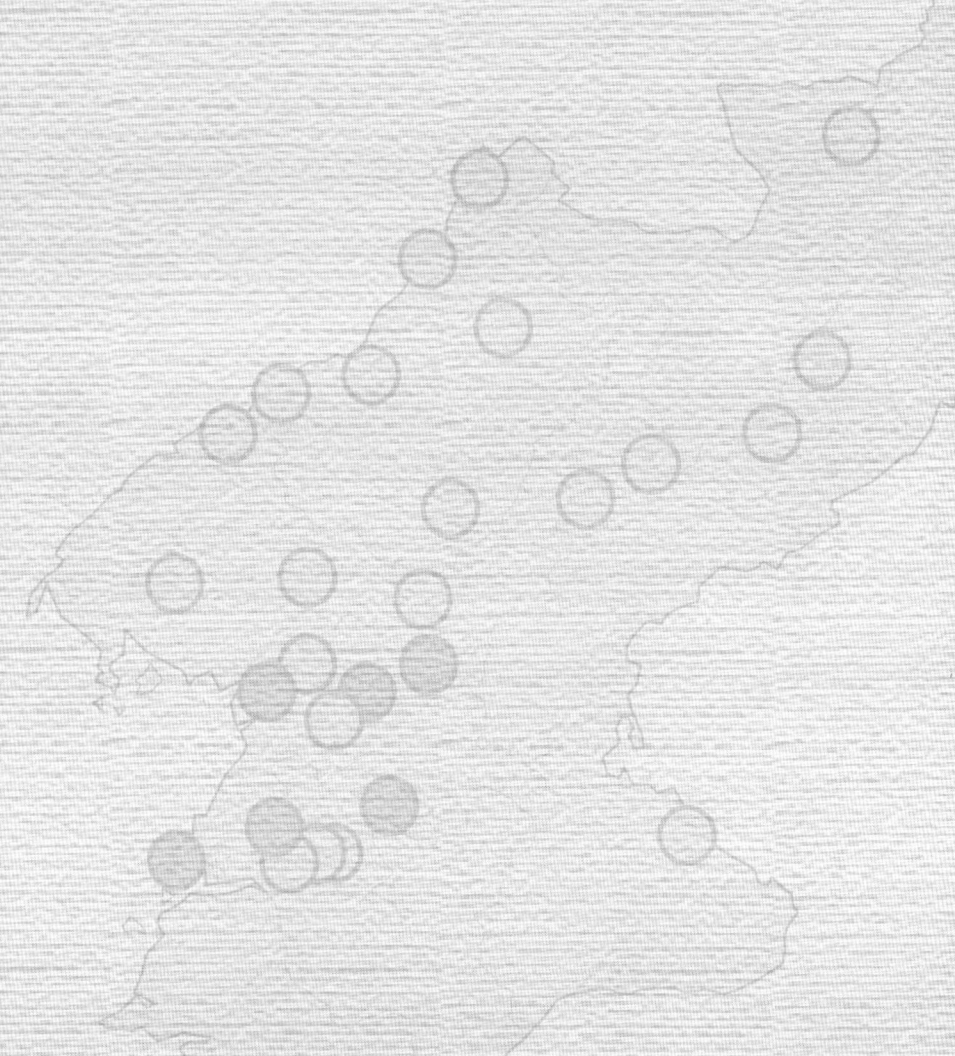

# 제3장 북한 에너지 협력

## 1. 국제 에너지 협력

### 가. 국제협력의 유형과 평가기준

북한 에너지 문제는 엄밀히 말하면 국내 문제이며, 대부분의 국가들은 에너지 안보문제를 국가 내부의 과제로 선정하여 해결하고 있다. 북한의 경우에도 에너지 안보 문제는 총체적 위기를 초래한 최우선적 국가과제로서 북한 당국의 책임 하에 자체적으로 해결되어야 할 이슈이다. 그럼에도 불구하고 북한 에너지 문제 해결을 위한 국제사회의 양자 및 다자협력에 대한 필요성 논란과 함께 대북한 에너지 협력을 모색하는 실제적인 노력이 전개되었다. 이러한 현상은 왜 국가 간에 협력이 발생하며 국제사회는 왜 일국의 국내 이슈에 개입하고 관여해야 하는가라는 질문을 제기한다.

통상적으로 국제관계는 국가 간의 갈등과 협력으로 표현되는데, 국가 간 갈등과 대비되는 차원의 국제협력은 정부 간의 협력은 물론 정부 간 영역을 벗어나거나 일부 연계되어 이루어지는 민간협력의 형태로 나타난다. 국가 간의 갈등과 협력의 이론적 근거에는 국제정치를 보는 두 개의 기본적인 시각인 현실주의와 자유주의 전통이 교차하고 있다.[127] 양자의 이론적 입장에 따라 갈등과 협력의 정도와 양상이 달라지기도 하지만 무정부적 상황 하에서도 지속적인 상호성 원칙을 적용할 경우 국제사회에서의 협력을 도출할 수 있다.

구성주의 시각에서는 국제관계에 있어 상대국에 대한 완전한 정보의 추구나 세력분포 구조의 변화, 공격과 수비의 구별가능성에 대한 기대 측면에 집중하지 않는다. 대신 정체성과 선호, 이익 등의 요소를 고려하여 국가 간의 갈등관계를 개선하여 긍정적이고 협력적인 관계를 구축하고자 한다. 국제사회에서 국가들은 공유하고자 하는 문화적, 가치적 기반을 확대하여 조화적인 집합정체성을 형성해 나감으로써 협력관계가 제도화되는 것이다.

일반적으로 국가들은 자력구제를 원칙으로 하는 무정부적 국제사회에서 국제제도를 설립하도록 한 자국의 이익이 유지될 경우 이러한 국제제도를 유지하려는 경향이 있다. 그러나 국제제도를 창출하도록 한 자국의 이익이 변화하여도 국제제도가 유지될 수 있는데, 이는 양식화된 협력적 행동패턴을 변경하고 자국의 이익을 재산정하는 데 따르는 비용이 크기 때문이다. 이는 일정한 국제질서를 형성해 온 전통과 정당성의 유지 문제와도 결부되어 있다. 결국 국가는 국익 산정을 포기하기보다는 정책결정 기준의 변경을 통해 적응을 모색하게 된다. 즉, 국가는 자국의 이익만이 아닌 여타국의 이익을 감안하여 결정을 내림으로써 공동의 최대수익추구자(joint-maximizers)로 변화를 시도하는 것이다.[128]

한편, 국제협력의 관계는 두 가지 측면에서 발생하는데, 첫째 적극적인 의도하에 협력을 통해 상호이익을 창출해 가는 것으로 경제적 협력으로 나타나고, 둘째는 소극적 의도로서 국가 간에 불가피하게 발생하는 긴장과 위협을 회피하

---

127) 스타인(Stein)은 현실주의나 자유주의 이론 중 어느 것을 원용하더라도 무정부적인 국제질서하에서도 국가의 전략적인 선택을 통해 국제협력이 가능하다고 하면서 다양한 전략적 상황에서의 협력 도출 방식을 제시하고 있다. 이와 관련된 구체적인 논의를 보려면 Arthur A Stein, *Why Nations Cooperate: Circumstances and Choice in International Relations*, Ithaca, N.Y.: Cornell University Press, 1990 참조.

128) *Ibid.*, pp. 50~53.

고자 하는 것으로 정치·군사적 협력으로 실현된다.129) 그렇다면 대북한 에너지 협력은 왜 발생하며 어떤 양태로 나타나는가의 질문을 제기할 수 있다. 이는 국제사회에서의 인도적 지원 내지 개발원조와 유사한 상황적 맥락에서 발생한다. 즉, 원조국인 선진국은 국제사회의 일원으로서 국제적인 위상을 제고하면서 수원국인 후진국의 빈곤감소와 복리후생을 위해 인도주의적 차원에서 지원을 하게 된다. 이러한 대외원조는 수원국의 경제성장과 자립을 도와 세계경제의 성장에 기여하게 되어 결국 원조국에게도 혜택이 갈 수 있다는 논리와도 연결된다.130)

대북한 에너지 협력은 주체의 규모에 따라 양자와 다자협력으로 나뉘고 주체의 성격에 따라 공공과 민간협력으로 구분할 수 있다. 그리고 협력의 속성이 일방적인지, 쌍방향적인지에 따라 시혜적 협력과 호혜적 협력으로 나눌 수 있다. 일반적으로 시혜적 협력은 협력 주체들이 협력의 비용과 편익을 분점하는 호혜성 협력보다는 상대적으로 '이완된 협력관계'를 구성하는 경향이 높다. 국가적인 정책적 필요성에 의하기보다 자발성에 기초한 민간 및 국제기구의 에너지 및 식량 지원 등의 시혜적 협력은 인도적 차원에서 고려되기 때문에 협력의 지속성 측면에서 민간의 교역이나 투자협력과 달리 취약할 수밖에 없다.131)

이러한 상황은 그간 대북한 에너지 협력이 왜 실패했는지를 잘 설명해 준다. 다시 말해 시혜성 협력이라는 이완된 형태의 협력이 가지는 취약성에 더해 북

---

129) 이상준, "북한의 지역개발 과제와 국제 협력 전략,"『국토연구』, 제34권, 2002.9, pp. 81~97.
130) 일국이 인도적 지원 혹은 개발지원으로 표현되는 공적개발원조(ODA)를 왜 실행하는가에 대해 여러 연구가 있으며 실제로 국가별로 편차를 보이고 있다. 예를 들어, 사회민주주의적 복지국가 속성을 보유한 북유럽국가들의 대개도국 원조비율이 여타 국가들에 비해 상대적으로 높은 편이다. 한편, 랭커스터(Carol Lancaster)는 원조에 영향을 미치는 주요 요인으로 이념(ideas), 정치제도(political institutions), 국익(interests), 조직(organizations), 이익집단(interest groups) 등 5가지를 제시하였다. Carol Lancaster, *Foreign Aid: Diplomacy, Development, Domestic Politics*, Chicago: Chicago University Press, 2007.
131) 위의 논문, p. 84.

핵문제와 미사일 도발이라는 군사안보적 차원의 장애요인이 가중됨으로써 대북한 에너지 협력은 모멘텀과 추동력을 상실하였다. 북한으로서도 대북 교역이나 투자 등 호혜적 협력의 조건을 마련하는 데 소극적이었으므로 북한을 유인하는 협력은 실패할 운명에 처하게 되었다.

한편, 시혜성 협력은 그 자체로 이루어질 수 있지만 특히 인프라 개발이나 발전소 건설 등으로 확대되면 호혜성 협력으로 발전할 수 있다. 이러한 호혜적 협력의 규모가 커짐에 따라 당사자들은 공유하는 협력의 편익을 증대시킴으로써 협력이 더욱 공고화될 수 있다.

다음 표에서 보이는 바와 같이 그간 대북한 에너지 협력은 주로 양자 간 시혜적 협력(A와 C)이 주를 이루었으며, 호혜적 협력의 사업들(E와 F)은 일시적인 활동에 그치거나 논의 수준에 머무르고 있다. 다만, 나진-하산 물류사업은 한국 정부의 강한 의지와 러시아의 동방진출 전략이 맞물리면서 일부 진전이 이루어졌으며, GTI는 중-러 간 지경학적 이해관계가 일정 부분 접점을 이루고 한국 정부의 의지도 더해지면서 민관 파트너십을 통한 발전을 모색하고 있다. UN체제의 협력사업은 UN이라는 보편적인 국제기구가 개입하여 빈곤퇴치와 기후변화 대응, MDGs 달성이라는 글로벌 가치의 목표에 부합하는 사업을 통해 제한된 상황 하에서 부침을 겪으면서 다자협력의 모멘텀을 이어가고 있다. 이러한 상황과 여건들은 대북한 에너지 협력에 있어서 다자협력의 잠재성이 발현될 수 있음을 보여주고 있다.

〈표 3-1〉 대북한 에너지 협력의 유형별 사례

| 구분 | | 협력 주체 | | | |
|---|---|---|---|---|---|
| | | 민간 부문 | | 공공 부문 | |
| | | 양자협력 | 다자협력 | 양자협력 | 다자협력 |
| 협력<br>방식 | 시혜적<br>협력 | (A)<br>개별국가 민간단체의<br>에너지 지원<br>· Nautilus 연구소<br>(미, 풍력설비 지원)<br>· ADRA Swiss<br>(스, 태양열<br>조리기구지원)<br>· CFC<br>(스, 풍력발전기 설치)<br>· Agape International<br>(스, 인력훈련)<br>· Caritas Germany<br>(독, 태양열온실 건설) | (B)<br>국제적인 NGO의<br>에너지 지원 | (C)<br>개별국가 정부차원<br>에너지 지원<br>· 중국의 원유지원<br>· 러시아의 전력지원 | (D)<br>국제(개발/금융)기구<br>/다자협의체의<br>에너지 지원<br>· AREP<br>· KEDO<br>· 6자회담<br>· UN체제 |
| | 호혜적<br>협력 | (E)<br>에너지 교역/<br>투자협력<br>· HBOil의 지분투자<br>· Aminex의 원유탐사<br>· 탄광개발<br>(중국기업) | (F)<br>에너지 인프라개발을<br>위한 컨소시엄<br>· 남북러 가스관사업<br>· 나진-하산물류사업<br>· Gobitec/동북아<br>수퍼 그리드 | (G)<br>국제적 성격의<br>소규모 인프라/<br>지역개발사업<br>· 나진 및 청진항만<br>개발사업 | (H)<br>국제적 성격의<br>대규모 인프라/<br>지역개발사업<br>· GTI |

출처: 이상준, 앞의 논문, p. 84에서 수정, 보완.

대북한 에너지 양자협력과 다자협력을 비교·평가하는 기준으로 세 가지를 상정할 수 있다. 첫째는 효과성(effectiveness)으로서 북한 에너지 해결에 어느 정도 효과를 발휘했는가에 관한 문제이다. 둘째는 신축성(flexibility)으로서 북핵 요인 등 장애요인으로부터 오는 압박을 경감하거나 우회하는 방법으로 지속성을 담보해 가는가의 문제이다. 셋째는 조정능력(coordinability)으로서 대내외 갈등적 상황과 충돌 요인을 조정해 나가고 타협을 통해 정해진 목표를 위해 합의를 이루어 나갈 수 있는지의 문제이다. 여기에서 감안해야 할 것은 양자 및 다자 협력이 대립적이고 온전히 구별되는 협력방식이라기보다는 상황과 계기에 따라 협력방식의 중점이 변이될 수 있으며, 이에 따라 양자 및 다자협력 간에는 상보성(complementarity)이 존재하다는 것이다.

### 나. 양자 협력 : 제한적 협력과 의존성 심화

북한은 두 차례의 북핵 위기를 겪으면서도 핵 프로그램에 대한 의지를 굽히지 않았고, 국제사회의 대북제재에 직면해서 더욱 핵 프로그램을 강화해 나가는 방향으로 나아갔다. 북한 핵문제는 동북아 차원은 물론 국제적인 안보 위협 요소로 부각되었는데, 북한은 무엇보다 체제의 안전을 확보하는 수단으로서 핵무기의 효용성에 대해 강한 신념을 갖고 핵 프로그램 개발에 매진하였다. 그럼에도 북한 핵문제 및 북한 내부에서 발생하는 문제의 상당 부분이 북한 내 심각한 에너지 수급문제와 전력의 만성적 부족현상에서 유발되었다.[132]

대북한 에너지 양자협력 기제 평가를 위해서는 양자협력별로 각 국의 동기와 의도, 동원자원과 전달방식, 조정기제, 제약 및 한계를 고찰해 볼 필요가 있다. 우선 남-북한 협력의 경우, 한국은 대북한 협력을 통해 호혜적인 경제협력 기반을 마련하여 성장 동력을 확보하고 남북관계를 안정적으로 관리할 수 있다는 동기를 갖고 있다. 이를 통해 한반도 내 평화를 구축하고 통일을 위한 토대를 마련할 수 있다는 기대도 있다. 동원자원으로 한국은 전력, 에너지 인프라 및 관련 기술 및 자본, 신재생에너지 설비 및 기술 등을 보유하고 있으며, 기술지원이나 인력훈련 등을 통해 이를 제공할 수 있다.

중국은 대북한 협력을 통해 북한체제 안정과 북한 내 영향력 확보를 기하면서 한반도에서의 평화와 안정을 추구하고자 한다. 북한에 대한 동원 자원으로

---

132) 안세현, 앞의 논문, p. 71.

는 북한 정권 생존에도 필수적인 에너지와 식량, 개발 및 투자 재원이 있으며, 중국은 수십 년간 당 대 당, 정부 대 정부로 엮어진 인적 물적 네트워크를 활용할 수 있다. 중-북 협력 조정기제로는 고위인사 교류, 양국 정부 간 채널, 당 대 당 협력채널, 국영기업을 중심으로 한 민간의 투자협력 채널 등이 있다. 제약요인으로는 중국도 글로벌 행위자로서 글로벌 규범인 비핵화에 협조해야 한다는 점과, 김정은 체제 이후 상대적으로 소원해진 양국 관계를 들 수 있다.

러시아는 대북협력이 아태지역에 대한 관심을 확대하면서 동 지역에 대한 진출을 모색하는 데 도움이 된다고 판단하고 있으며, 남-북-러 협력 등 소다자협력의 교두보를 확보할 수 있다는 계산이 깔려 있다. 러시아의 동원자원으로는 극동 및 시베리아의 막대한 천연자원과 두만강 유역 개발 등 북한 내 개발용 물자 및 설비를 들 수 있다. 나진-하산 물류사업 추진과정에서 러시아가 러-북 합작회사인 '나진콘트란스'에 한국 기업인 포스코 등의 지분투자 및 경영참여를 성사시킨 데서 알 수 있듯이 북한을 둘러싼 국제협력에서의 제3자를 끌어들이거나 중개 역량도 자원으로 활용 가능하다. 러-북 협력의 조정기제로는 고위인사 교류나 양국이 정기적으로 개최해온 경제무역과학기술공동위가 있다. 제약요인으로는 역시 국제사회의 비핵화 협력 동참의무이며 우크라이나 사태 이후 더욱 악화된 미-러 관계 등인데, 러시아는 자국에 대한 제재 발동 이후 투자의 잠재력이 저하되어 있는 상황이다.

EU의 대북협력 동기로는 통상적인 개도국 원조와 국제사회에의 연계 확보 등을 들 수 있고, 개별 국가 차원에서는 북한 내 지하자원 진출에 관심이 있다. 동원자원으로는 북한이 추구하는 대체에너지 기술과 자본 및 설비를 보유하고 있으며, 기술지원이나 인력훈련 프로그램 등도 북한의 협력을 유인하는 자원이다. EU-북한 간 협력의 조정기제로는 정부 간 협력채널 외에 민간주도 협력채널이다. 다만 EU는 북한 핵문제 폐기에 미국 등과 동일한 입장을 가지고 있어 신중한 자세로 점진적인 협력을 전개하고 있다.

북한은 에너지난을 해소하고 산업가동률 제고 등 경제난을 완화할 수 있다는 동기를 갖고 있다. 북한은 지원에 대한 보상수단으로 비교적 풍부한 광물자원을 보유하고 있으며 부지나 인력을 제공할 수 있는 능력이 있다. 북한은 또한 지정학적 이점을 활용하여 원하는 자원을 더 많이 확보하거나, 특정 사안이나 사업에 대해 압박을 가하거나 거부를 할 수 있는 수단적 자원을 보유하고 있다. 이러한 행위자의 전략적 상황을 그림으로 나타내면 아래와 같다.

〈표 3-2〉 대북한 에너지 양자협력 행위자 분석(요약표)

| 구분 | 동기/의도 | 동원 자원/ 전달방식 | 양자협력 조정기제 | 제약 및 한계 |
|---|---|---|---|---|
| 한국 | ·경제성장동력 확보<br>·남북관계 안정<br>·한반도 평화 | ·전력, 에너지 인프라, 신재생 에너지 설비·기술/기술지원·인력훈련 | ·남북 당국자회담<br>·민간단체 협력 | ·북한 비핵화 공조<br>·미-중 간 전략갈등 |
| 중국 | ·북한 체제 안정 후원<br>·북한 내 영향력 확보<br>·한반도 평화 | ·에너지 및 식량<br>·개발 및 투자 재원<br>·인적/물적 네트워크 | ·고위인사 교류<br>·당 대 당 협력<br>·민간투자협력 | ·비핵화 협력<br>·관계 소원화 |
| 러시아 | ·아태지역 진출<br>·남·북·러협력 교두보 | ·극동/시베리아 에너지<br>·개발물자.시설 | ·고위인사 교류<br>·경제무역과학 기술공동위원회 | ·비핵화협력<br>·미-러 관계 제약 |
| EU | ·대개도국 원조<br>·지하자원에 관심<br>·북한·국제사회 연계 | ·대체에너지 자본/기술<br>·기술지원·훈련 프로그램 | ·정부 간 채널<br>·민간위주 협력 | ·비핵화협력<br>·북한 수용능력 |
| 북한 | ·에너지난 해소<br>·기술.설비 도입<br>·산업가동↑, 경제회복 | ·광물자원, 인력 및 부지 제공<br>·북한 내 진출기회 제공<br>·무형의 전략적 자원 (요충지, 중-러경쟁) | - | ·접촉면 제한<br>·투명성 부족 |

이러한 양자 간 전략적 상호관계에서 나타난 협력 유형은 동기와 자원의 크기, 제약요인의 작용수준에 따라 편차를 보이고 있다. 먼저 남·북 협력의 경우, 한국은 협력의 동기가 비교적 강한 편이나 북한 도발의 직접적 피해자로서 협

력에 대한 부정적 기제가 동시에 작용함에 따라 협력 의지는 중간 정도로 평가할 수 있으며, 동원자원 역시 중간 정도라 할 수 있다. 그러나 한미동맹 차원에서 대북한 안보태세를 공고히 유지해야 하고 북핵 관련 한·미·일 공조관계를 다져야 하는 국제환경 하에서 2010년 3월 천안함 사건이 발생하자 보복으로 단행한 5.24 조치와 북한의 잇단 핵실험과 미사일 발사로 인한 국제재재의 환경 하에서 양자협력은 어려운 상황에 처해 있다.

중-북 협력은 동기와 자원 면에서 상위 수준에 있으며 비핵화라는 제약요인이 작용하고 있으나 중-북 관계의 특수성이라는 예외 요인의 작동이 강하여 비교적 공고한 협력을 유지하고 있다. 중국으로서는 북한의 도발시 격렬한 비판을 하거나 응징을 할 수는 있어도 버릴 수는 없는 순망치한의 관계에 있는 북한을 포기할 수는 없으며, 대북 무역은 물론 광산이나 인프라 투자 등에 있어서 중국의 역할은 독보적이라 할 수 있다.

러시아의 경우도 동기와 자원 면에서 상위 수준이나 전달방식에 있어서는 중국보다는 접촉빈도와 강도에 있어서는 덜 공고한 편이다. 러-북 관계에 있어 당대 당 관계는 끊어진 지 오래고 실리적인 접근에서 협력이 이루어지고 있다. 특히 북한에 대한 러시아의 협력이 중국과 같이 공고하지는 못하나, 대북제재에 있어 실질적인 측면에서 유연하게 대응하고 있어 협력의 수준은 공고화를 지향하는 중립적 협력으로 평가할 수 있다.

EU의 북한에 대한 협력 동기는 북한의 국제사회에서의 위치, 북핵문제 등의 여파로 하위 수준에 머물려 있으며 동원 자원은 북한이 원하는 자본과 기술을 보유하고 있어 중간 정도라 할 수 있다. 북한은 EU와의 협력에 비교적 적극적인 데 대해, EU는 대북한 협력에 있어 신중하게 접근하고 있으며 제한적이고 점진적인 특성을 지니고 있다.

〈그림 3-1〉 대북한 에너지 양자협력별 유형 평가

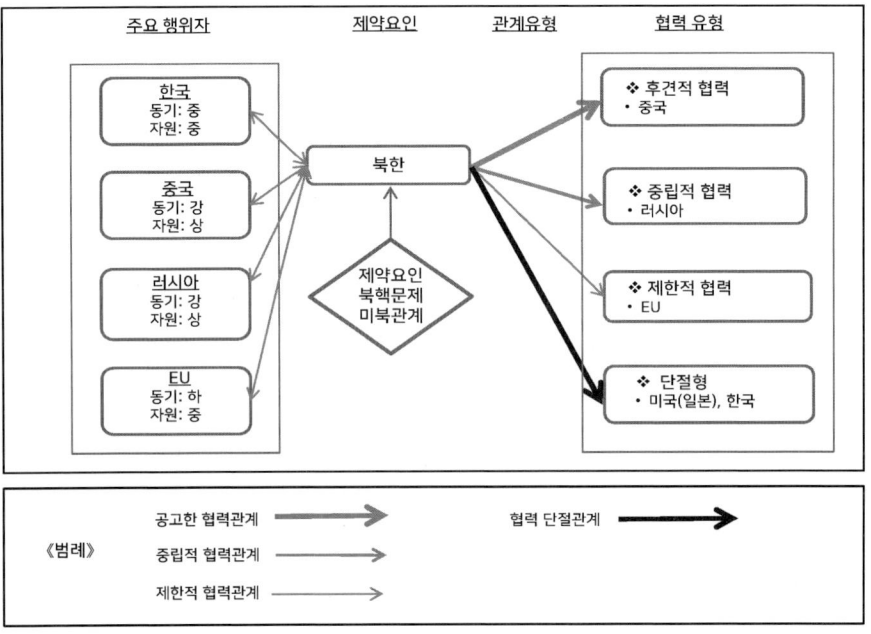

북핵문제는 대북 에너지 협력기제 구축에 있어 가장 커다란 장애요인이다. 특히 북한과 일대일로 거래하는 양자협력의 경우에는 양자협력의 성격상 정치적, 경제적 의도를 노출시키기가 용이하므로 정책의 효과성을 높이기 어려운 면이 있고, 대북제재와 비확산체제 하에서 운신의 폭이 좁아 일국으로서 발휘할 수 있는 신축성이나 조정능력이 제한된다고 할 수 있다. 중-북 관계에서도 중국은 북한에 대해 식량과 에너지를 제공하고 있지만, 공개하지 않고 비공식적으로 이루어지는 경우가 많아 통계에서 누락되기도 한다. 이는 대북 지원에 대한 국제적 비판을 의식한 면도 있으며, 아직 당대 당 관계가 유지되고 있는 중-북 관계의 특성에서 기인하는 것이기도 하다. 러시아의 경우도 북한과의 협력관계를 유지하려 하면서도 비핵화 문제에 관한 한 국제사회의 규범적 질서를 인정하고 대북제재에 협조하려는 자세를 보이고 있다. 이는 국제사회의 대북제재기제는 북한에 대한 에너지 협력의 제약요인으로서 규범으로서 내재화되어 있음을 표상하고 있다. 북한을 제외한 5자 간 북핵 불용에 대한 인식 공유는 '북핵 불용의 동북아라는 집합적 이해'를 의미하고 있으며, 한반도에서의 비핵화라는 안보환경과 규범, 문화의 정착을 요구하고 있다.

북한은 KEDO를 통한 북한 에너지 지원과 6자회담을 통한 경제 및 에너지 지원이 사실상 수포로 돌아간 상황에서 2012년 4월 '핵 주권'이라는 용어를 헌법에 추가하였고 핵무기와 경제발전을 동시에 추구하려는 병진노선을 국가정책으로 채택하였다. 결국 북한이 두 차례의 핵 위기를 초래하고, 여섯 번의 핵실험을 실시하면서 북한에 대한 제재와 압박에 의한 해결이 우선시되고, 핵 프로그램 개발/도발 → 국제사회의 대북제재 → 안보불안 조장 → 내부 체제 결속 도모 → 핵·미사일 도발 → 국제사회의 제재 강화 등의 악순환 고리가 정착되는 역효과를 초래하였다. 북한 핵문제는 원점으로 돌아간 형국이 되었으며, 북한은 핵능력이 고도화하는 결과를 가져왔다.

북한 핵 프로그램 추구에 대한 국제협력의 실패는 양자협력의 가능성을 더욱 위축시켰으며 대북한 제재의 틀을 강화하는 차원으로 나아갔다. 대북한 에너지 양자협력은 중-북 간 후견적 협력과 러-북 간 중립적 협력을 제외하고는 사실상 단절되었다. 북한 에너지정책의 '이중적 실패'는 북한 경제의 중국 의존도를 비약적으로 심화시키면서 양자협력이 전반적으로 위축되는 가운데 비대칭적으로 왜곡되는 결과를 초래하였다.

다. 다자 협력 : 잠재성의 제약과 제도화의 진전

북한 에너지 다자협력기제 분석을 위해서는 개별 국가와 국제기구로 구성되는 행위자의 정책에 내재된 동기와 의도를 살펴 볼 필요가 있다. 아울러 개별 행위자의 이익 추구 외에 공동비전이나 목표설정에 대한 관심여부를 감안할 필요가 있다. 이들 행위자들이 정해진 목표를 추구하기 위해 전개하는 행위자들 간의 다자환경에서의 사회적 상호작용을 통해 자원과 수단의 전달방식을 확인하고, 작동하는 조정기제를 도출하는 작업이 필요하다.

행위자들 간 상호작용에 있어 드러난 행위를 중심으로 선호도를 파악하고 조정기제를 토대로 제도화 수준을 고찰하여 협력유형을 도출할 수 있다. 이러한 접근은 이론적으로 보면 사회적 구성주의 이론에서 제기되는 틀에서 원용될 수 있다. 동북아라는 지역차원의 구조가 선험적으로 주어진 것이 아니라 행위자인 국가와 구조, 행위자와 행위자의 상호작용 과정에서 형성되는 상호이해, 인식, 규범, 문화, 정체성을 통해 협력이 이루어지는 구조화 과정을 파악할 수 있다고 보기 때문이다.[133]

동북아 역내 행위자로는 북한을 둘러싼 주변국과 국제기구를 들 수 있는데, 중국과 몽골, 러시아가 협력에 대한 선호를 강하게 보유하고 있는 당사국이나 다자협력에 대해서는 편차를 보이고 있다. 몽골은 천연자원과 광대한 대체에너지원을 보유한 국가로서 동북아 에너지 공급망을 통한 다자협력에 대한 강한 선호를 보유하고 있다. 중국은 에너지 수급에 지대한 관심을 갖고 협력을 추구하고자 하나, 양자협력을 선호하며 다자협력에는 열의를 보이지 않고 있다. 다만, 광역두만강개발계획(GTI) 수준에서 제한적인 협력을 하고 있다. 러시아 역시 양자협력을 선호하나 소다자협력에 대해서는 비교적 강한 동기를 갖고 있으며, 다자협력에는 관심이 그리 높지 않다. 미국과 일본은 핵문제 해결을 위한

---

[133] 구성주의적 접근은 어떤 사회적 현상에 대해 왜(why)를 질문하는 것이 아니라 어떻게(how)를 질문하는 학문적 방법이라 할 수 있다. 즉, 정체성, 규범, 문화, 행위자와 구조간의 상호구성성 등의 주요 개념적 요소들이 왜 일어나는지 보다 상호 간에 어떠한 위치에 있으며 어떠한 영향을 주고 받는지에 대해 질문을 던지고 있다.

비핵화를 선결적 과제로 제시하고 있으며, 중국과 러시아에 대한 견제의도에 따라 양자 및 다자협력을 기피하는 제약적 행위자이다.

한국은 미국과의 공조 하에 비핵화 이슈를 우선적으로 제기하고 있으나 동시에 남북관계를 관리하면서 통일기반 조성을 위한 대북정책을 수립해 나가야 하는 행위자로서 혼재된 모습을 보이고 있다. 이는 역대 정부의 정책기조에 따라 시기적으로 협력의지에 편차를 보이고 있으며, 협력에 대한 선호와 기피가 단절적으로 나타나고 있다. 북한은 에너지난 해소를 위한 강한 동기를 보유하고 있으며, 가급적 양자보다는 다자협력을 선호하고 있다. 국제기구로서는 북한과 전략적 기본협력을 통해 사업을 추진하고 있는 UN체제가 주된 협력 당사자이다.[134] 인도적 구호기구나 개발협력 기구 등 여타 국제 NGO들이 보조적 행위자로서 북한에 대한 협력 의사를 비교적 강하게 보이기는 하나, 대북한 제재의 틀에 위반되지 않는 범위 내에서 제한된 협력 사업을 통해 북한의 국제사회와의 교류와 연계에 일조하고 있다.[135] 동북아 역내 에너지 다자협력 관련 행위자별 동기 및 의도와 선호도는 〈그림 3-2〉와 같다.

---

[134] 북한과 UN체제간 국가개발 목표 및 정책방향에 대한 협의를 토대로 2007~2009년간 및 2011~2015년간 전략적 협력 기본계획에 합의하고 이를 이행하고 점검하고 있다는 사실은 제약적인 환경 하에서도 북한이 UN과의 협력을 계속 이어가고자 하는 의지를 가지고 있음을 알 수 있다.
[135] 아드라(ADRA: Adventist Development and Relief Agency) 스위스는 1999년 5월에, 독일 개발원 조단체인 카르타스 독일(Caritas Germany)은 20011년 6월에 북한 내에서 각각 태양열 조리기구 지원이나 태양열 온실 지원 사업을 전개하였다. 스위스의 민간구호단체인 아가페 인터내셔널(Agape International)은 2015년 6월 '대체에너지 연수원'을 건설할 계획을 밝히기도 하였다.

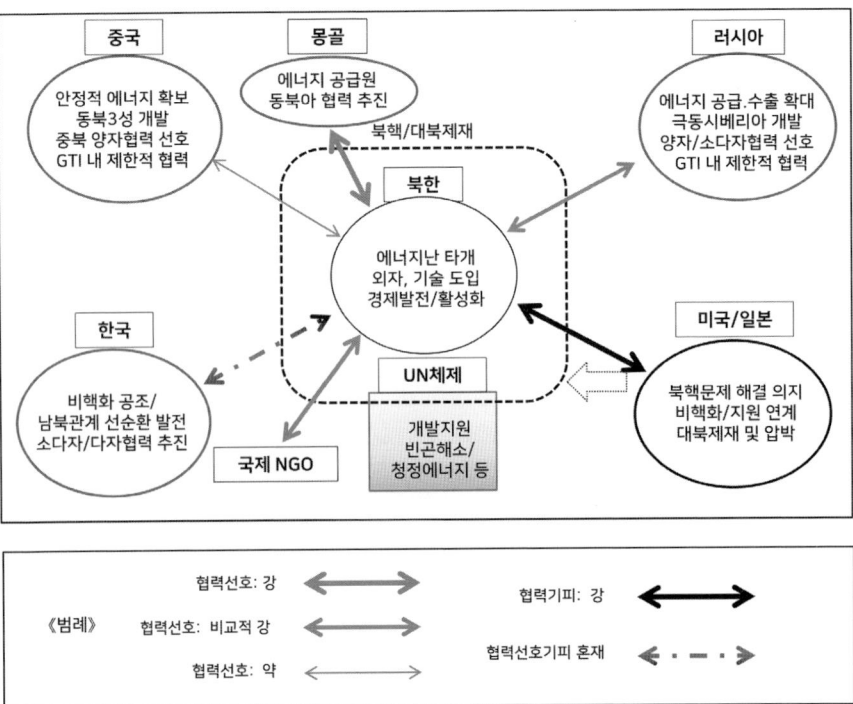

〈그림 3-2〉 대북한 에너지 다자협력 관련 행위자별 동기/의도

동북아 역내 행위자들의 동기와 선호가 매우 차별적이고 대립적인 요소가 많아서 동북아 에너지협력의 다자협력기제는 형식상으로는 다자협력을 띠고 있어도 내용상에 있어서는 양자협력 기반의 조정기제에 의해 작동하고 있어 진정한 의미의 다자협력체제를 구축하기는 난망하다. 남-북-러, 중-북-러 등 소다자협력도 엄밀히 보면 중-러, 한-러, 러-북, 중-북 등 양자협력기제가 강하게 작동하고 있음을 알 수가 있다. 그럼에도 다자협력기제를 추동하려는 움직임도 동시에 일어나고 있다.136) GTI의 경우 UNDP로부터 벗어나 독립적인 국제기구로

---

136) 동북아 에너지협력기제 구축에 있어 현실적 제약이 큰 양자협력보다 다자주의 토대에 기반한

서 위상을 정립하려 하고 있으며 재원조성 등에 있어서도 회원국별 합의를 모색하기 위한 노력을 전개하고 있다. UN체제 중심의 국제기구 협력은 북한을 국제사회에 견인하는 글로벌 다자협력의 단초가 될 수 있는 요소를 가지고 있다. 특히, 2015년 11~12월간 프랑스 파리에서 개최된 제23차 기후변화협약당사국총회(COP 23)에서 합의한 신기후체제의 특성인 보편적인 체제 구축 과정에서 대북한 에너지 협력에 대한 글로벌 차원의 영향은 불가피하다.

〈그림 3-3〉은 주요 행위자별로 선호관계를 표시하고 있는데, 북한을 둘러싼 다자협력 구성에 있어서의 선호관계를 토대로 나타나고 있는 협력유형을 보여주고 있다.

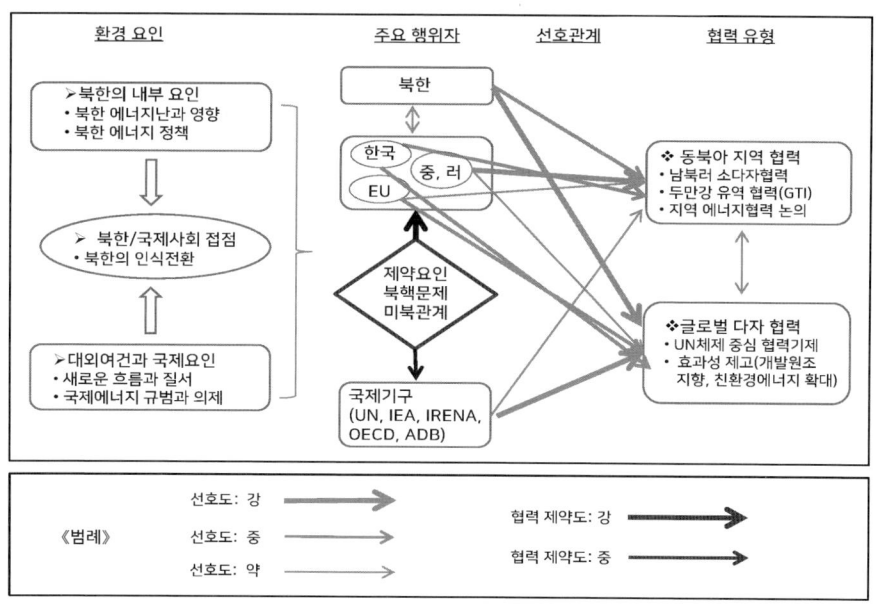

〈그림 3-3〉 대북한 에너지 다자협력의 구조와 협력유형

협력을 다룬 논문으로 안순철, "동북아시아 천연가스 협력 레짐의 형성: 한국의 다자주의 전략," 『국제정치논총』, 제40집 제2호, 2000, pp. 45~63 참조.

위 그림에서 UN의 대북제재 하에서도 다른 기구와는 달리 UN체제의 북한협력 사업이 끊어지지 않고 이어지고 있는 것은 북한이 개발원조를 지향하고 친환경에너지 기술 발굴을 위한 다자협력을 선호하고 있고, UN체제 중심의 국제기구 역시 MDGs나 SDGs와 같은 글로벌 규범을 집행하는 다자협력에 대한 의지를 보유하고 있기 때문이다.

동북아 역내 다자협력활동을 유형별로 정리하고 각 유형별 제도화 수준을 들여다보면 아래와 같다. 우선 소다자협력과 관련, 남-북-러 삼각협력의 틀 내에서 나진-하산 물류사업이 진행 중에 있으며, 나진과 청진항 개발 등을 둘러싸고 북-중-러 협력도 추진되고 있다. 그러나 소다자협력의 조정기제가 양자에 기반한 정부 간 협력에 기반해 있어 제도화 수준은 하위수준에 머물러 있다.

동북아 에너지 협력 논의도 2000년대에 제기된 이래 정부 간 수시 협의를 진행하기는 하나 별다른 진전을 보이지 않고 있으며, 사무국이나 기타 통할하는 상설기구 조차도 설치되어 있지 않다. Gobitec이나 동북아 수퍼그리드 등 민간 수준의 에너지협력 논의 역시 수시로 세미나 혹은 포럼 계기에 제기되고 있어 제도화는 매우 미약하다고 할 수 있다.

다만, 광역두만강개발계획(GTI)의 경우 중국 북경에 상설 사무소가 설치되어 있고 정기적으로 회합하면서 20여 년 이상을 유지해 왔다. GTI는 1990년대부터 규범과 관례를 형성하면서 국가 간 호혜적 협력을 추구하는 지역레짐으로서 향후 국제기구를 지향하고 있어 제도화 수준은 중급 이상이라고 평가할 수 있다. GTI는 UNDP로부터 독립적인 국제기구화를 추진하면서 탈퇴한 북한을 대상으로 재가입 초청 의사를 보내고 있으며, 두만강 유역을 중심으로 국가와 지방자치단체, 기업체를 아우르는 물류, 관광, 에너지 협력을 활성화하려고 하고 있다.

UN체제 중심의 협력기제는 2009년 자금 유용 의혹 사건으로 사업이 중단되는 위기를 겪어야 했다. 비록 2006년 10월 제1차 핵실험부터 2017년 9월 제6차 핵실험까지 6차례의 핵실험으로 부침을 겪긴 했어도 일정한 협력의 관성을 이어오고 있다. 평양에 상주하고 있는 UNDP 직원을 중심으로 지속가능개발 사업을 전개하고 있으며, UN체제 및 북한 간 원탁회의(Round Table)이나 수시협의를 통해 업무를 전개해 나가고 있어 기대치에 의한 제도화 수준은 중급 정도로 평가할 수 있다.

〈표 3-3〉 대북한 에너지 다자협력기제 평가

| 협력체 | 협력유형 | 주요 활동 | 의사결정구조/ 조정기제 | 제도화 수준 |
|---|---|---|---|---|
| 소다자협력 (남·북·러) | · 양자 협력 기반 3자협력 | · 남·북·러 물류, 에너지 (전력) 연계망 구축 -나진·하산 물류사업 | · 정부 간 협의 (러·북, 한·러) | 하 |
| 에너지협의체 (동북아에너지 고위관료회의) | · 정부 간 다자 협의 | · 동북아 에너지수급, 시장 안정화 | · 동북아에너지 고위 관료회의(만장일치, 형해화) | 하 |
| Gobitec/ 동북아수퍼그리드 | · 민간 협의 - 러, 몽 지지 | · 초대 용량 신재생 에너지의 원거리 수송 | · Gobitec 및 아시아 수퍼그리드(민간협의) | 하 |
| GTI | · 정부 간 다자기구 - 국제기구 추진 | · 두만강 유역 물류 및 관광, 에너지 협력 | · 정부대표간(차관급) 간 컨센서스/민관파트너십 | 중 |
| 국제기구 (UN체제) | · 5년 단위 전략적 협력 기본계획 수립 | · 북한의 빈곤감소, 농촌 개발, 청정에너지 공급 | · UN체제와 북한 간 원탁 회의/수시회의 | 중 |

그러나 상기 다자협력들은 각자의 입장을 전달하고 정보를 교환하고 사업을 기술적으로 협의하는 수준에 머물러 있으며 공동의 비전이나 목표를 세워 나가는 제도적 관행이 미약하다. 특히 역내 에너지 공급국인 러시아와 한·중·일 3국 간의 협력기제나 조정기구가 미비하여 정부차원의 실질적인 합의를 도출하는 것이 사실상 어렵게 되어 있다.[137] 다자협력 방식은 북한이 처한 상황이

---

137) 박성호, "동북아 지역 내 에너지안보협의체의 등장 가능성에 대한 고찰," 『GRI 연구논총』, 제13권 제11호, 2011, pp. 107~108.

나 국제사회의 협력 추세를 고려할 때 잠재성이 큰 데 비해 그 발현이 제약되었는데, 그 이유로는 북한의 에너지 문제를 해결하고자 하는 다자 간 기구, 혹은 북한 에너지 문제를 해결하기 위해 별도 재정을 확보한 국제기구가 없었다는 점을 들 수 있다. 아울러 재정과 인력 제공 의사를 가지고 국제기구와 공동으로 대북한 에너지 지원사업을 전개하려는 선도국가가 부재했기 때문이다. 이러한 배경에는 북한의 핵문제와 도발로 인한 국제고립 상황이 커다란 작용을 하였다. 이는 대북 에너지 협력이 양자협력에 의존하는 결과를 낳았으나, 양자협력 역시 중국에 대한 의존심화와 비대칭 제한적 협력이라는 비정상적인 현상을 초래하였다.

그러나 다자협력은 GTI나 UN체제와 같이 제약적 상황 하에서도 제도화의 수준을 꾸준히 이어오고 있어 효과성 측면에서는 여전히 미약하지만 신축성과 조정능력은 비교적 증대되었다고 할 수 있다. 이러한 다자협력은 에너지, 환경, 경제개발을 등을 위주로 북한을 연계해 가는 지역적 차원의 국제제도 형성의 기본 토대가 되고 있는 것으로 평가된다.

## 2. 양자협력

### 가. 남-북한 협력

남-북한 협력은 한반도 안보지형에서 첨예한 남-남 갈등을 유발하는 이슈로 정권의 성격과 긴밀히 연관되어 있어 역대 정부의 대북정책이나 통일정책과 일정한 관련성을 가지고 전개되었다. 남-북한 관계에 있어 전략적 상품이기도 한 에너지 이슈는 매우 민감한 사안으로서 비핵화 협상 및 전반적인 남북관계와 연동되어 전개되었다.

특히 미-북 및 중-북 관계의 향배와 6자회담 등 국제적 내지 지역차원의 안보 지형의 영향을 직접 받을 수밖에 없어 북한에 대한 에너지협력은 정부인사의 언명과 대북협상 과정에서의 논의 수준에서 그쳤으며, 한반도에너지개발기구(KEDO)와 같은 국제기구를 통한 우회지원 이외에는 실현이 불가능하였다. 그만큼 대북지원에서의 에너지 이슈는 북핵문제와 연계된 고위정치(high politics) 영역에서 다루어지면서 남-북한 양자관계 차원에서 풀어 나가는 데 한계를 노정했다.

### 1) 역대 정부별 대북한 지원 방향

남-북한 관계는 역대 정부의 정책방향에 따라 대립과 협력을 오가며 부침을 겪었으나, 전반적으로 보아 두 차례의 정상회담을 비롯한 일련의 남북 당국자 간 회담은 물론 민간부문에서도 제한된 범위에서나마 접촉면을 확대해 왔다. 이러한 상황은 국제사회에 있어서의 거버넌스 흐름과 맞물려 한국의 통일정책에 있어서도 거버넌스 구축 방안에 대한 논의를 불가피하게 하였다.[138] 그럼에도 남북 간 에너지 협력 이슈는 북한 핵문제와 직접 결부된 민감한 문제로서 유연성 있게 논의할 정도로 발전되지는 못하였다.

남-북한 협력은 1991년 남북기본합의서에서 기본적인 토대를 마련하였지만, 문민정부인 김영삼 정부(1993~1997)에서부터 시작되었다. 김영삼 정부는 출범 초기에 1차 북핵위기를 맞이하면서 남-북한 관계의 협력은 위축될 수밖에 없었다. 다만, 북핵위기 해소를 위한 미-북 간 회담이 진행되는 와중인 1993년 8월

---

138) 이에 대한 상세한 논의를 위해서는 임성학·서창록·민병원·전재성, 『한반도 평화·번영 거버넌스의 활성화를 위한 이론적 논의와 개념적 틀』, 서울: 통일연구원, 2007을 참조.

15일 김영삼 대통령은 광복절 기념식에서 "북한이 핵투명성을 보장하고 성실하게 대화에 임한다면 원자력에너지의 공공개발과 평화적 이용을 위한 협력에 적극 나설 것"이라는 메시지를 발표했다.

당시 북한에 대한 전력보상용 경수로 제공은 상당히 민감한 이슈였으나, 김영삼 정부는 한반도의 평화와 안정이라는 큰 틀에서 지원하기로 결정하여 제네바 기본합의 타결에 일조하기도 했다. 그러나 김영삼 정부 시기 대북지원은 대한적십자사로 창구를 일원화하여 민간차원에서 독자적으로 북한에 대해 지원물자를 전달하기는 사실상 불가능했다. 더구나 NGO의 모금활동도 제한하고 기업체나 언론사의 참여도 금지되었다.

한국 정부의 대북한 지원은 김대중 정부(1998~2002) 들어 대북포용정책에 따라 남북 간 화해의 무드를 보이면서 본격화되었다. 김대중 대통령은 1998년 2월 취임사에서 ① 북한의 무력도발 불용, ② 흡수통일 배제, ③ 화해·협력의 적극 추진이라는 대북정책 3개 원칙을 제시했다. 베를린 선언을 통해서는 "대한민국 정부는 북한이 경제적 어려움을 극복할 수 있도록 도와줄 준비가 되어 있다."며 "북한이 사회간접자본(SOC)을 확충하는 데 당국 차원에서 적극 협력하겠다"는 대북 지원의지를 천명했다. 2000년 6월 15일 개최된 남북정상회담은 남북 간 교류협력의 물꼬를 트게 하면서 대북지원이 급격히 증가하였다. 2000년 8월 개성공단사업 합의가 이루어졌고, 2000년 9월 경의선 철도연결사업 기공식이 개최되었다. 비정부기구(NGO: Non-Government Organization)를 비롯한 민간단체 역시 1998년부터 대북지원 협의를 위해 북한 방문도 가능해졌고 모금활동에 대한 제약도 철폐되었다.

1999년 2월에는 '대북지원 창구 다원화 조치'가 발표되어 민간단체의 독자창구가 허용되고 지원절차가 간소화되었으며 북한이 원하는 물품을 적기에 소량씩 지원할 수 있게 되었다.[139] 2000년 6.15 남북정상회담이 이루어지면서 NGO

의 대북사업에 정부가 남북협력기금을 지원하기 시작하였으며, NGO의 활동은 남북한 관계를 추동하는 데 촉매제 역할을 했다. 2001년 2월에 대북지원 민간단체 간 유기적 협조체제를 구축하기 위해 '대북지원민간단체협의회'가 공식적으로 설립되었다.

대북지원의 품목에 있어서는 초기에는 주로 식량과 비료가 정부주도하에 지원되었고, 밀가루, 옥수수, 식용유, 비료, 분유, 설탕과 같은 긴급구호 차원의 생필품 등이 민간주도하에 이루어졌다. 그러다가 2001년부터 긴급구호를 넘어서서 농업구조 개선과 같은 개발지원 단계의 남북 농업협력 사업으로 이어졌다. 이러한 과정에서 대북한 개발협력에 대한 구상이 가다듬어지고 구체화되었다.

노무현 정부 시기(2003~2007)는 제2차 북핵위기로 한반도에 긴장이 고조되었음에도 불구하고 남북경협 확대에 매우 적극적으로 임했다. 노무현 정부의 대북화해번영정책은 "남북 철도·도로 연결사업, 개성공단사업 등 기존 남북경협사업의 구체적인 결실을 도모하고, 북한 에너지·인프라 개선사업, 경제특구사업 등 남북경협의 심화 확대를 통한 공동번영을 추구하며, 궁극적으로 남북경제공동체 형성을 이루어 나갈 것"을 확고한 목표로 제시하였다.[140]

이에 따라 노무현 정부 기간 중 대북지원의 형태가 긴급구호 차원에서 북한의 자립능력을 제고하기 위해 농업생산성 증대, 병원 현대화 및 영유아 지원 사업 등 개발지원으로 확대되면서 지원의 규모가 커지고 형태도 다양화되었다.[141] 한편, 2004년 9월 대북한 지원을 위한 민·관 정책 협의기구인 '대북지원민관정

---

139) 그러나 이 조치는 정부가 대북지원에 관여해 온 민간단체들의 대북지원 실적과 전문성을 고려하여 선정하도록 하여 모든 대북단체에 대해 적용된 것은 아니었다.
140) 통일부, 『참여정부의 평화번영정책』, 서울: 통일부, 2003, p. 13.
141) 노무현 정부는 "현재의 긴급구호지원 방식을 점차 개발지원 방식으로 전환함으로써 남북 경제 공동체 형성을 위한 기반을 마련"해 가고자 하였다. 국가안전보장회의(NSC), 『참여정부의 안보정책 구상: 평화번영과 국가안보』, 서울: 국가안전보장회의 사무처, 2004, p. 50.

책협의회'를 출범시켰다. 노무현 정부는 북한의 핵문제와 미사일 발사로 인한 정치군사적 대립과 남북관계 개선과 화해로 불안정성을 보이는 상황에서 인도적 지원을 협상수단화하기도 하였으나 NGO의 대북지원 활동은 별다른 제약없이 활발하게 전개되었다.

노무현 정부시기 남북은 2006년 6월 개최된 제12차 남북 경추위에서 '남북 경공업 및 지하자원개발 협력에 관한 합의서'를 체결하였다.[142] 이 합의에 따라 2007년 7월부터 3차례에 걸쳐 북한 단천 지역의 3개 광산(검덕, 대흥, 룡양)에 대한 현지 공동조사를 실시하였다. 이를 토대로 2008년 1~5월간 대한광업진흥공사 등 15개 전문기관이 참여하여 사업타당성 평가가 진행되었다. 타당성 조사 결과에서는 단천 지역 광산 개발 투자가 경제성은 있으나 개발에 필요한 철도, 도로, 항만, 도로 등 기반시설이 노후화되어 이를 개보수하는 것이 우선적으로 필요함이 지적되었다.[143]

그러나 이명박 정부(2008~2012) 이래 박근혜 정부(2013~2016)에 이르기까지 한국은 북한에 대해 엄격한 상호주의 원칙하에 정부 차원의 지원액이 대폭 줄었고 NGO에 대한 지원도 감소되었다. 특히 2010년 3월 천안함 사건 여파로 취해진 5.24 조치 이후 남북 간 협력이 사실상 중단되었다.

2017년 출범한 문재인 정부 들어서 남북관계는 획기적인 변화를 보였다. 평창동계올림픽을 계기로 조성된 남북 간 화해 무드는 2018년 4월 극적인 판문점 정상회담을 시작으로 세 차례나 개최되었다. 문재인 정부는 적극적인 남북관계 개선과 비핵화 달성을 통해 한반도 평화정착 노력을 기울이며 북미 회담을 촉진하고 성사시키는 데 기여하였다. 그럼에도 북한의 비핵화와 연계한 대북제재

---

142) 그러나 2006년 10월 북한의 핵실험으로 동 합의는 발효되지 못했으며, 이후 2007년 4월 개최된 남북 경추위 제13차회의에서 수정합의서를 채택하여 새로운 경협 추진의 계기를 마련하였다.
143) 최수영, 『북·중 경제관계와 남북경협의 대북 파급효과 비교분석』, 서울: 통일연구원, 2010, p. 83.

의 틀 속에서 실질적인 남북관계의 진전은 일정한 한계를 드러냈다. 남북관계의 발전 측면에서 보면 지난 20년간 정부에 따라 대북정책의 방향은 달랐지만 정부와 NGO와의 협력관계가 일정한 부분 제도화되는 성과가 있었다. 이 중 하나는 NGO에 대한 정부기금의 지원이고, 다른 하나는 정부와 NGO가 공동으로 참여하는 '대북지원 민관정책협의회' 구성 및 운영이라 할 수 있다.[144]

### 2) 대북한 전력 지원과 남-북한 에너지 협력 문제

남북한 간의 전력협의 문제는 북한이 KEDO 완공 지연에 따른 전력공급 보상 요구에서 시작하여 남북 당국자회담의 의제로 제기되었다.[145] 2000년 12월 제4차 장관급회의와 제1차 남북경협추진위원회, 그리고 2001년 2월 남북전력협력실무협의회에서 북한은 경수로 2기에 해당하는 200만kW의 전력을 남한이 공급해 줄 것을 요청하였으며, 우선적으로 50만kW의 전력을 남한의 양주변전소와 북한의 남천변전소 간에 송전선을 연계하여 보내 줄 것을 요구하였다. 그러나 남북 간 전력협력 문제는 실태조사를 먼저 하자는 남한의 주장과 전력 제공의 양과 시기부터 확정하자는 기술적인 문제에 대한 이견대립으로 남북이 합의를 이루지 못한 데다 미국의 반대로 인해 좌초되고 말았다.[146]

노무현 정부 당시 정동영 통일부장관이 2005년 6월 6.15 5주년 통일대축전 계기로 북한을 방문한 후 한 달 후인 7월에 대북 200만kW 송전계획을 골자로

---

[144] 이종무·최철영·박정란, 『북한개발지원체제의 구축방안』, pp. 112~113. 이러한 정부와 NGO 간 협의체 구성을 통해 3개 이상의 NGO가 공동으로 추진하는 협동사업, 제약공장 원료지원, 산림녹화 시범사업 등 정부가 우선순위를 두고 있는 정책사업, 영유아 지원사업 등의 발굴 및 추진으로 발전하게 되었다.
[145] KEDO 원전 건설 자체가 미-북 간 제네바 기본합의에서 파생된 것이므로 북한은 2000년경부터 미국에 전력공급 보상을 요구하여 왔으나 여의치 않자 남한에게도 전력공급을 요청하였다.
[146] 『국민일보』, 2001년 7월 31일. 당시 정세현 국정원장 특보는 2003년 11월 21일 남북한 전력협력실무협의회가 답보상태에 이른 것은 미국 측의 압력 때문이었다는 발언을 하였다.

하는 중대제안을 발표하는 등 6자회담의 재개를 위한 노력을 한층 강화하였다. 즉, 국가안전보장회의(NSC: National Security Council)는 북한이 6자회담에 복귀하여 핵폐기에 합의하면 중단상태에 있는 경수로 건설 공사를 종료하는 대신, 한국 정부가 송전선로 건설에 즉각 착수하여 3년 내에 북핵 폐기와 함께 독자적으로 200만kW의 전력을 북한에 직접 송전방식으로 제공한다고 발표했다.[147] 그러나 북한은 이 제안에 대해 별다른 관심을 보이지 않아 해프닝으로 끝나게 되었다.

남·북한 간 경제협력 사업의 표본이 된 개성공단 사업의 경우 국내에서 생산한 전기를 북한에 송전선을 통해 공급하는 방식으로 10만kW를 2007년 5월부터 2016년 2월 공단 폐쇄 시까지 공급한 바 있다. 한국전력이 경기도 문산변전소를 거쳐 개성에 소재한 평화변전소로 전기를 보내면 변압과정을 거친 뒤 배전방식으로 일일 3만~4만kW 가량을 개성공단과 개성 일부 주민에게 공급하였다.

2013년 4월 남북관계 긴장고조로 인한 조업 중단으로 22.9kV 배전선로 2개(공급능력 20,000kW)로 전환한 바 있으나, 동년 8월 14일 남북 간 개성공단 정상화합의에 따라 9월 13일부터 154kV 송전방식으로 전환하여 다시 공급하게 되었다.[148] 현재 운영이 중단된 상태에 놓여있는 금강산 관광지구의 전력공급은 현대아산의 주도로 이루어졌는데, 9,000kW 규모의 장전발전소와 6,135kW 가량의 자가발전과 비상발전기, 북한 측 배전계통으로부터 제공받는 1,925kW의 비상발전기 등의 보조전원으로 구성되었다.

향후 남·북한 협력가능 분야에 있어서는 에너지와 교통분야에 주목할 필요가 있다. 특히 에너지의 경우 북한이 1994년 북-미 제네바 기본합의서 채택 이래

---

147) 통일부, 『통일부장관 '중대제안' 설명 기자회견(요지): 국가안전보장회의 결과 보고』, 2005년 7월 12일.
148) 『파이낸셜 뉴스』, 2013년 9월 13일, http://m.efnews.co.kr/43958.

경수로 제공 문제를 일관되게 주장해 왔으며, 6자회담에서도 줄곧 강력히 주장하여 9.19 공동성명에서도 "적절한 시기에 경수로 제공 문제에 대해 논의"하기로 합의를 끌어낸 바 있다. 북한의 경제성장을 위해서는 에너지 및 교통 인프라의 확충이 우선적으로 필요한 데 남북한 인프라 협력이 남북경제에 미치는 영향을 조사한 보고서에 따르면, 전력의 대북한 지원이 경제성장에 미치는 효과가 교통 분야 연결보다 더 큰 것으로 나왔다.[149]

남-북한 에너지협력 사업에서 특히 고려해야 할 부분은 CDM 사업분야에서의 협력 모색이다.[150] 북한은 유엔 기후변화협약 사무국을 통해 CDM 사업을 추진 중에 있는데, 대북한 CDM 사업으로는 수력발전소 건설 이외에 화력발전소 설비 개보수, 비료공장 설비교체, 쓰레기처리시설 설치를 이용한 신재생에너지나 바이오 연료 생산 등 여러 방안을 생각해 볼 수 있다. 북한의 취약한 에너지 안보와 경제난을 고려할 때 신재생에너지를 활용하는 CDM 사업은 남-북한 협력의 모멘텀을 창출할 잠재성을 가지고 있다. 다만, CDM 사업은 현재 글로벌 시장 여건상 거래가 쉽지 않고 파리협정 하에서 결정될 시장 메커니즘의 향방에 따라 처리 여부와 방식을 둘러싼 불확실성이 남아 있다.

우리나라의 경우 2013년 국내에서 생산된 신재생에너지는 987.9만TOE로서 전체 1차에너지 중 3.52%에 불과한 것으로 나타났다.[151] 이러한 상황에서 박근혜 정부는 2014년 1월 '제2차 에너지기본계획'에서 신재생에너지 비율을 2035년까지 11%로 확대하겠다고 발표하였다. 2017년 에너지전환을 목표로 설정한 문재인 정부는 '재생에너지 이행계획 3020'을 발표하였다. 2017년 7.6%에 불과

---

149) 이상준, 『남북인프라협력사업의 통합적 추진방안 연구』, 안양: 국토연구원, 2005.
150) CDM 사업의 분석과 동 사업을 통한 남-북한 간 협력방안에 관한 연구로는 정우진·박지민, 『CDM 사업 잠재력 분석 및 남북 협력방안 연구』, 의왕, 에너지경제연구원, 2009.
151) 『한국일보』, "신재생에너지 비율 OECD 꼴찌 … 기술 개발 갈 길 멀다," 2015년 7월 21일.

한 발전분야에서의 신재생에너지 비중을 2030년까지 20% 수준으로 획기적으로 증가하겠다는 정책이었다.

2019년 5월 발표한 '제3차 에너지기본계획'에서는 2040년까지 재생에너지 발전 비중을 30%에서 35% 수준까지 기술발전 수준 등을 고려하여 목표범위를 설정하였다. 우리의 지리적 제약과 주민 수용성 문제, 글로벌 시장과 기업경쟁력, 녹색기술 개발 수준 등 정책 이행을 위한 제반 여건과 상황을 감안할 때, 남북 간 신재생에너지 협력사업을 통한 상생협력의 가능성 모색은 글로벌 목표 달성과 한반도 에너지전환이라는 거대한 비전 실현을 위해 유용한 수단이 될 수 있다.

### 나. 중국-북한 협력

중국과 북한 간 협력은 대등한 상태에서의 수평적인 협력이기보다 중국의 북한에 대한 지원과 반대급부로 안보와 경제적 지원을 제공하는 비대칭적 성격을 띠고 있다.[152] 중국은 비대칭 동맹에서의 우월한 지위, 식량 및 에너지 등 전략적 상품 제공, 국제사회에서 북한의 입장을 대변하는 후견자로서의 자원 수단을 활용하여 북한에 영향력을 행사하거나 북한에 대한 진출을 확대할 수 있었다.[153]

---

[152] 북한과 중국의 비대칭적 동맹의 성격과 관련, 고수석은 '포기-연루 딜레마 모델', '후견-피후견 관계 모델', '자주성-안보교환 모델'의 세 가지 모델을 적용하여 분석하고, 자주성-안보 모델은 적실성이 없고 포기-연루 딜레마 모델과 후견-피후견 모델의 상호보완적임을 입증하고 있다. 고수석, "북한-중국 동맹의 변천과 위기의 동학: 동맹이론의 적용과 평가," 고려대학교 박사학위 논문, 2007.

[153] 중국의 북한에 대한 지원과 영향력의 행사에 대해서는 공개된 자료나 연구가 미비하여 정확한 파악이 불가능하다. 중국의 대북 지원 규모는 비밀리에 이루어지거나 발표가 되지 않는 경우가 많으며, 중국의 대북 영향력에 대해서는 중국도 제한적이라고 강변하고 북한 역시 이를 인정하고 있지 않다. 그러나 2000년대 이래 중북 간 경제협력이 확대되고 북한의 중국 의존도가 심화되면서 양자 간의 상호 긴밀성에 대해서는 이론이 없다고 볼 수 있다.

중국의 대외원조의 시발점이 1950년 인근 사회주의 국가인 북한과 베트남에 대한 물자지원에서 비롯되었듯이 북한은 중국의 안보상 요충지에 위치하면서 사회주의 이념을 공유하고 있어 중국의 최우선적인 지원대상이었다. 북한과 중국은 1961년 7월 11일 '중·조 우호협력 및 상호원조조약'154)을 체결함으로써 동맹관계를 형성하게 되었다. 중국은 굳건한 동맹관계에 기초하여 1974년부터 1991년까지 국제 석유시장의 절반에 해당하는 가격으로 북한에 석유를 공급하였다. 이시기 중국의 대북한 원조는 원유와 식량이 주요한 품목을 구성하였으며 각각 연간 50만 톤, 10만 톤 상당을 제공하였으며, 2,000만 불 규모의 북한 측 요구물품을 기준으로 조정되어 왔다.155)

중국의 대북 지원 동기로는 순망치한 관계인 북한이 중국의 안보와 직결되어 있다는 전략적 판단 하에 북한을 중국의 영향력 하에 묶어 두려는 비대칭동맹 관계의 논리로 설명가능하다. 중국은 북한이 포기의 두려움을 느낀 1972년 닉슨의 방중과 1992년 한-중 수교 시 경제 및 군사지원을 제공하였으며, 연루의 두려움을 느낀 1975년 남한에 대한 부력도발 의도와 제2차 북핵위기 발발 시 각각 석유와 대안친선유리공장156), 경제개발 등을 지

---

154) 동 조약은 7개항으로 구성되었는데, 제2조는 어느 일방에 대한 침략이라도 이를 방지하기 위하여 모든 조치를 공동으로 이행할 의무를 지니며, 일방이 하나의 국가 또는 몇 개의 국가로부터 침공을 당하는 경우 상대방은 모든 힘을 다해 지체 없이 군사적 및 기타 원조를 제공하도록 되어있다.
155) 중국의 대북한 원조는 양국 간 정부 대 정부 채널 이외에 당 대 당의 교류로 이루어지는 경우도 있는 데다 상호 고위급 인사 방문 계기 선물로 공여되기도 하여 원조 현황 파악을 위해서는 다양한 방법을 통한 모니터링이 필요하다.
156) 대안친선유리공장은 '21세기 초 조·중 친선의 상징'으로 평가되며 부지면적 29만 3,000㎡(8만 8,600평)에 최신 설비를 갖춘 300톤급 부유법 유리공정으로 중국이 2004년 7월 착공하여 2005년 10월 준공식을 거행하였다.

원했다. 또한 중국은 후견자로서 석유자원을 이용해 북한을 압박하거나 경제지원을 통해 북한을 개혁과 개방의 길에 나서도록 설득하기도 했다.157) 중국의 북한에 대한 에너지 협력은 전형적인 시혜성 사업으로서 정치적인 동기가 결부된 후견적 협력의 형태로 진행되었다.

### 1) 원유 및 석탄 부문 협력

북한과 중국은 1976년 1월 '조·중 석유공급협정'에 따라 양국이 합작으로 중국의 헤이룽장(黑龍江)성 다칭(大慶) 유전에서 랴오닝(遼寧)성 단둥(丹東)시를 경유하여 평안북도 피안군 소재 봉화화학연합기업소에 이르는 총연장 1,000km의 송유관을 건설하였다. 중국에서 들어오는 석유는 이 송유관을 통해 들어오며, 봉화화학공장 내 정유공장에서 처리되어 휘발유, 항공정유, 정제정유, 윤활유 등을 생산하여 북한지역에 공급하고 있다. 중국은 양국 고위인사의 방문 계기 무상공여를 수시로 제공하기도 했는데, 1982년 9월 김일성의 중국방문을 한 달 앞두고 약 1억 불에 이르는 경제원조 제공과 함께 연간 70만 배럴의 원유를 북한에 공여하기도 하였다.158)

중국의 대북한 원조에 있어서 눈에 띠는 것은 1978년 5월 중국이 미·중 수교를 6개월 앞두고 화궈펑(華國峰) 당주석이 북한을 방문하여 김일성에게 내놓은 막대한 무상공여이다. 중국 화궈펑 주석은 1억 불의 차관 제공과 제2차 7개년 계획(1978~1984년) 기간 중 30개의 공장건설을 지원하며, 대북한 석유공급은 100만 톤 이외에 150만 톤을 추가로 공급하되 가격은 소련이 받은 것보다 6.70불 적은 배럴당 4.30불에 제공하기로 하였다.159)

---

157) 고수석, 앞의 논문, pp. 165~267.
158) 이태환, "북·중 관계,"『북한의 대외관계』, 서울: 한울아카데미, 2007, p. 274.

중국과 북한은 사회주의권 붕괴 여파로 1992년 1월 북·중 무역협정에서 국제가격의 절반 이하로 물품을 공급하던 우호가격제와 구상무역 방식 대신에 국제시장가격을 고려해 상품가격을 결정하고 현금결제 방식을 채택하였다. 그러나 북한이 1990년대 중반 대량의 아사자가 속출하고 체제난이 가중되자 중국은 1995년 1월 구상무역과 우호가격제를 다시 실시하여 북한의 경제회복을 지원하였다. 1996년 5월에는 북한 홍성남 총리의 방중시 리펑(李鵬) 총리와 대북원조를 포함하는 '조·중 경제기술교류협정'을 체결하였다. 이 협정은 5년간 중국이 북한에 매년 식량 50만 톤과 석유 120만 톤, 석탄 150만 톤을 제공하며 절반은 무상으로 절반은 국제가격의 1/3으로 제공한다는 내용을 포함하였다. 중국의 대북한 지원규모는 북한의 대중국 무역적자가 중국의 대북한 직접투자 및 중국내 대북송금에서 채우고도 남을 정도였다.

그러나 중국의 대북 원조는 일시적 효과에 그치고 2000년대에 이르기까지 양국무역은 주목할 만한 진전은 이루어지지 않았다. 중국은 북한의 자원개발에도 투자를 했는데, 광산 개발과 석탄화학 분야의 협력, 제철소 건설 등으로 나타났다.[160] 무산철광 개발은 대표적 자원개발 사례로서 중국의 연변천지공사(延邊天地公司)와 통화강철집단(通化鋼鐵集團) 등이 참여하고 있다. 중국은 무연탄과 갈탄 개발에도 투자하고 있는데, 북한 최대 무연탄 탄광인 룡등탄광을 비롯하여 2.8직동청년탄광, 천성청년탄광 개발을 추진하기도 하였다.[161]

중국과 북한의 경제관계는 2000년대 들어 비약적으로 증가하게 되는데, 이는

---

159) 고수석, 앞의 논문, p. 225. 그러나 화궈펑이 1981년 6월 당 부주석으로 강등되자 대북한 석유 추가지원 약속은 일부 취소되었다.

160) 중국의 대북 지하자원 개발 투자는 2004년 3,000만 불 정도였으나, 이후 급속도로 증가하여 2005년 5,000만 불, 2006년 6,530만 불, 2007년 7,210만 불을 기록하였다.

161) 중국 오광그룹과 북한의 석탄공업성 산하 구장탄광연합기업소는 2005년 10월 평안북도 구장군 소재 룡등탄광 개발을 위해 합작에 합의하였다.

북한의 대중 의존도를 심화시키는 결과를 초래하였다.162) 2002년을 계기로 북한의 대외무역에서 중국이 차지하는 비중이 급격히 증가하게 되는데 중국은 북한에 원유와 원자재, 식량 등 전략물자를 수출하면서 영향력을 증가해 나갔다. 이러한 북한의 대중국 의존도 심화는 원유자원을 사용하여 대북 영향력을 확고히 하려는 중국의 대북한 레버리지를 키워 주었다. 이에 대한 원인으로는 첫째, 2000년대 초반까지 거래가 비교적 상당했던 일본과의 경제관계가 소원해진 데다, 둘째, 중국의 동북3성 개발에 대한 중앙정부의 관심과 지원이 확대되면서 북한의 전략적 가치와 중·북 거래가 증대하였고, 셋째, 북한의 핵 프로그램 개발과 핵실험 등에 따른 대북제재로 인해 고립된 북한이 기댈 곳은 중국 밖에 없게 된 상황적 요인에 기인한 바 크다. 이에 더해 2010년 5.24 조치로 대북교역이 금지되고 남북관계가 위축되면서 북한은 중국을 통한 활로 모색에 나서지 않을 수 없게 되었던 것이다.

이러한 중국의 대북한 레버리지는 2002년 10월 제2차 북핵위기 시에 북한을 압박하는 수단으로 활용되었다. 중국은 북한이 대화에 임하지 않자 기술적인 이유를 들어 2003년 2월 말 대북한 송유관을 3일간 폐쇄하였다. 이어 중국 첸지천(錢其琛) 부총리가 2003년 3월 8일 김정일을 만나서 북한 핵 위기를 해결하기 위해 3자회담에 북한이 참여할 것을 종용하자 결국 북한은 참여하기로 결정하였다.163) 중국은 6자회담 과정에 있어서도 북한을 압박함으로써 타국의 내정

---

162) 2000년 양국 무역규모는 4.9억불로 1990년대 수준을 회복하였고, 2001년에는 7.4억 불로 전년대비 51.1% 급증하였다. 2003년에는 10억 불을 돌파하였고 2005년 15억 불을 넘어섰으며, 2008년에는 27.9억 불을 기록하였다. 중국의 대북투자 역시 가파르게 증가하여 2003년 100만 불을 약간 상회하는 수준이었으나, 2004년에 들어 처음으로 1,000만 불을 돌파하였다.
163) 중국의 대북한 레버리지의 사용이 언제나 성공적이지 않았으며 북한 내부에서의 반발심리도 그만큼 커지게 되므로 중국도 '꼭 필요할 때' 이외에는 신중하게 사용하려는 경향을 보이고 있다. 실제로 2006년 북한의 미사일 발사와 핵실험 강행 등은 중국의 대북 영향력에도 일정한 한계가 있음을 보여 주었다.

에 간섭하지 않겠다는 전통적인 원칙을 깨기도 하였다.164) 중국은 2007년 9월 6자회담 재개를 위해 북한에 5만 톤의 중유를 제공한 바 있다.

### 2) 전력 및 인프라 부문 협력

중국은 북한 내 발전소 및 인프라 건설에도 적극 진출하였다. 중국과 북한은 양국 간의 국경을 접하는 압록강의 수자원을 공동 이용하자는 취지에서 1955년 '조·중 수력발전회사'를 설립하였다. 동 이사회는 양쪽을 번갈아가며 회의를 개최하여 수풍, 운봉, 위원, 태평만 등 4개 발전소의 제반 운영문제를 협의, 처리하고 있다. 중국과 북한은 신규 수력발전소를 건설하기도 했는데, 2006년 5월 북한 자강도 만포시 문악동과 중국 지린성 지안(集安)시 청스(青石)진 창촨(長川)촌 사이, 만포시 림토와 청스진 왕장(望江)촌 사이에 각각 문악(창촨)발전소와 림토(왕장러우)발전소의 동시 건립에 합의하였다.165)

중국은 북한 내 유전개발에도 적극적으로 투자를 하기도 했는데, 2001년~2005년간 북한 내 유망 유전광구인 황해 북부지역 석유 및 가스 자원조사를 수행하였다. 이를 토대로 2005년 노두철 부총리 방중 시 노 부총리는 쩡페이엔(曾培炎) 부총리와 '중·조해상원유공동개발협정'에 서명하였다. 양국은 2006년에 '황해 원유공동개발 합의'에도 서명하였는데, 중국은 황해 지역의 원유 및 가스개발 사업에 본격 착수하려는 의지를 내비쳤다.166) 그러나 2008년 2월 북한의 지질탐사 결과 공개문제로 북한과 이견을 좁히지 못해 유전개발이 중단되기도 했다. 서해와 동해에서의 유전개발은 경제성이 낮아 개발비 회수가 어려

---

164) 김재철, 『중국의 외교전략과 국제질서』, 서울: 폴리테이아, 2007, p. 257.
165) 『통일뉴스』, 2006년 5월 16일. 이 중 설비용량 4.2만kW, 연간 발전량 160백만kWh인 문악발전소는 중국 랴오닝성 격림사투자유한공사(格林斯投資有限公司)가 4,500만 불을 투자하고 투자금액을 전력으로 상환 받는 합작발전소 건설에 합의했다.
166) 『파이낸셜 뉴스』, 2009년 10월 9일.

운 이유로 인해 성과를 내지 못하고 답보상태에 머물러 있다.

중국의 대북한 인프라 건설 관련, 중북 간 항만, 도로, 철도의 연결과 북한 내 각 시설의 개보수 사업에 투자하고 있다. 대부분의 인프라 투자 사업은 북중 국경을 연결하는 투자 사업이며, 이는 2000년대 중반 이후 중국이 '동북3성 진흥계획'을 추진하는 과정에서 양국 접경지역에 대한 연계개발을 목적으로 진행하는 사업들이다. 2009년 10월에는 원자바오(溫家寶) 총리가 '조·중 우호 60주년'을 맞아 방북한 계기에 신압록강대교 무상건설과 나진항 부두개발 및 도로건설에 착수하기로 하면서 북한과 '5개년 경제기술협력협정'을 체결하고 20억 불 상당의 대북 경제원조와 투자에 합의한 바 있다. 2009년 12월 중국이 공개한 창지투 개발계획 관련 12개 대외통로부문 사업에 따르면, 2020년까지 북·중·러 교통망 연결 및 개선을 위해 총 25.6억불이 투자될 계획이며, 그 중에서 9개 프로젝트에 걸친 23.7억불 규모 사업이 북한과 관련된 것으로 알려졌다.167)

중국의 대북한 에너지 협력은 2017년 2월 중국 정부가 유엔 대북제재 결의 제2321호 이행의 일환으로 북한산 석탄 수입을 전면 중단한다고 발표하면서 급격히 위축되었다.168) 결국 수출길이 막힌 북한의 석탄은 북한 내 화력발전소나 민수용으로 시장에 나오면서 일시적으로 전력사정이 나아지기도 했다. 그러나 이는 중장기적으로 북한의 석탄산업이나 전력산업 발전에 불리한 영향을 끼칠 수밖에 없다.

---

167) 이재호·고일동·김상기, 『동북아 분업구조하에서의 북중 경제협력: 현황과 전망, 그리고 정책적 시사점』, 서울: 한국개발연구원, 2010, p. 144.
168) 『미국의소리방송』(VOA), 2017년 2월 18일.

3) 중국-북한 협력의 특성과 변화요인

중·북 협력은 북한 핵문제를 둘러싼 위기과정과 대북제재로 인한 고립 등 국제환경에 편승하여 급증한 면이 있으나, 북핵 문제로 인한 제약요인에서 벗어나기 어렵다. 북핵문제에 대한 중국의 우려사항은 북한의 핵 보유로 인해 동북아국가들의 핵무장 가능성으로 핵도미노 현상이 최대 악몽이 될 것이기 때문이다. 아울러 중국은 한반도에서의 평화와 안정을 바라고 있으며 북한에 대해 이를 해치는 어떠한 도발행위도 자제하도록 지속적으로 설득하고 있다.

그러나 중국은 대북한 동원 자원을 통한 레버리지를 가능한 사용을 억제하고 있으며, 일정 수준 내에서만 구사하려고 하고 있다. 중국에 대한 의존도가 심화하면서 북한 내 중국에 대한 거부감이 일어나고 있는 점과 중국의 대외정책의 원칙인 내정불간섭 등을 의식하기 때문이다. 대북 경제제재에서도 UN 대북결의안의 의무사항을 형식적으로 존중하면서도 실질적으로 이행하는 데 있어서는 여지를 남겨 두고 있다. 중·북 협력이 북한에게 있어서 생명선이자 정책의 독립성을 제약당하는 비대칭적 구조를 의미하므로 북한은 가급적 중국으로부터의 양자적인 제약으로부터 벗어나려는 유인이 작용하고, 중국으로서는 중·북 간 양자 협력을 선호하는 기제로 작동된다.

중국의 대북지원 및 영향력 가능성과 관련 중국의 개발전략의 변화를 주목할 필요가 있다. 중국은 2000년대 들어 생태와 기후에 대한 관심과 녹색성장과 녹색경제의 개념을 자체 개발전략에 반영하기 시작했다. 중국은 유엔환경계획 (UNEP)의 '녹색경제 이니셔티브'(Green Economy Initiative)의 영향을 받아 중국이 당면한 환경 및 성장전략을 새롭게 조명하였다. 중국은 2007년에는 세계 최대 온실가스 배출국이 되었고 그 배출량이 지속적으로 증가하고 있어 기후변화에 대한 새로운 대응책이 필요한 상황이기도 했다.[169] 2008년 금융위기 이후 녹색성장에 대한 논의가 확산되고 기후변화에 대한 대응노력이 강조되었다. 대내적으로는 '과학적 발전관'에 따른 '생태문명 건설'과 '경제성장 방식의 전환'이 녹색발전 전략을 택한 배경이 되었다. 생태문명 건설은 과학적 발전관의 5개 요소 중의 하나로서 인간과 자연의 조화로운 발전을 강조하고 있다.[170] 녹색발전은 생태문명 건설과 불가분의 관계를 가지며 자원절약과 환경친화형 경제성장을 이룩함으로써 지속가능한 성장을 이뤄나가는 생태문명 건설의 핵심 전략이 되고 있다. 2013년 11월 개최된 제18차 3중전회는 '중공 중앙의 전면적인 개혁 심화를 위한 몇 가지 중대한 문제에 관한 결정'에서 정치, 경제, 사회, 문화, 생태 등 5위1체의 체제 개혁에 대한 계획을 수립하였다.

중국의 제13차 5개년 계획은 혁신(創新), 협조, 녹색, 개방, 공향(共享)의 5개의 발전이념을 제시하고 있는데, 혁신을 국가발전의 핵심으로 전면적인 강조를 하고 있다. 도시와 농촌, 부문 간 균형발전을 도모하는 협조, 글로벌 거버넌스에 적극 관여하는 글로벌 개방경제 지향, 빈곤해소를 최우선으로 하는 공향 등이 이념적 좌표로 제시되었다. 녹색발전도 발전이념 중 하나로 제시되었는데 자원절약형, 환경친화형사회를 건설하고, 도시화, 농업발전, 생태안전을 우선시하면서 에너지 효율화와 탄소배출거래시장을 도입하는 등 시장기제를 통한 온실가스 감축 등을 포함하고 있다.

중국은 국제적으로 남-남 협력의 주도국으로서 국제개발협력에 새로운 도전

---

169) 네덜란드 환경평가국(NEAA: the Netherlands Environmental Assessment Agency)의 보고서에 따르면, 2006년 세계 이산화탄소 배출량은 중국 24%(62억 톤), 미국 21%(58억 톤), EU 15개국 12%, 인도 8%, 러시아 6%의 순으로 나타나 중국이 미국을 추월하여 온실가스 최대 배출국이 되었다. *The Guardian*, 2007년 6월 19일.

170) 2012년 11월 중국 공산당 제18차 전국대표대회에서 후진타오 주석은 중국이 사회주의 현대화 건설의 새로운 역사적 단계에 진입했다고 지적하면서 중국 특색의 사회주의 건설을 위해 경제건설, 정치건설, 문화건설, 사회건설, 생태문명 건설이라는 5개 요소가 조화된 오위일체 구조가 필요함을 역설했다.

을 던져 주면서도 녹색개발협력 흐름이라는 국제적 추세에 수렴하려는 모습을 보여주고 있다.[171] 중국은 OECD 등 기존 선진국들의 공여체제와의 협력을 통해 국제적 위상확보와 책임 있는 대국이라는 이미지를 확산시키고자 하는 유인을 가지고 있다. OECD와 중국은 1995년 협력 관계를 구축하고 거시경제 모니터링, 무역과 투자, 경쟁정책, 과학기술, 농업, 환경과 지속가능 개발, 조세문제, 교육, 사회정책 등 다양한 정책 분야에서 다양한 대화를 가지고 있다.[172] 중국과 OECD는 기본적으로 협력과 경쟁 관계를 유지하면서 대개도국 개발협력을 전개하고 있으며, 중국으로서는 중국특색의 개발협력 추진과 OECD와의 협업을 통한 보편성을 확보 노력을 병행하고 있다. 중국과 OECD 개발협력 정책 간 중요한 접점이라 할 수 있는 녹색경제와 녹색발전은 북한의 에너지정책이나 북-중 지원 및 협력에 있어서도 일정한 방향성을 제시할 단초를 제공하고 있다.

### 다. 러시아-북한 협력

북한 정부 수립의 최대 후원자인 러시아는 1990년까지 최대 교역대상국이자 전략물자 공급기지로서 주요 산업 및 기간산업 발전에 핵심적 역할을 하였다. 특히 북한은 1950년 한국전 이후 구소련의 기술원조를 통해 빠르게 전후 복구

---

[171] 중국의 '광동화(廣東華) 환경생태보호 유한회사'는 북한의 '조선경제개발총공사'와 환경보호 및 생태자원 이용협약을 맺고 북한의 나진·선봉지역에 20만 kW 규모의 쓰레기를 주 연료로 하는 화력발전소 건설에 합의한 바 있다. 『연합뉴스』, 2000년 4월 13일. 이러한 중북 간 비정부 차원의 협력은 크게 보아 이러한 녹색협력의 흐름에 부합하며 중국 정부의 의지에 따라 개발협력 사업으로 확대될 가능성이 크다고 볼 수 있다.
[172] 중국과 OECD는 2015년 협력 20주년을 맞아 양자 협력 비전과 내용을 포괄적으로 정리한 보고서를 발간하였다(OECD, *Active With the People's Republic of China*, http://www.oecd.org/china/Active-with-China.pdf). 이 보고서는 중국과 OECD와의 협력 분야를 크게 △ 지속가능하고 균형되고 포용적인 성장, △ 시장의 효율적 운영, △ 민관 거버넌스, △ 고용과 사회개발, △ 산업 및 혁신, △ 환경과 에너지, △ 글로벌 파트너십과 거버넌스 등 7개장으로 나누어 기술하고 있다.

사업을 진행하였다. 러시아와 북한은 1961년 러-북 우호협력 및 상호원조조약을 체결하면서 원조 규모를 확대하였다. 북한이 구소련으로부터 누렸던 혜택은 경제 및 기술원조 이외에 식량과 에너지 지원이라 할 수 있다.

러시아의 대북 지원 동기로는 러시아의 동방진출 전략에 따른 한반도 및 동북아에서의 영향력 유지 및 확대라고 할 수 있다. 북한을 지렛대로 삼아 남-북-러 가스관 연계 사업 등 실질 경제협력을 기하려는 의도를 보유하고 있다. 극동 및 시베리아의 막대한 에너지 및 광물 자원을 수출하는 데 있어 북한은 중요한 길목에 위치해 있어 북한과의 협력구도를 만드는 것이 유리하다. 러시아의 동방진출 전략은 김정은 시대 들어 중-북 관계가 소원해진 틈을 타 에너지 분야를 비롯한 경제협력 논의가 늘어나는 추세이다.

### 1) 원유, 가스 및 석탄 부문 협력

구소련은 식량과 원유를 무역과 원조의 방식을 통해 북한에 장기간 공급하여 북한의 생명선을 유지시켜 주었다. 특히 석탄 중심의 에너지 수급구조를 가진 북한에게 안정적인 원유 공급처 확보는 북한경제의 핵심적인 담보가 되었다. 러시아는 1970년대 두 차례에 걸쳐 일산 4.1만 배럴 규모의 승리화학공장을 건설, 운영하였으며 1990년대 초반까지 매년 40~50만 톤의 원유를 북한에 공급하고 승리화학공장에서 정제된 가솔린과 나프타 등을 해외에 수출하기도 하였다. 그러나 1990년대 러시아가 북한의 구소련의 투자로 지어진 에너지 시설과 설비에 대한 보수와 재투자를 할 수 없게 되자 북한의 에너지 시스템은 기능부전의 상태에 빠지게 되었다.[173]

---

[173] 러-북 관계는 1999년까지는 거의 중단되다시피 하다가 2000년 러시아 푸틴 대통령 집권이후 '러-북 신우호선린협력조약'이 체결되면서 관계개선의 전기가 마련되었다.

러시아는 북한의 석탄 매장량 탐사에도 투자하여 동북지역 안주 탄광지역에서 매장량이 풍부한 갈탄을 발견하였으며, 동 광산의 확장 및 재건사업에 지원하였다. 구소련의 지원으로 연간 생산량 500만 톤에 이르는 3개의 탄광이 건설되었고, 구소련은 1970년대 연간 150만 톤의 생산이 가능한 용흥탄광 개발도 지원하였다.

러시아는 특히 극동지역 및 사할린 지역의 풍부한 천연가스를 수출하기 위한 핵심 파트너인 북한의 협력을 끌어들이기 위해 구소련 시절의 부채 90%를 탕감해 주기도 했다. 2012년 9월 러시아는 모스크바에서 대북 차관 110억불 중 90%를 탕감해 주는 채무조정 협정을 체결했던 것이다. 그러나 러시아 일각에서는 남-북-러 가스관 연결에 대해 부정적인 시각도 상당히 있다.[174] 이에 따라 러시아는 북한과의 협력을 지속하면서도 북한을 배제한 천연가스 수출 방안을 모색할 가능성도 없지 않다.

2000년대 들어 러시아-북한 협력은 물류 및 가스관 건설 협력을 협의하게 되는데 이는 러시아의 극동지역 개발전략과 밀접히 관련되었다. 북한 김정일 국방위원장은 2001년 8월과 2002년 8월 연달아 러시아를 방문하여 정상회담을 개최하게 되는데, 2002년 8월 블라디보스토크에서 개최된 푸틴 대통령과의 세 번째 정상회담을 통해 한반도 종단철도(TKR)와 시베리아횡단철도(TSR) 연결 프로젝트를 비롯한 러-북 간 경제협력 확대를 위해 노력하기로 합의하였다. 2005년 1월에는 가즈프롬사 대표단이 북한을 방문하여 시베리아 가스관의 북한통과와 대북 가스제공 문제 등을 협의하였다. 동 사업 구체화를 위해 같은 해 4월에는 남-북-러 철도전문가 회의를 개최하여 TKR-TSR 연결문제를 협의하기도 하였다.

---

174) Gulidov 박사 인터뷰, 2015년 11월 8일. 2009~2011년간 GTI에서 선임 프로그램담당자로 역임했던 Gulidov 박사는 러시아 조야에서 북한의 리스크로 인한 변수와 우크라이나 사태 등의 영향으로 남-북-러 가스관 사업이 현실성이 없다고 판단하는 분위기가 우세하다고 언급하였다.

러시아와 북한 양국 간 원유, 가스 및 석탄 분야 협력사업은 별 진전이 없으나, TKR과 TSR을 연결하는 통로를 마련하는 기반사업으로서 나진-하산 철도 운송을 통한 물류협력은 일정부분 성과가 있었다. 나진항 북동쪽에 러시아가 투자한 환적 터미널이 2014년 7월 개장하였다. 2017년 1월 양측은 평양에서 나진-하산 철도 협력을 강화하고 북한 학생들을 러시아 대학에서 교육하는 프로그램을 양성한다는 양해각서를 체결하였다.[175]

### 2) 수력, 원자력 및 전력 부문 협력

러시아는 1950년대 수풍발전소 복구 사업을 시작으로 1970년대까지 30여 건의 발전 산업 투자 프로젝트를 실시하였다. 1950년대 중반에 수풍 수력발전소가 북한 전력수요의 절반가량을 충족시킬 수 있었는데, 경제개발 5개년계획에 대한 구소련의 투자로 인해 1960년대에 이미 전력 생산능력이 회복되었다.[176]

러시아와 북한은 1976년 2월 9일 경제기술원조를 위한 양국 간 협약을 체결하였다. 이 협약에 근거하여 구소련은 김책제철소 1, 2차 확장공사와 청진발전소 건설에 대한 차관을 제공하였다. 1977년부터 1984년까지 북한의 발전용량이 3배나 증가할 정도로 러시아는 북한의 대한 화력발전소 건설 투자를 통해 북한의 에너지 기반을 공고히 하였다. 또한 북한의 안정적인 전력 공급을 가능케 하여 1980년대에 이르기까지 공업생산량의 증가세가 지속될 정도로 국가경제 발전에 기여하였다.

러시아와 북한 간 원자력 협력은 이미 1950년대에 시작되었는데, 양국은

---

175) 『NK News』, 2017년 2월 1일.
176) 1961년 7월 구소련은 북창 화력발전소 건설 프로젝트에 대한 원조 제공 의무를 확인하는 협약을 체결하였고, 1966년 6월 10년에 걸쳐 연 60만kW의 전력을 생산할 수 있는 발전소를 완공하기로 합의하였다. 이를 통해 1970년 11월 10만kW의 제1발전소를 가동하였고, 동년 12월 10만kW의 제2발전소를 완공하였다.

1955년과 1959년 두 차례에 걸쳐 '원자력의 평화적 이용에 관한 조·소 핵협정'을 체결하였다. 이에 근거하여 북한의 과학자들과 공학자들이 소련의 두브나 핵연구단지(DAERI: Dubna Atomic Energy Research Institute)에 파견되었다.[177] 러시아와 북한은 1980년대에 들어 본격적인 원자력협력을 전개하게 되는데 1985년 12월 26일 양국은 모스크바에서 2건의 원자력 관련 협약을 체결하였다. 동 협약은 1,760만kW의 원자력발전소 건설을 포함하였으며, 1단계로 기술설계를 위한 타당성 검토, 2단계로 설비공급, 고압전선 및 발전량 500kW의 변전소 건립 등을 담고 있었다.

러시아와 북한은 2000년 이후 2년간 김정일 국방위원장과 푸틴 대통령간 3차례의 정상회담을 통해 전력협력 문제를 논의하였다. 2000년 7월 푸틴 대통령 방북 계기 에너지협력이 논의되었고, 2001년 8월에는 김정일 위원장의 방러시 화력발전소 정비를 포함하는 '모스크바 선언'을 채택하였다. 2002년 8월 블라디보스토크 개최 양국 정상회담 시 김정일은 러시아로부터의 전력지원을 요청하기도 하였다. 이후 러시아와 북한 간 실무급 차원에서 전력 문제에 대한 협력 논의는 지속되었다. 2015년에 들어서 러시아와 북한은 경제무역과학기술공동위를 통해 북한 나선특구에 대한 전력공급계획에 대해서도 협의하였다. 러시아 극동개발부가 밝힌 바에 따르면, 북한 나선특구 송전계획은 2단계에 걸쳐 실시되는데, 1단계에서 2016년 내 전력공급을 가능하게 하는 송전선 건설이 이루어지고, 2단계에서는 신규 선로와 발전소 건설이 포함되어 있어 10년 이후 북한에 공급하는 전력량이 600MW에 이를 것으로 전망하였다.[178]

---

177) 북한은 소련과의 핵 기술 협력을 통해 핵 이용 역량을 발전시키게 되는데 자체 연구를 통해 1986년 5MW 흑연감속로를 영변에 건설하여 1987년 가동을 시작하였으며, 1984년에는 50MW급 흑연로를 건설을 진행하였다.
178) 『노컷뉴스』, 2015년 4월 14일. 이를 위해 동년 12월 11일 러 에너지부 안톤 이뉴친 차관이 방북하여 러-북 간 전력에너지협력협정에 서명하였다.

한편, 러-북 협력의 경우에도 북핵문제와 미-북 관계에서 오는 제약요소를 확인할 수 있다. 냉전시대에 구소련은 미국과 NPT 체제에 대해 공통의 이해관계를 가지고 있었다. 1980년대 초 이래 영변 핵시설에 대한 국제사회의 우려가 제기되자 미국은 소련에 대해 북한이 NPT에 서명하도록 설득해 줄 것을 요청했고, 소련은 1985년 북한에 대해 4기의 경수로 원자로를 제공하는 대가로 NPT에 서명토록 종용하여 이를 관철한 바 있다.[179] 1990년대 북핵문제가 국제사회의 민감한 안보이슈로 등장하자 러시아는 북핵개발을 저지시키기 위해 8자회담을 제안하기도 하였다.[180] 러시아는 6자회담에 앞서 2003년 4월 베이징에서 개최된 3자회담에 대해서 미국의 의도적인 러시아 배제를 비난하면서 자국의 참여를 적극적으로 희망하기도 하였다. 러시아는 UN의 대북제재에는 협조하면서도 미-북 관계에서 오는 제약요인에 대해서는 상황에 따라 가치중립적인 태도를 취하면서 실리적 접근을 취하고 있다.

### 라. EU-북한 협력

EU와 북한 간 협력은 커다란 부침이나 변동 없이 조금이나마 지속적으로 진행되고 있는 것이 특징이다. EU는 북한에 대해 일정한 세력권이나 영향력을 확보하려는 야심이 적다는 면에서 인접국인 중국과 다르며, 핵문제를 이유로 긴급한 경우의 인도적 지원을 제외하고 거의 모든 방면에서 교류를 차단하지는 않는다는 점에서 미국과 차별성이 있다. 그럼에도 북핵문제 등 외적인 변수들로 인해 EU의 대북한 협력은 전문가 훈련·연수, 북한의 에너지 통계체제 개

---

[179] Don Oberdofer, *The Two Koreas: A Contemporary History*, New York: Basic Books, 2001, p. 254.
[180] 러시아가 제안한 8자회담의 구성원은 미국, 중국, 러시아, 일본, 유엔, IAEA, 남한, 북한이었다. 이에 대해서는 홍현익, 『전환기 러시아의 대외정책』, 서울: 세종연구소, 2000, p. 47.

선, 대체에너지 시범 협력사업 등 소규모 지원 사업에 머무르고 있다.

### 1) 정부 간 및 공적 부문 협력

EU는 국제기구로서의 EU와 개별회원국으로서의 지위를 활용하여 점진적인 접근법을 취하면서 신중한 모드로 북한과의 협력을 제한적이나마 이어가려는 의지를 보였다. 2000년대 초반 부시 행정부 하에서 미·북 관계 악화에도 불구하고 EU는 개도국 지원 원칙에 충실하면서 북한과의 협력을 중단하지는 않았다. 특히 EU는 1997년부터 KEDO에 원회원국으로서 집행이사국으로 참여하였다.[181] EU는 KEDO에 1억 2,330만 불의 재정적 기여를 하였으며, 양자 간 협력의 노하우를 축적한 점은 EU가 대북한 협력에 있어 가지는 자산이기도 하다.

EU와 북한 관계는 2000년 6월 남북정상회담 이후 남북관계가 갈등과 긴장에서 협력관계로 바뀌면서 양자 간에도 변화가 발생했다. 북한이 유럽 서방국가들에 대한 접근을 강화하면서 2000년 12월 영국과 수교한 이래 EU 15개국 중 13개국과 수교를 맺었다. 이러한 양자 간의 관계 진전은 EU 차원의 북한에 대한 지원으로 이어졌다. EU는 2000년 11월 이사회 결의에 따라 북한의 에너지 복구 조사를 위한 시범조사를 위한 조사단을 2001년 2월에 북한에 파견하였다. 이에 따라 북한의 에너지 부문을 위한 기술 자문 사업을 추진하였다.[182] 동년 6월에는 EU 의장국인 스웨덴의 페르손 총리가 방북하여 EU와 북한 간 외교관계 수립계획이 발표되기도 하였다. 2002년 3월 EU 집행위원회는 북한의 국제사회 편입을 지원하는 차원에서 북한과 2004년까지 북한과의 협력과 지원에 관

---

181) EU는 1996년 10월부터 KEDO 가입을 시도하여 1996년 12월에 가입에 관한 기본원칙에 합의하였으며, 1997년 5월 기술적 실무협상을 타결하여 가서명하였다. 이후 1997년 9월 19일 정식으로 서명을 하여 가입이 확정되었다.
182) EU는 북한의 에너지 부문을 위한 시범 복구 사업 외에 국제금융, 무역, 경제정책 수립과 관련한 훈련 및 연수사업으로 각각 100만 유로를 투입하여 사업을 추진하였다.

한 기본원칙을 명시한 대북한 국가전략 문서(Country Strategy Paper)를 채택하였다.

이 문서는 ① 제도지원 및 역량 구축(institutional support and capacity building), ② 지속가능한 관리와 지속가능한 에너지원에의 접근을 포함하는 천연자원의 이용(sustainable management and use of natural resources including access to sustainable energy sources, ③ 통합적인 접근 하에서의 신뢰성 있고 지속가능한 수송부문(reliable and sustainable transport sector within an integrated approach) 등 3개 사업 분야를 구체 지원사업으로 적시하였다.[183] EU는 2001년 이후 아시아 지역에 관심을 확대하면서 아시아 개별국가에 대한 보다 심도 있는 맞춤형 전략으로 방향을 설정하게 되었다. EU 및 EU 국가들의 대북한 지원정책도 이러한 맥락에서 이해할 수 있다.

EU는 대북한 협력에 있어 지하자원에 대한 투자에도 관심을 보이기도 했다. EU는 간접투자의 형태로 함경남도 검덕 아연 광산, 평안북도 동창 형석 광산 등에 대해 투자를 실시하였다. 영국은 자원개발 펀드를 조성하고 프랑스는 평양 상원 시멘트사의 지분 50%를 매입하는 형태로 투자를 검토하였고, 독일은 평안북도 동창 광산 형석 투자에 관심을 보였다.[184]

## 2) 민간 부문 협력

EU 차원의 대북한 민간 에너지 지원 사업은 대체 에너지원 개발과 낙후된

---

[183] EU, *The EC-Democratic People's Republic of Korea Country Strategy Paper (2001-2004)*, 2001. EU는 2002년 7월 동 사업을 추진하기 위하여 2004년까지 1,500만 유로의 예산을 책정하였다. 이에 따라 이태리 정부는 2002년 9월 코모(Como)에서 '한반도 에너지시스템의 복구와 통합: 북한 에너지 시나리오'를 주제로 국제전문가 회의를 Landau Network-Centro Volta라는 기관과 함께 공동주관하였다. 동 회의에는 처음으로 남북한 및 국제 에너지 전문가들이 모여 북한의 에너지 문제에 대해 심도 있는 논의를 전개하였다.

[184] 이재호 외, 앞의 책, p. 140.

발전설비와 송배전망 보수를 위한 기술과 설비 제공, 기술지원과 인력 훈련 위주로 협력활동을 전개하였다. 북한은 신재생 에너지로 대표되는 '녹색 에너르기' 기술 개발을 위해 국제 동향을 지속적으로 모니터링하면서 기술이전과 습득을 위해 EU국가와의 협력을 모색하였다. 특히, 국내 여건에 대한 기초조사를 바탕으로 풍력에너지 개발을 위한 자본과 기술을 도입하기 위해 국제적 협력을 비교적 활발히 전개해 왔다. 북한이 이른바 '녹색 에너르기' 확충을 위해 외교적 노력을 기울인 대상국가들은 대부분 친환경 에너지 기술 발달과 보급률이 비교적 높은 EU 소속 국가들이다. 북한은 이미 1986년에 덴마크에서 180kW급의 풍력터빈을 도입하여 서해안에 설치하기도 하였다.

1999년 5월 스위스 소재 비정부기구(NGO)인 아드라(ADRA: Adventist Development and Relief Agency) 스위스는 북한 당국과 합의서를 체결하고 1단계로 평양의 병원과 고아원, 유치원 등에 120명분의 태양열 조리기구 1000기를 제공하였다.[185] 북한은 2000년대 들어 스위스의 비정부기구(NGO)인 CFC (Campus für Christus)와 기술협력을 실시했는데, CFC는 황해북도 지역에 300W와 2kW 규모의 풍력발전기를 각각 1대씩 설치하였다.[186] 2000년 11월 스위스에 소재한 다국적 기업인 ABB사는 조란 린달 회장이 방북하여 금속기계공업성 및 전기석탄공업성과 '전기기계 설비 생산과 전력망 계통 현대화 협력 합의서'를 체결하였으며, 다음해인 2001년 6월에 평양 사무소를 개설하였다. 2001년 4월에는 북한이 독일 지멘스(Siemens)사에 발전설비 투자를 요청하기도 하였으나, 전력과 용수공급이 어려운 여건 등을 이유로 성사가 안 된 것으로 알려졌다.[187]

---

185) http://news.adventist.org/all-news/news/go/2000-04-24/solar-kitchens-for-the-democratic-peoples-republic-of-korea/.
186) CFC의 풍력발전기의 설치 결과가 매우 양호하여 북한은 2009년 7월 2kW의 풍력발전기를 추가로 설치했다. 『민족21』, 앞의 글, p. 163.
187) 『연합뉴스』, 2002년 2월 13일.

2010년대 들어 EU와 북한의 민간 협력은 자본이 많이 투입되고 인프라가 미비하여 성과도출이 어려운 발전설비나 송배전망 현대화 사업보다는 대체에너지 개발을 위한 사업 위주로 전개되었다. 2011년 11월 스위스의 민간구호단체인 아가페 인터내셔널(Agape International)은 50만 불의 예산으로 북한 전역에서 모인 재생에너지 관련 기술자, 농업 전문가 등을 훈련할 '대체에너지 연수원'을 평양에 세울 계획이라고 밝혔다.[188] 2010년 말부터 3년간 진행되는 이 사업을 통해 에너지 부족을 겪고 있는 북한에서 재생에너지의 사용을 높일 수 있도록 돕는 훈련 기관이 설립되어 관련 전문인력 양성에 기여하게 되었다.[189]

독일의 개발원조단체인 독일 카리타스(Caritas Germany)는 2011년 6월 독일 아그로 행동(German Agro Action)과 공동으로 결핵과 간염 환자들의 균형있는 영양섭취를 위해 북한에 태양열 온실을 짓는 사업을 전개하였다.[190] 이 사업은 2011년 7월부터 강원도 통천군 결핵요양소, 평남 성산결핵전문병원 등 9개 지역에서 태양열 온실을 지어주는 사업이다.[191] 사업이행에 소요되는 91만 불(약 10억원)을 독일 정부가 공여했는데,[192] 동 사업은 북한의 장기 환자 1천여명에게 1년 내내 야채를 재배하여 공급하는 것으로 기획되었다.

EU-북한 에너지 협력사업은 에너지 복구 사업과 함께 신기후체제의 영향 하

---

188) 『자유아시아방송』(RFA), 2011년 11월 23일.
189) 아가페 인터내셔널의 스테판 부르크하르트(Stephan Burckhardt) 북한 사업담당관은 연수원 건축과 관련해 북한의 비재래식에너지개발센터(Non-Conventional Energy Development Center) 전문가 5명 가량을 중국의 전문 기관에 보내 연수시킬 계획이라고 언급한 바 있다.
190) 『자유아시아방송』(RFA), 2011년 6월 21일.
191) 독일 카리타스의 볼프강 게스트너(Wolfgang Gerstner) 대북 사업관은 독일정부의 지원금 23만 불을 들여 폭 8미터, 길이 40미터의 태양열 온실 9개동을 짓고 추가로 환자 가정을 위한 소규모의 일반 온실 53개동도 건설할 계획이라고 밝혔다. 일반 온실은 환자와 가족들을 위한 야채 재배를 위해 폭 5미터, 길이 10미터로 북한의 보건성이 선정한 환자 가정의 근처 텃밭에 설치되었다.
192) 『미국의소리방송』(VOA), 2015년 6월 11일.

에서 신재생 에너지 분야에서의 사업이 발전 잠재성이 높다. 이는 주로 북한의 글로벌 규범에 대한 수용성과 태도 여하에 달린 사항이기도 하지만, 북한으로서도 녹색기술이 발달한 EU와의 협력을 전개할 유인이 더 커지고 있다. 더구나 미국 주도하의 UN 제재를 받고 있는 상황에서 상대적으로 거부감이 덜한 EU국가들과의 양자협력을 선호하는 것은 불가피한 선택일 수 있다. 다만, EU로서는 북한 체제의 리스크와 불확실한 요인 등으로 에너지 부문에서의 대규모 투자보다는 시범적인 협력 사업 수준에서 관계를 이어가려는 입장을 가지고 있다.

## 3. 다자협력

### 가. 소다자협력과 동북아 에너지협력 논의

역내 에너지 관련 소다자 및 다자협력은 주로 극동 러시아의 원유와 가스자원을 어느 방향으로 얼마만큼 공급할 것인가의 문제와 북한을 어떻게 참여시킬 것인지 - 예를 들어 가스관의 경우 북한을 경유할 것인지 여부 - 등을 둘러싸고 전개되었다. 이러한 양상은 에너지 공급자인 러시아와 수요자인 한국, 중국, 일본, 북한 등이 벌이는 경쟁과 협력의 구도를 반영하고 있다. 역내 주요 참여국들이 벌이는 전략 게임은 협력보다는 경쟁이 두드러지면서 협력의 동인이 강하게 추동되지 못하고 있다. 개별 행위자의 이익이 우월적으로 투영되는 역내 에너지 구도에서 각 행위자들의 동기와 의도를 우선 파악할 필요가 있다.

러시아는 세계는 물론 동북아에서 최대의 에너지 공급국이다. 이에 따라 러시아는 에너지 분야의 독점적 지위를 바탕으로 동북아 역내 수요국들 간의 단합보다는 분리 대응을 통한 양자협력을 선호하고 있다. 동북아 역내 에너지협력의 핵심 행위자인 러시아의 이러한 의도는 다자협력을 어렵게 만드는 요인으로 작용하고 있다. 러시아는 2003년 8월 '러시아 연방 에너지 전략 2020'을 발표하고 에너지 자원을 효율적으로 활용하면서 에너지 분야의 경쟁력 향상을 목표로 에너지 자원에 대한 국가의 통제권을 강화하였다. 러시아는 에너지 수출시장을 다변화하고, 에너지 수송망을 확충하며, 자원을 외교수단화하는 데 노력을 기울였다. 이러한 러시아의 정책은 극동 시베리아 개발과 동북아 경제권 편입으로 정책 전환을 모색하는 계기가 되었다. 러시아의 동방진출 정책은 필연적으로 미국은 물론 중국과의 경쟁과 함께 이들 국가들의 견제를 유발하는 요인이 되고 있다. 러시아는 거대한 중국의 에너지 시장을 확보하면서도 동시에 중국을 견제하는 차원에서 한국과 일본을 포함한 아태지역 진출까지도 고려하고 있다. 러시아의 이러한 이중적 의도는 러시아가 남-북-러 삼각협력을 추진할 수 있는 공간적 여지를 만들어 주고 있으며, 동시에 제한적인 범위 내에서나마 GTI 차원의 다자협력을 추동할 수 있는 기회를 만들어 주었다.

중국은 1978년 개혁 개방 이래 외자도입이 가파르게 증가하고 경제규모가 급속도로 성장함에 따라 에너지 수요도 급격히 상승하였다. 중국은 1993년에 에너지 수입국으로 바뀌었는데, 2000년대 들어 연평균 두자릿수 성장을 기록하면서 급증하는 에너지 수요에 대처하여 에너지 외교를 적극적으로 추진하였다. 중국의 공세적이고 다변적인 에너지 확보 전략은 러시아의 극동 시베리아 내 석유가스 자원 개발 및 수송망 사업에 참여하는 것으로 확대되었다. 중국도 러시아보다도 더 동북아 에너지 협력에 있어 다자협력보다는 양자협력을 선호하고 있다. 이는 중국이 보유한 지정학적 이점과 거대한 시장이 주는 경제적 권력을 이용해 양자 간의 협상을 통해 자국에 유리한 환경을 확보하는 것이 중국의 국익에 부합하기 때문이다. 다만, 중국은 동북3성 지역 개발에 유리한 구도가 형성될 경우에 한해 역내 에너지 소다자 내지 다자협력에 참여하고자 하는

의사를 보이고 있다.193)

한국은 에너지 자원의 약 95%를 해외에서 조달해야 하는 에너지 소비국으로서 안정적인 에너지 확보가 중요한 외교적 목표가 되어 왔다. 다원적인 에너지원 확보를 위해서는 거대한 에너지 공급국인 러시아와도 협력을 강화해 나가야 하며 남-북-러 가스관 협력도 이러한 연장선상에서 검토한 바 있다. 동북아 에너지 협력에 있어서 한국은 양자협력을 전개하면서도 소다자 및 다자협력도 추진하려 하고 있다. 한국으로서는 특히 미국, 일본과 북한 비핵화 공조를 취해야 하고, 남북관계를 관리해 나가야 하는 상황에서 정체된 양자협력을 보완하는 차원에서 다자협력기제를 통해 북한을 견인하고자 하는 의지도 가지고 있다.

일본도 한국과 마찬가지로 에너지 의존도가 매우 놓은 주요 수입국인 데다 중동에 의존하고 있어 에너지의 안정적 공급에 관한 한 이해를 같이 하고 있다. 일본은 1960년대 이래 해외 자원개발에 주력해 왔는데, 2004년 2월 석유부문과 금속광업부문의 기구를 통합하여 '석유·천연가스 금속 광물자원기구(JOGMEC: Japan Oil, Gas and Metals National Corporation)을 창설하였다. 일본 정부는 북한을 포함, 동북아 역내 에너지협력과 관련해서는 미국과 철저한 공조를 바탕으로 정책을 펴고 있다. 러시아와는 북방영토 갈등으로 대립하기도 했지만 사할린 지역의 유전개발에는 관심을 보이고 있다.194)

북한은 에너지난 타개가 국가의 최우선적인 과제로 부각되어 있다. 자력갱생에 따른 북한의 에너지정책은 국내 에너지 부문에 심각한 자원 분배 왜곡을 초래하게 되었고, 자본과 기술이 부족한 상태에서 산업전반에 효율성을 저해하는 결과를 가져왔다. 김정은 시대에 들어 북한은 다양한 에너지원 확보 노력과 함

---

193) 중국이 제기한 한-중-러 가스관 건설 구상이나, GTI 참여가 이러한 경우에 해당하는데 중국에서는 GTI의 경우 동북3성이 GTI 틀 내에서의 지방자치단체 간 협력에 긴밀히 관여하고 있다.
194) 일본은 사할린 해역의 원유개발을 위해 사할린석유개발협력(SODECO: Sakhalin Island Development Corporation)을 설립하여 사할린 프로젝트-I 지역을 탐사하기도 하였다.

께 자본과 신기술 도입을 위한 국제협력을 확대하고 있다. 북한은 2014년 들어 5개 중앙급 경제특구 및 19개의 지방급 경제개발구를 지정하여 외자 유치 노력을 전개하고 있는데, 특히 나진·선봉 지역을 중앙급 경제특구(나선경제무역지대)로 재지정하고 중국 및 러시아와의 협력을 추진하고 있다.[195] 북한은 고립된 상황에서의 양자 협력이 대중국 의존도 심화로 귀결된 상황에서 이를 상쇄할 수 있는 다자협력 내지 국제기구와의 협력은 수용하고 있으나, 소다자협력에는 커다란 이해관계가 없는 듯이 보인다.[196]

미국은 동북아 지역에서 중국의 부상과 팽창을 견제하면서 러시아에 대한 제재를 통해 고립화시키면서 중-러 협력에 달가운 시선을 보내지 않고 있다. 북핵 문제로 인한 동북아 긴장 유발과 비확산 체제에 대한 악영향 등을 이유로 북한이 참여하거나 북한을 경유하는 에너지협력 역시 직접 혹은 간접으로 부정적인 의향을 표명하고 있다. 미국은 셰일오일과 가스 증산을 계기로 대아시아 수출을 염두에 두고 있어 역내 에너지협력이 미국의 이익에 저해되지 않는 방향으로 가기를 원하고 있다. 역내 에너지협력을 위해 중국과 러시아를 끌어들여야 하는 한국으로서는 미국의 협조를 얻어야 하는 다자적 도전에 처해있다고 할 수 있다.

### 1) 소다자협력

소다자협력의 대표적인 사업은 남-북-러 가스관 사업으로서 이 사업은 1990

---

[195] 이와 관련, 북한은 외자유치와 대외경제 협력 총괄기능을 강화하는 차원에서 2014년 6월 합영투자위원회, 국가경제개발위원회, 무역성을 통폐합하여 '대외경제성'을 신규 설립했다. 『조선중앙통신』, 2014년 6월 18일.
[196] 소다자협력을 위해서는 북한의 참여가 필수적인 데, 남-북-러 가스관 건설 등 소다자협력을 구체화하는 단계에서 북한은 핵실험이나 미사일 도발 등을 야기하여 협력의 분위기를 해치는 역할을 반복하였다.

년대 초 민간차원의 경제협력 프로젝트로서 논의되었다. 1992년 7월 5일 대우 그룹 김우중 회장이 러시아 방문후 귀국 기자회견에서 동년 1월 북한을 방문하여 김일성 주석과 야쿠츠크(Yakutsk) 가스전 개발문제를 협의하였다고 밝히면서 알려졌다.[197] 김회장이 러시아 방문 중 북한 김달현 정무원 부총리 겸 대외경제위원장과 비밀 회동을 통해 가스 수송관을 포함하여 북한 측의 최종 동의를 얻었다는 분석이 나오면서 역내 국가 간의 관심사로 부각되었다. 실제로 북한은 KEDO 건설 공사가 진행 중이던 1996년 3월 사하공화국의 야쿠츠크 가스전에서 북한을 경유하여 한국으로 연결되는 천연가스관 건설사업에 공식적으로 지지의사를 표명하기도 하였다.[198] 그럼에도 야쿠츠크 가스관 노선은 북한 리스크 문제의 상존, 사하공화국의 인프라 미비로 인한 경제성 부족, 러시아의 가스 수출전략상의 변화 등으로 추진이 성사되지 못하였다.

이후 2000년대 초 중국이 관심을 보이던 이르쿠츠크(Irkutsk)주의 코빅타 가스전 개발과 함께 이르쿠츠크→창춘→선양→다롄→서해→평택을 연결하는 4,300km의 가스관 건설이 제기되기도 했으나 이 역시 러시아 에너지정책상의 이유로 무산되었다. 당시 러시아는 에너지에 대한 국가통제를 강화하려 하였고, 마침 고유가로 인해 자체적으로 개발비용을 확보하는 데 큰 어려움이 없어 보였기 때문이다. 러시아의 에너지 전략 변화는 가급적 중국을 통하지 않고 자국주도로 하바로프스크와 블라디보스토크를 거쳐 아태 지역으로 나아가겠다는 것으로 남-북-러 가스관 건설에 유리한 환경을 제공하였다.

2002년 러시아 푸틴 대통령은 사할린 가스전에서 생산되는 천연가스를 북한에 공급할 것을 제안하였고, 2003년 출범한 노무현 행정부는 사할린 I 가스 도입을 진지하게 검토하였다. 결국 2004년 9월 노무현 대통령은 푸틴 대통령과의

---

[197] 『동아일보』, 1992년 7월 6일.
[198] 『한국일보』, 1996년 3월 25일.

정상회담에서 극동시베리아 개발과 남-북-러 에너지 및 운송 분야의 삼각협력을 강화해야 할 필요성을 강조하고 북한을 통과하는 가스관 건설에 합의하였다.[199]

2006년 들어서는 양국 총리간 '한·러 가스산업 협력 협정'이 서명되었고, 이를 토대로 러시아 가스전 개발과 도입에 관한 구체적 논의가 이어졌다. 한·러 양국 간 논의를 바탕으로 2008년 9월 이명박 대통령과 메드베데프 대통령간 정상회담에서는 북한을 경유하는 가스관을 부설하여 러시아의 천연가스를 도입한다는 아래 요지의 양해각서를 체결하였다.[200]

〈표 3-4〉 한-러 간 북한 경유 천연가스 도입을 위한 양해각서 주요 내용

| 구분 | 주요 내용 |
| --- | --- |
| 가스 도입량 | · 2015년 이후 러시아 블라디보스토크에서 30년에 걸쳐 연 10bcm(LNG 환산시 약 750만 톤)의 천연가스를 도입 |
| 노선 | · 러시아가 제안한 블라디보스토크-북한-한국을 연결하는 가스관 추진 |
| 협력 규모 | · 30년간 천연가스 구매액 900억 불, 석유화학단지 건설비 90억 불, 북한을 경유하는 PNG 배관 건설비 30억 불 등 총 사업규모 1,000억 불 이상 |
| 도입계획 | · 2008~2010: 북한을 통과하는 한-러 간 배관노선에 대한 타당성 조사<br>· 2010: 한국가스공사와 가즈프롬사 간 최종계약 체결<br>· 2011~2014: 블라디보스토크-북한-한국을 연결하는 가스배관 건설<br>· 2015년 이후: 러시아 PNG 도입 |

출처 : 이기헌 외, 『남북러 가스관과 동북아 에너지 협력의 지정학』(서울: 통일연구원, 2013), p. 42.

그러나 2008년도 이후 남북관계가 경색되고 2009년 북한 핵실험에 따른 긴장고조와 대북 제재의 와중에서 남-북-러 가스관 논의는 진전될 수 없었다. 북한 변수로 침체에 빠진 남-북-러 가스관 사업에 다시 불을 지핀 것은 아이러니

---

199) 노무현 행정부의 러시아산 가스 도입 검토 및 UN의 대북한 에너지 검토와 관련한 상세 내용은 Paik, Keun-Wook, "Natural Gas in Korea," in Jonathan Stern, ed., *Natural Gas in Asia: Challenge of Growth in China, India, Japan and Korea*, Oxford: Oxford Institute for Energy Studies, 2008, pp. 174~219 참조

200) 『매일경제신문』, 2008년 9월 29일. 한·러 양국은 양해각서 체결후 2년간 북한을 통과하는 배관노선에 대한 타당성 조사를 실시한 뒤 경제성이 확인되면 2010년부터 최종계약을 체결하고 공사에 들어가기로 하였다.

컬하게도 북한이었다. 2011년 북한 김정일 국방위원장은 러시아 메드베데프 대통령과 울란우데에서 정상회담을 하면서 상기 사업 추진의사를 밝힌 것이었다. 이에 따라 동년 9월 남-북-러 3자 특별위원회가 개최[201]되면서 실무협의가 개시되었고, 한-러 정상회담에서도 2016년 2월까지 사할린에서 하바롭스크, 블라디보스토크, 북한을 거쳐 한국에 들어오는 가스관을 건설한다는 일정표를 재차 확인하였다. 러시아는 2012년 9월 모스크바에서 구소련 당시 북한이 졌던 110억 불 채무 중 90%를 탕감해 주었다.[202] 그러나 이 역시 2011년 12월 김정일 사망에 따른 정세변화와 2013년 들어 북한의 미사일 발사와 제3차 핵실험 등으로 진전이 될 수 없었다.

   남-북-러 가스관 부설 외에 진행 중인 삼각협력으로는 나진-하산 구간 철로 개보수 및 나진항 현대화를 통한 물류 운송사업인 '나진-하산 물류사업'이 유일하다.[203] 나진-하산 물류사업은 2011년 11월 러시아 철도공사가 포스코에 나진-하산 물류사업에 참여를 요청하면서 시작되었다.[204] 동 사업은 우리나라의 포스코, 현대상선, 코레일 등 3개사가 참여하고 있는 남-북-러 3각협력의 상징적 사업으로서 국가와 지방정부, 민간이 연계된 파트너십 하에 진행되고 있다.[205]

---

201) 이에 따라 김강수 한국가스공사 사장, 밀러 러시아 가즈프롬 회장, 김희영 북한 원유공업상 사이에 연쇄 회담이 개최되었다.
202) 『세계일보』, 2012년 6월 20일. 러시아는 나머지 채무 10%도 양국 간 합작 프로젝트에 투자하기로 하면서 전액 탕감해 준 것으로 알려졌다.
203) 나진-하산 프로젝트는 러시아산 석탄을 북한 내 철로(두만강-나진)를 사용하여 나진항에서 수출할 수 있도록 철도 및 항만을 개보수하여 운영하는 사업이다. 동 사업을 위해 북한의 나진항 당국과 러시아 철도공사는 각각 30:70의 비율로 합작투자를 하여 '나선콘트란스'를 설립하였으며 사업규모는 총 340백만 불(약 3,800억 원) 가량으로 추정된다.
204) 러시아 측은 북-러 합작회사인 나선콘트란스의 러시아 보유지분 70%중 49%, 즉 전체지분의 34.3%인 1,260만 불 매입제의를 하였고 철도부설 및 항만개발에 소요되는 3.4억 불 전체에 대한 투자 제공을 포스코에 요청하였으며, 포스코는 이에 대해 2013년 4월 지분비에 다른 비용을 부담한다는 조건으로 코레일, 현대상선 등과 함께 나선콘트란스사에 대한 투자를 결정하였다. 이를 통해 향후 우리 기업은 나진항 하역장 및 터미널 운영권, 철도 및 해상운송 사업권 등 실질 경영에 참여할 수 있게 되었다.

한국 정부는 북한이 관련된 민간사업이지만 신북방협력의 실질적 사업으로서 추진의지가 강한 편이다. 북한도 나선경제특구의 잠재력을 인식하고 투자환경 개선의지를 밝히고 있어 경제 분위기가 개선되기도 하였으나 일정한 변화를 이끌어 내기에는 역부족인 상황이다.

### 2) 동북아 에너지협력 논의

동북아 지역은 에너지 대공급국인 러시아를 둘러싸고 에너지 대소비국들이 경쟁과 협력을 벌인 각축장으로서 에너지 수급을 둘러싼 에너지 안보 이슈가 중요하게 부각되고 있는 지역이다. 특히 중국의 부상으로 인한 에너지 수요 증대는 수급을 불균형을 더욱 심화시켰고, 제재와 저유가로 어려움에 처한 러시아의 동방진출 정책, 미국의 셰일오일 증산 및 수출 전략은 동북아 에너지 지정학에 지대한 영향을 미치고 있다. 이러한 지정학적 특성은 동북아 지역의 에너지 협력체 창출 필요성을 선명하게 드러내 주고 있다. 동북아 에너지 협력에 대한 필요성으로는 ① 에너지 수급문제의 해결, ② 아시아 프리미엄의 축소, ③ 에너지협력을 통한 지역협력 가속화, ④ 대북 에너지 지원을 통한 한반도 평화체제 기여, ⑤ 환경친화적 에너지 개발을 통한 지속가능발전 추구 등을 들 수 있다.[206]

우선 에너지 수급 문제와 관련 동북아 역내 최대 수요자인 중국을 비롯한 역내국가들간 수급 불균형 해소 문제를 포함하여 안정적이고 지속적인 에너지원의 공급망 확보가 중요한 과제이다. 이러한 차원에서 중동에 대한 에너지 의존도를 줄여 수입선을 다변화하고 시베리아 원유 및 가스의 개발과 파이프라인

---

[205] 『조선일보』, 2015년 11월 5일. 국회 외교통일위원회는 한국 정부가 동 사업의 투자금 일부를 연 2%대의 저리로 남북협력기금에서 대출하는 방안을 검토할 것을 정부에 요구한 것으로 알려졌다.
[206] 이재승, 「동북아 에너지협력 분석틀의 모색」, 서울: 외교안보연구원, 2004, pp. 10~15.

건설하는 문제가 중요한 의제로 다루어졌다. 둘째로 중동산 원유 수입 비중이 높은 동북아 에너지 소비국인 한국, 중국, 일본은 부당하게 높은 가격을 부담하고 중동에서 원유를 도입하고 있다. 이는 동북아 역내 소비국들이 단합된 행동을 취해야 할 이유이다. 셋째로 동북아 3국인 한, 중, 일 FTA 논의 등 통상을 비롯한 여러 분야에서 협력하고 있는데, 역내 에너지 안보 해소와 효율화를 위한 협력도 필요하다. 넷째로 동북아 에너지협력은 북한 핵문제 해결을 위한 기반을 조성하면서 에너지 위기를 해소하는 방향으로 보다 평화로운 한반도 조성에 기여할 수 있다. 다섯째로 동북아의 에너지 다소비형 산업구조를 완화하기 위해 환경친화적인 법제를 도입하고 녹색 에너지를 확보하기 위한 지속가능 성장전략을 공유, 확산하기 위한 협력체 건설이 필요하다. 이러한 협력체제는 신기후체제 협상 과정에서 제기되는 국제환경 규범과 의제들에 대해 효율적으로 대응할 수 있는 수단을 마련할 수 있다.

동북아 지역에서의 에너지협력 필요성에 불구하고 역내 에너지협력의 구체적 형태나 추진주체가 명시적으로 드러나고 있지는 않으며, 주로 느슨한 형태의 정부 간 대화협의체 형태로 운영되고 있다. 이러한 협의체는 국제레짐으로서 명확한 의제설정 등 협력의 목표와 방향, 그리고 제도적 틀이 아직은 논의단계에 수준에 머물러 있다.

동북아 에너지 협력체 논의와 관련, 정부차원의 협력체로서 2000년대 중반에 유엔 아태경제사회위원회(UNESCAP: UN Economic and Social Commission for Asia and the Pacific)의 주관 하에 동북아 에너지 고위관료회의(Senior Officials Meeting on Energy Cooperation in Northeast Asia)가 개최되었다.[207] 동 회의는

---

[207] 한·중·일 3국은 IEA, APEC, ASEAN+3의 틀 하에서 에너지 관련 의제와 역내 에너지 시장의 안정을 도모하기 위해 고위급 회의를 개최한 바 있으나 현재는 탐색과 정보교환 수준에서 실무급 협의만 개최하고 있다.

동북아 에너지 수급을 도모하여 에너지 시장의 안정과 발전을 목표로 하였다. 에너지 협력의 조직 및 운영과 관련, 각국의 고위급 관료로 구성되는 고위급 협의회(Senior Officials Committee for Energy Cooperation in North-East Asia)가 주도하며 동 협의회는 만장일치를 통해 의사결정이 이루어지도록 하였다. 그리고 고위급 협의회 산하에는 실무그룹(Working Group)이 설치되었으며, UNESCAP과 한국의 에너지경제연구원이 공동사무국을 맡았다. 동 협의회는 동북아 에너지협력 정부 간 협력메카니즘(ECNEA: Intergovernmental Collaborative Mechanism on Energy Cooperation in North-East Asia)을 형성하며, 2005년부터 2015년까지 10차례의 고위급회의와 2개의 실무그룹(에너지 기획 및 정책, 석탄)을 운영하였는데, 2015년 9월 개최된 제10차회의시 협의체의 성격을 정부간에서 전문기관간 협력체로 변경하였다.[208]

2008년 글로벌 경제위기를 계기로 동북아 에너지협력은 동북아 역내 국가 간 전력계통을 연계하는 '동북아 수퍼그리드'에 대한 논의로 확산되었다.[209] 동북아 수퍼그리드는 동북아 지역 국가 간 기존 에너지원을 포함 신재생에너지를 중심으로 전력망과 석유·가스 수송망, 철도·도로 등을 통합적으

---

[208] 남상민 UNESCAP 동북아지역사무소 부대표 이메일 인터뷰(2015.12.10.). 동북아 에너지 관련 정부 간 회의는 2000년대 중반 고위급 수준에서 이루어지기도 하였으나 점차 과장급 간부도 참여가 어려울 만큼 축소되었으며, 이러한 배경 하에서 민간기관간 협력으로 변경된 것으로 보인다.

[209] 그리드는 한 번에 한 곳만 연결하는 웹과 달리 신경조직처럼 작동되는 인터넷망 구조를 지칭하며, 수퍼그리드는 2개 이상의 국가 간 경제적 이익 및 공급 신뢰도 향상을 위해 전력계통을 연결하여 전력을 상호 융통하는 범국가 에너지 수송 네트워크를 이른다. 동북아 수퍼그리드는 아시아 수퍼그리드와 혼용되기도 하는데, 엄밀히 말하면 동북아 수퍼그리드는 몽골, 중국, 러시아, 한국, 북한, 일본 등을 아우르고 있으나, 아시아 수퍼그리드는 동남아시아나 호주 등도 포괄하고 있다. 수퍼그리드를 구축할 경우 국가별 연료비 차이에 따른 경제적 전원 확보로 전력구입 비용을 절감할 수 있고, 경제적인 전원의 공동 활용으로 전체 연계계통 운전비용을 줄일 수 있으며, 전원설비 공유를 통한 설비 예비력 및 공급 예비력을 추가 확보할 수 있다. 이에 더해 해외의 저원가 전원개발을 통한 경제성 확보 및 전원 입지난 해소가 가능해지고, 전력피크 시간대가 다른 계통을 연계하여 수급위기 가능성을 줄여 안정적인 전력 수급운영을 기할 수 있다.

로 연계하는 종합에너지 연계 및 통합관리체제를 구축·운영하는 것을 지칭한다.[210] 동북아 수퍼그리드는 1980년대 후반 구소련이 붕괴되면서 극동 및 시베리아 지역의 전력 수요 감소로 인한 잉여전력 문제가 발생하면서 동북아 전력망을 연계하는 방안을 검토한 것이 그 시발점이다. 당시에는 러시아-일본 간 전력을 융통하는 방안이 주로 논의되었으나 초보적인 수준에 머물러 있었다.

2000년대 초반부터 북한의 심각한 전력난과 맞물려 남·북·러 전력연계망에 대한 논의가 제기되기도 하였으나, 2009년 고비텍 구상(Gobitec Initiative)이 나오면서 동북아 수퍼그리드에 대한 논의가 확산되었다.[211] 고비텍 구상은 몽골과 중국 북부에 소재하고 있는 고비 사막의 막대한 발전 잠재력에 기초하고 있다. 몽골지역에 위치한 고비사막의 신재생에너지 잠재량은 2,600 TWh[212]에 이르는데, 이 중 100GW 프로젝트가 계획 중이다.[213]

2011년에는 일본 소프트뱅크 손정의 회장이 2011년 3월 후쿠시마 원전사태를 계기로 원전을 중단하고 신재생에너지로 아시아의 전력망을 새로 짜자는 제

---

210) 지역별 수퍼그리드별로 에너지의 구조 및 성격이 다른데, 유럽 수퍼그리드는 2030년까지 북해 지역에 150GW의 해상풍력단지를 건설하여 해저 케이블을 통해 육상으로 송전하는 방식이며, 아프리카 수퍼그리드는 사하라 사막의 태양열 발전소 전력을 남유럽과 중동국가로 송전하거나, 중부 아프리카의 수력전원을 북쪽 이집트와 남쪽 남아공으로 수송하는 프로젝트를 말한다. 이에 비해 미국 수퍼그리드는 자국 내부의 동부, 서부, 남부를 연결하는 초대용량 장거리 송전시스템을 의미한다.
211) 고비텍 구상은 2009년 9월 한스 자이델 한국재단 셀리거(Bernhard Seliger) 대표와 숙명여대 김기은 교수가 아프리카 수퍼그리드의 일환인 사하라사막의 태양발전소 전력 수송 프로젝트(Desertec Project)의 개념을 빌려, 고비사막의 태양광, 풍력 에너지 등을 에너지 수요국인 한국, 중국, 일본 등에 수송하는 프로젝트를 제안하면서 논의가 활성화되었다.
212) TWh는 1시간당 1테라와트를 생산하는 것으로 테라와트는 1시간당 10의 12제곱 와트(1조와트)를 생산함을 의미한다.
213) http://gobitec.org/about-gobitec-initiative/. 2,600TWh의 잠재전력을 전력원별로 구분하면 풍력이 1,100TWh, 태양광이 1,500TWh를 차지하고 있다. 소프트뱅크 손정의 회장에 의하면, 풍력에너지만으로 연간 8,100TWh를, 태양광 발전으로 4,800TWh에 달하는 발전이 가능하다.

안을 하게 되는데 이것이 '아시아 수퍼그리드'이다. 아시아 수퍼그리드는 2009년 북해 에너지를 송전하는 유럽의 수퍼그리드가 2010년 3월 유럽 에너지정상회의를 계기로 공식 출범하게 된 것에 자극을 받아 주창되었다. 손정의 회장은 2012년 5월 서울에서 글로벌녹색성장서밋(Global Green Growth Summit)에서 몽골의 에너지만으로 전 세계 전력의 70%를 충당할 수 있을 정도의 에너지 생산이 가능하며 이를 아시아 전역에 송전망을 통해 공유하자는 주장을 내 놓았다.214) 손회장은 송전과정에서의 전력손실 가능성에 대해 일본의 교류 방식으로 운용되고 있어 원거리 송전 시 20%가량의 전력 손실이 발생하지만, 고압 직류(HVDC: high voltage direct current) 케이블을 이용할 경우 몽골에서 일본까지 전력 손실률이 3%에 불과하다고 주장하였다.

  동북아 수퍼그리드를 둘러싼 국가별 입장은 상이하나, 일정부분 이에 대한 필요성을 점차 인정하고 있는 분위기이다. 우선 러시아는 극동지역의 전력계통이 서부 지역과 분리되어 있으며 전력설비 규모는 9GW에 달하고 있다. 극동지역은 광대한 지역을 연결하는 장거리 송전선 위주로 구성되어 있는데 전력설비가 노후화되어 있으며 전기요금은 우리나라의 절반 수준에 불과하다. 러시아는 극동지역의 풍부한 천연가스와 수력 자원을 개발하여 수출하는 데 관심이 많으나, 수요처 개발에 어려움이 있고 개발 인프라가 부족하여 남-북-러 전력계통망 연결을 포함한 동북아 수퍼그리드에도 적극적인 편이다.

  일본은 10개의 전력회사가 독립적으로 운영중에 있으며 전력설비 규모는 291.8GW 가량(2016년 기준)이며, 전기 요금은 우리나라의 2.6배 이상 비싸다. 일본은 후쿠시마 원전사태 이후 원전을 대체할 수 있는 전원 확보 및 에너지 도입선 다변화 필요성을 점차 인식하고 있으며, 동북아 수퍼그리드 구축의 편

---

214) 『KBS』, 2015년 5월 10일; 『경향신문』, 2010년 5월 11일.

익과 비용에 대한 세밀한 연구와 검토를 진행할 유인이 커졌다.

중국의 전력설비 규모는 1,650GW(2016년 기준)으로 전력 수요가 매년 10여%씩 증가세를 보이고 있다. 중국은 러시아 에너지 자원 도입 등 양자 방식에 의한 에너지 도입을 선호하며, 여타 국가들과의 에너지 융통에는 소극적이다. 그러나 동북3성의 개발에 따른 전력 수요 대처 및 한국 및 일본의 전력수요처 활용을 위한 에너지 연계망 구축 과정에서 동북아 수퍼그리드에 대한 관심을 확대할 가능성은 있다.

한국의 전력설비 규모는 2017년 기준 117GW 가량으로 정치적인 이유 등으로 전기요금 인상이 어려워 발전원가에 미치지 못하고 있다. 한국은 러시아나 몽골의 저렴한 에너지 확보나 대북 전력의 간접지원을 통한 남북관계 개선 등을 위해 동북아 수퍼그리드에 대해 관심이 있다. 한편, 북한은 전력설비 규모가 우리에 비해 6.6% 수준으로 7.7GW 정도이며 발전설비는 물론 송전선망의 노후화가 매우 심각하다. 북한은 심각한 에너지난으로 역내 국가들의 지원을 받는 것이 절실하나 체제 안전에 대한 우려 등으로 다자협력 구도에 소극적으로 나오고 있다.

몽골은 발전원의 96%가 석탄화력발전으로 구성되어 있으며 전력설비 규모는 2013년 기준으로 약 1GW 수준에 머물러 있다. 몽골은 러시아와 미미한 수준의 계통연계를 시행중이며 전체 수요가 미약하여 영향력은 거의 없다. 몽골은 신재생에너지의 거대한 잠재력을 보유하고 있어 이를 전력생산으로 현실화하여 주변국에 송전함으로써 자국의 입지를 제고할 수 있다는 판단에 따라 동북아 수퍼그리드 구축에 적극적으로 임하고 있다.

전체적으로 보아 동북아 수퍼그리드는 거대한 장기적 구상으로서 실제로 진행되고 있는 정부 간 협력은 미미한 편이며, 전문가나 학자, 기업 위주로 논의되고 있는 수준에 머물러 있다. 정부 간 협력으로는 한국과 러시아간 경제과학기술공동위원회를 통해 협의를 하고 있으며, 중국 및 일본과는 민간차원에서의 협의나 연구 검토가 이루어지고 있다. 이러한 상황은 단지 전체 계통을 연결하는 일부 구간상의 점과 점 사이에서의 간헐적 협력만이 이루어지고 있음을 의미한다.[215] 민간수준에서는 일본 소프트뱅크가 2012년 1월 한·일 전력망 연계 및 아시아 수퍼그리드에 대한 공동연구를 제안하기도 하였다.

동북아 수퍼그리드는 초대용량 전력계통 연결망을 통해 친환경 에너지를 비교적 저렴한 비용으로 에너지 수요국에 송전함으로써 각국의 에너지 수급을 안정화하여 역내 에너지 안보에 기여하고 온실가스 저감을 통해 기후변화에 대처할 수 있다는 점에서 역내 공공재 공유 모델이 될 수 있는 잠재성이 있다. 그러나 남-북-러 전력계통 연계나 동북아 수퍼그리드에 있어 북한의 참여가 필수적인 만큼, 역내협력의 제도적 기반을 제약하고 있는 북한 리스크로부터 자유로울 수 없다.[216] 이외에도 동북아 수퍼그리드는 전력계통 연결망 건설, 운영, 재원, 제도적 문제와 함께 정치적인 조정 문제 등이 매우 복잡하게 얽혀 있다.[217] 전반적인 틀이 확립되어 실제적인 운영단계에 들어간다 하더라도 각국의 에너지 수급 정책과 요금부과체계 및 전력계통의 차이, 기술수준의 격차, 노동 및 환경 법규의 상이, 위기관리 시스템의 공조 등 구체 상황별로 여러 난제들이 놓여 있다.

---

[215] 가령 2013년 11월 한전과 러시아 전력회사인 인터라오와 한-러 연계사업 타당성 조사를 위한 MOU를 추진하기로 합의한 것이나, 2014년 5월 한·중·일 합자회사인 격맹국제에서 산시(山西)성의 풍부한 석탄자원을 활용하여 생산한 전력을 한국으로 송출하기 위한 한-중 연계 공동연구를 들 수 있다.

[216] World Energy Council, "North Korea holds key to East Asian "super-grid," http://www.worldenergy.org/news-and-media/news/north-korea-holds-key-to-east-asian-super-grid/. 2013년 세계에너지총회(World Energy Congress)의 일환으로 개최된 '전환기의 동북아지역'(Regional Crossroads) 세션에서 북한 변수의 불확실성이 동북아 수퍼그리드 구축에 있어서 가장 큰 문제점으로 제기되었다.

[217] David Von Hippel, "What Could an "Asian Super-grid" Mean for Northeast Asia?," *NAPSNet Policy Forum*, April 13, 2015, http://nautilus.org/napsnet/napsnet-policy-forum/what-could-an-asian-super-grid-mean-for-northeast-asia/.

## 나. 두만강 유역 중심 다자협력(GTI)

두만강 유역 중심 다자협력은 1990년 UNDP 주도하에 두만강 유역 개발계획 (TRADP: Tumen River Area Development Programme)으로 시작되었다. 동 협력 체제는 2005년 광역두만강개발계획(GTI: Greater Tumen Development Initiative)으로 기구개편과 함께 업무영역을 새로이 정비하였다. 한국, 중국, 러시아, 몽골의 4개국 협의체인 GTI는 지역적인 차원의 레짐을 형성해 가고 있으며, 지방자치단체 간의 연합 네트워크를 형성[218]하면서 민간 부문과의 파트너십 확대를 모색하고 있다. GTI는 UNDP의 영향력으로부터 독립하여 국제기구화를 추진하고 있으나, 내부적으로는 비전 공유와 통합적 목표 설정보다는 양자적인 이해 충돌의 조정이 매우 어려운 상황이어서 진정한 국제기구로 전환하는 데는 시간이 더 필요한 것으로 평가된다.[219]

두만강 유역은 북한, 중국, 러시아 3국이 접경을 이루는 다자 간 국경지역으로서 정치체제, 경제 및 사회체제, 발전 단계, 자원부존도, 대외개방의 수준과 전략의 차이가 극명하게 노정되는 등 독특한 동북아 지정학적 특성을 반영하고 있다. 접경을 이루는 3국의 주변부 지역이 중첩되면서도 상당히 낙후된 이러한 지리적 공간은 냉전기에는 별로 주목을 받지 못하였으나, 탈냉전 이후 새로운 국제체제 및 지역협력 구도 움직임 속에서 관심을 받기 시작하였다. 두만강 유역 삼각주 개발 아이디어가 처음 제기된 것은 1990년 중국 지린성에서 개최된

---

218) 회원국인 4개국 외에 옵서버국가인 일본의 도토리현과 나가사키현 등도 지방자치단체 연합 네트워크에 비교적 활발히 참여하고 있다.
219) Ruslan Gulidov 박사 면담, 2015년 11월 8일. GTI 러시아 측 창구역할을 맡은 Gulidov 박사는 GTI가 물류, 에너지, 환경, 관광 등 경제와 환경을 중심으로 지속가능한 지역협력을 추구하는 협력체이기는 하나, 내부적으로는 정치적인 성격이 매우 강해 양자관계의 이해 조정이 상당히 어려웠으며, 일부 회원국이 역내 개발 프로젝트를 제출하는 경우 양자 간의 조정과 타협이 제대로 이루어지지 않아 폐기되거나 좌절된 경험이 적지 않았다고 고백하였다.

'제1차 동북아 경제·기술 발전 국제학술회의'에서였다.[220] 이듬해인 1991년 7월 몽골 울란바토르에서 개최된 동북아 소지역계획회의(Northeast Asia Sub-regional Program Meeting)에서 UNDP가 TRADP를 동북아 지역 관련 4개 사업분야 중 최우선 사업으로 지정했던 것이다. UNDP는 동년 10월 뉴욕에서 두만강 유역 삼각주 지역에 20년간 300억 불을 투자하여 다국적 경제기술개발구를 건설한다고 발표하였다.[221] 이로써 TRADP는 UNDP의 지역협력 프로그램으로 공식 가동되었다.

UNDP의 구상은 두만강 유역의 다자경제협력 구도를 2단계로 나누어 발전시킬 계획이었다. 첫 단계는 우선 중국의 훈춘, 북한의 나진, 러시아의 자루비노를 연결하는 약 1,000㎢의 면적위에 다국적 소삼각 경제특구를 만드는 것이다. 두 번째 단계는 이 특별경제구의 면적을 10배, 즉 10,000㎢로 확대하여 중국 지린에서 북한의 청진, 러시아 블라디보스토크에 이르는 대삼각 경제특구를 건설하는 것이다. 1단계는 1992년부터 1994년까지 두만강 개발조직 기구의 설립과 법률상의 문제 해결을 위한 소삼각 경제특구 조성에 초점이 맞추어져 있었다.[222]

두만강 유역을 거점으로 한 국제적인 개발 구상은 1995년 남북한, 중국, 러시아, 몽골 등 5개국 차관급 회의에서 TRADP 협의위원회(TRADP Consultative Commission) 설치에 서명함으로써 두만강하류 지역을 동북아 물류, 관광, 제조 중심지역으로 개발하기 위한 운영 기구를 마련하였다. 그러나, 당초 기대와 달

---

220) 중국은 지린성의 동해출해 통로 확보를 위해 오래 전부터 부심해 오고 있었으며 1980년대 중반 두만강 유역 개발에 관한 논의를 공론화시키기 위한 노력을 시작했으며, 1990년 7월에 그 결실을 보았다.
221) UNDP 기술조사단은 1991년 8월에서 9월까지 1개월간의 조사활동을 통해 도시개발, 전력, 통신 등 기초 인프라 구축 비용 130억 불, 항만, 공항, 철도, 도로 등 교통 인프라 구축 비용 110억 불, 교육비 10억 불, 예비비 50억 불로 추정하였다. 통일부, 『두만강지역 개발관련 UNDP 기술조사단 타당성조사 보고서』, 서울: 통일부, 1991.12.
222) 주시엔핑(朱顯平), "두만강유역 국제개발의 진전 및 중국·한국·북한의 협력," 이태환 편, 『중국 동북3성과 한반도의 미래』, 서울: 오름, 2012, p. 272.

리 이질적인 체제와 발전단계와 전략을 가지고 있는 5개국 협력 방안 이행은 쉽지 않았다.

TRADP는 1995~2000년간 지구환경기금(GEF: Global Environment Facility) 약 2백만 불을 공여받아 UNDP 주관으로 남북한을 비롯하여 중국, 러시아, 몽골 등이 참여하여 '두만강 유역 환경 프로젝트'(Transboundary Diagnostic Analysis for Tumen River)를 추진한 바 있다. 동 프로젝트는 두만강 유역의 개발프로젝트로 확대를 시도하였으나 외자 유치가 이루어지지 않아 무위로 끝나고 말았다.[223]

한편, 1994년 10월 TRADP 프로젝트 사무실을 뉴욕에서 북경으로 이전하고, 1998년에는 UNDP 산하로 북경에 사무국을 설치함으로써 TRADP 실행기구에 대한 일부 변화가 있었다. 프로그램 전반에 대한 조정이 이루어져 소삼각 계획이 취소되고 개발 범위도 대삼각주 및 동북아 내륙지역으로 확대되었으며, 개발규모에 있어서도 특별경제구역에서 국별 국경자유무역지대를 설립토록 했다. 이는 더 넓은 범위에서 행위자를 참여토록 하되, 국가 주도 일변도에서 민간 및 지방정부의 참여와 권한을 인정하고, 양자와 다자 간 협력을 상호 추동하도록 한다는 계획이었다.[224]

1991년부터 2005년까지 진행된 TRADP에는 한국, 북한, 중국, 러시아, 몽골 등 5개국이 참여하였다. 북한 정부도 나진-선봉 자유경제무역지대의 개발 추진과 연계해 상당한 기대를 갖고 참여했다.[225] 그러나 참여국 간 이질성 및 불확

---

[223] 이한희, 앞의 논문, p. 27.
[224] 주시엔핑(朱顯平), 앞의 논문, pp. 273~274.
[225] 북한은 나진-선봉을 중심으로 한 두만강유역 개발에 상당한 기대를 갖고 자유경제무역지대로 육성하려 하였다. 김일성 주석은 "라진-선봉지구를 자유경제무역지대로 잘 꾸리면 중국과 로씨야, 몽골에서 남조선, 일본, 대만, 홍콩과 싱가포르를 비롯한 동남아세아 나라들에 가져가는 짐들을 중계하여 줄수 있습니다."라고 언급한 바 있다. 아울러 "라진-선봉 자유무역지대를 잘 꾸리면 돈을 많이 벌어 잘 살수 있겠는데 지금 우리 일꾼들이 이 사업을 적극적으로 내밀지 못하고 소극적으로 하고 있습니다."라고 질타하면서 동 지역의 개발을 주도적으로 추진할 것을 정무원에 지시하였다. 『김일성저작집』, pp. 453~454.

실성, 역내 국가 간 경제발전 및 체제 간 격차, 북한의 정책일관성 결여 및 불투명성, 참여국 간 첨예한 이견 대립, 재원조달의 한계, 실현가능성이 없는 나열식 개발계획 등으로 인해 TRADP 사업성과는 부진한 결과를 가져왔다.226)

TRADP는 결국 2005년 9월 중국 창춘에서 개최된 UNDP 두만강 유역 협력개발 프로젝트를 위한 정부 간 회의에서 지리적 범위를 확대한 광역두만강개발계획(GTI: Greater Tumen Initiative)으로 변경하고, 2015년까지 사업 기한을 연장하였으며, 미래 협력과제로 에너지를 비롯하여 교통, 관광, 투자 및 환경 등 5개 우선 분야를 확정했다. 2008년에는 UNDP 신탁기금으로서 GTI 공동펀드(GTI Common Fund)를 설립했다.227) 그러나 나선지역 개발이 제대로 진행되지 않는 상황에서 2009년 4월 장거리 로켓 발사에 따른 대북 제재를 이유로 5월 5일 북한이 탈퇴하면서 한계를 노정하기도 하였다. 그럼에도 북한의 GTI에 대한 인식과 입장을 볼 때 두만강 유역 개발을 포함한 동북아 지역 개발에 대해 관심을 거둔 것처럼 비쳐지나, 오히려 김정은 집권 이후 두만강 유역 개발에 대한 관심이 부각되고 있는 듯이 보인다.228) 북한은 나진-선봉지역이 대륙과 해양을 연계하는 교량역할로서의 지정학적, 지경학적 중요성에 주목하고, 김정은 정권 출범 이래 북-러 간 밀월관계를 지향하면서 동 지역에 대한 협력의지를 표명하고 있다.229) 북한은 정식 회원국이 아니지만 비공식적인 형태로나마 분야별 회의에 선택적으로 참여하고 있고 사무국과 일정한 교류를 유지하고 있다.230)

---

226) 조명철·김지연, 『GTI(Greater Tumen Initiative)의 추진동향과 국제협력방안』, 서울: 대외경제정책연구원, 2010, pp. 32~36, 113~116.
227) www.tumenprogramme.org/?list-1526.html.
228) 두만강 유역 개발을 중심으로 한 다자협력 구도에 대한 북한의 인식과 입장에 대해서는 박병인, "글로벌 개발협력 거버넌스에 대한 북한의 인식과 대응: 두만강 지역 개발을 중심으로," 『현대북한연구』, 18권 1호 (2015) 참조.
229) 김금희, "국제적인 화물중계수송기지로서의 라선경제무역지대의 유리성," 『경제연구』, 제4호, 평양: 과학백과사전출판사, 2014, pp. 47~49.

제3장 북한 에너지 협력   181

GTI는 북한의 탈퇴로 인해 한국, 중국, 러시아, 몽골 등의 4개국이 회원국으로 가입해 있으며, UNDP의 지원하에 국제협력메커니즘(intergovernmental cooperation mechanism)으로 기능하고 있다. GTI가 초점을 두고 있는 광역두만강유역은 중국의 4개지방정부(지린, 헤이룽장, 랴오닝성 및 내몽고자치주), 몽골의 3개 지방정부(Hentii, Dornod, Sukhbaaatar), 대한민국의 동부지역(강원도, 경상북도, 부산, 울산), 러시아의 프리모르스키(Primorsky) 자치주를 포함하고 있다.231)

〈그림 3-4〉 GTI 대상지역

출처: 기획재정부 홈페이지.

---

230) 중국 북경에 소재하고 있는 GTI 사무국에는 북한 직원도 비공식적으로 파견되어 근무중인 것으로 파악되고 있다.
231) GTI, *GTI Brochure*, 2013.11, p. 4.

GTI는 회원국 간 다자 정책대화를 확대하는 촉매자로서 지속가능하고 포용적인 개발을 위한 토대를 강화하고 있다. 역내 협력 촉진을 위한 GTI의 5개 우선 분야는 ① 교통인프라 및 연결성 증진, ② 역내 무역 및 투자 증진, ③ 매력적인 관광지의 조성, ④ 에너지정책 조정 증대, ⑤ 환경적 지속가능성의 강화이다. 5개 우선분야의 협력 활동 및 프로젝트 조정을 위해 GTI는 2007년부터 2010년간 교통, 관광, 무역원활화, 에너지, 환경위원회 등 5개 위원회(Board)를 설립하였다. 특히, ④번과 ⑤번의 우선 분야에서 보듯이 GTI는 유엔 등 글로벌 추세를 반영하여 국제 에너지 및 환경 협력 분야의 중요성을 인식하고 이를 위한 다자협력을 확대하고 있다.

　　두만강유역을 중심으로 한 역내 지역은 석유, 석탄, 천연가스, 풍력 등이 풍부한 에너지 자원의 보고이며, 에너지의 생산국과 소비국이 회원국으로 있어 에너지 안보 확보는 동북아 발전과 정치에 매우 중요하다. 따라서 에너지 분야에서의 긴밀한 협력과 정책 통합을 이루어가는 것이 역내 회원국의 발전에도 긴요하다. GTI의 에너지위원회(GTI Energy Board)는 정책 및 전략 차원에서 역내 에너지 이슈에 대처하기 위해 설립되었다. 에너지위원회의 업무 과제는 에너지정책에 있어서의 정부 간 조정 증대, 에너지 교역 및 투자 분야에서의 비물리적 장벽 제거, 회원국 간 에너지 개발 정보 교환 등이다.[232]

　　광역두만강유역 국가들은 경제발전을 위해 환경을 훼손해 온 경험이 있어 환경의 복원과 피해 예방이 긴요한 실정이다. GTI는 환경적 지속가능성 강화를 위해 기후변화, 생태관광, 청정에너지 등의 이슈들과 산업기술이 개발프로젝트로 통합되는 것을 목표로 하고 있다. GTI는 환경과 경제적 활력을 보장하기 위해 GTI 환경위원회(GTI Environmental Board)를 설립하였다. GTI 환경위원회

---

232) 위의 책, p. 8.

는 역내 투자 및 개발 계획에 있어서 환경적 우려사항과 영향을 고려하도록 하고, 회원국의 지속가능 개발역량을 강화하면서 역내 회원국 및 지방정부 개발 계획에서의 환경보호를 우선시하도록 하고, 역내 이해당사자 간 파트너십 구축, 지속가능성에 대한 대중의 인식 확대 등을 주요과제로 삼고 있다.[233]

GTI의 최고 의사결정기구는 매년 차관급 연례협의체로 개최되는 총회로서 주요 전략 및 정책방향을 결정하며, 총회에서 결정된 사항을 이행하기 위한 국.과장급 조정회의가 있으며, 5개 사업분야별 위원회가 구체적 실행을 맡고 있다. GTI 메카니즘에 있어서 특징적인 점은 역내 이해당사자 및 국제기구긴 파트너십을 중시하고 있으며 점차 이를 확대해 나가고자 한다는 점이다. GTI는 2011년 지역경제협력 및 중앙-지방 간 조정과 협력을 위해 동북아지역협력위원회(NEA LCC: Northeast Asia Local Cooperation Committee)를 설립하였다. 2012년에는 역내 개발을 위한 재원조달기구로서 공적, 민간 금융 확충을 위해 동북아수출입은행 연합(NEA EXIM Banks Association)이 출범했다. 민간부문의 참여를 위해서는 2007년 9월 창립한 기업인자문위원회(BAC: Business Advisory Council)가 역내 투자 정책 증진을 위해 공공-민 간 파트너십을 촉진하고 대화를 활성화하는 민간부문 주도의 플랫폼을 형성하고 있다.[234] 이러한 지방정부, 재원조달기구, 민간기업간의 파트너십 네트워크 구축은 넘어야 할 많은 장벽에도 불구하고 GTI 협력을 이끌어가는 제도적 틀을 구성하고 있다.

1990년대 초반 이래 추진되어 온 두만강 유역 개발협력은 북한 지역 개발을 위한 최초의 다자적인 시도이면서 UN의 주도하에 주변국 및 지방정부까지 참여한 대북한 다자협력기제이다. 그러나 북한과 일본이 회원국에서 빠져 있어 역내 실질적 협력을 추진해 나갈 수 있는 동력이 미흡한 것이 극복해야 할 과

---

233) 위의 책, p. 8.
234) 위의 책, p. 9.

제이다. 초기에 두만강유역 개발협력이 의욕적으로 추진되던 당시와 비교할 때 기대에 크게 미치지 못하는 한계를 노정하기는 하였으나 점진적이나마 역내 협력을 진전시켜 오고 있다. 그럼에도 GTI가 두만강 유역의 다자 협력을 추동하기 위해서는 아래와 같은 과제에 대한 해결을 적극 모색할 필요가 있다.[235] 첫째는 정책적 추진방향을 명확히 설정하고 뚜렷한 목표, 개발프로젝트 선정, 구체 실행방안을 제시해야 한다. 아울러 책임성 있고 안정적인 과제 추진을 위해 각국 중앙정부가 적극 주도해야 한다. 둘째는 인프라 구축 미비, 통관 등 교류장애를 포함한 물리적·비물리적 장벽을 제거할 필요가 있다. 셋째는 사업추진상의 이질성 및 불확실성을 완화하거나 극복하려는 노력이 필요하다. 이를 위해 두만강 유역 개발에 대한 공통의 개념과 비전을 설정하고 공유하는 것이 우선 중요하다. 넷째로 다양한 유인책 및 지원책을 통해 재원조달 방안을 마련해야 한다. 다섯째로 민간기업 등 다양한 경제주체의 참여 확산 및 파트너십 구축 노력을 더욱 강화해야 한다. GTI는 기본적으로 민간의 투자를 유치하기 위해 민관파트너십(PPP)을 통한 사업 방향을 모색하고는 있으나, 보다 다양하게 협력할 수 있는 효과적인 파트너십 모델을 발굴하는 것이 필요하다.

 북한의 GTI에 대한 인식과 평가는 이중적인 것으로 평가된다. 이는 나진-선봉을 위시한 두만강 유역 개발에 대한 북한의 과도하고 성급한 기대와 회원국들의 이해차이, 경제수준, 상호교류와 사업 프로젝트에 대한 커다란 인식차라는 현실인식에서 나오고 있다. 기실 북한은 1991년 12월 나진-선봉지역의 621㎢를 자유경제무역지대로 지정하는 정무원 결정 제74호를 공포하면서 경제특구 정책을 펴기 시작했다. 이러한 정책은 제3차 7개년계획(1987~1993년) 기간 중에 7.9%의 연평균 성장목표율 대신 -1.7%라는 충격적인 실적과 중국의 경제

---

[235] 김천규·이상준·임영태·이백진·이건민, 『동북아 평화번영을 위한 두만강유역 초국경협력 실천전략 연구』, 안양: 국토연구원, 2014, pp. 101~103.

특구 성공에서 자극받은 바 크다. 북한의 호응에 힘입어 두만강유역 개발협력은 1990년대 초반 적극적으로 추진되었으나 후반 들어 기대에 미치지 못하면서 정체상태에 들어갔고, 2005년 이래 활성화되는 기미를 보여주기는 했으나, 여전히 미흡한 수준에 머물러 있다.

이에 대해 북한은 협력이 미진한 가장 큰 원인으로 역내 모든 참여국들과 지방자치단체들이 절실한 이해관계를 가지 못한 데 있으므로 역내 기존 개발사업을 더욱 활성화하면서 새로운 개발사업을 적극 발굴해 나가야 한다고 주장하고 있다.[236] 김정은 체제의 북한은 동북아 전체적 맥락에서 나진 선봉 등 국경 지역 개발문제에 점차 관심을 확대하고 있어 북한과의 협력 가능성은 열려 있다고 볼 수 있다. 이런 측면에서 GTI는 나선지역 개발을 통해 북한의 개혁과 개방을 유인할 수 있는 잠재력을 가진 플랫폼이자 다자협력기제라고 할 수 있다.

GTI는 2005년 UNDP의 지원이 대폭 줄어들고 회원국의 관심이 시들면서 위기를 겪기도 했으나 이후 국제기구화로 목표를 수정하였으며 가까운 시일 내 국제기구화를 완료한다는 계획을 갖고 이를 추진하고 있다.[237] 에너지적 측면에서 볼 때, GTI는 기후변화와 환경 및 에너지 협력을 주요 과제 중 하나로 내세우면서 역내 협력사업의 확대와 제도화를 지향하고 있다. 북한에 대해서는 두만강 유역을 물류, 무역, 관광의 거점지역으로 육성할 수 있도록 북한을 유인하면서 친환경 에너지 협력 사업을 통해 대북한 녹색협력을 추동할 수 있는 잠

---

[236] 황금해, "동북아시아나라와 지역들사이의 경제협력을 활성화하는데서 나서는 몇가지 문제," 사회과학원 학보, 제1호, 평양: 사회과학출판사, 2013, pp. 36~37. 동 논문은 두만강 유역 등 동북아 경제협력을 활성화하기 위해서는 수송망과 통신망을 정비하고, 혁신적인 자금 조달 방안을 모색하며, 관광사업을 활성화해야 한다고 주장했다.

[237] 2014년 9월 17일 4개국 중앙 및 지방정부, UNDP, 독일국제협력단(GIZ) 등 국제기구를 포함, 200여명이 참석한 가운데 중국 옌지에서 개최된 제15차 총회에서는 GTI를 2016년까지 동북아 경제협력을 선도하는 국제기구로 전환하기로 합의하였다. 이와 관련, 국제기구 설립을 통한 동북아 역내경제협력 강화 및 공동번영의 비전을 담은 기본계획이 승인되었다. 기획재정부 보도자료, 2014년 9월 18일.

재력을 보유하고 있다.

## 4. UN체제 중심의 대북한 에너지협력

북한의 대국제기구 외교는 1973년 유엔의 전문기구 중 하나인 세계보건기구(WHO: World Health Organization)와 비정부간 국제기구인 국제의원연맹총회(IPU: International Parliamentary Union) 가입에서 시작되었다. 그러나 실제로 구체적 사업을 전개하는 것은 1979년 유엔개발계획(UNDP)에 가입하면서부터이다. 북한은 1980년대에 세 차례에 걸친 사업을 통해 UNDP 등으로부터 상당액의 지원을 받은 바 있으며, UNDP는 제한적인 범위에서나마 북한 사업에서 중추적 역할을 하고 있다.

현재 UN 산하기구의 대북한 사업은 UNDP를 중심으로 유엔환경계획(UNEP: UN Environment Programme), 유엔아태경제사회이사회(UNESCAP: UN Economic and Social Commission for Asia and the Pacific), 세계식량계획(WFP: World Food Programme), 유엔식량농업기구(FAO: Food and Agriculture Organization of the United Nations), 유엔공업개발기구(UNIDO: UN Industrial Development Organization), 유엔훈련조사연구소(UNITAR: UN Institute for Training and Research) 등과 긴밀한 협업체제하에 진행되고 있다.[238] UNDP의 북한 사업팀은 6개 상주 UN 기구 중 하나로 UN 상주 조정관(UN Resident Coordinator)을 통해 이루어지고 있으며, 6개의 프로젝트를 수행하고 있다.[239] UNDP 북한 사업은 주로 새천년개

---

[238] UNDP 북한 사무소의 상주 직원은 역무 계약 담당 현지 직원 5명, UNDP 소속 직원 15명 등 20명으로 구성되어 있다. UNDP-북한 간 체결한 '2007-2009간 전략적 협력 기본계획'에 의하면, 2006년 평양에서 활동하고 있는 UN체제는 FAO, UNDP, UNICEF, WHO, WFP, UNESCO 등 7개 UN 산하기구로 구성되었다.

발목표(MDGs) 달성이라는 임무를 우선적으로 수행하기 위해 북한 주민의 생활 향상에 초점이 맞춰져 있다. UNDP를 위시한 UN체제의 북한 내 실제 활동 분야는 크게 식량안보와 농촌 개발, 사회·경제 개발, 재난 대응을 포함한 기후변화 및 환경 등으로 나뉘어 있다. 이는 빈곤 감소, 경제 성장, 사회 개발 및 에너지 인프라 등 경제여건 개선이라는 북한 사회의 국가적 우선순위 목표를 반영하고 있다. 2011년 2월 UNDP 집행이사회는 대북한 사업(CPD: Country Programme Document)을 의결하였으며, 이를 UNDP-북한 간 '2011-2015년간 전략적 협력 기본계획'의 일환으로 추진하였다.

UN 등 국제기구가 실질적인 대북한 사업을 전개하게 된 것은 1990년대 중반이었다. 북한은 1994년 이래 홍수와 가뭄 등 극심한 자연재해로 북한의 경제난이 가중되는 상황에서 1995년 7월말에 집중호우로 인해 막대한 피해가 발생하자 8월 23일 뉴욕 주재 유엔대표부를 통해 UN에 대북 지원을 요청하였다. UN 인도지원국(UN Department of Humanitarian Affairs)은 북한의 요청에 신속히 대응하여 동년 8월 29일부터 9월 9일까지 UNDP를 통해 FAO, WFP, WHO와 공동으로 북한 식량난 및 배급상황에 대한 현지조사를 실시하였다. 동 현지 조사 결과를 토대로 하여 UN은 9월 12일 UN기구간 합동호소(Consolidated Appeals)를 발표[240]하고 북한 내 상주사무소를 통해 지원하는 한편, 국제사회의 지원을 촉구하였다. 1997년 유엔은 북한의 식량부족 사태가 단순한 자연재해에서 야기

---

239) www.kp.undp.org., 이하 북한 내 UNDP 협력사업 설명은 UNDP 홈페이지 내용을 참고하였다.
240) 합동호소절차(CAP)는 1991년 UN 총회결의에 의해 구성되었으며 1년을 주기로 3단계에 걸쳐 진행되고 있다. 1단계에서는 인도적 상황에 대한 분석, 지원요구와 수요평가, 지원 시나리오의 설계, 목표 설정, 지원기관의 역할과 이행능력 평가 등을 통해 공동인도지원행동계획(CHAP: Common Humanitarian Action Plan)을 수립하고, 2단계에서는 매년 11월 UN 사무차장의 주관 하에 주요후원자들이 기부 규모를 결정하는 데 참고가 되는 기금호소(Appeals for Funds)를 시행하며, 3단계에서 조정 프로그램의 실행과 모니터링 및 평가, 계획의 수정, 결과보고를 하도록 되어 있다. 최춘흠·김영윤·최수영, 『UN기구의 지원체계와 대북활동』, 서울: 통일연구원, 2008, pp. 6~7.

된 것이 아니라 종합적 대처가 필요한 '복합위기상황'(Complex Emergencies)으로 규정하였다.

　북한은 이어 1998년 4월 당시 자연재해로 피해를 본 북한의 농업복구 사업을 진행하고 있던 UNDP측에 재정 및 기술지원을 위해 원탁회의를 개최해 줄 것을 요청하였다.[241] UNDP는 WFP, FAO, 개별 정부와 국제 NGO 등의 참여하에 북한 농업 복구 및 환경보호(AREP: Agricultural Recovery and Environment Protection) 프로그램을 입안하였다. 이와 동시에 이들 UN 산하기구와 국제 NGO들은 북한의 상황에 대한 대처방안과 관련하여 3단계 접근법(three-track approach)을 구상했는데, 첫 단계는 인도적 지원을 지속적으로 실시하며, 둘째로 AREP 프로그램과 같은 개발지원 및 복구 형태의 사업을 실시하고, 셋째로 인도적 지원의 필수 요소로서의 북한의 역량구축(capacity building)을 위해 노력한다는 것이었다.[242] UNDP는 AREP 프로그램 이행을 목적으로 스위스 제네바에서 1998년 5월과 2000년 6월 2회에 걸쳐 원탁회의를 개최하였다.[243] 제1차 원탁회의는 1998년 5월 스위스 제네바에서 42개 공여국과 27개 공여기관이 참여한 가운데 개최되었으며, 3년에 걸친 북한의 농업 복구와 환경 보호에 관한

---

[241] 원탁회의는 통상 제네바에서 개최되며, 수원국 정부와 UNDP가 공동으로 주관하게 된다. 원탁회의 준비단계에서 수원국 정부가 원탁회의에 필요한 기초 문서나 보고서를 준비하게 되는데, 그 과정에 UNDP가 지원을 제공한다. 이어 부문별 또는 주제별 협의를 통해 공여국과 수원국 간 실질적이고 구체적인 토의를 하여 재원조달 방안을 포함한 안건을 정하고, 이를 전체회의에 제출하여 다룰 수 있도록 한다. 원탁회의 이후 정기적인 점검회의를 개최하여 실행프로그램과 관련된 이슈를 검토하도록 하고 있다. 장형수·김석진·송정호, 『북한개발지원을 위한 국제협력 방안』, 서울: 통일연구원, 2009, pp. 62~63.

[242] Hazel Smith, *Hungry for Peace: International Security, Humanitarian Assistance, and Social Change in North Korea*, Washington, D.C., United States Institute of Peace Press, 2005, pp. 102~103. 3단계 접근법 중 첫단계와 두 번째 단계는 양 당사자 간 별 이의가 없었으나, 세 번째 단계인 역량구축과 관련해서는 북한의 정치적 경제적 변동 문제 가능성을 둘러싸고 UN체제 및 국제 NGO와 북한 당국 간 논란이 있었다.

[243] AREP 관련 구체 내용은 장형수·박영곤, 『국제협력체 설립을 통한 북한개발 지원방안』, 서울: 대외경제정책연구원, 2000 참조.

협의가 이루어졌다. 이 회의에서 북한의 농업발전에 대한 정보를 공유하고 곡물 생산성 증대와 생활수준 제고를 위해 3년간 이행할 AREP 행동계획에 합의하였다.[244]

제2차 원탁회의는 북한이 2000년 1월 평양에 있는 UNDP 상주대표에게 요청하였고, 이에 대해 UNDP는 AREP 프로그램의 성공적인 공동 수행을 위해 회의 개최를 수락함에 따라 2000년 6월 개최되었다. 제2차 원탁회의는 1998년 5월 제1차 원탁회의 이래 1999년까지 진행된 사업 추진 결과를 평가하고, 2000년에서 2002년까지 적용할 제2차 AREP 행동계획에 대해 협의하였다. 그러나 원조 공여국들의 재원 공약 이행에 차질이 발생하였고, UNDP 입장에서도 원조조정회의를 주도해 나가는 데 실질적 한계를 가지고 있었다. 북한 당국의 보고서에 농업 복구 관련 통계나 계획 관련 신뢰할 수 없는 수치가 다수 들어 있어 UNDP는 신빙성의 문제를 제기하기도 하였다.

AREP 프로그램은 1990년대 중반 이래 북한의 물적 토대가 상당히 와해된 상태에서 경제발전의 자생력을 상실했기 때문에 외부로부터의 효과적 지원여부가 성공의 관건이었다. 2~3년이라는 비교적 짧은 기간내 집중적인 지원과 함께 북한의 자체 역량 배양을 통한 지속가능한 발전을 도모하는 전략이 마련되어야 하고, 이의 효과적 이행을 위한 북한과 원조 공여자들 간 긴밀한 의사소통이 요구되었다. 특히 북한 실무 당국자들에 대한 지속적이고도 효과적인 기술지원이 매우 중요했다.

그러나, AREP 프로그램은 소기의 성과를 이루지 못하고 종료되었다. 우선, 공여국의 의지 부족이 가장 큰 원인으로서 공여 규모는 북한이 요구한 344백만

---

244) AREP 프로그램의 수행에 필요한 자금은 자금 공여자들의 비용분담협약을 통해 지원하거나 1996년 설립된 UNDP 북한신탁기금을 통해 지원이 가능했다. UNDP 북한신탁기금은 북한의 각 료급 대표들과 UNDP 상주대표로 구성된 조정위원회(Steering Committee)에서 안건을 처리하며, 자금 공여자들과 원조기관들도 필요하다고 판단될 경우 참여토록 개방되었다.

불에 한참 모자란 128백만 불에 그쳤다. 첫 2년간 물자 투입이 80%에 이르는 등 대북 지원은 단기간에 초점이 맞추어졌고 장기적인 지원책을 마련하지 못했다. 둘째로, 농업 인프라 복구에 있어서도 석유수출국기구(OPEC: Organization of the Petroleum Exporting Countries)의 차관으로 진행된 평안남도의 일부 관개 개선 사업을 제외하고는 식량/취로사업(FFW: Food for Work) 형태의 단기적인 형태의 노역 공사 위주였다. 게다가 비료공장과 농기계 공장의 현대화나 운영 개선 등은 포함되지 않았다. 셋째로, 한국 정부와 적십자사가 인도적 차원에서 지원한 비료가 2차 원탁회의 자료에 포함되었을 정도로 AREP 프로그램의 성공적인 이행을 위한 조직적인 활동이 결여되었다.[245] 이에 더해 UNDP의 원조조정 능력 미비와 북한의 통계 부실과 투명성 부족 등 수용능력 결여 역시 실패의 원인이 되었다고 할 수 있다.

<표 3-5> AREP 프로그램 공약액

(단위: 백만 불)

| 사업 구분 | 1998~2000년간 공약액 | 2000~2002년간 공약액 |
|---|---|---|
| 물자투입 | 213 | 160 |
| 인프라 재건 | 39 | 39 |
| 비료산업 복구 | 12 | - |
| 산림복구, 환경보호 | 52 | 33 |
| 지원 및 훈련 | 27 | 18 |
| 총계 | 344 | 250 |

출처 : FAO/UNDP, Agricultural Recovery and Environment Protection Programme in DPR Korea (December 1998); UNDP, Second Thematic Roundtable on Agricultural Recovery and Environment Protection Programme in DPR Korea, May, 2000.

---

245) Kim Young-Hoon, "The AREP Program and Inter-Korean Agricultural Cooperation," *East Asian Review*, Vol. 3, No. 4, 2001, pp. 100~102.

이처럼 AREP 프로그램은 북한의 농업 재건 및 환경 보호 사업으로서 단기적 지원에서 중장기적 개발협력으로 갈 수 있는 다목적 프로그램의 요소를 가지고 있었으나, 당시 여건상 개발협력 논의나 활동으로 이어지지는 못했다.

북한에 대한 개발지원 논의는 북한 측에서 먼저 제기하면서 시작되었다. 북한은 2004년 9월 인도지원을 목적으로 하는 유엔의 합동호소절차(CAP)를 차기 년도인 2005년부터 거부하겠다고 한 것이다. 이듬해인 2005년 8월말 북한은 평양에 소재한 유엔기구와 국제 비정부기구(NGO) 대표들에게 연말내로 인도적 지원 사업을 종결해 주도록 요청하였으며, 2006년부터 개발협력을 수용하겠다는 입장을 유엔에 공식적으로 통보했다. 이는 10년간에 걸친 인도주의적 지원으로 경제여건이 다소 호전되었고, 국제 인도주의적 원조에만 의존해서는 안 되겠다는 자각도 작용했다.

한편, WFP가 연간 긴급활동에서 2년간의 개발지원 프로그램으로 전환하고 FAO가 긴급구호에서 재건 복구방식으로 지원방향을 바꿔나가는 흐름과 맞물리면서 UNDP와 유엔아동기금(UNICEF: UN International Children's Emergency Fund), 유엔인구기금(UNFPA: UN Population Fund) 등 UN체제 3개 기구는 2005년 8월 대북한 프로그램의 주기를 조화시키기로 합의하였다. 북한 내의 UN체제는 자연스럽게 조화와 조정을 제고하는 적기를 맞게 되었다. UN체제와 북한은 2007~2009년간 북한의 국가우선순위와 연계된 전략을 개발하기로 합의하고 2006년 9월 전략적 협력 기본계획 문서에 서명하였다.[246]

북한과 UNDP 간 체결된 '07-09 전략적 협력 기본계획'은 2006년 1월 평양에

---

246) United Nations, *Strategic Framework for Cooperation between the United Nations and the Government of the Democratic People's Republic of Korea 2007-2009*, September 2006(이하 "'07-'09 전략적 협력 기본계획"). 동 전략적 협력 기본계획은 북한을 대표하여 외무성 리홍식 국제기구국장이 서명하였고, UN체제에서는 UN 상주조정관, UNDP, FAO, UNESCO, UNICEF, UNFPA, WFP, WHO 대표들이 서명하였다.

서 개최된 전략 워크숍을 비롯한 수차례 걸쳐 이뤄진 양자 간 협의과정의 산물이다. 북한과 UNDP는 공동의 워크숍을 통해 우선적으로 해결해야 할 5개 협력 분야를 식별해내고, 이를 '07-09 전략적 협력 기본계획'에 반영하기로 하였다. 양자가 합의한 5개의 우선 해결 분야는 ① 경제관리(economic management), ② 지속가능한 에너지(sustainable energy), ③ 환경(environment), ④ 가용한 식량 증산(increased food availability), ⑤ 기초사회서비스(basic social services)로서 동 전략적 협력 기본계획에서 각 분야의 기대성과와 목표를 제시하였다.[247] 북한은 동 기본계획의 이행을 통해 고난의 행군이 본격화된 1990년대 중반 이전의 생활수준으로 회복하고, UN에서 합의된 새천년개발목표(MDGs)를 적기에 이행하는 데 궁극적 목표를 두었다.

동 전략적 협력 기본계획의 두 번째 우선순위 분야인 '지속가능한 에너지'와 관련, 국가 우선순위 목표는 '경제개발을 위한 충분한 에너지의 공급'이고, 프로그램 주기중 전략적 기대성과는 '지속가능 에너지원의 가용능력과 이용 개선'이다. 이를 위해 △ 국가에너지 자원 관리에 있어서의 효과성과 효율성 제고, △ 전통적 에너지 자원 사용의 효율성 증대, △ 적절한 에너지 조합 및 대체에너지원 개발과 이용을 통한 농촌 에너지 공급 향상 등 세 가지 구체부문에 대한 지원을 명시하고 있다. 유엔체제는 대북한 에너지 분야 목표 달성을 위해 농촌 에너지 분야와 지역공동체 수준의 에너지 구상(community-level energy initiatives)에 초점을 맞추고 있다. 이러한 농촌 및 지역 마을 단위의 에너지 공급에 대한 관심은 발전소 낙후와 연료 부족으로 인한 전력 생산의 차질, 낮은 송전망으로 인한 전력공급 애로를 해소하면서 연료용 땔감 채취로 인한 삼림 황폐화 방지,

---

[247] '07-'09 전략적 협력 기본계획의 이행을 위해 소요되는 재원은 180.512백만 불로 추정되었으며, 각 분야별로는 경제관리에 7.29백만 불, 지속가능한 에너지에 7.12백만 불, 환경관리에 10.825백만 불, 가용한 식량 증대에 72.905백만 불, 기초사회서비스에 82.372백만 불 조성을 목표로 하였다.

농촌 생활수준 향상 등 다목적 포석을 가지고 있는 것으로 해석된다.

〈표 3-6〉 지속가능한 에너지 사업 기대성과 및 재원 목표

| 국가프로그램<br>(기대) 성과 | 국가프로그램 산출결과 | 주요 UN<br>파트너 | 자원동원<br>목표 |
|---|---|---|---|
| 1. 풍력에너지 촉진과 관리에서의 효과성과 효율성 증대 | · 북한 내 바람의 특성과 에너지 잠재성 평가<br>· 지역 소규모 에너지 발전소의 성능을 국제적 수준으로 개선<br>· 소규모 풍력에너지 발전소의 최적 설계, 제조 및 운영, 감시<br>· 풍력 에너지 계획/정책결정을 국가 개발 계획체제에 통합 | GEF<br>UNDP<br>UNOPS | 50만 불 |
| 2. 대체에너지원 개발 및 활용을 통한 농촌에너지 공급 | · 대체에너지원 지식 향상 및 적절한 농촌에너지 조합의 인식과 가용능력 증대<br>· 대체 농촌에너지원 개발 역량 증대<br>· 지속가능한 농촌에너지 개발을 위한 국가전략/투자 계획 | UNDP<br>ESCAP<br>UNIDO<br>UNESCO | 500만 불<br>130만 불<br>30만 불<br>2만 불 |
| 성과를 위한 재원조성 목표액 | | | 7.12백만 불 |

출처: UN, '07-09 전략적 협력 기본계획', p. 17.

UN체제의 대북한 협력 사업은 2007년 UN체제의 대북 사업 자금운용을 둘러싼 잡음으로 UNDP가 폐쇄되었다가 2009년 재개되는데, 동 사태는 UNDP가 북한의 위조지폐 유통창구 역할을 하고 있다는 내부 고발에 의해 시작되었다.[248] UN 자체적으로 조사위원회가 2006년에 꾸려져 1년간 조사활동을 벌였고, 2007-2008년간 대북한 사업은 중단되었다. 그러나 조사결과 제기된 의혹은 허위로 밝혀졌고 2009년 9월에 가서야 재가동할 수 있게 되었다.[249] UN-북한 간

---

[248] UNDP 대북사업 진행과정에서 거액이 북한 정부에 유입되었다는 의혹이 제기되어 2007년 3월 UNDP 집행이사회는 대북사업을 잠정 중단시키고 북한 사무소를 폐쇄토록 결정한 바 있으며, 2009년 10월에 UNDP 북한 사무소를 재개하였다. UNDP 대북한 사업의 중단 관련 구체 사항은 Nemeth Report(Confidential Report on United Nations Development Programme Activities in the Democratic People's Republic of Korea, 1997-2007) 참조. UNDP 자금유용관련 조사는 독립 감사 패널에 의해 실시되었고, 2008년 5월 31일 결과 보고서가 발간되었다. http://reliefweb.int/sites/reliefweb.int/files/esources/0D4B6E9F5B2948124925745 D001CC2DF-Full_Report.pdf.

'07-'09 전략적 협력 기본계획은 2008년 국가인구조사(National Population Census)와 2009년 복수지표클러스터조사(MICS: Multiple Indicators Cluster Survey) 등으로부터 중요한 데이터를 확보하기 위해 1년 더 연장되었다. 이후 북한과 UN 체제는 '07-09 전략적 협력 기본계획'이 북한내 유엔 프로그램의 지도와 조정에 유용했고 북한이 아직 온전한 유엔개발원조프레임워크(UNDAF: UN Development Assistance Framework) 과정에 들어가기에는 여건이 미성숙했다는 판단하에 2011년부터 5년간 진행되는 새로운 전략적 협력 기본계획을 마련하기로 합의했다. 이에 따라 북한과 UN체제는 2009년 2월부터 차기 전략적 협력 기본계획을 성안하기 위해 준비를 개시했다. 동 준비작업을 위해 농업과 식량안보, 환경과 에너지, 교육, 보건과 영양, 물과 위생 등 5개의 주제별 그룹이 구성되었으며, 북한의 상황분석을 토대로 주요 우선순위를 식별하는 과제를 부여받았다. 2009년 9월 기술적 검토(Technical Review)를 통해 부문 간 연계를 선별하고 양성과 같은 교차영역(크로스커팅) 이슈를 발굴해 내었다. 2009년 11월에는 북한의 국가조정위원회(National Coordination Committee)와 회의를 개최하고 북한 정부의 정책적 우선순위를 반영하여 4개의 협력 분야에 합의하였다.[250]

북한과 UN체제는 대북한 사업의 우선순위 분야로서 ① 사회개발(MDG 1, 3, 4, 6, 7), ② 지식 및 개발관리 파트너십(MDG 1, 8), ③ 영양(MDG 1), ④ 기후변화 및 환경(MDG 1, 7)을 선정하여 단계별 목표를 제시한 결과일람표(UNSF Results Matrix)를 수록하고 있다.[251] '11-'15 전략적 협력 기본계획'의 특징은 보

---

[249] 남상민 UNESCAP 동북아사무소 부대표 인터뷰, 2014년 3월 12일.
[250] 2011~2015년간 UN 체제의 대북한 우선순위 사업 활동 및 목표는 www.kp.undp.org./content/dam/dprk/docs/Legal_Documents/UNDP_KP_UNSF_%202011-2015.pdf.
[251] '11-15 전략적 협력 기본계획'의 이행을 위한 소요 재원은 WFP 운용을 제외하고 288.3백만 불로 추정되었다. 이 중 221.01백만 불(76.7%)은 사회개발에, 27.3백만 불(9.4%)은 지식 및 개발관리 파트너십에, 22.3백만 불(7.8%)은 영양확보에, 17.7백만 불(6.1%)은 기후변화 및 환경에 배정되었다.

건, 의료, 교육 등의 사회개발 분야가 1순위로 들어가 있으며, 기술지원 등을 포함한 '지식 및 개발관리 전수를 위한 파트너십'이 새로이 강조가 되고 있다는 점이다. 지속가능한 에너지 이슈는 '지식과 개발관리 파트너십' 분야 아래 '지속가능한 경제개발에 있어서의 국가역량 강화'의 3번째 소주제로 들어가 있다.[252]

〈표 3-7〉 '11-15 전략적 협력 기본계획'의 에너지 분야 성과 일람표

| (기대) 성과 | 지표: 기준 및 목표 | 검증 수단 | 위험 및 가정 |
|---|---|---|---|
| 전통적 에너지의 지속가능하고 효율적인 사용 및 지역사회와 가구를 위한 대체에너지원의 가용능력 강화 | · 지속가능개발 및 전통 에너지와 대체 에너지원 사용 촉진을 위한 국가 정책 및 전략<br>· 목표대상: 석탄, 풍력, 지열, 조력, 바이오매스, 태양광 정책 전략 마련 | · 국가 대체에너지 계획<br>· 국가과학기술위원회 보고서<br>· 국가사회과학원 보고서<br>· 사업팀 및 현장 조사 보고서<br>· 공동 진전 보고서<br>· 정책 및 전략문서<br>· 지침서 및 프로젝트 계획 | · 관련 요인을 모니터하고 평가하며, 적절한 개입을 할 수 있는 충분한 정부 역량 |

출처: UN, '11-15 전략적 협력 기본계획,' p. 23.

대북한 에너지 분야 사업에 있어서는 UNDP가 전담하다시피 하고 있는데, UNDP는 지역사회와 가구로 하여금 가용의, 믿을만한, 청정하고 지속가능한 농촌 에너지 서비스에 대한 접근성을 제고할 수 있도록 농촌에서의 지속가능한 에너지 사업을 통해 에너지 부문 강화를 위해 노력하고 있다. 재생에너지 개발에 있어서는 화석연료로 생산한 화력발전소로부터의 탄소 배출을 줄이고 재생에너지 산업을 위해 해외 시장에 판로를 개척할 수 있도록 국가적 노력을 지원하고 있다.

또한, 북한은 기후변화의 효과에 대한 엄중한 중요성을 인식하고 기후변화의 완화와 적응을 위한 방안 모색과 함께 기후변화와 연계된 자연재해 위험요소에

---

252) '지속가능한 경제개발에 있어서의 국가역량 강화'는 △ 국가 및 기업수준에서의 효과적 금융관리를 위한 제도적 인적역량 강화, △ 주민을 위한 대외통상 및 해외직접투자의 인적역량 강화, △ 전통적 에너지의 지속가능하고 효율적인 사용 및 지역사회와 가구를 위한 대체에너지원의 가용능력 강화 등 3개의 소주제로 나누어 있으며, UNDP가 12.1백만 불을 조성하도록 하였다.

대한 대응책 강화에 더욱 매진하고 있다. 이러한 북한의 정책적 우선순위 조정은 북한이 실제로 안고 있는 전반적 사회에 대한 인식의 결과이기도 하지만, 국제적으로는 2015년 기한이 만료되는 MDGs 의무 이행 등 다분히 국제사회의 개발협력 추세에 동참한다는 모양새를 주는 전략적 대응의 결과로도 해석된다.[253] 한편, 북한과 UN은 '11-'15 전략적 협력 기본계획'의 성과를 토대로 2016년 개시되는 새로운 전략적 협력 기본계획을 준비하는 과정에서 기존의 기본계획을 1년 더 연장하였다.[254]

 UN체제 중심의 대북한 협력의 이행은 국가사무소(UNCT: UN Country Team)가 상주 조정관의 지휘와 북한 정부와의 파트너십하에 책임을 맡고 있다. 그러나 개별 사업 프로그램에 있어서는 각 UN 기관들이 특별 모니터링/평가(monitoring and evaluation, M&E)를 거치도록 한 기존의 지침서와 절차에 의거하여 결과기반 접근(RBA: Results Based Approach)을 사용하여 모니터링을 진행하고 있다. 조달 자재와 시설들 역시 정해진 목적을 위해 사용되었는지 여부를 검증받도록 되어 있다. 우선 M&E 전문가와 국제기구의 직원들이 모니터링 전반을 수행하며, 국가 사무소는 정기적으로 프로젝트 현장을 방문하여 프로그램 진행 현황을 보고해야 하며, 중간 및 최종단계에서 검토를 수행하게 된다. 각 전략적 우선순위 분야의 주제별 그룹들은 전략적 협력 기본계획의 진전사항을 파악하기 위해 모든 이해상관자와 함께 분기별 회의를 개최하고 국가무소에 통

---

253) 북한은 2011년 5월 23일부터 6월 16일간 필리핀 마닐라에서 UNESCAP 등의 주최 하에 개최된 '새천년개발목표 달성에 있어서의 진전사항 평가를 위한 통계역량 향상'(Improving Statistical Capability for Assessing Progress in Achieving the MDGs) 프로그램에 15명의 정부 관리를 파견하는 등 MDGs 이행을 위해 자체 노력을 기울였다.

254) 남상민 부대표 인터뷰, 2015년 8월 7일. 인터뷰. 남 부대표는 UNESCAP도 유엔-북한 간 추진 중이던 2016~2020년간 전략적 협력 기본계획에 맞추어 UNDAF와 공동으로 북한 정부관리 연수 프로그램을 운영할 계획이었으나, 북한 내부 사정상 기존의 협력계획을 1년 더 연장하여 실시하기로 되었다고 설명하였다.

보해 주고 있다. 데이터 및 기획 업무단(Taskforce on Data and Planning)은 모니터링 작업활동에서의 교훈을 반기마다 검토할 수 있도록 조력하고 권고사항들의 이행을 감독한다. UN 상주조정관은 북한 정부와 함께 전략적 협력틀을 매년 검토할 수 있도록 회의를 소집하도록 되어 있다.

UNDP의 대북한 사업은 정치적으로 제약이 있기는 하나 비교적 원활하게 진행되고 있으며, 사업 추진 지역에 대해 사전통보를 전제로 비교적 자유로운 접근을 허용하고 있는 것으로 파악되고 있다. 그러나 대북제재 및 각국 수출통제 정책의 영향으로 인해 제약적인 요소도 무시할 수 없다.[255] UNDP가 2014년 한 해 동안 계획한 대북지원사업은 27개 지역 8건으로 유엔의 지원사업비 계좌가 있는 북한 조선무역은행으로 송금이 되어야 하는데, 유엔 대북제재로 인해 송금거래가 끊기면서 2014년 7월까지 전체 책정예산 633만 불의 4%에 불과한 29만 불에 불과한 것으로 전해졌다.[256] UNDP의 동북아 지역 담당 책임자는 북한 측에서 UNDP의 협력이 더디다고 불만을 제기해 오는 경우가 있는데, 이는 UNDP 본부 지침상 주북한 유엔상주조정관의 경우 북한이라는 특수성으로 인해, 여타 상주조정관과는 달리 본부의 사전 재가 없이는 자체적으로 사업을 결정하고 이행할 수 있는 권한에 한계가 있다고 토로한 바 있다.[257]

한편, 북한과 UN은 '11-'16 전략적 협력 기본계획'의 종료를 앞두고 '유엔-북한 간 전략적 협력 기본계획 2017-2021'을 채택하였다. 동 계획은 '유엔 대북사업의

---

255) 2013년초 중국은행이 북한 조선무역은행(FTB) 계좌를 폐쇄하여 상당 기간 자금 송금에 어려움을 겪었으며, UNICEF를 통해 유럽과 러시아를 경유하는 대체 송금 루트를 확보하여 자금 조달을 재개하였다. 이에 따라 유엔 고위급에서 미국에 유엔 활동 자금에 대한 금융제재 적용 예외를 요청하였으나 미국은 가능한 대안을 찾아 볼 것을 권하면서 미온적으로 반응하였다. 또 하나의 사례는 컴퓨터 반입 실패로서 과거 농업정보화 사업을 추진하고자 하였으나 사업에 필요한 컴퓨터를 확보하지 못해 결국 포기하고 말았다. Serva Ramachandran UNDP 동북아메콩과장 면담, 2014년 2월 27일.
256) 『자유아시아방송』(RFA), 2014년 7월 9일.
257) Serva, 앞의 면담.

요체는 단순히 자원을 이전하는 것이 아니라 국제적인 원칙과 가치, 표준, 노하우를 공유하고 전수하는 것'이라고 선언하면서 유엔 차원에서 추진하고 있는 6개의 일반적인 국가사업 모델을 북한 실정에 맞게 조정하였다. 이에 따라 양측은 ① 식량 및 영양안보(Food and Nutrition Security), ② 사회개발 서비스(Social Development Services), ③ 복원력과 지속가능성(Resilience and Sustainability), ④ 데이터와 개발관리(Data and Development Management) 등 4개의 우선순위 사업을 선정하였다.[258] '17-'21 전략적 협력 기본계획은 지속가능성과 복원력 있는 인간개발이라는 부제가 붙어 있으며 파리협정과 UN 지속가능발전목표(SDGs)의 국내적 이행에 역점을 두고 있다.

## 5. 에너지 협력 사례: 체제전환국 중심

북한과 유사한 상황에 처해있던 체제전환국의 에너지 협력 사례는 일국의 국내정책 실패가 정책 변화로 연결되어 성공을 거둔 사례로서 북한의 에너지난 해결과 국제협력 제고에 시사점을 제공하고 있다. 본 장에서는 중국 간쑤성의 청정에너지 개발 프로젝트와 몽골 에너지 분야 기술지원 등 두 가지 사례를 고찰해 보았다. 이들 두 사례는 일국의 국내정책에 국제사회가 개입한 국제협력으로서 둘 다 공히 호혜성이기보다는 시혜성 협력사업이다. 즉, 중국과 몽골은 아시아개발은행(ADB: Asian Development Bank)으로부터 차관과 기술지원을 제공받아 당면한 에너지 문제를 성공적으로 해결할 수 있었다.

---

[258] United Nations, Strategic Framework for Cooperation between the United Nations and the Government of the Democratic People's Republic of Korea 2017-2021, September, 2016(이하 "'17-'21 전략적 협력 기본계획").

## 가. 중국 간쑤(甘肅)성 청정에너지 개발 프로젝트

중국은 1986년 이래 2018년까지 아시아개발은행(ADB)으로부터 1,200건에 걸쳐 39,309.6백만 불에 이르는 차관 공여를 약속받아 경제개발에 사용했으며, 이 중 에너지 분야는 190건에 6,572.6백만 불을 차지하여 전체 차관의 약 16.7%를 차지하고 있다.[259] 이 중 간쑤성 청정에너지 개발 프로젝트는 ADB 차관을 활용, 청정에너지를 생산하여 장예시의 대기오염을 감소하고 주민복리에 기여한 국제협력 사업이다.[260]

### 1) 국제협력 추진 배경

간쑤성 청정에너지 개발 프로젝트는 93.4백만 불이 소요된 사업으로 중부 도시인 장예(張掖, Zhangye)시를 주 대상으로 하고 있다. 장예시는 2000년대 들어 사막화가 진전되고 석탄 사용 화력발전으로 인한 대기오염이 심했으며, 전기, 교통, 통신 등의 인프라가 열악하여 빈곤수준이 매우 높은 지역이었다.[261] 장예시는 심각해진 전력부족 현상을 해결하기 위해 성 전력망으로부터 전기를 수입하였으나, 전력망 설비가 미비하여 전기 공급에 애로가 발생하여 수시로 정전을 해야 했다. 결국 중국 정부는 ADB에 대해 지원을 요청하게 되었다.

---

[259] ADB, *Asian Development Bank Member Fact Sheet: People's Republic of China* (April 2019), https://www.adb.org/sites/default/files/publication/27789/prc-2018.pdf.
[260] 동 프로젝트의 상세 내용은 ADB, *People's Republic of China: Gansu Clean Energy Development Project*, 2009; 이상준·임을출·남경민, 『인프라 개발을 위한 국제협력 사례와 시사점』, 서울: 통일연구원, 2011, pp. 82~90을 참조.
[261] 2001년 장예시의 전력수요가 최고조인 200MW에 달했으나, 전력공급은 94.5MW에 그쳐 전력 부족현상이 극심한 상태였다. 그러나 간쑤성 전력망으로부터 오는 송전설비가 제대로 안 갖춰져 공급난이 지속되었고, 수시로 전기 공급을 중단하는 사태가 발생했다.

〈그림 3-5〉 간쑤성 청정에너지 개발 프로젝트 대상 지역

출처: Asian Development Bank, Report and Recommendation of the President to the Board of Directors on a Proposed Loan to the People's Republic of China for the Gansu Clean Energy Development Project, November 2003, p. viii.

2) 사업 추진 성과

ADB는 장예시에 대한 투자 프로그램의 타당성을 검토하고, 정책적, 제도적 개선 필요사항 파악을 위해 사전적 기술지원을 실시한 결과를 토대로 하여 장예시 상황 개선에 있어 ① 청정에너지 생산 증대와 안정적 전기 공급, ② 대기오염 악화 방지, ③ 빈곤 수준 감소 등 3개 목표를 세웠다. 동 프로젝트 실행과정에서 발생할 부수효과를 포함한 장기 목표로서 프로젝트의 영향을 받는 지역에서 환경을 훼손시키지 않고, 사회를 개발하면서 경제성장을 도모하는 지속가능한 발전 촉진을 제시하였다. ADB는 이를 위해 98MW 용량의 샤오구산(小孤山, Xiaogushan) 수력발전소를 건립하기로 결정하였다. 당초 추정된 8,700만 불

보다 7%를 상회한 9,340만 불이 소요된 이 프로젝트에 대해 중국 정부는 장예시 환경과 경제발전에 긍정적인 영향을 미친 것에 대해 높은 평가와 함께 ADB에 특별한 감사를 표명하기도 했다.[262]

이 프로그램을 통해 장예시는 보다 효율적이고 안정적이며 지속가능한 102MW의 전력을 공급할 수 있게 되었으며, 전기공급체계를 개선함과 동시에 석탄화력발전소를 폐쇄하여 환경오염을 개선하고 직원 역량강화와 역내 일자리 창출을 달성했다. 이러한 성과는 주민 재정착 계획 등 사회적이고 환경적 이슈에 대한 안전보장 조치가 이루어지고 부작용을 최소화한 점에서 더욱 부각되었다.

장예시 청정에너지 개발 프로젝트의 성공요인으로는 크게 세 가지를 들 수 있다. 첫째, 공여자와 수원자 간 상호 신뢰와 협력하에 수원국의 주인의식을 존중하면서 적절한 역할 분담을 설정했다는 것이다. ADB는 중국 정부가 추진하고 있는 제10차 5개년 계획(2001~2005)의 청정에너지 개발 및 에너지 부문의 구조조정 계획과 조화를 이루도록 설계되었다. 이는 모든 당사자들에게 주인의식과 책임감을 갖도록 하면서 정해진 목표 달성을 위해 협조하는 분위기를 조성하였다. 둘째로는 개발을 통한 편익이 특정 계층만이 아닌 주변 지역사회의 일반 주민들에게까지 널리 미치도록 했다는 것이다. 장예시는 고질적인 전력난을 해결하고 지역 주민들의 환경 개선과 건강을 개선할 수 있었으며, 빈곤 감축을 위한 고용과 소득 창출과 교통 인프라 개선도 이룰 수 있었다. 셋째로는 외부의 에너지 지원을 실시함에 있어 사전 단계로서의 기술지원의 중요성이다. 기술지원을 통해 에너지 분야의 현황을 미리 파악하여 적기에 재원이나 설비를 지원함으로써 프로젝트의 성공 가능성을 제고할 수 있다.[263] 이와 관

---

262) 이상준 외, 앞의 책, pp. 87~88.
263) 위의 책, p. 90.

련, 장예시 청정에너지 개발 프로젝트의 목표 대비 실제 성과는 아래와 같이 정리할 수 있다.

〈표 3-8〉 장예시 청정에너지 개발 프로젝트 목표와 실제성과

| 목표 | 평가 | 실제 성과 |
|---|---|---|
| 청정에너지 생산의 증대, 효율성 개선 및 전기의 안정적 공급 | 달성 | - 장예시 전체 전력 중 동 프로젝트에 의해 생산된 전력비율이 4.1%(2006년)→8.0%(2007년)→7.7%(2008년)<br>- 2006~2007년간 전력부족현상이 미발생<br>- 2003~2007년간 전기소비 17% 가량 증대<br>- 1인당 연간 전기소비 증가<br>- 총 8.5MW에 달한 낡은 발전시설들이 2007년까지 폐쇄 |
| 대기의 질 악화 방지 | 달성 | - CDM 혜택은 청정에너지의 생산뿐만 아니라 오래되고 비효율적인 석탄화력발전소들의 폐쇄에 의해 획득<br>- 각종 대기오염물질(아황산가스, 이산화질소 등) 배출 관련 2등급 대기질 상태를 유지 |
| 장예시의 빈곤감소 프로그램 지원 | 달성 | - 농촌 전기요금이 2005년 경우 kWh당 0.54~1.00위안에서 0.29~0.50위안으로 감소<br>- 2003~2007년간 프로젝트 지역에서 1,322명이 일자리 획득<br>- 빈곤가구의 월 평균 전기 소비량이 프로젝트 초기 53kWh에서 2007년 194kWh로 증가 |

출처 : ADB, *People's Republic of China: Gansu Clean Energy Development Project*, September 2009, pp. 13~15, 이상준 외, 『앞의 책』, p. 88에서 일부 수정하여 재인용.

### 3) 북한에 대한 시사점

장예시 청정에너지 개발 프로젝트는 체제전환국에서의 청정에너지 발굴 및 개선이 빈곤지역의 지속가능한 개발로 연결되어 녹색 개발협력이 실현될 수 있다는 가능성을 보여준 점에서 의의가 있다. 이는 개발의 효용을 극대화하면서 부정적인 사회적 영향을 최소화하여 균형적이고 포용적인 성장(balanced and inclusive growth)에도 기여한 것으로 평가된다. 장예시 청정에너지개발 프로젝트가 대북한 에너지 협력 프로그램 추진에 대한 시사점으로는 우선 북한이 진행하고 있는 전반적인 개발계획과 조화를 이루도록 설계해야 한다는 것이다.

즉, 북한의 자발성과 주인의식을 고취할 필요가 있다. 둘째로는 부작용을 예방할 수 있도록 지방정부 및 이해관계자와 원만한 협의체를 수립해야 할 필요가 있다. 중국 정부는 사업 초기 단계에서 사업비용과 관련한 토지 보상비용과 현지 주민들의 재이주 비용에 대한 세심한 고려가 미흡했다는 점을 시인한 바 있다. 셋째는 기술지원의 중요성이다. 특히 사업 시행에 앞서 필요한 정책적, 제도적 개선을 위한 조사가 필요하며 이러한 과정에서 자연스럽게 기술지원이 이루어질 수 있다.264) 넷째로 적기 재원 조달의 중요성이다. AREP의 실패에 재원 조달 문제가 크게 작용했다는 점을 고려할 때 이는 대북한 협력에서 유념해야 할 부분이다. ADB는 정부와 협조하여 사업이 원활하게 진행될 수 있도록 적기에 자금을 투입할 수 있도록 조정하였다.265)

## 나. 몽골 에너지 분야 기술지원

몽골 정부는 ADB로부터 1991년부터 2018년까지 367건에 걸쳐 2,868.5백만 불의 차관 공약을 지원받았으며, 이 중 에너지 분야 지원은 33건 179.6백만 불로서 6.3%를 차지하고 있다.266) 특히, 몽골은 1991년 ADB 가입 이래 1992년부터 1999년까지 에너지 분야에 ADB로부터 93.6백만 불에 달하는 4건의 차관과 5.6백만 불에 이르는 11건의 기술 지원(TA: technical assistance)을 받은 바 있는데, 이 중 자문과 운용을 위주로 한 5개의 기술지원을 중심으로 살펴 보았

---

264) 국제컨설팅회사인 GHD(Gutteridge Haskins & Darery)가 전반적 관리지원을 하면서 설계와 건설부문에 기여하였으며, 수력발전소 직원 대상 현지 훈련 및 해외 견학프로그램도 제공하였다. 중국 정부는 성공적인 수행을 위해 샤오구산 수력발전회사(XHC)를 설립하였는데, ADB는 동 회사에 대한 기술지원을 실시하였다.
265) ADB는 초기 추정비용(8,700만 불) 기준으로 43.1%(초기 예상 40.2%), 차입자가 20.5%(16.1%), 국내은행이 43.1%(43.7%)를 각각 부담하였다.
266) Asian Development Bank, *Asian Development Bank Member Fact Sheet: Mongolia* (July 2019), https://www.adb.org/sites/default/files/publication/27781/mon-2018.pdf.

다.267)

### 1) 국제협력 추진 배경

몽골은 1,567,000㎢에 이르는 드넓은 영토와 300만명에 불과한 적은 인구를 보유하고 있다. 몽골은 1990년까지 러시아의 기술과 중앙계획경제 시스템에 의존해 에너지 분야에 대한 통제와 관리가 이루어졌다. 몽골의 1차 에너지원은 자체 생산된 석탄과 전력 피크에 대비하기 위해 러시아로부터 수입한 디젤유였다. 몽골이 필요한 에너지는 울란바타르를 포함한 5개의 석탄열병합발전소에서 나오는 전력, 온수, 산업 공정용 증기(process steam)에서 충당되었다.268) 몽골은 북한과 마찬가지로 러시아의 에너지 설비와 기술에 의존해 있다가 구소련이 해체되자 에너지 위기 상황에 처하게 되었다. 주요 에너지원을 제공하는 화력발전소들은 노후화되었고 주요 도시에서는 정전이 빈발하는 등 에너지 시스템이 매우 취약하게 되었다. 결국 몽골 정부는 체제전환 과정에서 에너지 시스템이 부실화되고 사실상 관리가 불가능해지자 ADB에 협력을 요청하게 되었다.

### 2) 사업 추진 성과

ADB의 대몽골 지원은 중앙계획경제에서 시장원칙에 기초한 국가로 전환을 촉진하는 것이 주목표였다. ADB의 기술지원 11건 중 6건은 특정시설

---

267) ADB의 몽골 에너지 분야 기술지원의 구체 내용은 ADB, *Technical Assistance Performance Audit Report on Advisory and Operational Technical Assistance Grants to the Energy Sector in Mongolia*, January 2000; 이상준 외, 앞의 책, pp. 70~82 참조.
268) 그러나 에너지 수급이나 시스템 관리가 제대로 이루어지지 않아 온수는 소비에 대한 통제 수단이 없이 공급되는 대로 배분되었고, 요금 징수는 거주 규모에 따라 이루어졌다. 전기 요금의 경우 거주, 산업, 공공용으로 3등급으로 차별화하였는데, 1960년부터 20년간 단 한 번만의 조정이 이루어졌다.

에 대한 사업을 준비하기 위한 예비사업이고, 나머지 5건의 기술지원 자문 및 운영 관련 기술지원(advisory and operational TAs)으로서 ① 에너지 감사, 효율성, 보존(효율화 기술지원), ② 중앙에너지시스템(CES: Central Energy System) 제도 및 요금 연구(제도적 기술지원), ③ 전력시스템 마스터 플랜 연구(마스터 플랜 기술지원), ④ CES 회계 및 금융관리시스템 개선(회계 기술지원), ⑤ 에너지 당국(ENA: Energy Authority)[269]의 요금 부과 시스템 연구(요금부과 기술지원)이었다.

  ADB의 몽골에 대한 5건의 기술지원은 일정한 순서와 흐름에 따라 진행되었는데, 1992년부터 1999년까지 8년에 걸쳐 이루어졌다. 효율성 기술원조가 1992년부터 1993년까지, 제도적 기술원조와 마스터 플랜 기술원조가 1994년부터 1995년까지, 회계 기술원조가 1996년부터 1997년까지, 요금부과 기술원조가 1998년부터 1999년까지 시행되었다. 우선 효율성 기술지원을 통해 에너지 부문의 당면한 기술적 수요를 조사하고 문제 해결 역량을 구축하는 노력을 진행하였다. 이어 제도적 기술지원에서는 제도 및 금융요구 조건에 대한 평가를 실시하였다. 이 두 가지 사업은 각각 다음 단계로 연결되었는데, 전자는 마스트 플랜 기술지원의 토대를 마련했고, 후자는 회계 및 요금부과 부문에서 중요한 근거를 제시하였다. 몽골은 ADB의 자문 및 운영 기술지원을 통해 에너지 분야에서의 시장기제를 확충하여 구조조정을 이루어나가고 효율성과 생산성 향상을 기할 수 있었다.

  전반적으로 ADB의 몽골 에너지 분야에 대한 기술지원은 다소 일정에 차질이 발생하기는 하였으나 비교적 성공적인 것으로 평가되고 있다. ADB는 물론

---

269) 몽골의 에너지정책 부서는 인프라 개발부(Ministry of Infrastructure Development)의 에너지국(Department of Energy)이며, 일상적인 집행부서는 전신이 중앙에너지시스템(CES)인 에너지 당국(ENA)이다.

몽골정부, 다른 정부기관들에게도 그간 알려지지 않은 문제점들을 파악할 수 있는 기회를 제공하였고, 에너지 분야 재건을 위한 구체적 작업계획을 수립하는 데 기여하였다. 초기에 기술지원을 개시할 때 에너지 분야의 현황과 능력에 대해 알려진 것이 없어 업무범위를 정하는 것이 난제였다. 기술지원 하에서 행해진 많은 일들로 인해 ADB는 에너지 분야의 수요에 대처하기 위해 다른 차관과 기술지원을 설계할 수 있었다. 요금인상이나, 조직구조의 변화, 에너지 생산 및 복구에 있어 투자와 제도변화 등은 초기에 행해진 기술이전의 권고에 따라 이행된 것이다. 후기 단계에서 행해진 회계와 요금부과 기술지원은 에너지 당국으로 하여금 국제 회계기준을 준용한 의미 있는 재정보고서를 작성하고 통합된 회계시스템을 수립하는 데 도움이 되었다. 이러한 새로운 시스템과 과정들은 몽골 에너지 분야의 시장기제화 도입에 기여하였다.[270]

　ADB의 대몽골 에너지 분야 기술지원에서 드러난 문제점으로는 단기간에 연속적인 기술지원을 통해 시장경제로 전환을 촉진하는데 기여하였지만, 장기간에 걸쳐 기술지원의 혜택을 이어가는 모멘텀이 약했다는 점이 지적되었다. 기술지원을 받은 인력들이 자원의 결여, 이직, 진취성의 부족 등으로 기술지원이 수행되고 있던 부문의 업무들에 대한 후속조치가 이루어지지 못했다. 결과적으로 몽골의 에너지 분야는 지속가능성을 확보하지 못하여 추가적인 기술지원에 의존할 수밖에 없었다.[271]

　이렇게 된 원인으로는 ① 기술지원 사업을 지속하기 위한 장비와 소프트웨어를 제공하는 데 필요한 초기 설계의 미비, ② 직원들의 이동에도 불구하고 훈련된 인재집단들을 확보하기 위한 지속가능한 훈련 프로그램의 부족, ③ 중앙계획시스템에서 시장지향시스템으로 이행하는 긴 과도기 동안 기술지원의 편익을 지

---

270) ADB(2000), 앞의 보고서, p. 13.
271) 위의 보고서, p. 14.

속적으로 활용하기 위한 일부 관리자들의 열정 부족, ④ 장기적 계획과 필요한 자원의 배분을 방해하는 인력과 지도부의 빈번한 인력교체 등을 지적했다.272) ADB의 몽골에 대한 5건의 자문 및 운영 관련 기술지원의 주요 활동과 평가는 아래와 같다.

〈표 3-9〉 몽골 에너지 분야 유형별 기술지원 성과

| 기술지원 유형 | 목표 | 활동 | 평가 |
|---|---|---|---|
| 효율성 기술지원 | - 에너지 손실 측정·감사 역량 개발<br>- 건물/시설 효율 제고 | - 스웨덴 견학 훈련/현장실습 (송배전 관련 컴퓨터 분석)<br>* ADB, 초기단계에서 에너지 보존 소기구 설립 요청 | - 성공적으로 수행<br>* 자료수집 지연으로 2개월 초과 |
| 제도적 기술지원 | - 효율적이고 재정적으로 건전한 CES 유도 지원 | - 제도, 규제 틀, 조직 구조, 경영 및 회계시스템, 요금구조 검토 | - 성공적으로 수행<br>* ADB와 몽골정부 지적사항 전달지연으로 10개월 이상 지연 |
| 마스터 플랜 기술지원 | - 2015년까지 통합된 저비용 개발프로그램 준비<br>- CES 자체자금조달 능력 분석/예측 | - 몽골 관계직원 현장 실습 훈련 실시 | - 성공적으로 수행<br>* 컨설팅 회사 간 이견으로 4개월 지연 |
| 회계 기술지원 | - 회계/경영, 기획, 예산 통제를 위한 절차, 전산화 시스템 도입 | - 국제적으로 공인된 회계원칙, 금융 운용기법 훈련 | - 소기의 성과 달성<br>* 제도화 기술지원의 결과물 활용 미흡 |
| 요금부과 기술지원 | - 효율적 금융관리를 위한 소비자 요금 청구/징수 체계 개발·이행 | - 간소화된 제안 절차를 사용하여 국내외 전문 컨설팅 채용 | - 소기의 성과 달성<br>* 제도화 기술지원의 결과물 활용 미흡 |

출처 : ADB(2000), 앞의 보고서.

### 3) 북한에 대한 시사점

ADB의 기술지원이 북한에 주는 시사점으로는 아래 8가지를 들 수가 있다.273) 첫째, 기술지원을 실행하는 중이거나, 그 이전에 정부 관련부서의 최고

---
272) 이상준 외, 앞의 책, p. 79.

책임자로부터 충분한 지지를 확보하고, 기술지원 집행기구들이 주인의식을 갖도록 하는 것이다. 특히 체제전환국일수록 중앙계획경제에서 시장경제로 전환하는 상황적 국면에서 더 중요하다. 둘째로는 정부의 운영위원회(steering committee)와 같은 조직이 기술지원을 시행하는 과정에서 발생하는 문제점을 해결하는 데 중요한 수단이 된다. 에너지 분야 조직의 고위관료들이 이러한 운영위 모임에 참석하여 새로운 시스템 도입과 같은 변화를 견인하는 것이 중요함을 상기시켜 주고 있다. 셋째는 기술지원의 혜택을 지속가능하게 하기 위한 조치들이 초기 기획, 실행, 완료 단계에서 모두 다루어져야 할 필요가 있다. 이를 위한 기술장비와 컴퓨터 소프트웨어 사용 여부도 점검하는 것이 요구된다. 각종 자원과 관리지원이 훈련 프로그램들을 지속가능하도록 하는 데 사용될 필요도 있다.

넷째, 기술지원을 받아들이는 주요 정부부서와 기업 간부들이 높은 수준의 의지와 역량구축을 위한 노력을 하는 것이 사업의 성패를 가를 수 있다. 기술지원의 혜택을 느끼도록 하는 데 기여하는 프로그램들은 기술지원을 받는 기관들로 하여금 기술지원의 편익과 비용에 대해 주인의식을 갖게 해 준다. 다섯째, 일반적으로 기술지원을 받는 국가들의 경우 기술지원을 통해 훈련받은 사람들을 훈련담당자로 활용하는 프로그램을 유지하는 것이 중요하다. 훈련받은 인력들을 보유하는 것은 훈련 프로그램을 받는 국가들의 전형적인 과제라고 할 수 있다.

여섯째, 에너지 분야에 대한 기술지원은 서로 관련된 다른 기술지원을 후원하는 경우가 많다. 기술지원을 시행할 경우 초기기술지원을 통해 파악된 다양한 정보와 교훈 시사점을 새로운 기술지원을 추진할 때 적극 반영할 필요가 있

---

273) 위의 책, pp. 79~82.

다. 일곱째, 언어장벽 문제를 잘 극복하는 것이 중요하다. ADB는 언어장벽 문제에 대해 사전에 대비하는 것이 중요하며 세심하게 다룰 필요가 있다고 지적하고 있다. 여덟째, ADB의 몽골 에너지 분야에 대한 기술지원 사례는 충분한 기술이전 및 역량구축 효과를 확보하기 위한 소프트웨어와 하드웨어가 필요함을 시사하고 있다.

# 제4장
# 지속가능한 북한 에너지 미래 전략

# 제4장 지속가능한 북한 에너지 미래 전략

## 1. 대북한 에너지 협력의 제약

　북한은 중국이나 몽골과 같은 체제전환국이 겪었던 것과 유사한 에너지 부문의 취약성과 문제점을 드러내고 있다. 상기 중국 간쑤성과 몽골의 에너지 분야 협력 사례는 정책당국이 실패를 인정하고 새로운 대안 모색으로서 국제협력을 선택하였다는 점에서 북한과 차이를 보이고 있다. 북한의 경우 정책실패를 인정하지 않으려 하고 있으며 국제협력을 하고자 하는 유인도 약한 상황이다. 그러나 무엇보다도 대북한 국제협력의 걸림돌은 북한이 추구하고 있는 핵과 경제의 병진노선 정책이다. 북핵 문제는 북한 에너지 문제의 해결을 가로막고 있는 최대 변수로서 양자 및 다자협력에 있어서 왜곡되고 비대칭적인 방법으로 국제협력에 부정적 영향을 미치고 있다는 점이다.

### 가. 북핵문제와 양자협력상의 제약

　북한이 왜 핵을 보유하려 하는지에 대해서는 여러 차원에서 해석이 가능하다. 우선 대외적인 차원에서 보면, 북한이 핵개발을 하게 된 동기는 압도적 화력을 보유한 미국과의 적대적 관계에서 오는 안보 딜레마일 것이다. 한국전에서 미국의 핵무기 사용 위협 이후 미군의 한반도 주둔과 핵위협은 북한으로 하여금 핵무기 개발의 유인이 되었다. 또한 냉전의 틈바구니에서 동맹국인 중국과 소련에서 탈피하여 '국방에서의 자위'를 확보하기 위해 핵무기를 개발했다는 해석도 가능하다. 1962년 쿠바 미사일 사건의 예에서 보듯이 소련의 핵우산 제공 여부에 대해서 확신을 주기 어려운 사건이 발생한 것도 영향을 미쳤다. 대내적인 차원에서는 정치적으로 국내 체제의 결속을 도모하면서 경제적으로 대량의 에너지원을 확보하기 위한 수단으로 핵개발을 추진하였다. 정치적인 차원에서의 핵의 효용성은 북한 군부의 사기진작을 도모하면서 국가의 위신을 드높여 자긍심을 확고히 해주는 수단이 될 수 있다. 남북관계 차원에서도 과중한 군사비 지출을 만회하면서 절대적인 비대칭수단인 핵무기에 대한 집착이 생겼다고 할 수 있다.

북핵 위기를 야기한 북한의 핵 프로그램은 크게 보아 군사안보 및 경제적 효과 등 두 가지 측면에서 접근할 수 있다.[274] 군사안보적 측면에서는 핵무기를 통해 1차 공격능력을 과시하여 대규모 재래식 공격이나 핵 공격을 예방하거나, 2차 공격능력을 과시하여 핵 공격을 받을 경우에도 상대방의 핵심시설을 가격할 수 있는 실질적 핵타격 능력을 보유함으로써 전쟁에서 승리할 수 있다는 기대감을 부여해 준다.[275] 그러나 북한은 아직 2차 공격능력을 제대로 보유했다고 보기는 어려우며, 1차 공격능력도 제한적이다. 더구나 실제적으로 북한이 핵무기를 사용할 수 있느냐의 관점에서 볼 때 효용성은 거의 없다고 볼 수 있다. 다만 핵을 보유할 경우 북한에 대한 선제공격 예방에 도움이 되며, 대외적

---

[274] 북한의 핵 보유 의도와 관련하여 북한의 논리와 실제 의도를 바탕으로 대미 협상용과 체제유지용의 두 개의 관점에서 분석한 글로는 김근식, 『대북포용정책의 진화를 위하여』, 서울: 한울, 2011, pp. 177~201.

[275] 북한은 1990년대 초반 대내외적 총체적 위기 상황 속에서 재래식 전력에 비해 비용이 훨씬 저렴하면서도 절대적인 억지력을 가진 비대칭 수단인 핵무기 개발의 필요성을 절감하게 되었다. 상세한 내용에 대해서는 김계동, 『북한의 외교정책: 벼랑에 선 줄타기 외교의 선택』, 서울: 백산서당, 2002, pp. 65~66.

위신용으로서의 선전 수단과 체제 결속용 통치수단으로서 의미가 있다. 그리고 가능성은 매우 적지만 북한이 유혹을 느낄만한 막대한 규모의 인센티브가 주어질 경우 핵 프로그램은 협상용으로서 커다란 효용은 있다고 볼 수 있다.

경제적 측면에서 보자면, 북한의 경우 에너지 수요에 비해 기존 발전설비가 턱없이 부족하여 전력생산을 위한 경수로 발전소 건설 등 경제적 효과에 대한 유혹도 여전히 크다고 볼 수 있다. 북한으로서는 무기와 에너지원으로서의 효용성이 큰 원자력에너지의 평화적 이용을 통한 대량의 에너지 생산이 에너지난을 해소하고 산업생산을 활성화할 수 있는 등 국가 경제의 운용에 막대한 기여를 할 수 있다. 북한은 실제로 전력난을 해소하기 위한 대안으로서의 원자력 이용에 대한 연구도 강화했다.276) 제1차 북핵위기 직후 1993년 7월 개최된 미북 간 2단계 고위급회담에서 북한은 IAEA 핵사찰을 재수용하고 흑연감속로를 포기하는 대신 경수로 제공을 요구하여 제네바 기본협약의 단초를 마련한 바 있다.277) 그러나 원자력발전소는 무기급 원료를 생산할 수 있는 핵에너지의 특성상 국제비확산체제의 감시 하에 놓여 있어야 한다. 하지만, 북한 핵이용에 대한 검증과 통제의 어려움이 있어 핵의 평화적 이용에 대한 북한의 주장은 국제사회의 신뢰를 받지 못하고 있다.

북한은 1950년대부터 소련과 원자력 관련 협력을 진행하면서 초보적인 핵 프로그램을 발전시켜 왔다.278) 1980년대에는 북한이 점차 전력난을 겪게 되면서

---

276) 북한은 1992년 원자력의 개발과 이용을 위해 원자력법을 제정하였으며, 내각 산하에 비상설기구인 원자력위원회를 두어 에너지원으로서의 원자력 이용에 대한 정책적 지원을 하고 있다.
277) 북한의 강석주 대표가 경수로 건설지원을 요청한 데 대해 미국의 여타 부처 관료들은 웃어 넘겼으나, 갈루치(Robert L. Gallucci) 대표는 핵문제 해결에 이르는 단서를 발견한 것으로 판단하여 레이크(Anthony Lake) 국가안보보좌관에게 보고하고 수용할 수 있도록 설득하였다. Selig S. Harrison, *Korean Endgame: A Strategy for Reunification and U.S. Disengagement*, New Jersey: Princeton University Press, 2002, p. 211.
278) 북한은 1956년 3월 구 소련과 '원자력의 평화적 이용에 관한 협정'을 체결하여 핵 기술 지원을 위한 법적 근거를 마련하고, 매년 수십 명의 과학자를 '두브나 핵 연구소'에 파견하여 기술훈련

원자력발전소의 필요성을 절감하게 되었다. 김일성은 1980년 10월 제6차 당대회에서의 연설에서 원자력발전소를 건설해야 한다는 교시를 내린 바 있다.279) 이에 따라 조건부이긴 하지만 소련으로부터 민간용 핵발전소의 도입을 추진하게 되었다.280) 북한은 에너지난이 심각해지고 경제와 안보의 딜레마가 심화되는 갈림길 상황에서 비대칭적 안보위협에 대처하는 핵무기의 효용성에 더욱 관심을 집중하게 되었다.

북한 핵문제가 국제적으로 드러난 데는 1989년 9월 프랑스 상업위성(SPOT) 사진이 결정적인 역할을 하였다. 북한 영변 핵시설을 촬영한 사진이 북한 핵개발에 대한 국제사회의 우려를 자아내면서 관심사로 부각되었다.281) 북한 핵문제가 국제적 이슈로 각인된 1990년대 초반까지 미국은 북한에 대해 적대적 상황에서 억지전략을 펴오며 경제적으로 단절된 관계를 이어왔다. 미국은 예기치 않게 터진 북한 핵문제와 더불어 거듭된 자연재해로 인한 식량난으로 대규모 아사자가 속출한 북한에서 제기된 두 가지 새로운 도전과 마주서야 했다. 미국은 식량지원을 통한 인도적 지원을 하면서 북핵 해결을 위한 노력을 전개하였다.

---

을 시켜왔다. 1959년에는 소련으로부터 북한 내 원자력연구단지 건설을 지원받는 협정을 체결하여 영변에 핵시설을 건설하는 토대를 구축했다.
279) "새로운 동력자원을 개발리용하기 위한 투쟁을 적극 벌려야 합니다. 원자력발전소를 비롯하여 여러가지 새로운 동력자원에 의거하는 발전소들을 많이 건설하여 전력생산을 획기적으로 늘려야 하겠습니다." 이는 핵정책을 공개적으로 대외에 언급한 것이어서 주목된다. 김일성, "당중앙위원회 사업총회 보고, 조선로동당 제6차대회, 1980년 10월,"『북한 조선로동당 대회 주요문헌집』, 서울: 돌베개, 1988, p. 381.
280) 북한은 당초 소련의 440MW 용량의 VVER-440형 경수로 4기를 함경남도 신포에 건설할 계획이었으나, 나중에 635MW 경수로 3기를 건설하는 것으로 수정되었다. Peter Hayes, "Supply of Light-Water Reactors to the DPRK," in Kihl, Young Whan and Peter Hayes, *Peace and Security in Northeast Asia: The Nuclear Issue and the Korean Peninsula*, Armonk, New York: M.E. Sharpe, 1997, p. 28.
281) 프랑스 상업위성 사진은 북한이 1987년부터 영변에 가동하기 시작한 5MW급 실험용 원자로와 5MW, 200MW 흑연감속로, 방사화학실험실(재처리시설) 건설현장으로서 북한 핵문제를 국제사회에 알리는 데 기여했다.

미국은 제1차 북핵위기 해결 과정에서 북한과 1993년 6월부터 3단계 협상을 거쳐 1994년 10월 21일에 극적으로 북-미 제네바 기본합의를 타결하였다. 제네바 기본합의는 안보-경제 교환에 의한 타협 사례로서 북한이 흑연감속로 등 핵시설을 동결하는 데 대한 보상으로 미국은 안보 보장과 함께 경수로 발전소를 지어주고 경수로 완공 시까지 중유를 제공하기로 한 합의이다. 미국은 미국과 북한의 양자적 합의지만 이행은 국제적인 다자 협의를 통해 이루어지도록 하였다. 북한은 2000년대에 또 한 차례의 핵위기를 일으키게 되는데, 제2차 북핵위기 시에는 플루토늄이 아닌 우라늄 농축 프로그램이 문제가 되었다. 제2차 북핵위기 해결과정에서는 미국은 미-북 간 양자 접근이 아닌 6자회담이라는 다자 협의체를 구성하는 방향으로 나갔다. 6자회담 당시만 하더라도 미국은 북한에 대한 에너지 지원을 통해 해결을 유도한다는 협상전략을 유지하고 있었다. 2005년 11월 제5차 6자회담 1단계회의 개최 이후 BDA 문제 해결이 지연되는 과정에서 2006년 10월 북한이 제2차 핵실험을 실시하였다. 2006년 12월 제5차 6자회담 2단계회의 개최를 한 달 앞두고 미-북-중 3자 수석대표회의가 북경에서 개최되었는데, 이 자리에서 미국은 북한이 핵을 포기하는 대가로 구체적인 경제 및 에너지 지원 패키지를 제시하였다.[282] 이러한 협상노력들은 2007년 2.13 합의와 10.3 합의 성사에 기여하게 되었다. 6자회담은 북핵 동결에 기초한 북미 제네바기본합의와 차별하여 북핵폐기를 지향하였으나 동결과 초기 폐기화 과정에서 중심을 잡지 못하고 좌초된 채 휴지기를 맞고 있다.

미국은 북한에 대해 1995년부터 2009년까지 총 594.7백만 불 상당의 에너지 및 관련 경비를 부담하였다. 이를 항목별로 구분해 보면, 1995년부터 2003년까지 KEDO를 통해 공여한 403.7백만 불과 6자회담 합의에 의해 공여한 중유 20

---

[282] Helene Cooper and David Sanger, "U.S. Offers North Korea Aid for Dropping Nuclear Plan," *New York Times*, 2006년 12월 6일.

만 톤(146백만 불), 그리고 핵 불능화 경비로 제공한 45백만 불로서 구체 내역은 아래와 같다.[283)]

⟨표 4-1⟩ 미국의 대북한 에너지 지원(1995-2009)

| 연도 | 식량지원 | | 에너지 지원 | | | 의약품 및 기타지원 (백만 불) | 총계 (백만 불) |
| | 톤수 | 금액 (백만 불) | KEDO 지원(백만 불) | 6자회담 지원 (백만 불) | | | |
| | | | | 중유 | 핵불능화 | | |
|---|---|---|---|---|---|---|---|
| 1995 | 0 | 0.00 | 9.50 | - | - | 0.20 | 9.70 |
| 1996 | 19,500 | 8.30 | 22.00 | - | - | 0.00 | 30.30 |
| 1997 | 177,000 | 52.40 | 25.00 | - | - | 5.00 | 82.40 |
| 1998 | 200,000 | 72.90 | 50.00 | - | - | 0.00 | 122.90 |
| 1999 | 695,194 | 222.10 | 65.10 | - | - | 0.00 | 287.20 |
| 2000 | 265,000 | 74.30 | 64.40 | - | - | 0.00 | 138.70 |
| 2001 | 350,000 | 58.07 | 74.90 | - | - | 0.00 | 132.97 |
| 2002 | 207,000 | 50.40 | 90.50 | - | - | 0.00 | 140.90 |
| 2003 | 40,200 | 25.48 | 2.30 | - | - | 0.00 | 27.78 |
| 2004 | 110,000 | 36.30 | 0.00 | - | - | 0.10 | 36.40 |
| 2005 | 25,000 | 5.70 | - | - | - | - | 5.70 |
| 2006 | 0 | 0.00 | - | - | - | 0.00 | 0.00 |
| 2007 | 0 | 0.00 | - | 25.00 | 20.00 | 0.10 | 45.10 |
| 2008 | 148,270 | 93.70 | - | 106.00 | 25.00 | 0.00 | 224.70 |
| 2009 | 21,000 | 5.60 | - | 15.00 | - | 4.00 | 24.60 |
| 2010 | - | 2.90 | - | - | - | 0.60 | 3.50 |
| 2011 | - | - | - | - | - | 0.90 | 0.90 |
| 2012 | - | - | - | - | - | - | - |
| 2013 | - | - | - | - | - | - | - |
| 총계 | 2,258,164 | 708.15 | 403.70 | 146.00 | 45.00 | 10.90 | 1,313.75 |

출처: Manyin and Nikitin, 위의 책, p. 2.

미국의 대북한 지원에 있어 국내 정치적 특징은 민주당보다 공화당이, 행정부보다 의회가 강경한 입장을 보이고 있다. 특히 의회는 무기수출통제법(Arms Export Control Act)등의 규제를 통해 핵 프로그램을 개발 의혹을 받고 있는 북

---

283) Mark E. Manyin and Mary Beth D. Nikitin, "Foreign Assistance to North Korea," *CRS Report*, April 2, 2014, pp. 1~10.

한에 대해 엄격한 심사를 하고 있어 행정부로서도 까다로운 절차와 의회에 대한 설득노력을 감수해야 한다. 더구나 6자회담이 파국을 맞이한 상황에서 2009년 5월 북한이 제2차 핵실험 이후 미 행정부의 대북한 협상 및 지원 시도는 완전히 닫히게 되었다. 이로 인해 미국의 대북한 에너지 지원은 절연되었으며, 안보-경제 교환 모델은 실효성을 상실하고 말았다.

미국은 2017년 1월 트럼프 행정부 출범 이후 기존의 전략적 인내에서 최대의 압박과 관여정책 기조 하에 북한과 두 차례의 정상회담을 개최하였다. 미북 간 비핵화 실무협상이 간간히 열리기는 했으나 상호 인식의 격차를 여전히 극복하지 못한 채 별다른 진전을 거두지 못하고 있다.

미국-북한 관계는 북한의 만성적인 에너지난이 안보 딜레마와 교차하면서 도발을 통해 긴장과 대립을 지속적으로 양산하는 과정에서 발전한 비정상적 관계라고 할 수 있다. 미국으로서는 북한 핵문제가 동북아의 안보지형 변화와 함께 핵확산 가능성의 우려 등으로 안보지형을 바꾸는 요인(game changer)이 될 수 있으므로 이를 절대 용인할 수 없다. 미국의 이러한 대북 인식과 입장은 북한의 여타 관련국과의 협력에 직접 내지 간접적으로 투영되고 있으며, 대북한 에너지 양자협력에 심각한 제약을 가하고 있다. 따라서 북한이 핵문제에 대한 계산법을 바꾸지 않는 한 가까운 장래에 의미 있는 대북지원의 가능성은 요원하다고 할 수 있다.

## 나. 북핵문제와 다자협력상의 제약

북핵문제는 대북한 에너지 다자협력기제에 대해서도 일정한 제약을 가하고 있다. 양자협력만큼 직접적으로 영향을 미치지는 않지만 다자협력의 협력 방향과 내용에 있어 제약이 가해지는 것이 불가피하다. 북핵문제가 대북 에너지 협력을 무산시키거나 좌절시킨 사례로서 KEDO와 6자회담을 들 수 있다. 두 사례는 북핵문제를 둘러싼 미-북관계의 대립이 강하게 투영되어 협력이 이루어지지 않고 있는 대표적인 사례들이라 할 수 있다.

제네바 기본합의에 따라 설립된 한반도에너지개발기구(KEDO)는 미-북 간 대립적 협상의 기반 위에 한·미·일이 주도하여 기구를 만들고 대북 중유 공급과 경수로 건설을 지원한 국제적 협의기구이다. KEDO의 경우, 동북아 에너지협력의 단초를 형성할 잠재력이 있었으나 북핵문제의 해법과 이행을 둘러싼 미-북 간 대립이 투영된 다자협의체로서 잠재력이 발휘되지 못한 채 무산되었다. KEDO 경수로사업은 막대한 비용과 장기간의 시간이 소요되는 대형 프로젝트로서 북-미 간 불신구조가 해소되지 않은 채 북한 동해안 잠수정 침투사건(1996.9), 대포동 미사일 발사(1998.8), 고농축 우라늄 개발의혹(2002.10) 등 경성안보적 충돌과 외압으로부터 오는 정치안보적 리스크를 극복할 수 있는 내항성을 가지지 못했던 것이다. 한편, 제2차 북핵위기 해법 모색과정에서 개최된 6자회담은 지역안보 레짐의 성격을 띠면서 발전해 왔으나, KEDO와 마찬가지로 북핵문제 해법을 둘러싼 미-북 간 대립요인으로 인해 제약요소를 극복하지 못하였다.284) 6자회담 사례는 6자회담의 전개과정과 협상내용에서 보듯이 협력의 제약요소로서의 미-북 관계의 특성, 민감한 정치이슈로서의 핵과 에너지 안보

---

284) 국제레짐이나 국제제도는 공식적인 조직의 형태를 갖춘 국제기구의 전단계라고 할 수 있다. 국제레짐(international regimes)은 특정 이슈영역에서 행위자들의 기대가 수렴되는 묵시적이거나 명시적인 원칙, 규범, 규칙 및 의사결정 절차로 정의될 수 있다. Stephen D. Krasner, ed., *International Regimes*, Ithaca, New York: Cornell University Press, 1983, p. 2. 이에 비해 국제제도(international institution)는 국가들의 국제적 행위를 규율하도록 의도된 일련의 규칙들을 지칭한다. Beth A. Simmons and Lisa L Martin, "International Organizations and Institutions," in Walter Carlsnaes, Thomas Risse and Beth A. Simmons, eds., *Handbook of International Relations*, Thousand Oaks, CA: Sage Publications, 2002, p. 194. 본 연구에서는 국제레짐과 국제제도를 개념적으로 구별하면서도 공식적인 조직의 형태를 갖춘 국제기구와는 구별된다는 점에서 국제레짐 역시 국제제도의 차원에서 이해하고 있다.

적·경제적 상관관계가 국가중심성 구조와 맞물려 교착상태에 이르게 되었다.

### 1) 사례 1 : KEDO의 대북 경수로 건설 무산

한반도에너지개발기구(KEDO: The Korean Peninsula Energy Development Organization)는 미-북 간 제네바 기본합의서에 바탕을 두고 북한에 대한 경수로 건설과 중유제공을 위해 만들어진 국제 협의체이다. KEDO의 국제정치적 성격에 대해서는 크게 두 가지로 나눌 수 있다. 첫째는 한·미·일을 중심으로 형성된 국제 콘소시움을 통해 북한에 경수로와 대체에너지를 공급하고자 하는 국제기구라고 보는 시각이다.[285] 즉, KEDO는 한, 미, 일 3국과 EU로 구성된 원회원국과 9개국의 일반회원국이 참여하였으며[286], 집행이사회가 회원국 가입을 포함한 중요사항을 결정하고 상설 사무국을 통해 사업을 이행하는 '한시적 국제기구'라는 것이다.[287] 두 번째는 KEDO가 북미 제네바기본합의를 이행하기 위해 설립조약을 체결하고 이를 토대로 하위규범 성격을 갖는 세부적인 합의사항들을 제정하여 회원국들의 의사를 수렴해 나가는 국제레짐이라는 시각이다.[288] 이는 KEDO를 북핵 문제를 안정적으로 관리하고 한반도의 평화적인 질서를 형성하기 위해 원칙과 규범, 절차 등을 구체적으로 조문화하여 이행해 나가는 국제제도라는 것이다. 구성주의 시각에서 보면 한반도를 둘러싼 세

---

[285] 백학순, "한반도에너지개발기구(KEDO): 이익, 제도, 성과," 백학순 외, 『북한문제의 국제적 쟁점』, 서울: 세종연구소, 1999; 정옥임, "국제기구로서의 KEDO: 각국의 이해관계와 한국의 정책,"『한국과 국제정치』, 제14권 제1호, 1998년 봄·여름호 등을 참조.

[286] 추가로 가입한 9개 일반회원국은 핀란드, 캐나다, 뉴질랜드, 호주, 인도네시아, 칠레, 아르헨티나, 폴란드, 우즈베키스탄이며, 영국, 싱가포르, 네덜란드, 태국 등은 일반 회원국은 아니지만 KEDO에 기여금을 납부하는 방식으로 KEDO 활동을 지원하였다.

[287] 백학순, 앞의 논문, p. 65.

[288] 전성훈, 『KEDO 체제 하에서 남북한 협력증진에 관한 연구: 협력이론을 중심으로』, 서울: 민족통일연구원, 1996.

력균형이 탈냉전 상황에서 새롭게 변모하는 과정에서 북한의 핵개발이라는 안보위기가 발생하자 이를 해결하는 과정에서 그 집합적 정체성에 따른 관련국들 간 협력과 합의가 기존의 협력기제에서는 보이지 않았던 모호한 성격의 KEDO를 탄생시켰다고 보고 있다. 즉, 한반도를 위요한 안보위기에 대한 의식 공유를 바탕으로 각자의 정체성과 관념이 일시적인 의견대립이나 명확한 반대적 의견을 자제하도록 요구하여 불안정한 제도적 모색에 그치는 안보협의체를 만들었다는 것이다.[289]

KEDO가 가지는 국제정치적 의의는 한반도를 일촉즉발의 위기로 몰아넣었던 북한 핵문제를 경수로 발전소 건설이라는 평화적인 방법으로 타결하여 다자협력 사업 추진의 전례를 남긴 점이다. 총공사비 46억불의 예산으로 추진된 경수로사업은 총 15억 7,500만 불의 공사비가 소요된 초대형 사업으로서 규모가 큰 만큼 위험부담이 컸지만 상호 자제하면서 협력의 관행을 만들어 나감으로써 제네바 기본합의 타결 이후 협력 구도를 추동해 나갈 수 있었다. 그러나 한반도 문제의 국제화는 또 한 차례 맞이한 북한발 핵위기에 직면하여 동북아 구조위에 중첩된 국제구조의 장벽을 극복할 수 있는 내성을 지니지는 못하였다. 2001년 부시 행정부 출범 이후 신보수주의 시각의 틀에서 전면적인 검토를 거쳐 새로 수립된 대북정책 기조 하에서 2002년 불거진 제2차 북핵위기는 이러한 공동 프로젝트를 더 이상 실행불가능하게 만들었다. 부시 행정부의 제2차 북핵위기 해법은 제1차 위기 때와는 전혀 다른 시각에서 접근했기 때문이었다.[290] 이로

---

[289] Scott Snyder, *Negotiating on the Edge: North Korean Negotiating Behavior*, Washington D.C.: United States Institute of Peace Press, 1999; Leon Sigal, *Disarming Strangers: Unclear Diplomacy with North Korea*, Princeton, N. J.: Princeton University Press, 1998. 스나이더(Snyder)는 KEDO를 북한의 협상 행태를 협력적으로 만드는 새로운 계기를 마련하기 위한 실험이라고 주장했다. Snyder, 앞의 책, pp. 140~141.

[290] 부시 행정부의 대북정책은 기본적으로 反클린턴 행정부 노선에 충실히 따랐다고 할 정도로 기존의 정책을 완전히 뒤집는 것이었다. 부시 행정부에서 북핵정책의 원칙으로 확립된 CVID

인해 KEDO는 결국 한시적인 국제기구 내지 국제레짐이나 안보협의체로 단명하고 말았다.

　KEDO의 조직을 보면, 최고 의사결정기구인 집행이사회와 실무를 담당하는 사무국, 그리고 회원국을 대표하는 총회로 구성되었다. 집행이사회는 원회원국인 한, 미, 일이 각 1인씩 3인의 집행이사를 선임하도록 하였다. 1997년 9월 유럽연합(EU)가 집행이사회에 참여하게 되어 이사국은 4개국(기구)로 확대되었다. 집행이사회의 의결사항은 만장일치를 원칙으로 하나, 합의가 어려울 시 다수결로도 가능토록 하였다. 사무국은 재원마련, 계약의 승인, 성안, 이행을 포함한 각종 업무를 수행하며, 사무총장과 2명의 사무차장을 두도록 하였다. KEDO 사무국 운영경비는 한, 미, 일이 1/3씩 부담하였다. 총회에는 원회원국과 일반회원국을 포함한 13개국이 회원국으로 활동하였다.

　KEDO의 법적 근거는 미국과 북한이 1994년 10월 합의한 제네바 기본합의문이다. 미국과 북한이 동 합의문안 작성을 위해 치열한 외교협상을 전개했지만, 기실은 IAEA와 북한 간의 진실게임을 둘러싼 협상이 교착된 상황에서 출발하였다. 북한은 핵개발 의혹이 국제적인 관심사로 부각되는 과정에서 1992년 1월 IAEA 안전조치협정에 가입하였고, 동 협정에 따라 동년 5월 보유중인 핵시설에 관한 최초 보고서(Initial Report)를 IAEA에 제출하였다. 북한은 최초 보고서에서 보유 핵시설로부터 핵무기 제조가 가능한 플루토늄을 소량(90g)만 추출했다고 신고하였다. 이에 따라 IAEA의 임시사찰이 실시되었지만 의혹을 풀지 못하고 진상 규명을 위한 IAEA 특별사찰 문제가 대두되었다.[291] IAEA와 북한은 영

---

　　(complete, verifiable, irreversible dismantlement)는 클린턴 행정부 당시 북한과 합의한 제네바 기본합의서가 불완전하고, 검증불가능하고, 역진가능한 핵동결이라는 잘못된 정책의 결과로 인식하고 북핵정책을 새로이 수립하였다. 이로 인해 대북정책 검토기간이 종료되기 이전에 추진한 김대중 대통령의 2001년 3월 방미는 부시 대통령의 대북인식을 전환하여 햇볕정책의 모멘텀을 지속하려는 소기의 성과를 거둘 수 없었다. 위성락 전 주러시아대사 면담, 2015년 9월 25일.

변 근처 미신고 시설 2개소에 대한 특별사찰 여부로 대립과 갈등을 겪었는데, 북한이 1993년 3월 김영남 외교부장의 명의로 특별사찰 거부를 통보하고 핵확산금지조약(NPT) 탈퇴를 선언하면서 북핵 위기가 발발하였다.

북한의 NPT 탈퇴 선언은 남북관계 교착과 한반도에 전례 없는 위기를 몰아오는 제1차 북핵위기의 도화선이 되었다. IAEA는 1993년 4월 북한의 안전조치 불이행을 유엔에 보고하는 결의안을 채택하였으며, 한스 블릭스 사무총장은 이를 유엔 안보리에 보고하였고, 유엔 안보리는 결의안 제825호(1993.5.11.)를 통해 북한의 NPT 복귀와 핵안전조치협정의 의무 이행을 촉구하면서 모든 회원국들에게 문제해결에 나설 것을 촉구하였다. 1993년 10월 1일과 11월 1일 IAEA 총회와 유엔 총회는 각각 북한에 대한 비난결의안을 채택하고 전면적인 임시 및 일반 핵사찰을 수용할 것을 촉구하였다. 국제사회의 단합된 노력에 대해 북한은 결국 1994년 2월 7개 신고시설에 대한 핵사찰 실시에 합의하였다.

한편, 북핵문제 관련 국제사회의 비난이 점증되고 있는 와중에서 미국은 1993년 6월부터 북한과의 협상에 본격적으로 나섰다. 6월과 7월 2차례의 고위급 회담이 개최되어 북한을 NPT 체제로 끌어들이려는 노력이 개시되었다. 북한이 핵 협상의 중대한 카드로서 경수로 지원 문제를 거론한 것은 7월 고위급 회담에서였다.[292] 북한 강석주 부부장은 동 회담에서 국제사회가 북한의 에너

---

291) IAEA는 1992년 5월부터 6월까지 1차 임시사찰을 시작으로 1993년 2월까지 총 6차례의 임시사찰을 실시하였다. 이 과정에서 북한이 신고한 플루토늄 추출횟수 (단 한 차례) 및 추출량(90g)과 IAEA가 추정한 자료 (최소 3차례, 킬로그램 단위) 사이에 중대한 불일치가 있다는 의문이 제기되었다.

292) 북한은 1992년 5월 IAEA의 임시사찰차 방북한 한스 블릭스 IAEA 사무총장에게 경수로 관련 기술을 제공하면 흑연감속로를 경수로 체계로 전환할 용의가 있다고 언급한 적이 있다. 그러나 IAEA는 사찰과 검증을 전문으로 하는 국제기구로서 북한과 협상을 할 위치에 놓여 있지 않아 동년 7월 미 하원 외교위원회에 이 구상을 전달한 바 있다. 북한은 이후 수차례 비공식 경로를 통해 미 정부에 경수로 건설의 지원을 요청하였다. 같은 해 7월 19일 북한 김달현 부총리의 서울 방문시에도 이 같은 요구가 있었지만, 당시 한국과 미국은 별다른 주목을 하지 않았다. 경수로사업지원기획단,『KEDO 경수로사업 지원 백서』, 서울: 경수로사업지원기획단, 2007, pp. 26~27.

지 수요를 충족시키기 위해 경수로를 제공한다면 흑연감속로를 포기하는 등 핵개발 프로그램 전반에 대해 수정하겠다는 용의를 밝혔다. 미국이 이를 수용하여 양측은 흑연감속로와 그와 관련된 핵시설들을 경수로로 교체하는 것이 바람직하다고 인정하고, 핵문제 최종 해결의 일환으로 경수로 도입을 지지하며, 이에 대한 방안을 모색한다는 의향을 표명했다.[293]

미국과 북한은 1994년 8월 제네바에서 개최된 제3단계 2차회담을 통해 흑연감속로와 경수로 교환해법에 대해 합의하였다. 미국은 2,000MW 규모의 경수로를 제공하되 건설기간 동안 대체에너지 제공을 주선하며, 북한은 대체에너지 제공에 대한 미국 측 보장을 접수하는 대로 50MW, 200MW 원자로의 건설을 동결하고, 방사화학실험실 폐쇄와 IAEA 감시를 수용하기로 하였다. 제1차 북핵 위기는 1년여 반에 걸쳐 IAEA, 유엔 안보리 회부와 남북대화, 미북 간 고위급 회담 등 다각적인 외교적 해결 노력이 지속된 가운데 1994년 10월 21일「북·미 제네바 기본합의」타결로 마무리되었다. 북한은 합의서에서 핵활동을 즉각 동결하며, 경수로 공급계약 체결과 동시에 비동결 시설에 대한 IAEA의 임시 및 일반사찰을 실시하고, 경수로 관련 핵심 부품의 인도 이전에 IAEA의 모든 안전조치 의무를 전면 이행하기로 하였다. 또한 관련시설을 해체할 뿐만 아니라 사용후 연료봉을 재처리하지 않고 북한 내에 안전하게 보관한 뒤 제3국으로 이전하는 것에 동의하였다.

---

293) 경수로사업지원기획단, 앞의 책, p. 26.

〈표 4-2〉 북-미 제네바 기본합의서: 주요 의무사항

| 구분 | 북한 측 의무사항 | 미국 측 의무사항 |
|---|---|---|
| 핵/에너지 | • 흑연감속로와 관련시설 동결<br>  - 5MWe 원자로, 50MWe(건설중) 및 200MWe(건설중) 발전소, 재처리시설, 핵연료봉 공장<br>• 경수로 완공 시 흑연감속로 해체 | • 경수로 발전소 2기 건설, 제공<br>• 2003년까지 2,000MWe 경수로 제공<br>  - 경수로 완공 시까지 연간 50만 톤의 중유 제공 |
| 북미관계 |  | • 대북무역 및 투자 제한 완화<br>• 상호 연락사무소 개설, 관계 진전 시 대사급 격상 |
| 한반도 비핵화 | • 한반도비핵화공동선언 이행<br>• 남북대화 착수 | • 대북 핵무기 불사용 및 불위협 보장 |
| 국제비확산 체제 강화 | • NPT 잔류 및 IAEA 안전조치협정 이행<br>• 경수로공급계약 체결 즉시 비동결 시설에 대한 IAEA 임시 및 일반사찰 수용<br>• 경수로 관련 핵심부품 인도 이전 IAEA 안전조치협정 완전 이행 |  |

북-미 간 제네바 기본합의의 쟁점은 크게 3가지로 대별할 수 있다 첫째, 북한에 대한 핵동결 및 궁극적 해체의 이행문제이다. 단기적으로는 핵시설 동결의 문제이지만, 결국 해체를 위한 수순에 돌입해야 하는 것으로 장기간에 걸친 집요한 이행 보장과 맞교환을 통해 상호신뢰를 쌓아가야 하는 의지와 헌신의 문제이다. 둘째, 북한의 핵시설 동결 및 궁극적 해체에 대한 반대급부로서 미국이 북한에게 제공해야 할 대체에너지와 경수로발전소 건설을 어떤 방식으로 해 줄 것인가였다. 이는 오랜 기간에 걸친 노력과 막대한 자금이 소요되는 것으로 미국은 물론 국제사회의 장기간에 걸친 협조가 요구되었다. 셋째, 미-북관계를 비롯한 남-북관계, 일-북관계 등 북한을 둘러싼 주요국과의 양자관계 재정립이었다. 이는 북한의 단계별 조치 이행여부에 따라 점진적 조정을 해 나가야 하는 부단한 전략적 상호작용의 과정이기도 했다.

제네바 합의 타결 이후 한, 미, 일 3국은 1995년 3월 9일 뉴욕에서 경수로사업과 대체에너지 공급을 위한 KEDO 설립협정문에 서명하였으며, 동 협정문은 회

원국의 서명과 동시에 발효되었다. KEDO는 제네바 합의 이행을 담보하는 국제 기구로서 영변 흑연감속 원자로를 대체하는 2,000MW급 경수로 원자로 건설과 매년 중유 50만 톤을 확보하여 북한에 제공하는 일을 주요 임무로 하였다.[294]

〈표 4-3〉 경수로사업 추진 경과

| 구분 | 기간 | 사업 추진 내용 |
|---|---|---|
| 북·미, 제네바 합의 | 1994.10. | ●북-미 제네바 기본합의<br>- 2003년을 목표 시한으로 1,000MWe 경수로 2기 제공<br>- 북한의 흑연감속로 동결에 따른 대체에너지(중유 연간 50만 톤) 제공<br>- 북한은 흑연 감속로와 관련시설을 동결 및 궁극적으로 해체 |
| 사업추진체계 확립 | 1995.1 | ●경수로사업지원기획단 설립 |
| | 1995.3 | ●한반도에너지개발기구(KEDO) 설립 |
| | 1995.12 | ●경수로 공급협정 체결 |
| | 1998.11 | ●집행이사국 간 재원분담 결의 |
| | 1999.12 | ●KEDO-한전 간 주계약 체결 |
| 공사추진, 기자재 제작 | 1995.8~1997.8 | ●현장 부지조사, 부지조성공사 착공 |
| | 2001.9~2003.11 | ●본공사 추진<br>- 1호기 원전 본관 콘크리트 타설(2002.8)<br>- 2호기 기초굴착 후 콘크리트 타설(2003.9)<br>●각종 경수로 기자재 제작 |
| 사업중단 | 2002.10 | ●북한 핵(HEU) 프로그램 의혹 제기 |
| | 2003.2~2003.11 | ●공사 속도 조절 |
| | 2003.12~2005.11 | ●총공정률 34.5%<br>- 설계 62.26%, 기자재 제작 43.2%, 시공 21.56%<br>● 총사업비 15.75억 불<br>- 한국 11.46억 불, 일본 4.11억 불, EU 0.18억 불 부담 |
| 사업종료 결의 | 2006.5. | ●KEDO 집행이사회, 사업종료 공식 결의 |
| | 2006.5 | ●KEDO 집행이사국 간 '일괄청산방안' 합의<br>- 한전이 KEDO 소유 기자재를 인수하는 대신 청산비용 부담 |
| 사업 청산 | 2006.12 | ●KEDO-한전간 '사업종료 이행협약' 체결 |
| | 2007.5. | ● KEDO 사무국 해체<br>- 2007.6.1. 1인 사무국으로 전환<br>●한국·일본정부, 기투입 사업비(KEDO 대출금) 정리 |

출처: 경수로사업지원기획단, 앞의 책.

---

[294] KEDO는 대북한 에너지 사업의 수행을 위해 1996년 3월 집행이사회의 결정에 근거하여 한국전력공사를 주계약자로 선정하고, 「KEDO-한전간 주계약자 지정 합의문」을 채택하였다. 한전은 일괄도급방식으로 경수로 공급 사업을 전반적으로 수행하는 주계약자로 공식 지정되었다.

제네바 기본합의에 따라 경수로 제공을 위한 공급협정을 6개월 이내에 타결해야 하므로 1994년 11월 30일부터 북-미 전문가회의가 개최되었다. 동 회의에서는 경수로 노형 선정과 제공에 있어서 중심역할(주계약자)을 담당할 주체 문제가 핵심 쟁점이 되었다. 대한민국 정부로서는 대부분의 비용을 부담하므로 경수로 채택을 주장하는 것이 당연했으나 북한이 이를 '트로이 목마'라고 거부하면서 난항을 거듭했다. 결국 1995년 6월 북미 간 쿠알라룸푸르 협의를 통해 경수로 사업은 KEDO가 담당하며, 미국이 북한과의 주접촉선 역할을 수행하고, 두 개의 냉각제 유로를 가진 1,000MW 발전용량의 가압경수로 2기의 노형은 KEDO가 선정하며, KEDO-북한 간 공급협정 체결을 위한 협상을 개시하기로 하였다.[295] 북한은 노형과 주계약자를 KEDO에 일임함으로써 한국의 주계약자가 건설하는 한국표준형 경수로를 제공받는다는 것을 양해하였다.[296]

KEDO-북한 간 경수로공급협정은 북한이 한국표준형 원전을 거부함에 따라 지연되다가 북-미 간 두 차례에 걸친 회담을 거쳐 1995년 12월 16일 서명하였다. 모두 18개 조항과 4개의 부속합의서로 구성된 동 협정은 경수로 공급범위, 상환조건, 인도일정, 이행구조, 부지선정 및 조사, 북한의 핵동결 의무사항, 기타 사업추진에 필요한 북한의 협조사항을 포괄적으로 규정하였다. 경수로 공급협정의 타결은 북한의 핵활동 동결, 해체 등 북-미 제네바 기본합의의 정치적 약속들을 조약의 성격을 갖는 국제법상의 의무로 전환하는 의미가 있다. 또한 통행 및 통신, 신변안전, 핵사고시 책임부담 등 경수로 사업의 원활한 이행과

---

[295] 경수로사업지원기획단, 앞의 책, p. 49.
[296] 경수로사업 추진 주체는 국제기구인 KEDO, 한국의 경수로사업지원기획단(경수로기획단), 북한의 경수로대상사업국이다. 한국의 경수로기획단은 통일원 별도기관으로 두고 부처간 정책조정은 통일부가, 국제협력은 외교부가, 재정지원은 재경부와 기획예산처가, 건설기술은 산자부와 과기부가 담당하였다. 북한측의 경수로사업대상국은 본부에 행정부, 기술부, 대외연락부의 3개 부서를 두고 금호지구에 현지사업본부를 두었다.

직결된 사항을 규정함으로써 경수로사업의 안정적 추진이 가능하게 되었다. 경수로 공급협정 체결에 따라 많은 건설 인력과 장비 등이 남북한 간에 왕래함으로써 남북교류협력 확대와 남북관계 개선 가능성이 커진 것은 수확이라 할 수 있다.

북한은 KEDO의 독립된 법적 지위를 인정하기로 하고, KEDO의 기능수행에 필요한 북한영역 내에서의 특권과 면제를 별도 의정서에서 정하기로 하였다. 또한 KEDO, 계약자 및 하청계약자가 북한에 파견한 모든 인원의 신변과 재산을 보호하는 조치를 취하도록 하되, 필요한 영사보호 조치 역시 KEDO와 북한 간 별도 의정서에서 정하기로 했다. 특권 면제 및 영사보호, 통행, 통신 등 KEDO와 북한 간 공급협정을 이행하는 데 필요한 기술적인 사항을 규정하기 위한 후속의정서 협상이 1996년 4월부터 시작하여 경수로사업이 중단될 때까지 지속되었다. 1996년 7월 11일 발효된 「특권·면제 및 영사보호 의정서」를 비롯하여 2001년 12월 3일 발효된 「품질보장 및 보증 의정서」에 이르기까지 8개의 후속의정서가 발효되었으며,[297] 「원자력 손해배상 의정서」는 협상을 마치지 못했으며, 「인도일정 및 조치」, 「상환조건」, 「사용후 연료」, 「핵 안전 및 규제」 의정서는 협상계획 단계에서 중단되었다.

---

[297] 8개 의정서 체결을 통해 경수로 사업 추진의 제도적 틀이 갖추어졌으나, 실제 공사를 진행하기 위해서는 의정서 내용을 이행하는 보다 세부적인 협의가 필요하였다. KEDO와 북한 전문가들은 3차례의 협상을 통해 1997년 7월 19분야에 걸쳐 합의서를 채택하였다.

<표 4-4> 후속의정서 협상 추진현황

| 구분 | 주요 내용 | 근거<br>(공급협정) | 비고 |
|---|---|---|---|
| 특권·면제 및 영사보호 | KEDO의 법적 지위, KEDO 인원에 대한 신변보호 | 제4조 6, 7항 | 1996.7.11. 발효 |
| 통행 | KEDO 인원의 부지접근(자유로운 출입절차) 및 효율적 통행로 개설 | 제9조 3, 6항 | 1996.7.11. 발효 |
| 통신 | 부지 내외로의 효율적인 통신수단 확보를 위한 세부절차 | 제9조 5, 6항 | 1996.7.11. 발효 |
| 부지 | 부지인수 및 부지접근 사용과 관련한 세부사항 | 제5조 3항 | 1997.1.8. 발효 |
| 서비스 | 북한의 노무·물자·시설과 기타 서비스 공급 조건 | 제9조 4, 6항 | 1997.1.8. 발효 |
| 미지급시 조치 | 상환의무 불이행시 범칙금 산정 및 부과에 관한 세부사항 | 제16조 3항 | 1997.6.24. 발효 |
| 훈련 | 경수로 운전 및 유지보수를 위한 북한 인력의 훈련계획 | 제7조 2항 | 2000.10.20. 발효 |
| 품질보장 | 경수로 품질 및 성능보장 | 제6조 4항 | 2001.12.3. 발효 |
| 원자력 손해배상 | 핵사고시 보장장치에 관한 세부사항 | 제11조 2항 | 2000, 2001년 2회 대북설명회, 2002년 4회 협상 |
| 인도일정 및 조치 | 북한의 핵동결 및 해체조치와 경수로 공급일정 | 제3조 3항 | 미협의 |
| 상환조건 | 경수로 건설대금의 상환금액 및 조건 | 제2조 4항 | 미협의 |
| 사용후 연료 | 사용후 연료의 안전한 보관 및 제3국 이전에 관한 세부사항 | 제8조 4항 | 미협의 |
| 핵 안전 및 규제 | 경수로 완공후 정기 안전점검을 위한 절차와 일정 | 제10조 5항 | 미협의 |

출처 : 경수로사업지원기획단, 앞의 책, p. 77.

경수로사업의 비용 조달 문제 역시 매우 중요한 이슈였다. 1996년 7월 한전이 KEDO에 제출한 개략적인 사업비를 기초로 산출된 75억불이 1997년 한, 미, 일, EU간 협의를 통해 51.8억불로 확정되었다. 이는 다시 1997년 12월 이후 원화가치의 급락을 반영하여 46억불로 재조정되었다. 1997년 11월 이래 재원분담을 위한 KEDO 집행이사회가 7차례나 개최되는데, 집행이사국은 1998년 7월 28일 재원분담 결의안에 아래와 같이 잠정 합의하였다.[298]

---

298) 경수로사업지원기획단, 앞의 책, p. 128.

〈표 4-5〉 사업비 재원분담 결의 내용

| 총예상공사비 | 한국 | 일본 | 미국 |
|---|---|---|---|
| 46억 불 | 3조 5,420억 원 | 1,165억 엔<br>(10억 불 상당) | 미국이 주도적 역할을<br>하여 중유 조달 |
| 분담비율 | 70% | 22% | 8% |

    EU는 KEDO 가입협정에서 '실질적이고 지속적인 기여'를 하도록 합의했는데, 이는 당시 약속한 7,500만ECU(1,500만ECU×5년)의 기여를 의미했다. 이는 당시 환율로 환산하면 약 8,300만 불에 해당한다. KEDO 집행이사회의 국가별 재원분담 결의에 기초하여 1995년부터 2006년까지 집행된 경수로사업비는 한국(11억 8,660만 불), 미국(4억 511만 불), 일본(4억 5,282만 불), EU(1억 2,330만 불), 여타 국가들(3,286만 불)이 총 22억 69만 불을 부담했다.

    한편, 경수로 본 공사의 착공이 주계약 체결이 지연되면서 여의치 않게 됨에 따라[299] 1997년 8월 부지준비공사 착공식을 거행하고, 우선 발전소 인력을 위한 숙소, 식당, 사무실 등 건설기반시설 조성과 부지정지 등 일부 기초공사를 개시하였다. 부지준비 공사는 재원분담 협상과 차관공여협정 체결이 지연되고, KEDO-한전 간 주계약 체결이 지체되면서 5차례나 연기되었다. 2000년 2월 KEDO-한전 간 주계약이 발효되고 한전-협력업체 간 주요 협력계약이 발효되면서 공사가 본격 추진되었다. 북한 정부의 건설허가는 2001년 9월 1일에 발급되었다. 한전은 본공사의 최초 주요 공정인 기초굴착공사를 2001년 9월 14일 착공하였고, 2002년 8월 7일 원전 1호기 건물의 최초 콘크리트 타설을 계기로 착

---

[299] KEDO는 1996년 3월 경수로사업을 수행할 주계약자로 한전을 지정했지만, 1999년 11월까지 14차례의 협상을 벌인 결과, KEDO-북한 간 공급협정 체결 4년만인 1999년 12월 15일 경수로사업 턴키 주계약(TKC: Turnkey Contract for the Supply of the LWR Project to the Democratic People's Republic of Korea)을 체결하였다. 주계약은 38개 계약조항, 세부적으로 150개 조항과 22개의 부록 등 4권으로 구성되었으며, 이로써 한국표준형 원전 건설을 북한에 공급하는 법적 기반이 구축되었다. 위의 책, p. 166.

실히 공사를 수행해 나갔다.

2002년 4월 30일부터 5일간 개최된 제13차 고위급회의에 가서야 KEDO는 처음으로 북한에 경수로 건설 일정표를 전달할 정도로 공사 건설이 상당히 지연되었다. 동 일정표에 따르면 경수로 1호기는 2008년 12월, 2호기는 2009년 10월 완공예정이었다. 북한은 북-미 기본합의서에 2003년까지 완공하는 것이 의무라고 하면서 건설 지연에 대한 보상을 북-미 간에 협의할 것이라고 하였다.300) KEDO 측은 2003년도는 목표연도이지 구속력 있는 완공일정이 아니며, 경수로 건설 일정표가 현실적 계획에 따라 작성되었다고 하면서 차후 각 일정마다 북한의 선행조치가 적기에 이루어지는 것이 중요하다고 강조했다.

KEDO의 북한에 대한 중유 공급은 1995년부터 2002년 11월까지 5억 2,100만 불에 상당하는 총 356.1만 톤에 달했다. 이는 동기간 중국으로부터 도입한 원유량 472.2만 톤의 약 75.4%에 달하는 규모이다. 중유 제공 비용은 미국이 총 비용 5억 2천여만 불 중 3억 7천만 불을 부담하였고, 나머지는 미국의 요청에 의해 21개국이 분담하였다. 1998년 북한 미사일 발사 이후 미국 의회의 협조가 어려워 예산 확보에 애를 먹은 데다, 1995년 톤당 83불이던 중유가격이 2001년에 142불로 상승하여 비용문제가 커다란 부담이 되었다.

KEDO 창설 첫 해인 1995년 15만 톤의 중유를 북한에 공급했으나 이후 공약한 대로 매년 50만 톤씩 제공했다. 제네바 기본합의문에 따라 제공되는 KEDO 중유는 북한 내 발전용과 가정 난방용으로만 용도가 제한되었다. 그러나 실제로는 북한의 선봉항과 남포·송림항을 통해 동·서해 양방으로 운송된 후, 다시 북한 내 8개 화력발전소(선봉, 북창, 동평양, 선천, 청진, 영변, 황해) 가동을 위해 착화용으로 사용되었다. KEDO의 중유 공급으로 인해 북한 내 수입 석유비중이

---

300) 북한은 1996년부터 2002년까지 30만kW 흑연감속로 발전소를 매년 추가로 건설할 계획이었으나, KEDO가 완공년도를 2009년으로 변경해 막대한 손실을 보게 되었다고 주장하였다.

1999년 최고 수준인 56.2%에 육박하였고 발전용 연료 비중은 연평균 10%에 달하였으며, 발전용 석유 비중은 100%를 차지했다. 아래 표는 KEDO 공급 중유의 북한 에너지 수급에서의 비중을 보여주고 있다.

〈표 4-6〉 KEDO 중유의 북한 에너지 수급에서의 비중

| 구분 | 일차에너지 비중 | 석유 수급 비중 | 발전용 연료 비중 | 발전용 석유 비중 |
|---|---|---|---|---|
| 1995 | 0.9 | 13.5 | 2.5 | 100.0 |
| 1996 | 3.1 | 34.5 | 9.0 | 100.0 |
| 1997 | 3.4 | 49.2 | 9.6 | 100.0 |
| 1998 | 3.5 | 35.4 | 10.3 | 100.0 |
| 1999 | 3.3 | 56.2 | 9.3 | 100.0 |
| 2000 | 3.2 | 44.3 | 9.4 | 100.0 |
| 2001 | 3.0 | 39.6 | 9.1 | 100.0 |

출처 : 김경술, 『북한 에너지문제 해결을 위한 장단기 전략 연구』 p. 120.

2002년 10월 초 제임스 켈리 미 국무부 차관보의 방북 계기에 제기된 북한의 고농축우라늄 프로그램 의혹으로 야기된 제2차 북핵위기는 KEDO의 사업에 결정적 타격이 되었다. 미국이 주도하는 대북한 중유 공급 중단이라는 결정적 조치는 제네바 이행의 중심축이 무너지는 주원인이 되었다. 2002년 10월 16일 미 국무부는 대변인 성명을 통해 북한의 고농축우라늄 계획 시인을 언급한 데 이어, 동년 11월 14일 KEDO는 집행이사회를 개최하고 북한이 핵 프로그램을 포기하지 않으면 12월부터 중유공급을 중단하겠다고 발표했다. 북한은 동결된 영변 핵시설 재가동을 위한 준비조치를 해 나가면서 2003년 1월 NPT에서 다시 탈퇴하였다.

이에 KEDO는 2003년 2월 집행이사회를 열고 경수로 공사 진척 속도를 조정키로 하였다. 북한은 경수로사업 중단 결정이 임박한 것으로 보고 2003년 10월 20일 금호지구 공사현장에서 물자와 장비 반출을 금지하는 결정을 일방적으로

통보하였다. KEDO는 2003년 12월 1일부터 공사를 1년간 중단(suspension)하는 극약처방을 내리게 되었다. 2003년 12월 1일 사업이 중지되기 전까지 종합공정률은 34.5%를 기록했다. 경수로 기자재 제작은 원자로 설비 69.5%, 터빈 발전기 47.54%, 보조기기 20.59%를 달성했다. KEDO는 2004년 11월 26일 경수로사업 중단조치를 1년 더 연장하기로 결정하였으며, 결국 2005년 11월 종료되었다. 한전은 KEDO를 대신하여 주계약자로서 북한 밖에 있는 모든 KEDO 소유 경수로 기자재를 인수하는 대가로 1.5억불에 이르는 청산비용을 전액 부담하게 되었다.

KEDO가 주도한 대북한 경수로사업은 1995년 12월 KEDO-북한 간 경수로 공급협정이 체결되고 1997년 8월 부지정지공사를 개시로 본격 추진되었으나, 제2차 북핵위기 여파로 인해 2003년 12월 34.5%의 종합공정률을 기록한 상태에서 파국을 맞았다. 2006년 1월 공사인부들이 현장에서 철수하였고, 2006년 5월 31일 KEDO 집행이사회는 사업종료를 공식적으로 선언하였다. 동년 12월 12일 '사업종료 이행협약(TA: Termination Agreement)이 발효되자 경수로사업은 공급협정 체결 11년 만에 막을 내리게 되었다. KEDO의 실패 원인에 대해서는 보다 세밀한 검토가 요구되지만, 주요 행위자인 미-북 간 불신이 다자협의체 내 조정기제와 양자 간 협의채널을 통해서도 결국 극복되지 못한 데 큰 원인이 있다.

특히 북한에 유화적인 클린턴 행정부에서 적대적인 부시 행정부로의 정권 교체는 결정적이었다. 결국 북한의 이중적인 플레이와 부시 행정부 하 미국의 북한에 대한 무시 정책은 2002년부터 통제 불가능한 상황으로 흘러갔다. 특히, 미국 정부의 대북한 및 KEDO 정책은 커다란 분절성을 노정했는데 KEDO 내 한국과 일본 직원들이 본국 정부와 긴밀하게 연결되어 있던 것과는 달리 미국 파견 직원과 미 정부간 얼마나 분리되어 있었는지 정확히 알지 못할 정도였다. 미 의회의 재정지원에 대한 거부감도 있었지만 KEDO 경영본부와 미 국방부

간에도 심각한 반감이 존재했다.301) 이런 와중에 KEDO는 이미 기능을 상실한 상태로 운영되어 효과적인 정책을 낼 수가 없었다.

KEDO 경수로사업은 당초 계획했던 목표를 달성하지 못하고 중도에 종료가 되었지만, 그 의의도 자못 크다고 보지 않을 수 없다. 동 사업의 의의는 크게 5가지 면에서 찾을 수 있다.302) 첫째는 북핵위기 해소와 한반도 평화·안정 회복이다. 동 사업은 적어도 10년간 북핵 동결을 유지하고 한반도의 긴장을 완화하였으며, 북한을 NPT 체제에 놓이도록 하여 동북아와 세계평화에 기여하였다. 아울러 동 사업은 대규모 인원이동 및 교류, 정기 항로 개설 등을 통해 한반도의 긴장을 해소하고 남북관계를 안정시키는데 기여하였다. 둘째는 남북경협 모델 창출과 대량 교류협력시대의 개막이다. 경수로 사업을 통해 남북관계는 정치군사적 중심의 적대관계에서 경제적 실용주의를 감안한 협력관계로 변화했다. 경수로사업은 남북한 최초의 대규모 경협사업으로 단순교역과 임가공 수준에서 본격적인 투자단계로 변화시켰고 상호 이해가 확대되어 화해협력 시대를 열 수 있었다. 셋째는 KEDO 경수로사업을 위해 북한은 통행·통신·통관, 부지접근 등에 있어 일련의 개방조치들을 실시하였다. 이를 통해 북한은 자본주의적 계약방식, 노무관리, 사업방식, 협력방식 등을 학습하게 되었다. 넷째, 국내경제적 효과로서 주계약자인 한전과 협력업체를 통한 직접적인 국민경제적 효과 이외에 북핵위기 완화와 남북관계 개선을 통해 국가신인도 제고, 남북경협 확대 등 유무형의 효과가 발생하였다. 다섯째, 동북아 다자주의를 실험할 수 있는 중요한 기회로서 13개국이 참여한 가운데 다자협력의 제도화를 모색한 바, 이는 6자회담을 가능케 하는 기반이 되었다.303)

---

301) Don Oberdofer and Robert Carlin 지음, 이종길·양은미 옮김, 『두 개의 한국』, 개정판, 서울: 길산, 2014, pp. 744~745.
302) 경수로사업기획단, 앞의 책, pp. 282~287 참조.

비록 KEDO가 당초의 계획을 이루지 못하고 예상치 못한 장애를 만나 좌절되기는 하였으나, 국제기구로서 경수로 지원사업과 북한과의 협상 진행과정을 돌이켜 볼 때 일정한 역사성과 유용성을 지닌 기제였다고 평가할 수 있다. 특히, 경수로 사업을 위해 1995년부터 2003년까지 방북한 남한 측 인원은 14,000여 명에 달하며, 공사 투입인력을 연인원으로 환산하면 80만여 명이나 되었다. 비록 경수로 발전소 건설 중단으로 이러한 대화의 채널이 단절되기도 했으나, 남북한이 공동으로 장기간에 걸친 대형 프로젝트를 추진하면서 겪어 나가야 했던 다양한 이슈들 – 국제기구의 특권면제와 영사보호 제공, 통행, 통신, 노무·물자·시설 및 서비스 공급, 보험의 가입과 처리, 한국의 은행지점 설치, 긴급환자 보호 조치 등 실제적인 상황에서의 협력경험은 이후 진행된 금강산관광사업과 개성공단 사업에 기여하는 계기가 되었다.

이러한 다양한 이슈에서의 교류는 남북한 간 상대방에 대한 이해가 증진되고 이익과 선호 면에서 일정한 변화를 야기하면서 남북 간 갈등적 정체성을 완화하고 조화적 정체성으로 전환하는 데 기여한 것으로 평가된다. 그러나 남북 간에 목표에 대한 상호 기대가 수렴되는 방향으로 협력이 진전되지 못하였고 미·북 간 갈등적 정체성의 변화가 병행되지 못한 상황에서 오히려 양자 간 대립적 시각과 입장이 여타 이익과 선호를 압도함으로써 협력의 모멘텀을 상실하고 말았다.

에너지적 측면에서 KEDO는 중유공급과 경수로발전소를 매개로 하여 북한을 다자주의 협력에 연계시켜 다방면에서의 협력을 심화시킨 촉진자였다. KEDO의 다자주의적 접근은 북한이 남북 간 양자접촉보다는 국제기구를 통한 다자접촉을 선호한 데다 사업과정에서 발생할 수도 있는 대립의 완충을 통해 사업의

---

303) KEDO는 13개 회원국으로 구성되어 있고, 실제로 경수로 공사를 진행하면서 현장정보를 공유하는 경험을 가능케 했고, 국제기구로서 일정한 규범과 제도의 틀 내에서 기능했다는 점에서 6자회담보다 조직화되어 있고 북한문제 해결에 효과적이라고 평가할 수 있다.

지속성과 안정성을 확보하는데 기여했다.[304] 나중에 EU도 1억 불 이상의 재원을 분담하면서 이사국으로 활동하였는데, 이는 다자기구 차원에서 가입시부터 일정한 분담을 하도록 관계를 형성하고 주요 사안 협의과정에 책임을 공유한 조직적 유인 기제를 발휘한 결과이기도 하다.

그러나 KEDO는 15억 불이 넘는 공사비를 투입하였음에도 도중하차함으로써 공사를 무위로 날리게 되었다. 단순히 경수로 건설 공사를 넘어 한반도 평화를 건설한다는 측면에서 보자면, 평화 견인을 위한 대북 협상 레버리지로서의 경수로의 중요성을 간과할 수 없다. 왜냐하면 양자는 물론 다자 간 유형무형의 교류와 협력을 통해 북한이 국제사회에 연계되어 갈 수 있는 유인도 분명히 존재하고 있었기 때문이다. 전반적으로 보아, KEDO 이후에도 북한은 여전히 경수로 건설에 대한 미련을 가지고 있으나 이를 반대하는 미국의 입장이 견고한 데다 막대한 비용 등의 문제로 인해 6자회담이 재개된다 하더라도 타협의 실마리를 찾아가기는 사실상 불가능한 상황이다.

### 2) 사례 2 : 6자회담의 교착

6자회담의 사례는 북한이라는 1자와 한·미·중·일·러의 5자 간의 6차례에 걸친 협상 라운드에서 전개된 행위자들의 행위의 결과물로 나타난 총체로서 실제로는 미-북 간 협상을 중심으로 이루어지는 불완전한 다자협력기제이다. 6자회담의 대북한 에너지 협력 방식은 안보-안보, 안보-경제 교환 모델에 의한 상호성(reciprocity)에 기초한 협력을 상정하고 있으며, 기본적으로 경제 및 안보차원에서 북한을 지원하는 시혜성 협력 방식이다. 6자회담 당사국들이 수차

---

304) KEDO와 북한 간 협상시 한국 정부의 경수로기획단 직원이 참여하여 남북한 당국 대표가 회담장에 마주보고 앉을 수 있게 되었는데, 이는 미-북 간 양자협상 계기 우리 측의 입장을 미 측에 간접 전달하는 형태로 이루어져 오던 종래의 형태에 비해 의미 있는 진전이었다.

례의 공동성명을 발표하고 합의를 이뤄나가기도 했으나, 6자회담 자체는 합의와 파기를 반복하며 결국 북한과 여타 행위자들간 불신의 벽을 극복하지 못하고 여전히 미생(未生)의 다자안보기제로 남아 있다.[305] 이러한 상황은 대북한 에너지 양자 및 다자협력에 있어 북핵 문제가 얼마나 깊고 크게 작용하고 있는지를 잘 보여주고 있다.

6자회담을 보는 시각 역시 크게 보아 신현실주의와 신자유주의적 제도주의 입장으로 나눌 수 있다. 신현실주의 입장에서는 북한이 안보에 취약한 약소국으로서 단극체제 국제질서의 권력분포 정점에 있는 미국에 편승을 하거나 대항동맹을 통해 대결을 하는 상황을 가정할 수 있다. 북한은 힘의 격차가 너무 커서 대결보다는 미국으로부터 핵 동결 내지 폐기의 대가로 안보 보장과 경제원조를 제공받음으로써 자국의 안보딜레마를 해결해 나가는 편승정책의 일환으로 6자회담에 임하게 된다. 그러나 문제는 북한의 입장은 비대칭적 안보수단으로서의 핵무기의 효용성을 버리지 못하고 집착하게 되면서 합의가 번복되는 결과를 가져오게 될 것이다. 신자유주의적 제도주의 입장에서 6자회담은 북한을 비핵화로 유도하고 한반도의 평화와 안정을 가져오는 국제레짐으로서 기능한다는 것이다. 6자회담에서 합의된 사항들은 이러한 국제레짐의 원칙과 규범과 의사결정절차를 형성하여 큰 틀에서 비핵화에 대한 합의를 형성해 가게 된다. 그러나 실제상황에서 양자의 시각만큼이나 북한과 여타 5자 간의 시각의 격차가 너무 커서 합의를 이루고 이행해 나가는 것이 얼마나 지난한 일인지 교착된 6자회담의 상황이 보여주고 있다.[306]

---

305) 6자회담을 어떤 시각에서 볼 것인가도 주요 연구대상인데, 대다수의 견해들은 북한이 나쁘고 비합리적인 행위자로 간주하는 '안보쟁점화' 관점(securitization paradigm)과 북한의 대미적대감과 미국의 대북불신을 상정하는 '거울-영상효과'(mirror-image effect)의 논지를 따르고 있다. 이 두 관점을 적용하여 북핵문제를 다룬 글로는 김근식, "북한의 핵협상: 주장, 행동, 패턴," 이수훈 편, 『핵의 국제정치』, 서울: 경남대학교 극동문제연구소, 2012, pp. 283~316.

6자회담은 제2차 북핵위기에 대한 대응으로 채택된 KEDO의 대북한 중유공급 중단 결정이 동북아지역에 엄청난 파장을 몰고 온 것이 태동의 계기가 되었다. 북한은 다시 고립의 카드를 꺼내 들고 국제사회를 압박했고 북한을 중심으로 진전되어 온 양자관계의 물꼬는 물거품이 될 위기에 처했다. 이러한 상황에서 2002년 10월 개최된 미국 부시 대통령과 중국 장쩌민 주석과의 정상회담에서는 북핵의 평화적 해결 원칙을 확인하고 북핵 문제 해결 기여자로서의 중국의 건설적 역할이 강조되었다. 중국은 2003년 3월부터 북핵문제 해결을 위한 중개 역할을 자처하게 되는데, 2003년 4월 23일부터 25일까지 북-미 양측은 중국의 주재로 베이징에서 북-미-중 3자회담을 개최하게 되었다. 동 회담에서 북한은 핵문제 해결을 위해서는 미국이 대북 적대시 정책을 중단하고 양자 간 상호 불가침협정이 우선적으로 체결되어야 한다고 주장했다. 북한은 동년 4월 25일 외무성 대변인 성명을 통해 4가지 요구사항과 4가지 약속으로 이루어진 새롭고 대담한 해결방도인 '4단계 일괄타결안'을 미국에 제시했다고 발표했다.[307]

〈표 4-7〉 북한 제시 4단계 일괄타결안

| 구분 | 미국 조치사항 | 북한 조치사항 |
|---|---|---|
| 1단계 | • 중유·식량 공급 | • 핵계획 포기의사 표명 |
| 2단계 | • 북미 불가침조약 체결<br>• 경수로 지연에 따른 전력손실 보상 | • 핵시설 동결 및 핵사찰 수용 |
| 3단계 | • 북미/북일 국교수립 | • 미사일 시험 발사 및 수출 중지 |
| 4단계 | • 경수로 완공 | • 핵시설 폐기 |

출처 : 서훈, 앞의 논문, p. 199.

---

306) 각 회원국의 국내정치 여건과 여타 국제행위자를 고려해야 하는 협상자들 간 윈셋(win-sets) 사이즈와 협상 비교를 통한 양면게임 분석으로 6자회담의 실패를 설명하고 있는 연구로는 김관옥, "2차 북핵위기와 6자회담의 결정요인과 과정: 양면게임이론적 분석,"『평화학연구』, 제11권 제1호, 2010, pp. 227~259.

307) 서훈, "북한의 선군외교 연구: 약소국의 대미 강압외교 관점에서," 동국대학교 박사학위논문, 2008, pp. 198~199.

이에 대해 미국은 북한이 먼저 핵포기를 해야 한다고 하면서 즉각적인 핵사찰과 북핵의 '완전하고 불가역적이며 검증가능한 핵폐기'(CVID: complete, verifiable, irreversible dismantlement)가 이루어져야 경제지원을 포함한 북한의 안보와 양자관계 개선을 위한 협상을 실시할 수 있을 것이라는 입장을 굽히지 않았다. 결국 입장차이가 좁혀지지 않아 3자회담은 결렬되었다. 이로 인해 미국은 3자회담의 한계를 절감하고 협의 방식을 한국과 일본을 포함한 확대 다자회담으로 전환하였다.308) 미국은 가급적 다자의 구도를 취함으로써 북한과의 직접 대결이나 협상을 피하고 부담을 완화하고자 하였다.

여기서 3자회담이 의미 있는 것은 실질적인 양자회담의 특성상 북한의 속내가 적나라하게 드러났다는 것이다. 북한은 '4단계 일괄타결안'을 통해 1단계에서 중유와 식량 공급이라는 절실한 요구사항을 핵계획 포기의 시사와 연계하여 카드로 제시했다. 2단계에서는 안전보장으로서의 불가침조약의 체결과 함께 경수로 지연에 따른 전력손실 보상을 요구하면서 핵사찰 수용까지 제시하였고, 마지막 단계에서 경수로 완공을 조건으로 핵시설 폐기를 약속한 것이다. 이는 북한이 중유 공급 중단이 초래한 에너지난의 가중을 절박한 과제로 인식하면서 에너지난과 함께 부수적인 전력난의 해결을 대미협상의 카드로 활용한 것으로 해석된다.

2003년 7월 14일 다이빙궈(戴秉國) 중국 외교부 수석부부장이 북한의 김정일 국방위원장을 만나면서 6자회담 개최가 수면위로 급부상했고, 7월 31일 북한이 6자회담을 수용한다는 의사를 관계국에 통보하면서 청신호가 켜졌다. 이에 따라 2003년 8월 27일부터 29일까지 베이징에서 6개국(남·북한, 미, 중, 일, 러)

---

308) 3자회담 시 중국은 미·북 간 회담을 중재하고 회담에 참여는 하였지만 별다른 입장을 표명하거나 적극적인 조정노력을 하지 않은 것으로 알려졌다. 결국 미·중·북 3자회담은 미·북 간 양자회담과 실질적인 차이가 없었다.

이 참가하는 제1차 6자회담이 개최되었다. 1차회담에서 북한은 3자회담시 제안한 내용과 유사한 '4단계 동시행동안'을 제시했으나 성과를 내지 못한 채, '한반도 비핵화'와 '북핵문제의 대화를 통한 평화적 해결 원칙' 등의 원론적 합의만 이룬 채 종료되었다.

제2차 6자회담은 2004년 2월 25일부터 28일까지 중국 베이징에서 개최되었다. 동 회담에서는 1차회담시보다 진전이 있었는데 북한의 동시행동 방안에 대해 한, 미, 일 3국은 '상호조율된 조치'(mutually coordinated measures)를 강조하였다. 한, 미, 일 3국은 핵폐기와 관련, CVID 방식으로 북한의 결단을 설득하였고, 안전보장 문제에 대해 다자 안전보장을 서면으로 제공하는 구상을 제의하였다. 미국은 북한을 침공할 의사도 없고 북한 정권교체를 추구하지 않을 것임을 재확인하였다. 북한이 비핵화를 위한 첫 단계로서 핵동결을 실시할 수 있다고 밝히면서 보상을 요구한 데 대해, 한국 정부는 ① 모든 핵프로그램에 대한 핵활동과 핵물질 및 관련시설의 동결, ② 동결여부 확인(검증), ③ 핵폐기안 마련을 위한 단기간의 동결이 되어야 함을 제안하고, 북한이 수용시 동결기간 동안 에너지 지원을 검토할 것을 제의하였다. 이에 대해 중국과 러시아는 긍정적인 고려를 표명하였고, 미국과 일본은 이해와 지지를 표명하였다.[309] 제2차 6자회담은 구체적인 성과를 내지는 못했으나, 의장성명 형태를 통해 2002년 10월 핵문제가 다시 등장한 이후 관련국 간 최초의 서면합의를 도출한 무대였으며, 북핵문제 해결 원칙과 향후 회담의 진행방향을 제시하여 6자회담 과정 진전의 모멘텀을 마련하였다.[310]

제3차 6자회담은 4개월 후인 2004년 6월 23일부터 26일까지 개최되었다. 동 회담에서 참가국들은 가능한 조속한 시일 내에 초기 조치를 취해야 할 필요성

---

309) 외교통상부, 『2005년 외교백서』, 서울: 외교통상부, 2005. p. 29.
310) 위와 같음.

에 대해 공감하였고, 한, 미, 북한이 핵문제 해결을 위한 비교적 구체적인 방안을 제시하여 실질적인 논의가 전개되었다. 북한은 미국이 대북 적대시 정책을 포기할 경우 핵무기 관련 프로그램을 투명하게 포기할 수 있다는 입장을 표명하였다. 5MW 원자로를 포함하여 가동 중에 있는 모든 핵무기 관련 시설, 2003년 1월 NPT 탈퇴후 재처리 등 핵활동을 통하여 용도변경한 결과물, 핵무기를 더 만들지도, 이전하지도, 시험하지도 않는 등 핵의 동결 범위 및 대상을 구체적으로 제안했다.311) 미국은 초기단계 준비기간 중 북한에 대해 잠정적 다자안전보장 제공, 에너지 수요 연구, 테러지원국 명단 삭제, 경제제재 해제 문제 협의 개시 및 중유 공급(단, 미국 불참) 등의 상응조치가 가능하며, 핵폐기와 관련된 조치가 완료되면 항구적 안전보장 제공 및 관계 정상화 장애요소 제거 등이 가능하다는 입장을 밝혔다.

　한편, 북한은 동결에 대한 보상으로 2,000MW 상당의 에너지 지원, 테러지원국 명단 삭제, 대북경제제재 봉쇄 해제 등을 요구하였으며, 미국이 대북 에너지 지원에 동참할 경우 테러지원국 명단 삭제 및 경제제재 해제 문제에 대해 신축성을 보일 수 있다는 입장을 표명했다.312) 3차 회담에서도 의장성명을 채택했는데, 동 회담은 한반도 비핵화 의지에 대한 공감 확산을 토대로 핵폐기를 위한 초기조치의 조속 실시, 핵문제의 평화적 해결을 위한 단계적 과정의 필요성 강조와 함께 추가 협의를 통해 이견을 줄여나가기 위한 지속적인 회합을 통해 당사국 간 초보적인 신뢰구축으로 나가는 단초를 마련했다.

　2004년 6월 제3차 6자회담 이후 북한은 6자회담 재개에 소극적으로 입장을 전환했다. 이는 미국이 부시 대통령의 재선 가능성 여부를 보면서 시간을 벌어

---

311) 북한은 제2차 6자회담에 이어 제3차 회담에서도 농축우라늄 프로그램의 존재를 계속 부정하였다. 위와 같음.
312) 위의 책, pp. 31~32.

보자는 의도와 함께 협상의 레버리지를 확대하기 위해 모종의 조치를 강구하고자 하는 의도의 발로이기도 했다. 2005년 들어 북한은 강경 모드로 전환하고 협상의 주도권을 쥐려는 노력을 전개하였다. 2005년 2월 북한 외무성은 핵 보유국임을 선언하고 6자회담 참가를 중단하겠다고 성명을 발표했다. 동년 4월에는 2년여간 가동했던 5MWe 원자로 가동을 중단하고 사용후 핵연료를 추출하고 5월에 폐연료봉을 인출하였다고 발표하였으며, 7월에는 5MWe 원자로에 새로운 연료를 장전하고 다시 가동하기 시작하면서 대외적인 메시지의 강도를 높여갔다. 이에 한국 정부는 정동영 통일부장관이 2005년 6월 6.15 5주년 통일대축전 계기로 북한을 방문토록 하고, 7월에 대북 200만kW 송전계획을 발표하는 등 6자회담의 재개를 위한 노력을 한층 강화하였다.313) 결국 제4차 6자회담은 1단계 회의가 2005년 7월 26일부터 8월 7일까지, 2단계 회의가 9월 13일부터 19일까지 개최되었다.

제4차 6자회담 1단계 회의에서는 북-미 회담을 비롯한 비교적 활발한 양자접촉을 통한 의견교환이 이루어졌다. 그러나 북-미 간 북한의 핵 폐기 범위와 평화적인 핵 이용 권리에 대한 이견이 좁혀지지 못해 최종적인 합의를 이루지 못하고 휴회를 하게 되었다. 약 2개월 후 재개된 제4차 6자회담 2단계회의에서 참가국들은 핵문제의 평화적인 해결과, 검증가능한 한반도 비핵화 실현에 합의하는 9.19 공동성명을 발표했다.

북한은 모든 핵무기와 핵개발을 포기하고 조속한 시일 내에 NPT에 복귀하여

---

313) 북한은 한국 정부의 대북 전력 200만kW 제공 제의에 대해 경수로 건설을 대체하는 제안으로 간주하여 6자회담 석상에서 거부의사를 표명하였다. 또한 9.19 공동성명 성안 과정에서도 북한은 한국 정부의 대북 송전 제안을 문구에 넣은 것을 강하게 반대하였으나 가까스로 북한을 설득하여 한국의 대북 송전 제안을 재확인한다는 표현에 타협하였다. 이러한 정황으로 보아 한국 정부의 대북송전 제안과 제4차 6자회담 재개간의 인과관계는 성립되지 않는 것으로 분석된다. 위성락 전 주러시아대사 면담, 2015년 9월 25일.

IAEA의 사찰을 받기로 했으며, 미국도 북한을 핵무기나 재래식 무기로 공격하거나 침공할 의사가 없음을 확인하였다. 참가국들은 북한이 평화적 핵이용 권리를 보유하는 것을 존중하고 적절한 시기에 경수로를 제공하는 문제를 논의하기로 하였다. 9.19 공동성명을 통해 합의한 북한과 여타 당사국 간 의무사항 및 교환 내용은 아래 표와 같다.

〈표 4-8〉 9.19 공동성명의 상호 의무/교환 내용

| 구분 | 북한 | 미국 및 여타 참여국 |
| --- | --- | --- |
| 북핵 폐기<br>/대북 안보 제공 | ·모든 핵무기와 현존 프로그램 포기<br>·NPT 및 IAEA 안전조치 복귀<br>·평화적 핵이용 권리 보유 | •(미) 북한 공격·침공의사 불보유<br>•남한 내 핵무기 부재 확인<br>•북한의 평화적 핵이용 권리 존중/ 적절한 시기에 경수로 제공 논의 |
| 관계 정상화 | ·미·북 간 상호 주권 존중, 평화적 공존, 관계정상화 조치<br>·북·일 간 관계 정상화 조치 | |
| 대북 국제적 지원 | | •에너지, 교역 및 투자 분야 경제협력 증진<br>•대북한 에너지 지원 제공 용의 표명<br>•(한) 200만kW 전력공급 재확인 |
| 한반도 및 동북아 안정과 평화 | •직접 당사국들간 별도 포럼에서 한반도 평화체제 협상 개최<br>•동북아 안보협력 증진 방안 모색 | |
| 이행 원칙 | •'공약 대 공약', '행동 대 행동' 원칙에 입각, 단계적으로 상호조율된 조치 | |

출처: 외교통상부, 「2006년 외교백서」, pp. 33~34를 토대로 작성.

제4차 6자회담은 다자 간 협력 틀의 유용성이 돋보인 사례로서 단계적으로 상호조율된 조치에 따라 동북아 다자 간 안보협력이 제도화할 수 있는 가능성을 보여준 것으로 평가되었다. 특히 한반도 평화체제 구축이 다자안보협력이라는 틀과의 협력 관계 속에서 이루어진다면, 한반도 및 동북아 전체에서 군사적 투명성, 의사소통 개선이 보다 용이하게 되어, 역내 국가 간 협력의 근본적 장애요인이 되어 온 과거사 문제, 민족주의, 체제 간 이질성 등의 문제에도 긍정적 영향을 미칠 것으로 기대되었다.[314]

제5차 6자회담은 2005년 11월부터 2007년 2월까지 3단계에 걸쳐 진행되었으나 그 과정은 매우 험난하였다. 1단계 회의는 제4차 6자회담 2단계회의 종료 2개월 후인 2005년 11월 9일부터 11일까지 북핵 폐기 및 상응조치의 시기와 방법, 절차 등 구체적인 이행계획을 합의하기 위해 개최되었다. 동 회담 과정에서 뜻하지 않은 암초를 만나게 되는데 미국이 2005년 9월 마카오 소재 방코 델타 아시아(BDA: Banco Delta Asia) 은행을 자국법인 애국자법(Patriot Act) 제311조에 의거 '돈세탁 주요 우려대상'으로 지정하였던 것이다.[315] 이로 인해 BDA에 대한 대량 예금인출 사태가 발생했고 마카오 당국은 BDA 계좌 인출을 중단시키고 BDA 내 북한 관련 계좌를 동결하였다. 북한은 1단계 회의에 임하면서 미국의 대북 금융제재를 거론하면서 이 문제가 해결되지 않을 경우 북핵문제 해결을 논의할 수 없다고 버티었다. 미국은 이러한 조치가 자국 내 법집행의 일환으로서 협의의 대상이 아니라고 하면서 대량살상무기 확산방지구상(PSI: Proliferation Security Initiative)을 북한에 적용하는 등 오히려 북한 제재강도를 높였다. 결국 1단계 회의는 우여곡절 끝에 여타국들의 중재노력으로 9.19 공동성명 이행을 위한 구체적인 계획, 조치, 순서 등을 만들기로 하고 가능한 가장 빠른 시일 내에 차기회의를 개최하기로 하는 의장성명을 내고 종료하였다.[316]

이후 BDA 문제 해결이 지연되고 미-북 간 입장 대립이 지속되면서 9.19 공동성명의 이행의 진전 가능성이 희박하다고 판단한 북한은 새로운 위기를 조성하였다. 북한은 2006년 7월 5일 미사일 7기를 시험 발사하였으며, 이로 인해 북핵

---

314) 박홍도, "동북아 다자안보협력의 가능성 및 제약요인: 6자회담 사례를 중심으로," 경남대학교 박사학위논문, 2009, pp. 129~130.
315) 미 애국자법(Patriot Act) 제311조는 어떤 기관을 '돈세탁 주요 우려대상' 기관으로 지정할 합리적인 근거가 있는 경우, △ 특정 금융거래의 기록 및 보고, △ 특정 계좌 소유주에 대한 정보 제공, △ 특정 대리계좌 또는 지급계좌에 대한 정보 제공, △ 대리계좌 개설 및 유지 금지 등의 조치를 단수 또는 복수로 부과하도록 규정하고 있다.
316) 외교통상부, 『2006년 외교백서』, 서울: 외교통상부, 2006, pp. 37~39.

협상은 일거에 극단적 위기와 강경제재의 맞교환으로 진행되었다.317) 국제사회는 유엔을 중심으로 안보리 결의 1695호를 채택하였고 북한은 "보다 강경한 물리적 행동조치"를 예고하였다. 6자회담 재개를 위한 회원국들의 노력이 강화되는 과정에서 북한은 결국 10월 9일 핵실험을 강행하였다. 유엔 안보리는 WMD 관련 물자 이전 및 금융거래 금지, 북한 화물에 대한 검색 등을 주요 내용으로 하는 결의 1718호를 만장일치로 채택하였다. 1단계 회의 개최 이후 1년이 넘게 공전이 된 제5차 6자회담 2단계 회의는 2006년 12월 18일부터 22일까지 베이징에서 개최되었다. 미국은 동 회의에서 핵 폐기를 위한 '초기 이행조치'를 단계적으로 구분하고 이에 따른 상응조치의 내용을 상세하게 담은 '수정안'을 북한측에 전달한 것으로 전해졌다. 미국의 방안은 ① 동결단계(영변 5MW 원자로 등 핵시설 가동 중단 등)에서는 서명화된 체제안전보장이나 종전협정 서명 등 주로 북한에 대해 안전보장 조치를 제공하고, ② 신고단계에서 경제적 지원이나 인도적 지원을 제공한다는 것이다. 미국은 북핵 동결단계에서도 경제적 지원이나 인도적 지원문제를 다룰 수 있지만, 이는 차후에 구성될 실무회의 안건으로 다루자는 의견을 제시하였다.318) 그러나 북한이 BDA 문제를 선결적으로 해결할 것을 요구하여 실질문제 논의는 이루어지지 못하고 의장성명 채택과 함께 2단계 회의가 종결되었다. 제5차 6자회담 2단계 회의는 북한의 미사일 실험발사 및 핵실험 강행으로 악화된 상황에서도 우리 정부를 포함한 관련국들이 상호 조율된 외교적 대처를 통해 이끌어낸 결과로서, 6자회담의 모멘텀을 유지하고 차기회담 재개시 실질적 진전을 이루기 위한 사전정지 작업 내지 징검다리 역할을 하였다.319)

---

317) 김근식, 앞의 논문, p. 300.
318) 박홍도, 앞의 논문, p. 132.
319) 외교통상부,『2007년 외교백서』, 서울: 외교통상부, 2007, p. 35.

제5차 6자회담 3단계 회의는 1개월여 만인 2007년 2월 8일부터 13일간 베이징에서 개최되었다. 동 회의에서는 '9.19 공동성명 이행을 위한 초기조치(2.13 합의)'를 도출해냈다. 2.13 합의의 주요 성과는 다음과 같다. 첫째로 핵시설 폐쇄를 넘어 불능화 단계까지 합의문에 포함시킴으로써 핵폐기 과정으로의 진전을 위한 기반을 구축하였다. 둘째로 매년 50만 톤의 중유를 제공하기로 약속했던 1994년 북미 간 제네바합의와 달리 북한의 불능화 과정의 구체적 행동과 진전이 있을 때에만 그에 상응하는 지원 제공방안을 도입하였다. 이에 더해, 참가국들이 균등과 형평의 원칙(principle of equality and equity)에 따라 대북 지원을 분담하기로 함으로써 향후 대북지원 분담의 기준이 확립되었다. 셋째는 미-북, 일-북 관계 정상화의 협의를 개시하기로 합의하여 관련국들간 상호 우려사항의 해소 등을 통해 북핵 문제의 완전하고 근본적인 해결을 위한 토대를 마련해 나갈 수 있게 되었다. 또한 5개 실무그룹이 동시에 가동함으로써 실무그룹들의 논의가 서로 선순환적으로 이루어질 수 있는 기반을 마련하게 되었다. 넷째, 초기조치가 이행되는 대로 9.19 공동성명 이행을 확인하고 동북아 안보협력 증진방안 모색을 위한 6자 외교장관 회담을 개최하기로 합의하였다. 아울러 동북아 평화·안보체제 실무그룹은 그간 동북아 지역에서는 논의되지 못했던 정부간 다자안보협의체를 만들어 나가는 문제에 대한 논의를 개시할 수 있는 중요한 기회가 되었다. 다섯째는 직접 관련 당사국들은 적절한 별도 포럼에서 한반도의 항구적 평화체제에 관한 협상을 갖기로 하였다. 이로써 2.13 합의와 9.19 공동성명 이행을 통한 6자회담 진전은 북핵문제 해결을 넘어서 한반도 평화체제 및 동북아평화·안보체제 기반을 구축하여 역내에 새로운 안보구도를 창출해 나갈 수 있는 기초를 제공하였다.[320]

---

320) 외교통상부, 앞의 책, pp. 36~37.

2.13 합의가 제네바 합의와 비교하여 지니는 가장 큰 의의는 동북아 안보문제에 있어서 다자 간 합의 원칙이 적용된 사례라는 점이다. 제네바 합의문은 북-미 간 양자주의 형식하에서 타결되었지만, 2.13 합의는 6자회담이라는 다자주의에 의한 합의문이며, 6자회담이라는 다자협력체제 틀 속에서 양자회담을 진행하면서 관련국들은 서로 다른 입장을 절충하고 타협하는 모습을 보였다. 2.13 합의 타결 내용이 제네바 합의에 비해 구체성을 더한 것도 성과라 할 만하다. 2.13 합의는 플루토늄 생산 중단을 대가로 북한에 대해 5만 톤의 중유를 우선 제공해 주기로 했는데, 상호 이행기간을 60일로 정했다는 점과 핵시설을 가동불능 상태로 만들 경우 추가로 중유 95만 톤을 늘리는 등 철저한 성과급제를 도입하였다.[321]

제6차 6자회담 1단계 회의는 2.13 합의로 5개 실무그룹회의가 활발하게 움직이고 있었으나, BDA 문제가 완전히 해결되지 않아 전체적인 진전의 발목을 잡고 있는 상황에서 열렸다. 2007년 3월 19일부터 22일간 베이징에서 개최된 1단계 회의는 결국 참가국들간 구체 합의에 이르지 못하고 차기 회담을 가장 빠른 시일내에 잡기로 하고 회의를 종결했다. BDA 문제는 결국 차기 회담 개최를 위한 우선적인 필수과제로 인식되어 관련국 간 활발한 접촉을 통한 해결노력이 지속되었다. 결국 2007년 6월 미국 연방준비은행과 러시아 중앙은행을 거쳐 BDA 자금이 러시아의 극동상업은행으로 송금되면서 BDA 사태는 마무리되었다.

BDA 사태가 해결되고 9.19 공동성명 이행을 위한 초기조치가 북한의 영변 핵시설 폐쇄 봉인 → IAEA 감시·검증 요원의 영변 복귀 → 한국 정부의 대북 중유 5만 톤 제공으로 마무리됨에 따라 6자회담 참가국들은 베이징에서 제6차 6자회담 2단계 회의를 개최하였다. 2단계 회의는 '9.19 공동성명 이행을 위한

---

321) 박홍도, 앞의 논문, p. 134.

제2단계 조치'(10.3 합의)를 채택하였고, 참가국들은 9.19 공동성명 이행을 위한 추가조치에 합의하였다.

10.3 합의는 크게 보아 ① 비핵화, ② 북한에 대한 경제·에너지 지원, ③ 관련국 간 관계 정상화를 위한 세 개의 기둥으로 되어 있다. 북한이 비핵화를 위한 조치로써 (a) 모든 현존하는 핵시설(영변 5MW 실험용 원자로, 재처리시설 및 핵연료봉 제조시설) 불능화는 2007년 12월 31일까지 완료하고, (b) 모든 핵프로그램을 2007년 12월 31일까지 완전하고 정확하게 신고하기로 공약하였으며, (c) 핵물질, 기술, 노하우를 이전하지 않는다는 공약을 재확인하였다.

여타 참가국들은 이러한 북측의 조치에 상응하여 중유 100만 톤 상당의 경제·에너지 지원을 북한에 제공하고, 핵시설 불능화 과정을 지원하며, 미·북 및 일·북 관계정상화 노력을 지속하기로 합의하였다.[322] 10.3 합의는 9.19 공동성명과 2.13 합의에 이어 한반도 비핵화를 실천적으로 구체화시키는 토대가 되었다.

10.3 합의 채택 이후 비핵화 2단계 조치 이행은 비교적 순조롭게 이루어지는 듯 했다. 2007.10월 11일부터 18일간 미국의 불능화 전문가 그룹이 방북하여 북한 핵시설 불능화를 위한 구체 방안을 협의한데 이어, 11월초 재차 방북하여 북한의 영변 핵시설에 대한 불능화 조치를 개시하였다. 대북 경제·에너지 협력 실무그룹도 10월 29일부터 2일간 판문점에서 제3차 회의를 갖고 중유 100만 톤 상당의 대북지원을 중유 50만 톤(기제공분 포함)과 중유 50만 톤 상당의 에너지 관련 설비 및 자재로 공급하기로 합의하였다. 북한에 대한 중유 및 에너지 관련 설비·자재 지원 협의는 2007년 7월에 개시된 바 있으나, 10.3 합의와 실무그룹 회의를 통해 규모와 방법을 명확히 하였다. 6자회담 참가국 중 북한을 제외하고 5개국의 20만 톤씩 균등부담하기로 했는데, 일본은 지원을 거부하

---

322) 외교통상부,『2009년 외교백서』, 서울: 외교통상부, 2009, p. 24.

였다. 결국 우리나라를 포함, 미국, 중국, 러시아가 지원하였는데, 2007년 7월부터 2009년 3월까지 우리 정부가 지원한 14.5만 톤(중유 5만 톤과 에너지 관련 설비 및 자재 9.5만 톤)을 포함하여 74.5만 톤(중유 50만 톤과 에너지 관련 설비 및 자재 24.5만 톤)이 북한에 제공되었다. 북한은 그러나 북한의 농축우라늄 프로그램(UEP) 추구 및 시리아와의 핵확산 의혹 등이 제기되자 북한이 이에 반발하면서 북한의 모든 핵 프로그램에 대한 완전하고 정확한 신고가 2007년말 기한을 넘기게 되었다. 관련국들의 우려가 점증하는 가운데 미-북은 2008년 3월과 4월 제네바와 싱가폴 회동을 통해 신고문제 해결을 위한 협의를 가졌다. 북한은 동년 6월 26일 신고서를 6자회담 의장국인 중국에 제출하였고 6월 27일 중국은 여타 참가국들에게 이를 회람하였다.[323]

   북한이 제출한 신고서의 정확한 검증에 대한 요구를 바탕으로 6자회담 수석대표회의가 2008년 7월 10일부터 12일간 베이징에서 비핵화 및 경제·에너지 협력 실무그룹회의와 함께 개최되었다. 동 회의에서는 2단계 조치의 성과를 바탕으로 3단계에 대한 초보적인 의견교환이 이루어졌으나, 중요한 쟁점인 검증의정서(verification protocol)에 대해서는 '검증체제 수립'이라는 원칙적인 합의 이외에 진전을 보지 못했다.[324] 검증을 둘러싼 북-미 간 팽팽한 긴장이 다소 완화되자 2단계 이행을 마무리하기 위한 6자회담 수석대표회의가 12월 8일부터 11일까지 베이징에서 개최되었다. 동 회의에서는 북한을 제외한 5자가 북한 신고서의 완전하고 정확한 검증이 필요하다는 확고한 원칙에 입각하여 구체 방

---

323) 미국은 북한의 신고서 제출 직후인 6월 26일 북한에 대한 테러지원국 지정해제를 의회에 통보하고 적성국교역법 적용을 종료하였다. 6월 27일 북한은 CNN 등 6자회담 참가국 방송사들을 영변으로 초청하여 영변 5MW 원자로의 냉각탑을 폭파하는 장면을 생중계하도록 하였다. 한편, 우리 정부는 경제·에너지 협력 실무그룹 의장으로서 6월 10일 서울에서 6자회담 최초로 공여국회의를 개최하여 5자간 의견을 조율하였으며, 다음날 실무그룹회의를 열어 지원 일정 등을 협의하였다.

324) 외교통상부, 『2009년 외교백서』, p. 27.

안을 협의하고자 했다. 중국이 적극적으로 중재안을 제시하였으나, 북한은 시료 채취 등 검증 핵심요소에 대한 거부의사를 완강하게 표출하였다. 결국 검증 문제에 대한 북한의 비협조로 인해 구체 합의에 도달하지 못한 채 수석대표회의가 종료되었다. 2003년 8월 제1차 회담 이래 지금까지 개최된 6자회담 주요 결과는 아래 표와 같다.

〈표 4-9〉 6자회담 개최시기와 주요 결과

| 회담 차수 | 개최 시기 | 공백 기간 | 주요 결과 |
|---|---|---|---|
| 제1차 6자회담 | 2003.8.27~29 | 최초 | • 중국의 요약문: 한반도 비핵화, 대화를 통한 평화적 해결원칙에 대한 공감대 형성 |
| 제2차 6자회담 | 2004.2.25~28 | 6개월 | • 의장성명: 최초 서면합의 도출 |
| 제3차 6자회담 | 2004.6.23~26 | 4개월 | • 의장성명: 한반도 비핵화를 위한 초기조치의 필요성, '말 대 말'/'행동 대 행동'의 단계적 과정의 필요성에 대해 공감대 형성 |
| 제4차 6자회담 | 1단계 회의 (2005.7.26~8.7) 2단계 회의 (2005.9.13.~19) | 1년 1개월 | • 9.19 공동성명 : 6자회담의 원칙과 목표를 규정 - 북한의 핵폐기 및 여타국의 상응조치 합의 |
| 제5차 6자회담 | 1단계 (2005.11.9~11) 2단계 회의 (2006.12.18~22) 3단계 회의 (2007.2.8~13) | 1년 2개월 | • 9.19 공동성명의 전면적 이행의지 확인<br>• 9.19 공동성명 이행의지 재확인 및 이행을 위한 조율된 조치를 취해 나가기로 합의<br>• 2.13 합의 (9.19 공동성명 이행을 위한 초기조치) |
| 제6차 6자회담 | 1단계 회의 (2007.3.19~22) 2단계 회의 (2007.9.27~30) | 2개월 | • 10.3 합의 (9.19공동성명을 이행을 위한 제2단계 조치) |
| 수석대표회의 | 2008.7.10~12, 12.8~11 | 9개월 | 2단계 이행 문제 논의 |

6자회담은 2008년 12월 수석대표회의를 마지막으로 중단되면서 핵동결 → 핵신고 → 핵폐기의 3단계 해법의 제2단계인 핵신고의 단계에서 좌절한 채 공전을 이어오고 있다. 그간 북한의 조건 없는 6자회담 재개 요구와 한, 미, 일측

의 선핵포기 조치 등 6자회담 재개의 문턱에 대한 합의가 이루어지지 않고 있어 6자회담 재개는 난망한 실정이다. 이와 관련, 2011년 11월 중국 우다웨이 한반도사무특별대표가 6자회담의 의제와 관련하여 제안한 내용은 6자회담의 현재 상황과 향후 재개될 경우 일정한 방향성을 파악하는데 도움이 될 수 있다고 평가된다. 우다웨이 대표의 제안은 9.19 공동성명을 출발선으로 하여 변화된 상황을 반영하여 기존의 합의사항들을 재구성한 것으로 3차례의 핵실험을 한 북한의 입지를 일정부분 감안하여 북한을 6자회담의 테이블로 유인하려는 구상이다. 주목할 만한 것은 우다웨이의 구상에 담긴 3번째 항인 에너지 지원에 관한 사항으로서 '비핵화 과정에서 북한의 관심사항 해결'을 통해 비핵화와 주변국과의 안정 및 평화구축으로 가는 길목에서 북한과의 추가 협상의 여지를 남겨 놓고 있다.[325] 이는 북한의 안전보장이 해결되더라도 북한의 관심사항인 에너지에 대한 지원이 이루어지지 않으면 평화와 안보에 대한 다자협력 체제가 성립되기 어려워 실질적인 비핵화가 불가능하다는 것을 시사한다.

 2003년 8월 제1차 6자회담부터 제6차 6자회담에 이어 2008년 12월 수석대표회의까지 6자회담은 안보와 경제 등 무엇을 얼마만큼 교환하며, 누가 먼저 의무이행을 할 것이냐의 문제로 귀착되었다. 비핵화의 초기조치와 달리 실제로 핵을 신고하고 폐기하는 진실의 순간에서는 상호 신뢰가 미흡한 상태에서 등가 교환을 통한 타결이 매우 어렵다. 2009년 북한의 3차 핵실험으로 핵능력 제고에 대한 우려가 확산되면서 6자회담 개최가 난망시되고 비핵화 수단으로서의 6자회담 무용론이 확산되기도 했다. 6자회담이 북핵문제를 해결하지 못했으며 향후에도 이러한 기대를 주기 어렵다는 데서 그 한계는 분명하다. 하지만,

---

325) 조성렬, "북핵문제 외교적 해법의 실패원인과 시사점: 6자회담의 재평가와 재개 논의를 중심으로," 『국제관계연구』, 제19권 제2호, 2014년 가을호, p. 94.

〈표 4-10〉 9.19 공동성명과 중국 측 조정안의 비교

| 구분 | 9.19 공동성명 | 중국 측 7개항 조정안 | 비고 |
|---|---|---|---|
| 1 | 의무 이행 | ① 참가국의 회담재개 동의와 2005년 9월 공동성명에 따른 의무이행 | 재개 부분 빼고는 동일 |
| 2 | 북한 모든 핵무기와 현존하는 핵 프로그램의 포기/ 한국과 미국, 한반도 내 핵무기 부재 | ② 한반도 비핵화 실현(북한의 핵 개발·제조·확산·비축 금지, 한국의 핵무장 금지, 관계국의 한반도 핵 배치 금지 | 남한지역 내 핵무기 포함 |
| 3 | 경수로 제공 논의, 200만kW 전력공급, 에너지·경제지원 | ③ 비핵화 과정에서 북한의 관심사항 해결 | KEDO 해체 등에 따른 상황변화 반영 |
| 4 | 미·북 및 북·일 수교/대북 불가침 약속 | ④ 한국·미국·일본과 북한의 관계개선 및 북한체제를 전복하지 않는다는 명시적 의사 표시 | 수교→관계개선/ 불가침→체제 전복 불의사 |
| 5 | 한반도의 영구적 평화체제에 관해 협상 | ⑤ 한반도 평화조약 체결 노력 | 내용 구체화 |
| 6 | '행동 대 행동' 원칙 | ⑥ '행동 대 행동' 원칙 유지와 5개 실무그룹 회의 가동 | 2.13합의 내용 일부 포함 |
| 7 | 동북아 안보협력 증진 | ⑦ 6개국 협의 정례화 | 내용 구체화 |

출처: 『讀賣新聞』, 2013년 11월 22일을 토대로 작성, 조성렬, 앞의 논문, p. 93.에서 재인용.

6자회담은 북핵 동결과 에너지 협력 논의 등 초기이행 단계 조치에 있어서는 제한적이나마 유용성이 있음을 보여주었다.

그러나 6자회담이 초기조치를 넘어 2단계, 3단계로 이행하기 위해서는 안보 대 안보의 교환방식의 틀에서 상호 조율된 조치를 통해 합의를 이루어 나가는 필요조건과, 대북한 경제·에너지 지원이라는 포괄적인 안보 대 경제 교환방식이라는 충분조건이 충족되어야 한다. 북한은 내심 핵보유국이라는 의식을 가지고 있어 경제·에너지에 대한 지원이 미흡하다고 판단될 경우 핵포기에 대한 의지를 좀처럼 가지려 하지 않을 것이다. 더구나 김정은 체제 이후 핵주권을 강조하고 협상용보다 체제 안보 차원에서의 핵 프로그램에 비중을 두면서 핵 협상은 더욱 난망한 상황이다.

## 2. 대북한 국제협력기제의 요건

### 가. 구조와 행위자

동북아에서의 다자협력 경험은 매우 일천하다. 적극적으로 협력을 이루어나가고 경험적 학습을 통해 집합적 정체성을 형성해야 한다는 열망도 의지도 약한 편이다. 그간 동북아 안보공동체나 경제공동체 논의는 민족주의, 영토분쟁, 역사문제 등 역내 갈등과 대립의 요소들로 인해 활력을 받기 어려웠다. 대북한 에너지 협력에 있어서도 역내 차원의 특성이 반영되어 다자주의적 특성은 여전히 취약한 상태에 놓여 있다.[326] 따라서 다자협력의 전통과 의지가 약한 동북아에서 다자협력기제를 구축하는 것은 지난한 작업일 수밖에 없다.[327]

동북아는 미국과 중국이라는 글로벌 차원의 강대국이 경쟁과 협력을 만들어 나가는 공간과, 역내 중국과 일본이라는 지역강국이 자국의 영향력 확대와 타국의 영향력 저지라는 갈등과 협력의 공간이 중첩된 구조가 유지되고 있다. 한반도 차원에서는 분단된 남·북한이 대립과 협력을 반복하면서 특수한 관계를 이어가고 있다. 이러한 글로벌-동북아-국가 차원의 질서 하에서 국가중심성은 더욱 드러날 수밖에 없다. 경제영역에서는 민간거래의 폭이 매우 확대되었지

---

[326] 러기(John G. Ruggie)에 의하면, 다자주의는 "어떠한 특정 원칙들에 관련된 셋, 또는 그 이상 국가들의 협력관계"를 의미한다. John Gerald Ruggie, "Multilateralism: The Anatomy of an Institution," in Ruggie, ed., *Multilateralism Matters: The Theory and Praxis of an Institutional Form*, New York: Columbia University Press, 1993, p. 8. 동북아에 있어서 큰 틀의 다자협력 구축이 매우 어려운 상황이므로 우선적으로 한·중·일, 남·북·러, 남·북·중 등 3개 국가 간 협력을 지향하는 소다자협력을 활용하는 것이 역내의 전반적인 협력 분위기를 만들어 가는데 유용할 수 있다.

[327] 본 연구에서 기제(mechanism)는 국가 간 혹은 국가-민간 간 조직적이고 지속적인 협력이 이루어지는 체계를 의미하며, 이러한 협력기제는 명시적이거나 묵시적인 합의 규범이나 원칙, 절차의 집합을 포함하는 것으로 국제기구나 지역레짐은 물론 느슨한 형태의 양자 및 다자협의체도 포괄하고 있다.

만, 안보딜레마에 민감한 국가중심의 질서는 동북아 패러독스라는 표현이 나올 정도로 정치안보와 경제 부문 간 심한 불균형을 이루고 있다.

이러한 구조 하에서 국가행위자들은 국내정치적 요인의 영향을 받아 협력의 유인보다는 갈등과 대립의 유인이 더 크게 된다. 역내 교역의 규모가 커지고 민간 거래의 폭이 확대되어도 국가 차원에서는 갈등적 정체성이 지배하게 되므로 조화적 정체성을 이행하는 것이 용이하지 않다. 역내 각국이 선호와 이익을 어떻게 규정하는가가 문제인 데 상대적인 이익과 권력 규모에 민감하게 반응하게 되므로 협력이 제도화하는 데 있어 일정한 한계가 노출된다.

대북한 에너지 협력기제 평가에서 주목할 만한 행위자는 지방자치단체이다.[328] 지자체들의 대북지원은 1999년 제주도의 대북한 감귤지원을 통해서 물꼬를 텄지만, 2000년 6.15 공동성명 발표 이후에 중앙정부 차원의 지원 확대와 맞물려 협력을 본격화하였다. 지자체들의 강점으로는 중앙 정부에 비해 정치군사적 대립의 영향을 덜 받을 수 있고, 자체 예산 확보를 통해 다소 규모가 큰 사업도 추진할 수 있다는 점이다. 또한 자체 농업연구소나 개발연구원 등을 보유하고 있어 전문성을 구비하고 있다는 것이 강점이다. 단점으로는 직접 대북협상을 전개하기보다 중앙정부의 시책에 맞추어 조정해 가야하며, 관료적인 특성으로 인해 NGO보다 유연성이 떨어진다는 점이다.

지자체들의 대북지원의 특성으로는 첫째, 호혜적인 사업영역을 발굴 추진하였다는 데 있다. 산림공동 방제, 말라리아 공동방역사업, 씨감자 사업 등은 상호 이득이 되는 사업들이었다. 둘째, 지자체들은 대북지원을 한 단계 업그레이드하는 데 중요한 기여를 하였다. 지방자치단체들은 NGO보다 월등한 자원 동원 능력과 전문성을 구비하고 있어 실질적인 성과를 도모할 수 있는 지원 사업

---

[328] 지방자치단체의 대북지원 현황 및 특징에 대해서는 이종무·최철영·박정란, 『북한개발지원 체제의 구축방안』, 서울: 통일연구원, 2009, pp. 118~120 참조.

이 가능했다. 지자체들이 전면에 나서면서 긴급구호 차원의 지원사업에서 개발지원 사업으로 전환할 수 있는 가능성이 열리게 되었다. 북한 협동농장에서 시범적인 농촌개발 사업을 추진했던 것은 그 대표적 사례라고 할 수 있다. 지자체 간 협력은 중앙정부와의 협력에 비해 북한 관료 및 주민에 대한 접촉면 확대에 큰 도움이 되며, 대북 지원이 특정 지역에 대한 패키지로 지원될 경우 기본적으로 북한의 지방정부 관계자들은 물론 일반 주민과의 교류를 확대할 수 있는 계기를 보다 원활하게 마련할 수 있다. 지자체가 다자협력기제의 일부를 형성하면서 민관 파트너십을 통해 대체에너지 발굴이나 인프라 부문을 지원할 경우 중앙정부 차원에서와는 다른 측면의 시너지를 창출할 수 있다.

또 다른 행위자인 NGO의 비중과 역할에 대해서는 국제적으로나 국내적으로 점차 중요성이 커지고 있다.[329] NGO를 통한 대북지원의 장점으로는 첫째, 정부와 달리 정치군사적인 영향을 덜 받고 지속적이고 안정적으로 추진된다는 점이다. 둘째, NGO들은 인도주의적 동기 외에도 대북지원을 통해서 남북 간 화해를 이루며, 통일 여건을 조성하고 통일 이후 남북통합과정에서 나타날 수 있는 문제점들을 최소화해야 한다는 인식을 보이고 있다. 셋째, NGO들은 대북개발지원 사업 추진에 대해 상당히 강한 동기를 갖고 있다. 넷째, NGO의 현장접근성이다. 비록 상주는 하지 않고 있지만 동일한 언어로 의사소통에 지장이 없고 방문 빈도를 높이면서 현장에 대한 접근성을 확대하고 있다는 점이다. 다섯째, NGO들은 대북지원을 하면서 다른 분야의 교류협력을 주선하는 창구 역할도 하고 있다.[330] 이와 관련, EU 소속의 NGO들은 우월한 현장접근성을 기반으로 국가 차원에서 하지 못하는 북한에 대한 풍력과 태양열 협력 등 에너지 관련 민간지원 사업을 비교적 활발히 전개하였다.

---

[329] NGO의 대북지원 현황과 특성에 대해서는 위의 책, pp. 114~118 참조.
[330] 위의 책, pp. 116~118.

북한 지원 NGO의 경우, 처음에는 북한의 접촉창구가 없어서 해외동포를 통해서 북한과 접촉을 시도하거나 해외주재 북한 대사관을 찾아 가는 초보적인 형태의 접근이 이루어졌다. 북한은 NGO의 대북지원 규모가 증가하자 NGO와의 창구를 간소화하고자 대남 기구를 정비하였는데, 아태평화위는 막후에서 조정역할을 하는 것으로 바뀌고 민족화해협의회(일명 민화협)으로 사실상 단일화하는 조치를 취했다.331) 북한은 대외 원조공여 주체들과의 파트너십 형성보다는 이들을 분리대응(divide and respond)함으로써 외세로부터의 영향을 배격하고 자신의 이익을 극대화하는 전략을 구사하였다. 즉, UN 기구와의 협력 사업은 외무성 산하 국가조정위원회(National Coordination Committee)가 담당하고 있으며, 양자 간 개발협력 업무는 외무성 내 지역담당 부서가 맡고 있다. 비정부기구의 경우에도 유럽은 조선-유럽협력조정처(Korean-European Cooperation Coordination Agency)가 담당하고, 미국은 조선-미국민간교류협회(Korea-America Private Exchange Society)가 맡고 있다. 특히, 북한의 원조기관 부서들은 상호 간 소통과 정보공유 부재 등으로 분절화 현상을 보이고 있는데, 이는 공여국과 수원국 간 효과적인 협조체제 구축에 장애요소가 되고 있으며, 프로그램에 기반을 둔 사업 수행을 위해 필요한 일원화와는 거리가 있다.

전반적으로 보아 남북한 교류협력 과정을 통해 볼 때, 북한의 대남 협력기제의 구조적 특징으로는 갈등적 정체성에 의한 국가중심성이 압도하고 있고, 행위주체 간 자발성에 의한 자체 조직화가 미비하며, 행위주체의 자율적인 공간이 매우 좁다. 그리고 실제 주도적으로 활동하는 주체는 일부 소수에 불과하여 이들이 중복적인 역할을 맡고 있고, 행위주체들 간 수평적인 연계가 부족하여 의사결정 체제가 경직되어 있는 상황이다. 그러나 북한 내부의 행위 주체들이

---

331) 그러나 종교기관에 대해서는 북한의 종교기관이, 금강산관광이나 개성공단 사업과 관련해서는 명승지개발총국이 접촉 창구역할을 하였다.

정책과정에 참여하는 데 제약이 있기는 해도 점차 전문성 있는 행위주체들이 참여하고 있어 대북한 협력의 구조적 여건은 진화하고 있는 것으로 평가된다.[332]

## 나. 글로벌 차원의 규범 형성

### 1) 수원국의 주도성과 지속가능한 에너지의 보편적 접근

에너지를 포함한 국제 개발협력 논의 동향에 있어서 가장 큰 추세는 수원국의 주인의식(ownership), 즉 자기주도성에 대한 인식의 강화라고 할 수 있다. 자기주도성이란 수원국 자체적으로 개발목표와 비전을 수립하고 정책을 주도적으로 수립하며 이행을 해 나가는 역량과 의지를 발현함을 의미한다. 다만, 수원국의 역량이 설정한 개발목표를 제대로 이행하기에 역부족이기 때문에 선진국의 도움이 필요하다.

수원국의 주인의식을 토대로 한 국제사회의 개발협력 방식은 공여국의 일방적인 주입과 지시에 의한 하향식에서 다양한 이해관계가가 참여하는 상향식으로의 변화를 유도하고 있다. 1990년대 중반 이래 국제적으로 부각된 프로그램 기반 접근방식(PBA: Program Based Approach)은 이러한 추세와도 부합한 사업 형태이다. PBA 접근방법으로 인정받으려면 ① 수원국 정부 또는 정부기구가 작성한 계획에 부합해야 하고, ② 포괄적인 계획이어야 하며, ③ 공여국 간 조율을 통해 계획, 실행, 보고 및 구매절차를 공동으로 수행해야 하며, ④ 수원국의 자체적인 계획, 실행, 재정관리, 점검 및 평가시스템을 사용토록 노력해야

---

[332] 위의 책, pp. 93~94. 일례로 '2003년 평화와 통일을 위한 3·1민족대회'는 남측의 한국종교인평화회의(KCRP)가 구성한 대표단과 북측의 조선종교인협의회(KCR)가 공동으로 주관하였는데, 북한으로서는 조선종교인협의회를 주축으로 종교인들이 대규모 민족공동행사를 주도적으로 개최하는 계기가 되었다.

한다. 수원국을 중심으로 한 국제개발협력 형태의 변화는 수원국을 중심으로 파트너십에 기초한 네트워크 확대와 거버넌스 강화 추세와 연계되어 수원국의 주인의식을 강조하고 있는 추세이다.

2005년 '원조 효과성에 관한 파리선언'은 원조를 받는 국가의 주도적인 개발의지를 존중하고 다수 공여국 간 중복적인 행정부담을 줄여나가며, 원조 공여국 간 정보공유와 조율을 통해 원조 효과성을 제고하고자 5대원칙을 제시하였다.[333] 파리선언의 제1원칙인 수원국의 주인의식은 수원국 주도하에 개발전략을 수립하고 공여국이 수원국의 역량구축을 지원하도록 하였다. 파리선언은 공여국 중심의 원조 관행에서 탈피하여 수원국의 주도적 역할을 강조하고 구체적인 목표치를 제시하였다는 면에서 의미가 크며, 이후 글로벌 협력 규범으로 확립되었다.

수원국의 자기주도성은 한편으로 수용능력과도 긴밀한 관계를 가지고 있다.[334] 수용능력은 단기간에 해결되거나 외부에서 이전되는 것이 아니라 수원국 스스로의 노력에 의해 축적해 가는 것이다. 외부의 공여국이나 기관은 수원국의 개발을 지원하고 촉진하는 것은 가능하나, 결국 수원국의 빈곤문제나 성장의 문제는 스스로 해결책을 모색해 나갈 수밖에 없다. 수원국의 수용능력과 개발역량이 확충되고 구비될 때 수원국의 주인의식도 제고되고 자기주도적인 개발계획도 탄력을 받을 수 있다.

세계은행은 1970년대 말에 국제개발협회(IDA)가 수원국들에 대해 자금을 배

---

333) OECD, *Paris Declaration on Aid Effectiveness*, 2005.
334) '수용능력'(capacity)은 "개인, 조직 또는 조직 단위들이 각자의 기능을 효과적으로, 효율적으로, 지속가능하게 수행하는 능력"이다. 이는 일정한 공동체를 구성하는 개인, 조직, 사회가 각자의 차원에서 맡은 기능을 수행하고 문제를 해결하며, 자체적으로 설정한 목표를 성취하는 능력이라고 할 수 있다. '수용능력 개발'은 조직개발보다 큰 개념으로 개인과 조직이 활동하고 상호작용하는 전반적인 시스템, 즉 환경적 맥락을 포함하고 있으며, 역량 개발과 이행, 보전에 영향을 미치는 각 요인들을 고려한다. UNDP, "Capacity Assessment and Development: In a Systems and Strategic Management Context," *Technical Advisory Paper*, No. 3, January 1998, p. 10, http://www.cbd.int/doc/pa/tools/Capacity%20assessment%20and%20development.pdf.

분하는 데 있어 기준을 마련하고자 '국가정책 및 제도평가'(CPIA: Country Policy and Institutional Assessment) 체계를 수립하였다. 세계은행은 이러한 CPIA 체계에 의거하여 취약국가를 분류하고 있다. 한편, 1990년대 취약국가의 기능을 정상화시키는 것이 국제사회의 중요한 의제로 등장하였고, 이에는 수원국에 대한 통합적인 접근의 필요성을 일깨워 주었다. 제임스 울펀슨 총재가 1998년 10월 IBRD/IMF 연차총회에서 제시한 포괄적 개발 기본계획(CDF: Comprehensive Development Framework)은 1999년 초반 세계은행 이사회에 공식 회람되어 규범으로 확립되었다. CDF는 수원국의 가용한 지식과 자원을 관리하는 수단으로서 경제발전과 빈곤감소의 효과적인 이행을 위한 전략 수립을 위한 장기적 구상이라 할 수 있다. 이는 국가를 구성하는 각 이해관계자들의 참여와 소통을 통한 파트너십을 강조하며, 건전한 거시경제와 금융 관리를 통해 사회적, 구조적, 인적 정책 간에 균형을 도모하는 통합적 접근법이다. 이러한 포괄적 개발틀은 무엇보다 개도국의 자립적인 노력과 주인의식의 중요성을 강조하고 있다.[335]

수원국 중심주의와 관련하여 에너지 분야에 있어서는 지속가능한 에너지의 보편적 접근이 중시되고 있다. 특히 2011년 반기문 UN 사무총장의 주도하에 출범한 '모두를 위한 지속가능한 에너지'(SE4ALL: Sustainable Energy for All) 구상은 ① 전 세계에 현대적인 에너지 보장, ② 에너지 효율성 제고, ③ 전 세계 에너지 믹스에 있어서의 재생에너지 비중 2배 확대 등 세 가지 목표를 설정하고 있다. 이 구상은 2030년까지 전 세계 10억명의 인구에 대해 지속가능한 에너지를 공급하겠다는 목적을 갖고 있다.[336]

---

[335] 세계은행의 자금지원을 받기 위한 이행요건인 빈곤감소전략 보고서(PRSP: Poverty Reduction Strategy Paper)는 CDF 원칙에 근거하고 있다. PRSP는 빈곤감소 정책을 일관성 있고 성장지향적인 거시경제 틀에 통합하여 검토하도록 하고 있다. 개도국이 세계은행의 원조를 받기 위해서는 반드시 PRSP를 작성해야 하고, PRSP 작성 과정에서 많은 개도국들이 CDF 원칙에 관심을 집중해야 하므로 CDF와 PRSP는 상호 보완적이라 할 수 있다.

SE4ALL[337)]은 상기 세 가지 목표 하에 11개 행동분야를 설정하여 이행을 추동하고 있는데, 11개 행동 분야는 크게 부문(sectoral)과 교차영역(cross-cutting) 분야로 나뉘어 있다. 부문별 행동 분야는 ① 조리 설비 및 연료, ② 대규모 재생전력, ③ 운수, ④ 전력 배분, ⑤ 공업 및 농업 공정, ⑥ 건물 및 설비, ⑦ 전력망 인프라 및 공급 효율성 등 7개 분야이며, 여건을 형성하는(enabling)하는 교차영역 분야로서는 ⑧ 에너지 기획 및 정책, ⑨ 비즈니스 모델 및 기술 혁신, ⑩ 금융 및 리스크 관리, ⑪ 역량 구축 및 지식 공유 등 4가지이다.[338)]

SE4ALL의 대표적 프로그램으로는 크게 세 가지인 데 (a) 국가별 행동(Country Actions), (b) 글로벌 에너지 효율성 촉진 플랫폼(Global Energy Efficiency Accelerator Platform), (c) 영향력 제고 기회(High Impact Opportunities)이다.[339)] 국가별 행동 프로그램으로서는 각국이 전략적으로 에너지 체계를 전환하는 통합적인 국가 행동을 설계하고 이행해야 하며, 투자를 유도하기 위한 국가정책과 금융환경을 조성해야 한다. 글로벌 에너지 플랫폼 프로그램은 특정한 부문 기반 에너지 효율성 촉진을 지원하기 위해 고안되었다. 동 플랫폼은 공공 및 민간 부문 금융지원은 물론 거버넌스, 성과 일람표, 보고 요건, 공약 관리, 정책, 자원 및 수단 등 촉진인자들 간의 공통요소를 규정하도록 하고 각기의 특정

---

336) Martin Niemetz, "SUSTAINABLE ENERGY FOR ALL: Impact of the Post-2020 Climate Change on Renewable Energy Markets," 『저탄소경제 이행과 에너지 산업의 미래 심포지엄 자료집』, 2015.11.5. Niemetz 지속가능에너지기구(SE4ALL) 국별이행담당관은 전 세계 11억명의 인구가 전기 사용에 어려움이 많으며, 기술개발에 따른 신재생에너지 발전 단가의 하락 등의 요인으로 세계 신재생에너지의 비중은 지속 확대될 것으로 전망하였다. 특히 최근 논의중인 아프리카 사하라 이남 지역(9억5천만명)에 대해 재생에너지를 이용한 전기 공급이 가능할 경우 2040년 세계 재생에너지 비중은 44%까지 확대될 것으로 전망했다.
337) UN이 주도한 글로벌 에너지 구상인 SE4ALL(Sustainable Energy for All: A Global Action Agenda)은 http://www.un.org/wcm/webdav/site/sustainableenergyforall/shared/Documents/SEFA-Action%20Agenda-Final.pdf 참조.
338) Ibid., p. 8.
339) http://www.se4all.org/flagahip-programmes/.

에너지 관련 부문에 초점을 맞추도록 하였다. 영향력 제고 기회 프로그램은 11개 행동 분야 내에서의 영향력을 제고하는 기회를 마련하려는 사업으로서 행동과 공약에 역점을 두어 지속가능한 에너지의 보장과 이행을 확산하는 긍정적 결과물들을 유도하고 있다. 이러한 UN의 글로벌 에너지 구상은 신기후체제의 보편적 체제와 아울러 모든 취약계층에 대한 지속가능한 에너지 접근권 확대라는 포괄적 접근자세를 취하고 있다.

### 2) 파트너십과 글로벌 거버넌스 증진

1990년대 이래 국제사회의 저개발국에 대한 원조의 흐름은 빈곤감소에 대한 강화된 접근과 함께, 경제성장의 기반을 이루는 제도적 측면인 거버넌스를 중시하게 되었다.340) 참여적 개발과 함께 대두된 글로벌 거버넌스에 대한 관심이 제고된 배경에는 냉전 이후 체제전환 국가들이 국제금융기구에 가입하면서 이들 국가들에 대한 정책권고가 시장경제제도와 거버넌스 이행에 초점이 맞춰지고, 1980년대 IMF 등의 구조조정 차관이 실패한 데에서도 기인하였다. 또한 1997년~98년에 발생한 동아시아 외환위기는 거버넌스 토대가 굳건하지 않을 경우 경제전반의 성과를 저해할 수 있다는 교훈을 주게 되었다.341)

경제협력개발기구 개발원조위원회(OECD DAC)는 1996년 5월 제34차 고위급 회의를 개최하여 '21세기 개발협력전략'을 발표하고, 효과적인 파트너십 구축 필요성을 역설하면서 지방정부, 시민사회, 외부 참여자들간 개방적인 대화와 참여, 기여를 제안하였다.342) 특히 비정부기구(NGO)의 참여가 두드러지고 있

---

340) 글로벌 거버넌스에 대한 논의에 대해서는 Margaret P. Karns and Karen A. Mingst 지음, 김계동 외 옮김,『국제기구의 이해: 글로벌 거버넌스의 정치와 과정』, 서울: 명인문화사, 2007; 서창록, 『국제기구: 글로벌 거버넌스의 정치학』, 서울: 다산출판사, 2007 참조.
341) 장형수·김석진·김정수,『국제사회의 개발지원전략과 협력체계 연구』, 서울: 통일연구원, 2011, p. 21.

는데, NGO는 하향식의 지원이 아닌 상향식의 협력방식을 추구하고 있으며 현지 실정에 보다 적합한 지원 방식을 선택할 수 있는 유리한 환경에 있으므로 정부 차원의 개발지원을 보완할 수 있다. 또한 민주화에 바탕을 둔 시민사회의 역량강화에도 기여하는 측면이 있다. 대개도국 개발협력이 단순한 지원규모 확대나 협력 방식이 아니라 수원국의 정책, 제도, 법규, 문화 등 전반적인 사회변화에 관련되는 개념으로 확대되면서 오늘날의 글로벌 개발협력은 NGO를 포함한 시민사회와의 포괄적인 협력관계 구축이 선택이 아닌 필수가 되었다.

1997년 UN은 '환경적 책임경제를 위한 시민연합'[343](CERES: Coalition for Environmentally Responsible Economies)과 공동으로 '글로벌 보고 이니셔티브'(GRI: Global Reporting Initiative)를 창립했다. GRI는 기업이 영업 뿐만 아니라 사회적인 책임을 수행하는 활동에 대한 정보를 체계적으로 보고할 수 있도록 표준적인 지침을 제공하고 있다. 2000년에는 UN 글로벌 컴팩트(UN Global Compact)를 설립하여 기업의 사회적 책임에 대한 국제적 역할을 부여하여 인권과 노동, 환경, 반부패 등 4대 분야에 걸쳐서 10대 원칙을 반영하도록 권고하였다. 2002년 국제사회는 '세계지속가능발전정상회의(WSSD: World Summit on Sustainable Development)를 개최하여 정부와 민간의 협력을 통한 파트너십을 강조하였다. 이러한 국제적 흐름은 정부주도에서 민관협력(PPP: Public Private Partnership)으로의 이전하는 패러다임의 전환 논의의 배경이 되었다. 원조효과성을 위한 고위급 포럼도 세계 주요 선진국 및 개도국, 원조시행기관, OECD, 세계은행 등 국제기구, 국제 NGO 등이 참여하는 민관협의체이다.[344]

---

342) OECD, *Shaping the 21 Century: The Contribution of Development Cooperation*, 1996.
343) 환경적 책임경제를 위한 시민연합(CERES)은 번영되고 지속가능한 세계경제 구축을 지원하는 비영리 단체로서 1989년 Joan Bavaria에 의해 창립되었으며 본부는 미국 보스턴에 소재하고 있다. 상세한 내용은 www.ceres.org 참조.
344) OECD DAC는 MDGs 달성을 위해 원조 제공과정에서의 효율성 향상과 궁극적인 원조 효과성

거버넌스란 일국의 통치행위에 있어 일정한 제도적 수준과 역량의 구비를 요구한다. 정치·경제적인 안정, 공공서비스 제공, 개인 재산권과 사적 계약의 보호, 정책의 일관성과 예측가능성 등 공권력이 사적인 경제 및 사회활동의 후원자가 되고 지원자가 되는 것이다. 이는 일종의 협치로서 일정한 영토 내에서 통치력을 확보한 공권력을 전제로 합리주의적 법치와 민주적 시장질서를 포함하는 개념이라고 할 수 있다. 따라서 취약국가와 사회주의 국가에서의 거버넌스 구조는 제약을 가질 수밖에 없다.

국제개발협력에 있어 거버넌스의 중요성이 부각되면서 1990년대 이래 공공행정서비스, 법질서 등 거버넌스에 대한 양허성 자금지원의 비중이 급격하게 높아져 2010년에는 IDA 전체 양허성 자금지원의 25%에 육박하기에 이르렀다. 〈표 4-11〉은 1960년대부터 2010년까지의 부문별 지원 추이를 보여주고 있는데, 국제사회에서 대개도국 거버넌스 지원의 중요성이 부각되고 있음을 알 수 있다.

북한-UN 간 '11-'15 전략적 협력 기본계획은 이전의 '07-'09 전략적 협력 기본계획과 달리 보건, 의료, 교육 등의 사회개발 분야를 1순위로 배치하고, 기술지원 등을 포함한 '지식 및 개발관리 전수를 위한 파트너십'을 새로이 강조하였다. 이는 북한의 개발역량과 파트너십 확충을 위한 노력을 강화하겠다는 공동의 의지의 표명이다. GTI도 공공-민간 파트너십 구축을 확대하는 추세에 있으며, 자체적인 활동 반경을 넓히기 위해 국제기구화를 노력을 강화하고 있다. 이제 국제개발협력 논의에서 거버넌스와 파트너십을 떼어 놓고 말하기는 불가능한 상황이 되었다.

---

제고를 위해 2003년 로마에서 2011년 부산까지 4차례의 고위급 포럼(HLF: High Level Forum)을 개최하였다. 동 고위급 포럼의 주요 배경 및 결과를 보려면, www.oecd.org/dac/effectiveness/thehighlevelforaonaideffectivenessahistory.htm 참조.

<표 4-11> IDA의 양허성 자금지원 비중의 부문별 변화

(단위 : IDA 전체 양허성 자금지원의 %)

| 구 분 | 1961~1970 | 1971~1976 | 1977~1982 | 1984~1990 | 1991~1995 | 1996~2000 | 2001~2005 | 2006~2010 |
|---|---|---|---|---|---|---|---|---|
| 농업, 농촌개발 | 23 | 32 | 42 | 34 | 23 | 14 | 9 | 9 |
| 인프라 | 41 | 30 | 29 | 27 | 20 | 21 | 20 | 22 |
| 에너지 | 6 | 8 | 16 | 11 | 7 | 8 | 8 | 9 |
| 교통 | 30 | 17 | 10 | 13 | 12 | 12 | 11 | 12 |
| 통신 | 5 | 5 | 3 | 3 | 1 | 1 | 1 | 1 |
| 사회 인프라 | 3 | 4 | 7 | 6 | 7 | 8 | 6 | 7 |
| 상하수도 | 3 | 3 | 5 | 4 | 6 | 8 | 6 | 7 |
| 도시화 | 0 | 1 | 2 | 2 | 1 | 0 | 0 | 0 |
| 산업 | 4 | 10 | 8 | 6 | 13 | 9 | 5 | 4 |
| 사회부문 | 6 | 6 | 7 | 8 | 17 | 25 | 30 | 28 |
| 교육 | 6 | 5 | 6 | 6 | 9 | 12 | 12 | 13 |
| 인구, 보건, 영양 | - | 1 | 1 | 2 | 8 | 13 | 18 | 15 |
| 거버넌스 | - | - | - | 2 | 14 | 18 | 24 | 25 |
| 비프로젝트 융자 | 23 | 18 | 7 | - | - | - | - | - |
| 다부문 융자 | - | - | - | 13 | 2 | 0 | 0 | 0 |

출처: Cevdet A. Denizer, Jean-Jacques Delhier, and Alan Gelb, "Development Economics and The International Development Association," *Policy Research Working Paper*, No. 5541, Washington, D.C.: World Bank, January 2011, p. 30. 장형수 외(2011), 앞의 책, p. 47에서 재인용.

2030 지속가능개발의제 보고서는 전반적인 내용을 관통하는 특성을 5개의 키워드로 제시하고 있다.[345] 5P로 대표되는 키워드는 인간(People), 지구(Planet), 번영(Prosperity), 평화(Peace), 파트너십(Partnership)이다. 동 보고서는 지속가능개발을 위한 범지구적 연대를 기초로 하여 글로벌 파트너십을 강화하고자 하며 모든 나라와 이해관계자와 개인들이 참여하는 형태의 포괄적 파트너십을 지향하고 있다. 동 보고서에서 지속가능개발을 위한 글로벌 파트너십 재활성화가

---

[345] 2015년 9월 25일~27일간 개최된 제69차 UN 총회는 새천년개발목표(MDGs) 이후(Post-MDGs) 협상의 결실로서 "Transforming Our World: The 2030 Agenda for Sustainable Development" (일명 Agenda 2030 또는 2030 지속가능개발의제) 문서를 채택하였다. 동 문서는 지속가능개발 목표로 17개를 정하고 169개의 세부목표를 설정하였다. www.un.org/ga/search/view_doc.asp?symbol=A/69/L.85&Lang=E.

이행수단의 강화와 함께 목표 17번으로 제시되어 있다. 글로벌 파트너십은 체제적 이슈(systemic issues)로 분류되어 정책 및 제도 일관성, 데이터 모니터링 및 책무성과 함께 거론되고 있는데, 지속가능개발 달성을 지원하기 위해 지식, 전문성, 기술, 재원 등을 동원하고 공유하는 글로벌 파트너십을 개선해야 하며, 다중 이해상관자 파트너십에 의해 보완되어야 함을 지적하고 있다. 동 보고서는 또한 효과적인 공공, 공공-민간, 시민사회 파트너십을 격려하고 촉진해야 함을 제안하고 있다.[346]

### 3) 신재생에너지 비중 확대와 녹색협력 강화

국제개발협력의 중요한 추세로서 주목할 만한 것은 지속가능개발의 중요한 요소로서 녹색경제, 녹색성장, 포용적 성장 등이 강조되고 있다는 사실이다. 녹색 개발협력의 요체는 국제사회의 개발협력의 핵심적 의제인 저개발국 빈곤감축 계획의 녹색화이며, 개발협력에 있어서의 녹색협력의 주류화라고 할 수 있다. 글로벌 개발협력 논의 추세는 개발효과성과 혁신적 재원 조달 방안 과제와 함께 포용적이고 지속가능한 발전이 조명받고 있는데, 지속가능성의 핵심 요소로서 녹색성장, 녹색경제 등 녹색의 개념을 기저로 하고 있다.[347]

녹색성장 용어는 2000년 에킨스(Ekins)가 저술한 『경제성장과 환경적 지속가능성』[348]이란 책에서 부제로 사용된 "녹색성장의 전망"(The Prospects for

---

[346] *Ibid.*, p. 23.
[347] 녹색성장의 개념과 응용영역에 대한 전반적인 이해를 위해서는 김형국 편, 『녹색성장 바로알기』(서울: 나남, 2011). 참조. 지속가능성장과 녹색성장간의 상관관계에 관한 연구로는 김호석 외, 「지속가능발전 관점에서의 녹색성장 의미와 평가방안 연구」, 서울: 한국환경정책·평가연구원, 2009, pp. 5~26 참조.
[348] Paul Ekins, *Economic Growth and Environmental Sustainability: The Prospects for Green Growth*, New York: Routledge, 2000.

Green Growth)에서 유래하였다. 이 책은 녹색성장의 개념을 제시했다기보다 경제성장과 환경적 지속가능성간의 관계를 분석하면서 정부정책과 기술변화를 통해 양자가 상호 공존할 수 있다는 점을 이론적으로 보여주었다는 데 의의가 있다. 녹색성장의 용어가 공식적으로 확산된 계기는 2005년 서울에서 개최된 제5차 아시아·태평양지역 환경과 개발 장관회의를 통해서였다. 동 회의에서는 환경과 빈곤을 해결할 수 있는 실천적 개념으로서 녹색성장을 제시하였고, 환경적으로 지속가능한 성장으로 규정하고 구체 이행방안을 담은 '녹색성장을 위한 서울 이니셔티브'를 채택하였다.[349]

녹색경제 개념은 녹색성장보다 앞서 등장하는데 1989년 피어스(David Pearce) 등이 저술한 '녹색경제를 위한 청사진'(Blueprint for a Green Economy)이라는 책을 통해서이다.[350] 이 책은 환경적으로 지속가능성을 보장할 수 있는 경제적 접근의 중요성을 강조하였다. 녹색경제이든 녹색성장이든 기후변화에 대처하고 경제성장을 도모한다는 친환경적 경제성장을 추구한다는 면에서는 기본적으로 같은 개념이다. 그러나 양자 사이에는 문제해결의 초점에 있어서 다소 차이점도 노정하고 있다.[351]

---

[349] 우리나라에서 가장 통용되는 녹색성장 개념은 2011년 우리나라가 채택한 '저탄소 녹색성장 기본법'에서 규정된 것으로서 동태적인 특성을 반영하고 있다 동 법은 "에너지와 자원을 절약하고 효율적으로 사용하여 기후변화와 환경훼손을 줄이고 청정에너지와 녹색기술의 연구개발을 통하여 새로운 성장동력을 확보하며, 새로운 일자리를 창출해 나가는 등 경제와 환경이 조화를 이루는 성장"으로 정의하고 있다. 이에 반해, OECD의 녹색성장 개념은 "녹색과 성장을 동시에 추진함으로써 경제위기 극복과 환경은 물론 사회적 측면에서도 지속가능한 경제성장을 위한 종합적인 정책틀"로서 새로운 성장동력으로 파악하고 있다.

[350] David William Pearce, Anil Markandya and Edward Barbier, *Blueprint for a Green Economy*, London: Earthscan, 1989.

[351] 일부 학자는 녹색경제는 정태적이고 미시적인 개념이며, 녹색성장은 상대적으로 동태적인 개념으로 설명하고 있다. 즉, 녹색경제는 시장, 가격, 경제의 수준, 단기적 목표를 위주로 하며, 인류의 환경 및 자원위기는 지구가 제공가능한 생태용량의 한계를 벗어나므로 환경세, 부담금과 같은 사회적 비용을 시장가격에 반영해야 한다고 주장한다. 반면, 녹색성장은 녹색기술에 대한 투자와 생태친화적 소비문화 확산을 통해 신성장 동력과 녹색 일자리를 창출하고, 이를 통해

녹색성장 및 녹색경제와 지속가능발전의 관계에 있어서는 지속가능발전이 상위개념이라는 것이 인정되고 있다. 즉, 녹색성장과 녹색경제는 지속가능발전을 위해 필요한 조건이나 충분하지는 않으며, 계층간 소득불균형 해소, 사회적 통합과 같은 사회적 발전의 요소에 대한 고려가 이루어져야 지속가능발전이 이루어지는 것으로 이해되고 있다.

지속가능발전과 녹색개발협력 논의를 활성화하는 국제적인 매개는 UN 차원의 지속가능발전 정상회의와 OECD 등의 국제적인 포럼 등이라 할 수 있다. 2009년 12월 제64차 UN총회 결의에 따라 리우회의 20주년을 기념하여 지속가능발전을 위한 국제사회의 의지를 재확인하고 리오 회의 주요 합의사항 이행을 점검하기 위해 2012년 6월 브라질 리우데자네이루에서 '유엔지속가능발전정상회의'(리우+20)가 개최되었다. 동 회의의 의제는 '지속가능발전과 빈곤퇴치 맥락에서의 녹색경제', '지속가능발전을 위한 제도적 틀'로서 '우리가 원하는 미래'(The Future We Want) 제하의 보고서를 결과문서로 채택하였다. 동 문서는 녹색경제가 지속가능발전을 달성하기 위해 필요한 정책수단 중 하나이며, 지구생태계의 건강한 기능유지, 빈곤퇴치, 지속가능한 경제성장, 사회통합의 향상, 인류복지의 증진, 그리고 양질의 일자리 창출에 기여해야 함을 강조했다.[352] 동 회의시 일부 개도국을 중심으로 녹색경제나 녹색성장 개념이 선진국이 주도하여 발의한 것으로 개도국에는 적합지 않다는 반론도 있었으나, 개도국으로의 기술 이전, 역량구축, 재원조성 등 국제협력 방안을 제시하여 개도국의 참여를 유도하였다. 동 회의 계기 글로벌녹색성장연구소(GGGI)가 국제기구 설립협정

---

환경보전과 경제성장을 동시에 추구하는 것으로 보고 있다. 자세한 내용은 강상인·오일찬·박정현, 『Rio+20 녹색경제 의제에 관한 국가비전 및 발전방안 연구』, 서울: 한국환경정책·평가연구원, 2012.

352) 정지원·강성진, 『녹색경제와 지속가능발전: 논의동향과 ODA 정책 시사점』, 서울: 대외경제정책연구원, 2012.

서명식을 개최함으로써 국제기구로의 전환을 이뤄내는 기반을 마련하는 성과가 있었다.

이에 앞서 2010년 멕시코 칸쿤에서 개최된 제16차 유엔기후변화협약당사국총회(COP16)는 개도국의 기후변화 대응을 지원하기 위해 녹색기후기금(GCF: Green Climate Fund)과 기후기술센터네트워크(CTCN: Climate Technology Center and Network)를 설립키로 결정하였다. 이에 따라 기후변화 대처 및 적응을 위한 정부 및 여타 공여국들의 무상원조 및 양허성 차관을 위한 다자적 수단으로서 녹색기후기금(GCF)이 창설되었다.[353] 2012년 10월에는 우리나라가 녹색기후기금(GCF) 사무국을 유치함으로써 녹색성장을 선도하는 국가로서의 위상을 확고히 하였다. 이로써 글로벌 녹색협력을 주도해 나가는 국제기구인 양대 기구를 국내에 유치하여 대개도국 녹색협력의 시너지 효과를 도모할 수 있게 되었다. 이에 따라 녹색성장 전략과 정책을 담당하는 글로벌녹색성장연구소(GGI)와 녹색재원 조성 및 조달을 주도하는 녹색기후기금(GCF), 그리고 국내 기구로서 대개도국 기술지원을 수행하는 녹색기술센터(GTC: Green Technology Center) 간 기능적 업무 조화를 통해 녹색삼각체제(Green Triangle)를 구축하자는 제안도 나왔다.[354]

에너지를 위주로 한 지속가능개발과 녹색개발협력 이슈는 Post-2015 개발의제 협상과정에서도 에너지의 보편적 제공과 청정에너지 연구 개발을 중심으로

---

353) GCF는 2010년 멕시코 칸쿤에서 개최된 제16차 유엔기후변화협약 당사국총회(COP 16)에서 결정된 개발도상국의 기후변화 대응지원을 위해 설립된 기후재원이다. COP 16에서 선진국들은 2010년~2012년간 300억 불 규모의 단기재원과 2020년까지 매년 1,000억 불의 장기재원을 조성하여 개도국의 기후변화 대응을 지원하겠다는 합의를 형성하였다.
354) 기상청 보도자료, 2012.11월 16일. 기상청은 "그린 한반도 구현 · 녹색성장 국제협력 강화 등을 위한 녹색성장 3청 협력체제 본격 가동" 제하로 동일 개최된 녹색성장위원회와 3청(산림청 · 농진청 · 기상청)간 공동 워크샵 개최 사실을 홍보하면서 보도자료에 그린 트라이앵글의 북한지역 적용 가능성 관련 내용을 포함하였다.

논의가 이루어졌다. 2013년 5월 UN 사무총장에게 제출된 Post-2015 개발의제 고위급 패널 보고서에는 에너지 관련 이슈가 개발목표 7번 '지속가능한 에너지 확보'(Secure Sustainable Energy)로 제시되어 있다. 동 보고서는 세부목표로서 7a. 글로벌 에너지 믹스에서의 재생에너지 비율 2배 증가, 7b. 현대적 에너지 서비스의 보편적 접근 보장, 7c. 건물, 산업, 농업, 교통 에너지 효율 2배 상승, 7d. 낭비성 소비를 촉진하는 비효율적 화석연료 보조금의 단계적 폐지 등을 설정하였다.[355] 2015년 9월 UN총회는 동 보고서 제안 대부분을 반영, 채택하였으며, 이에 더해 청정에너지 연구 개발을 위한 기회를 활성화하도록 국제협력을 늘이며 현대적이고 지속가능한 에너지 서비스 제공을 위한 인프라를 확대하고 기술을 업그레이드하도록 하고 있다.[356]

  OECD는 2000년대 후반 들어 주요 관심분야인 성장 전략의 일환으로 녹색성장에 대한 연구를 진행하고 있다. OECD는 2009년 6월 우리나라가 의장으로 주재한 각료회의를 개최하여 저탄소 사회 구축을 위한 '녹색성장 선언문'을 채택하였다. 동 선언은 글로벌 경기침체로 인한 실업률 증가, 재정악화, 저성장 기조 추세에 직면하여 참석 회원국들에게 지속가능발전의 일환으로 녹색성장 전략을 수립할 것을 요청하였다. 이에 따라 녹색성장을 위한 정책 도구와 제안을 담은 녹색성장 전략에 관한 중간보고서가 작성되어 2010년 5월 각료회의에 제출되었으며, 최종 보고서는 2011년에 발간되었다.[357] 아울러 우리나라 주도로

---

355) www.un.org/sg/management/pdf/HLP_P2015_Report.pdf. (검색일: 2015년 9월 24일). Post-2015 UN 고위급 패널 보고서는 2015년 9월 채택된 Agenda 2030 보고서의 토대가 되었다. 2015년 9월 제69차 UN 총회에서 채택된 ' 2030 지속가능개발의제'에서도 2030년까지 글로벌 에너지 믹스에서의 신재생에너지 비율을 현저히 증가시키고(7.2), 적정하고 신뢰할 만하고 현대적인 에너지 서비스를 보편적으로 제공하며(7.1), 글로벌 에너지 효율 향상율을 2배 증가시키도록 되어 있다.
356) UN, 『2030 지속가능발전의제』, p. 16.
357) 녹색성장 전략 및 정책자료, 지표 등 상세한 내용은 http://www.oecd.org/greengrowth/ 참조.

OECD와 협력하여 의제화한 녹색성장에 대해서도 세밀한 연구를 진행하였다.358) OECD는 빈곤감소와 녹색성장간의 연계성을 평가하고 지속가능개발을 촉진하기 위해 농업과 인프라와 같은 분야에서 필요한 변화요소 등을 식별해내는 작업을 하였다.

세계은행은 2012년 서울에서 개최된 글로벌녹색성장서밋(Global Green Growth Summit)에서 '포용적 녹색성장'(inclusive green growth) 추진 방안을 담은 보고서를 발표하였다.359) 동 보고서는 지속가능한 경제성장을 위해 환경적 측면을 고려하면서 적극적 사회정책을 통해 포용적인 녹색성장을 제시하였다.

글로벌녹색성장연구소(GGGI: Global Green Growth Institute)는 개도국 녹색성장 역량 구축 지원을 위해 경험과 지식 공유 차원에서 경제협력개발기구(OECD), UN환경계획(UNEP), 세계은행과 공동으로 '녹색성장지식플랫폼'(GGKP: Green Growth Knowledge Platform)을 구축하여 지식과 기술의 혁신 네트워크를 지향하면서 관련 국제기구간 협력을 긴밀히 하고 있다. 글로벌 녹색협력의 공공-민간 파트너십(PPP: Public Private Partnership)과 관련해서는 글로벌녹색성장포럼(GGGF: Global Green Growth Forum, 이하 "3GF")이 주도하였다. 2011년 덴마크 정부 주도로 시발된 3GF는 정부, 기업, 기관 투자가 및 국제기구 등이 상호 협력하여 글로벌 차원에서의 포용적 녹색성장을 위해 활동하는 공공-민간 협의체이다.360) 2015년 기후변화에 관한 파리협정 체결과 UN 지속가능발전목표

---

358) OECD, *Interim Report of the Green Growth Strategy: Implementing our Commitment for a Sustainable Future*, Meeting of the OECD Council at Ministerial Level (May 27-29, 2010); OECD, *Towards Green Growth: Monitoring Progress - OECD Indicators, Tools for Delivering on Green Growth*, 2011.
359) World Bank, *Inclusive Green Growth: The Pathway to Sustainable Development* (2012).
360) http://3gf.dk/en/about-3gf/. 3GF는 당시 녹색성장을 핵심 국정과제로 삼고있던 한국과 멕시코 정부가 덴마크 정부를 적극 지원하여 창설되었으며, 이후 중국, 케냐, 카타르, 에티오피아가 참여하여 7개 회원국으로 발전했다. 민간회원으로서는 Alstom, Danfoss, 현대자동차, 맥킨지, 삼성, 지멘스, Vestas 등이, 국제기구로는 OECD, 국제에너지기구(IEA: International Energy

(SDGs) 채택 이후 덴마크 정부는 보다 체계적이고 효과적인 이행 지원을 위해 3GF를 '녹색성장과 글로벌 목표 2030 이행을 위한 연대'(Partnering for Green Growth and the Global Goals 2030, 이하 "P4G")로 확대 개편하였다. P4G는 다양한 행위자들의 협조를 통해 국경과 분야를 넘어 게임의 규칙을 변화시키고 민간의 활력과 시장 잠재력을 발휘하여 장기적 포용적 녹색성장과 지속가능발전 목표 달성을 위해 협력 시스템 전반을 혁신하는 데 목표를 두고 있다. 특히 P4G는 파트너십의 파트너십화에 역점을 두고 있는데 세계경제포럼(WEF: World Economic Forum), 청정에너지각료회의(Clean Energy Ministerial), G20/B20, SE4ALL, UN Global Compact[361], 도시기후 리더십 그룹(C40)[362] 등과 적극 협력하고 있다.

  P4G는 글로벌 에너지 문제에 대한 접근에 있어서 효율성 향상을 통한 에너지 절약, 에너지 접근성 확대에 초점을 두고 있다. 특히 풍력, 물, 태양, 바이오매스, 지열 에너지 등 청정하고 고갈이 되지 않는 신재생 에너지 확대에 주력하면서 기존 자원으로부터 추출하는 에너지 효율성을 개선하여 생산성과 경제성장

---

    Agency), 유엔 글로벌컴팩트(UN Global Compact), 국제금융공사(IFC: International Finance Corporation), GGGI 등이 참여하였다.

[361] 유엔 글로벌콤팩트(UN Global Compact)는 1999년 1월 당시 UN 사무총장이던 코피 아난의 발의하에 유엔과 기업간 파트너십을 통해 사회윤리와 지속가능한 경제 환경 개선을 위한 시도로서 2000년 7월 뉴욕 UN 본부에서 창설회의가 개최되었다. UN Global Compact는 인권, 노동규칙, 환경과 반부패 분야에서의 기업책임과 방향을 설정한 10대 원칙의 이행을 위해 기업과 협력하고 있으며, 이를 통해 투명하고 건설적인 기업문화를 조성하고 세계 경제의 지속가능하고 균형적 발전을 추구하고 있다.

[362] 도시기후 리더십 그룹(Cities Climate Leadership Group, C40은 기후변화 대응을 위한 대도시간 협력 네트워크로서 40개 정회원과 16개 협력회원 도시로 구성되어 있다. C40은 세계 온실가스 80% 이상을 배출하는 대도시간 지식 공유, 효과적인 대응을 위한 협력을 도모하고 있다. 2005년 10월 Ken Livingston 런던시장의 주도하에 개최된 18개 대도시 대표회의에서 온실가스 저감 노력을 위한 도시 차원의 행동을 촉구하면서 발족한 이래 협력 네트워크가 확대되어 현재 전세계적으로 75개 이상 대도시와 5억5천만 명의 인구를 포괄하고 있다. 보다 상세한 내용은 www.c40.org 참조.

을 증대시키고 비용을 감소하고자 파트너십 확대를 통한 정보 공유, 기술 개선 등 녹색 전환(green transition)을 촉진하고 있다. 글로벌 녹색협력의 선도자들이라 할 수 있는 국제기구를 중심으로 한 이러한 파트너십들은 UN의 지속가능개발(SDG) 이행을 추동하면서 대북한 다자협력 추진에 있어서도 일정한 역할을 통해 글로벌 지식과 경험을 전수, 공유할 수 있는 잠재력을 보유하고 있다.

### 다. 북한의 역량과 수용성

북한에 대한 에너지 다자협력의 조건이 어느 정도 성숙되었는지, 그리고 향후 동 협력기제 구축의 가능성과 잠재력을 평가하기 위해서는 북한의 국제사회에 대한 협력 경험과 수준, 의지, 그리고 글로벌 규범 및 관행에 대해 어떻게 인식하고 있고, 얼마나 숙지하고 있는지를 고찰할 필요가 있다. 또한 글로벌 규범과 원칙 등을 습득하고 수용하고자 하는 의지가 있는지도 주도적인 개발역량 확보를 위해서도 중요한 요소이다. 북한은 사실상 1980년대 후반 들어 환경 문제에 관심을 갖고 법제화하기 시작했으며,363) 1992년 6월 브라질 리오에서 개최된 환경과 개발에 관한 유엔회의(UNCED) 참석은 지속가능한 개발과 기후변화에 대해서도 정책적 노력을 기울이는 계기가 되었다. 1990년대 중반 고난의 행군 속에서 맞은 자연재해는 북한 정부에 있어서 지속가능한 개발이야말로 환경자원의 보호와 밀접한 관계를 가질 수밖에 없다는 교훈을 주었으며, 이는 북한이 국제사회에 관여하는 계기가 되었다.364) 에너지난 자체와 에너지로 인

---

363) 북한은 1986년 4월 제7기 최고인민회의 5차회의에서 '환경보호법'을 제정하였으며, 1993년 2월 부문별로 산재된 환경관련 업무를 총괄 조정하기 위해 정무원 산하 비상설기구로 '국가환경보호위원회'를 신설하였다. 1996년 10월에는 동 위원회를 정식 정무원 기구로 개편하고 '국토환경보호부'를 설치하였다. 1998년 9월 사회주의헌법 개정과 함께 국가권력 개편을 단행하여 도시경영부와 국토환경보호부를 통합하여 '도시경영 및 국토환경보호성'을 신설하였다가, 1999년 이를 '도시경영성'과 '국토환경보호성'으로 분리하였다.

한 부수적 환경문제와 지속가능발전과의 연계이슈도 북한 정부의 난국 극복에 있어 중요한 관심사가 되었다.

대북한 에너지 다자협력기제 평가를 위해서는 에너지협력의 새로운 규범이면서 지구적 의제로 부상한 세 가지 특징적 추세를 중심으로 북한의 인식과 대응을 살펴볼 필요가 있다. 첫째는 수용성과 주도성의 측면에서 글로벌 협력 규범에 대한 북한의 인식과 반응, 둘째는 파트너십과 거버넌스 구축 측면에서 북한의 잠재적 실재적 역량구축 여부이다. 셋째는 지속가능성과 녹색경제 측면에서 북한의 정책수립 의지와 협력 여부이다.

우선 글로벌 협력 규범에 대한 북한의 인식과 반응을 살펴 보고자 한다. 북한은 비록 핵 프로그램과 인권문제 등으로 국제사회에서 고립되어 있지만, 신재생 에너지 기술을 확보하기 위한 국제적 협력을 꾸준히 전개해 왔다. 북한의 에너지정책 조합 분석과 국제사회의 개발협력 및 새로운 기후체제 논의 흐름을 고찰해 볼 때, 북한은 국제사회의 개발원조에 대한 부정적 인식을 드러내면서도, 기후변화와 에너지에 대한 국제적 흐름에 동참해야 한다는 이중적인 인식을 가지고 있다.[365]

북한은 1990년대 중반 이래 인도주의적 지원 과정에서 외부사회와의 제한적 접촉을 통해서 국제적인 추세와 규범을 습득할 수 있는 기회가 마련되기 시작했다. 개별국가와의 양자접촉은 물론 국제기구와의 협력사업을 통해, 그리고 기술훈련을 통해 국제 무역, 금융, 투자 등에 대한 국제규범과 관행을 배우고 개발역량을 축적하게 되었다. 북한은 UNDP와 1990년대와 2000년대 초반 2회의 원탁회의를 가졌으며, 2007년부터 2015년까지의 2회의 전략적 협력 기본계

---

[364] UNEP, *DPR Korea: State of the Environment 2003*, 2003, p. iii. 북한의 환경생태보고서 전문을 보려면 http://www.unep.org/PDF/DPRK_SOE_Report.pdf 참조.
[365] 임을출, "동북아 개발협력: 북한의 인식과 법제적 대응," 『통일정책연구』, 제19권, 제2호, 2010, p. 238.

획 수립 및 이행을 통해 국제기구와 개별 공여국, NGO 등과의 협의 채널을 일정부분 구축한 바 있으며 국제사회와의 접촉면이 점차 확대되면서 다자협력에 대한 수용성이 증대하고 있다.366)

북한은 1995년부터 2006년까지 11년간 지속된 KEDO 경수로공사 경험을 통해서도 역량 배양의 기회를 가질 수 있었다. KEDO-북한 간 훈련의정서에 따라 마련된 교육훈련 과정은 고위정책자 과정과 일반 훈련생 선발 및 교육의 2과정으로 나뉘었다. 고위정책과정은 2001년 11월 18일부터 9일 동안 9명의 고위정책자과정 참가자들을 대상으로 스페인의 알마라즈 원전에 해외훈련을 실시하였다.367) 이 과정은 KEDO의 공식 훈련의 시작일 뿐만 아니라 경수로를 매개로 한 남북한 최초의 기술인력 교류가 되었다. 일반 훈련생 선발 교육은 강의, 실험실 훈련, 전범위 모의제어반 훈련 및 현장 실무훈련으로 구성된 1단계와 부지에서의 현장 경험훈련 등이 포함된 2단계로 되어 있었다. 발전소 운영인력 훈련생 529명을 선발하는 단계에서 북한은 훈련의정서 규정에 따라 1.5배수인 790명의 훈련 후보자 명단을 제출하였다. 이 중 2002년 5월 심사를 통해 총 529명을 선발하여 18주의 교육과정을 이수토록 하였다.368) KEDO 경수로사업은 국제기구 내에서의 다자접촉과 남북한 및 북-미 간 양자접촉이 수시로 전개된 통합적 교류창구이자 교육의 장이었다.

국제사회의 개발원조는 1990년대 이래 프로젝트 지원방식에서 프로그램 지원방식(PBA: Program-Based Approach)으로 변화하고 있는데,369) 북한도 이의

---

366) 남상민 UNESCAP 동북아사무소 부대표는 2015년 8월 7일 인터뷰에서 2015년 3월 중순 중국 인민대에서 2주간 개최된 북한 인력 훈련 프로그램의 경험을 예로 들면서 북한 관리들이 국제법, 통상법, 합작투자법, 중재법 등 국제 통상 및 법률 지식에 대해 상당한 지식을 갖고 있으며, 보다 수준 있는 내용의 프로그램을 요청했다고 하면서 자신도 많이 놀랐다고 전했다.
367) 해외 견학 3주 후에는 북한 고위인사 19명을 대상으로 2001년 12월 16일 방한 프로그램의 일환으로 한국 내 원자력 시설 견학을 실시하였다.
368) 북한인력 교육훈련에 대해서는 경수로사업지원기획단, 앞의 책, pp. 223~226 참조.

도입 필요성을 인지하고 있지만 국내체제의 경직성으로 신축성 있게 대응하지 못하고 있다. PBA 방식은 현지 주도의 개발프로그램을 위해 수원국과 협조하는 형태의 지원방식으로서 국가개발전략이나 분야별, 주제별 프로그램을 지원하는 개발협력 방식이라 할 수 있다.[370] 이는 수원국이 단순한 피동적 대상이 아니라 능동적으로 통합적인 개발 전략을 수립하고 실천적 프로그램을 시행한다는 의미를 내포하고 있으며, 공여국은 이러한 수원국의 노력을 지원하여 성과를 도출토록 조력하는 역할을 하는 것이다. 다만, PBA 방식이 성공하기 위해서는 수원국과 공여국 간 긴밀한 협력체제가 구축되어 있어야 하는데, 북한의 경우 정보접근성 확대, 다양한 이해관계자의 참여, 참여자 간 소통채널 유지 등에 있어 상당한 한계를 보이고 있다.

둘째는 대북한 지원 및 협력 거버넌스 구조와 이에 대한 북한의 대응과 조정 역량이다. 북한에 대한 지원 거버넌스 논의는 비교적 최근의 현상이기는 하나, 그나마도 남한과 국제기구에만 초점을 두어 왔다. 이는 북한 체제 자체가 공고한 당-국가체제라는 한계 하에서 통전부와 산하기구인 민화협이라는 사실상 단일 접촉점을 위주로 이루어졌던 데 큰 원인이 있으며, 국제사회에서 개도국 지원 거버넌스가 수원국 중심으로 전환하는 추세와는 거리가 있다.

국제사회의 개발협력의 주체가 민간부문의 참여가 두드러지고, 특히 NGO가 주도적으로 참여하는 파트너십이 점차 중요하게 부각되고 있는 데 비해 북한에서의 NGO 활동은 매우 저조했다. UN체제의 북한에 대한 AREP 프로그램 지원 활동에서 보듯이 1998년에서 2000년 4월간 북한에 지원된 128.44백만 불 중 NGOs가 차지한 액수는 7.73백만 불로서 6%에 그치고 있다.

---

[369] 프로젝트형 지원방식과 프로그램형 지원방식간의 차이에 대해서는 R. Lavergne, and A. Alba, *CIDA Primer on Programme-Based Approaches*, Ottawa: CIDA, 2003 참조.
[370] OECD, *The Paris Declaration on Aid Effectiveness*, 2005.

〈표 4-12〉 국제사회의 AREP 프로그램 지원활동(1998~2000)

(단위 : 백만 불)

| 공여자 | 물자투입 | 농업재건 | 산림녹화 | 역량배양 | 총계 |
|---|---|---|---|---|---|
| 국제기구/EU | 47.10 | 11.98 | - | 11.91 | 70.99(55%) |
| 개별 국가 | 48.13 | - | 0.16 | 1.43 | 49.72(39%) |
| NGOs | 7.70 | - | - | 0.03 | 7.73(6%) |
| 총계 | 102.93(80%) | 11.98(9%) | 0.16(-) | 13.37(10%) | 128.44(100%) |

출처: UNDP, "Second Thematic Roundtable on Agriculture Recovery and Environmental Protection Programme in DPR Korea," May 2000, Kim Young-Hoon(2001), p. 101에서 재인용.

이는 단순히 숫자만의 의미를 넘어서는 것으로서, AREP의 실패 사례는 개발협력에 민간의 활력과 창의성을 부여하고 지속가능한 방법으로 협력을 전개하는 거버넌스 구축의 필요성을 상기시켜 준다. 북한은 MDGs 8번째 목표인 '개발을 위한 글로벌 파트너십 구축'을 위한 UNDP와의 사업 과정에서의 경험을 통해 파트너십의 필요성을 인식해 가고 있다. '11-15 전략적 협력 기본계획'은 북한 정부가 자체 경제적 잠재성을 최대한도로 이끌어내고 인간 개발 프로젝트를 성공적으로 이행하기 위해서는 경제 및 프로젝트 관리에서 있어서 인간자원역량을 개선하고 국제적 수준과 최적사례(best practices), 현대 과학기술에 접할 수 있도록 기회를 제공하기 위한 파트너십 구축이 필요하다는 것을 인정하고 있다고 기술하고 있다.[371]

셋째로, 북한의 에너지협력과 개발에 대한 정책 수립 의지와 다자협력 여부이다. 북한은 환경오염 문제와 관련, 기본적으로 소수 착취계급의 수중에 생산수단이 장악되어 필연적으로 공해의 확대 재생산이 발생될 수밖에 없다며 자본주의 사회의 폐해로 간주하고 있다. 이에 비해 사회주의 경제제도는 인민대중이 생산수단의 주인으로 되어있는 자기 우월성으로 인해 공해에 의한 피해를 예방하고 인민대중에게 아름답고 깨끗한 환경을 보장해 줄 수 있는 가능성을

---

371) UN, '11-'15 전략적 협력 기본계획, p. 7.

가지고 있다고 주장한다.372) 사회주의경제제도는 모든 것이 인민대중을 위해 복무하게 되므로 공해를 막을 수 있지만, 비록 공해가 발생하더라도 과학기술을 발전을 통해 충분히 극복할 수 있는 문제이다.373)

북한은 환경오염을 줄이면서도 온실가스 저감에 기여하는 친환경 녹색 에너지 발전으로 전환을 모색하고 있다. 수력과 화력으로 집중된 전력생산을 다양한 자연에너지로 확대하여 전력과 에너지난을 동시에 해결하고자 부심하고 있다. 김정은 국방위 제1위원장은 북한의 에너지정책과 관련 다음과 같이 지시한 바 있다.

> 지금 있는 발전소들에서 전력생산을 최대한으로 늘이기 위한 대책을 세우는것과 함께 긴장한 전력문제를 근본적으로 풀기 위한 전망계획을 바로 세우고 그 실현을 위한 투쟁에 힘을 넣으며 수력자원을 위주로 하면서 풍력, 지열, 태양열을 비롯한 자연에네르기를 리용하여 전력을 더 많이 생산하도록 하여야 합니다.374)

북한의 에너지정책에 대한 인식 전환은 기존의 석탄과 수력에 의한 에너지 공급 확대로는 매우 심각한 에너지난 타개를 위한 근본적 처방이 될 수 없다는 자각에서 이루어졌다. 아울러 친환경 녹색에너지가 국제적인 추세로 정착되고

---

372) 한영민, "사회주의경제제도와 환경보호," 『경제연구』, 제1호, 평양: 과학백과사전종합출판사, 2001, p. 26.
373) "과학기술의 발전은 경제건설과 활동에서 공해를 방지하고 환경을 보호할 수 있는 가능성을 지어주게 된다." 위의 글, p. 26. 문금철은 과학기술 싱크탱크 육성과 첨단 제품 생산기지 구축을 제시하고 있다. 문금철, "최신과학기술에 기초한 에네르기생산방식개선에서 나서는 몇가지 문제," 『경제연구』, 제3호, 평양: 과학백과사전출판사, 2017, pp. 15~16
374) 『노동신문』, 2015년 5월 6일. 김정은 북한 국방위원회 제1위원장은 2014년 1월 1일 신년사를 통해서 "수력자원을 위주로 하면서 풍력, 지열, 태양열을 비롯한 자연에네르기를 리용하여 전력을 더 많이 생산하도록 하여야" 한다고 강조한 바 있다.

있어 이러한 흐름에 최대한 부응하고 가능한 북한 상황에 활용할 방안을 모색해 보고자 하는 노력에서 유래한 측면도 있다.375) 이를 위해 북한은 녹색기술 개발과 도입을 위해 국제협력을 강화하면서 새로운 기술 개발을 위한 인적, 제도적 역량을 확대하고 있다.

기후변화와 관련, 북한은 유엔 기후변화협약 당사국으로서 2005년 교토의정서를 비준했다. 북한은 에너지원단위와 온실가스 원단위가 매우 낮은 저에너지 소비국으로서 온실가스 배출규모는 높지 않은 상태이다.376) 북한은 에너지 소비의 감소로 온실가스 순배출량이 1990년 193.5백만$CO_2$ 환산톤에서 2000년 65.7백만$CO_2$ 환산톤으로 66%가량 감소하였다. 이는 동 기간 남한의 온실가스 순배출량 증가(약 74%)와 대조를 이루었다. 북한이 2014년 10월 UNFCCC에 제출한 '제2차 기후변화 국가보고서'에 따르면, 북한의 에너지 부족사태로 2007년 1차 화석에너지 공급량은 1990년에 비해 55%가량 감소한 것으로 나타났다.377) 이로 보아 온실가스 배출에 대한 북한의 상황은 오히려 훨씬 양호하게 되었는데, 이는 에너지 부족의 역설이라고 할 수 있다. 그러나 북한이 기후변화 대응 및 적응을 위해 부심하는 이유는 온실가스 감축 자체보다는 기후변화의 취약성이 여실히 드러나는 농업부문에 있다. 기후변화는 북한에 온난화로 인한 기온 상승으로 홍수와 가뭄이 빈발하고, 이로 인한 산림 생태계나 토양침식 등으로 인한 농업생산에 대한 영향력이 매우 크게 나타나고 있어 북한은 식량감소로 인한 체제 불안정 야기 가능성 등 사회경제적인 파급효과를 매우 우려하고 있

---

375) "오늘날 과학기술은 인간이 자기의 의사와 요구에 맞게 자연에네르기를 충분히 개발하고 리용할 수 있는 수준에 이르렀다. 자연에네르기를 리용하는 전력생산체계를 세우는것은 오늘 세계적추세로 되고있다." 위의 글.
376) 에너지원단위는 생산 대비 에너지 소비 비율(에너지소비량/GDP)을 나타내며, 온실가스원단위는 에너지 소비량에 대한 온실가스 배출 비율($CO_2$/에너지 소비량)이다.
377) 『자유아시아방송)』(RFA), 2014년 11월 13일.

다.378) 따라서 북한은 기후변화에 적극 대처할 필요를 느끼고 있으며, 이는 환경오염 방지와 대체에너지 개발과 연계하여 정책부문에서 녹색경제에 대한 관심을 제고시키는 원인이 되고 있다.

북한은 2000년대 이래 녹색에너지 생산에 역량을 집중 투입한 결과 어느 정도의 성과를 내고 있는 것으로 보인다. 2014년 6월 노동신문은 최첨단에로 도약하는 "록색에네르기제품생산기지" 제하로 광명레드, 태양전지공장 개소식을 소개하면서 조명산업 발전에서의 일대 전환을 가져온 계기로 제품 개발 및 생산, 판매를 일체화한 기술집약형 기업구조를 통해 지식경제 국가 건설에 기여했다고 평가하였다.379) 동 연구소에는 18종에 걸쳐 80여대의 첨단급설비들을 갖춘 연구실과 실험실이 구비되어 있으며, 1W, 5W는 물론 200W의 대출력모듈형레드에 이르기까지 단선다품종 생산체계를 갖추어 적은 투자로 최대한의 실적을 얻고 있다고 보도되었는데380) 이로 보아 이미 상용화 단계에 접어든 것으로 추정된다.

북한은 북한의 대체에너지 개발 관련 진전사항과 성과들을 조선신보 등을 보도하기도 하는데, 이러한 활동은 북한의 정책을 홍보하는 면도 있지만, 해외의 관심과 투자를 유도하는 면도 있는 것으로 보인다. 보도가 된 사례로는 '생물질 압착연료'가 평양의 공장 등에 도입되어 석탄 절약에 기여했다는 소식과 평양기계대학이 자동차의 출발과 도착 지점을 잇는 최단 경로를 탐색하는 프로그램

---

378) 북한의 기후변화에 대한 취약성과 대책 필요성에 대해서는 Ben Habib, "Climate Change and the Terminal Decay of the North Korean Regime," submitted to the Oceanic Conference on International Studies, 2008 참조.

379) "우리의 록색에네르기산업이 어떤 비상한 목표를 가지고 내달리고 있으며 또 얼마만한 높이에 올라섰는가를 알려면 태양전지연구현장에 가보아야 한다. 43종에 수십대의 현대적인 설비가 갖추어진 이곳에서는 3세대 태 양전지개발이 본격적으로 추진되고 있다. 이미 공장에서는 결정규소태양전지보다 발전원가를 훨씬 낮출수 있는 태양전지의 개발과 생산에서 눈에 띠는 전진을 이룩하였다." 『노동신문』, 2014년 6월 9일.

380) 북한은 광명레드 공장 설립에 대해 녹색경제 시대를 맞아 에너지 절약형 첨단제품 생산기지로서 상당한 자부심을 갖고 대내외에 적극 홍보하였는데, 동 홍보 동영상을 유튜브 사이트에서도 확인할 수 있다. 유튜브 동영상은 https://www.youtube.com/watch?v=q4IsAAvDTHw 참조.

을 개발하여 이를 도입한 운수기관들이 연료를 5~10% 절약했다는 소식이 있다. 그리고 내각 도시경영성 중앙난방연구소가 효율적인 태양열 난방시스템을 개발해 평양 광복거리 주택들에 도입했다는 소식 등 여러 에너지원에 분포되어 있다.[381] 다만, 간헐적으로 나오는 보도의 실체를 정확히 확인하기도 어려운 데다 에너지 생산, 보급, 이용에 대한 구체적인 정보가 부족해 신재생에너지의 전체 규모와 실제 현황을 정확히 파악하는 데는 애로가 있다.

북한은 녹색에너지 개발, 자원 재활용을 위한 재원조성 차원에서 '조선녹색후원기금'을 설립하기로 하고, 2014년 12월 초 재외동포들을 초청하여 동 기금에 대한 투자를 요청하기도 하였다.[382] 이는 북한이 녹색에너지 개발에 정책의 초점을 두고 국제제재를 피해 직접 녹색에너지 개발을 위한 자금 마련에 나선 것으로 국제사회의 행위자로서 역할을 재구성하고 국제협력을 통해 에너지 문제에 접근하고 이를 정책에 반영하겠다는 의지가 매우 높다는 것을 보여준다.

## 3. 대북한 에너지 협력기제의 원칙과 운용

### 가. 국제협력의 원칙

북한의 에너지정책은 전통적인 에너지원 확대와 효율화, 새로운 에너지원 발굴로 대별되는데, 북한은 2000년대 이래 기존의 에너지 절약과 효율화 노력과 함께 기후변화협약체제 하의 온실가스 절감 차원에서 신재생 에너지 등 '록색

---

381) 『연합뉴스』, 2014년 3월 24일. 연합뉴스는 "北, 에너지난 극복 '과학기술 성과' 잇달아 소개: 대체에너지 개발, 화석연료 절약에 기술력 집중" 제하로 대체에너지 성과사례들을 조선신보 등 북한 관련 매체를 인용하여 보도하였다.
382) 『자유아시아방송』(RFA), 2015년 2월 5일.

에네르기' 확보에 정책의 초점을 두어 왔다. 북한에게 신재생에너지는 환경오염을 감소시키고 새로운 에너지원을 제공하는 신성장 동력이라고 할 수 있다.[383] 북한은 심각해지는 기후변화에 대응하고 화석연료 고갈에 대비한 저탄소 경제발전이 경제발전의 새로운 방향이라고 하면서 지속가능한 저탄소 경제성장에 관심을 두게 되었다.[384] 지속가능한 성장을 위한 에너지 접근과 순환경제의 확산, 과학기술을 통한 현대화, 친환경 에너지원 발굴 노력 등은 녹색에너지에 의거한 녹색경제 실현을 위한 특징적 요소로서 북한은 이러한 국제적인 흐름에 동참하려는 모습을 보이고 있다.[385]

이러한 측면에서 대북한 에너지협력의 원칙은 아래와 같이 정리할 수 있다. 첫째, 북한의 정치 및 경제체제, 사회구조, 정책 목표 등을 감안하여, 필요성과 우선순위에 부합하는 협력 계획을 마련해야 한다. 이를 위해서는 북한 당국이 제한된 자원을 투입하여 개선하려고 하는 분야, 단위 목표에 대한 이해가 필요하다. 둘째, 공여국과 수원국인 북한 간 공동 목표에 대해 어느 정도 합의를 이루되, 빈곤과 지속가능성장에 기여해야 한다. 또한 사업 프로그램의 구상 및 채택, 실행, 평가 과정에서 의견 교환이 원활하게 이루어질 수 있도록 관리해야

---

[383] "현시기 사회주의경제강국 건설을 힘있게 다그쳐 나가는데서 중요한 문제의 하나는 재생에너르기를 적극 개발하고 재생에너르기 산업을 발전시켜 경제발전에서 요구되는 에너르기에 대한 수요를 원만히 보장하는 것이다." 김성일, "현시기 재생에너르기 산업을 발전시키는 데서 나서는 중요문제,"『경제연구』, 제3호, 평양: 과학백과사전출판사, 2012, p. 23. 화석연료 고갈과 대북제재에 대한 대응 차원에서 재생에너지의 중요성을 강조한 글로는 성무철, "재생자원의 적극적리용은 지하자원의 지속적개발리용의 중요담보,"『경제연구』, 제2호, 평양: 과학백과사전출판사, 2018, pp. 18~19 참조.
[384] "오늘 환경보호형의 경제를 건설하는 것은 인류의 존망과 관련되는 매우 첨예한 세계적 문제의 하나로 다루고 있다. 이러한 요구를 반영하여 경제의 저탄소화가 새로운 경제발전 방향, 추세로 주목되고 있다." 한철호, "경제의 저탄소화는 새로운 경제발전방향,"『경제연구』, 제4호, 평양: 과학백과사전출판사, 2011, pp. 53~54.
[385] "전통적인 화석자원의 록색화기술을 개발리용하는 것이 중요한 과제로 되고 있다. 전통적인 화석자원의 록색화기술에서 가장 대표적인 것이 화석연료 가운데서 매장량이 가장 많은 석탄자원의 록색화기술이다." 위의 글, p. 27.

한다. 셋째, 북한이 처해 있는 경제발전단계와 대상 분야의 기술적 발전수준에 부합할 수 있도록 실행계획을 마련해야 한다. 아무리 목표가 훌륭하고 계획이 치밀해도 현재의 경제나 사회발전단계와 맞지 않으며 성공을 보장할 수 없다. 끝으로 원조국 및 원조기관, 지원단체간 효율적인 협조체제와 파트너십을 수립해야 한다.

대북한 협력이 궁극적으로 남북분단으로 분열된 생태계의 통합을 고려하는 협력을 상정해야 하는데, 이는 한반도 생태계가 분단 구조에 상관없이 하나의 생명체처럼 연결되어 있기 때문이다. 산림녹화 사업이나 공유하천 관련 사업은 물론 월경성 대기오염물질 등 협력해야 할 분야는 많다. 더구나 기후변화의 영향은 남북이 공히 크게 받고 있어 기상시스템 구축 등에서도 협력할 필요가 있다. 이러한 협력은 에너지와 자원을 효율적으로 관리하고 온실가스를 감축하여 기후변화에 적극 대처하고 환경친화적인 청정에너지와 녹색기술을 융합하여 새로운 성장 동력을 창출해 나가는 것을 목표로 하고 있다. 따라서 대북한 에너지협력 문제는 새로운 기후변화체제, UN의 2030 지속가능개발의제를 종합적으로 고려한 통합적 관점에서 접근해야 하며, 가능한 공여국과 수원국 간 협력이 용이하고 잠재적 효과가 큰 청정에너지 분야부터 시작할 경우 효과성을 제고할 수 있다.

### 나. 대북한 에너지 협력의 내용과 방향

북한을 에너지 분야를 매개로 하여 다자협력으로 유인해내고 협력의 효과성(effectiveness), 책임성(accountability)과 지속가능성(sustainability)을 제고시키려면, 협력의 내용과 방향설정이 매우 중요하다. 북한의 에너지 문제가 단순한 국내문제가 아닌 것처럼, 북한 에너지 문제 해결을 위한 해법에 있어서도 글로벌 차원의 규범 동향과 북한 국내 정치적·정책적 고려를 담아내야 한다. 무엇보다도 북한이 수용할 수 있는 가치와 이익을 반영하는 협력기제를 창출하는 것이 보다 실현성을 담보할 수 있다.

첫째로, 북한을 효과적으로 국제사회로 유인해 내고 가시적인 성과를 조기에 도모하기 위해서는 잠재적 협력 가능성이 높은 분야의 사업을 발굴해 내고 일정한 지역에서의 시범사업을 우선적으로 전개할 필요가 있다.[386] 에너지 안보가 취약하고 에너지 부족으로 인해 경제가 침체된 상황에서 북한의 에너지 부문을 개선하여 지속가능한 발전을 도모할 수 있는 접근법을 모색하는 것이 현실적이다.[387] 북한은 1950년대 말까지만 해도 전국적으로 통합된 단일 전력망을 구축하고 있었으나, 관련 부품과 인프라 부족으로 이해 발전 설비와 송배전 시설 노후화에 대처하지 못하여 개별적인 지역 전력망 시스템으로 바뀌었다.[388] 송배전 손실률이 30%를 상회하는 상황에서 계통연계형 장거리 송전은 전력공급의 효율성을 저해할 수 있어 대규모 에너지 사업보다는 개별 지역 단위의 에너지 시범협력 사업이 효용성을 가질 수 있는 이유이다. 북한은 열악한 송배전망이 가지는 한계는 물론, 에너지 분권형 시스템인 '1지역 1발전소' 정책을 고려할 때, 독립형 송전에 보다 역점을 둘 것으로 전망되고 있다.

둘째로, 대북한 에너지 다자협력 대상 사업으로는 글로벌 기후변화 대응 추세와 국제기구의 에너지 협력 방향을 감안할 때, 북한이 필요로 하고 역점을 두어 추진하고 있는 신재생에너지 협력 사업이 잠재성과 효과성이 높다.[389] 신

---

[386] 전력계통 연계 등 전력 인프라가 열악한 상황에서는 중앙전력망에 연계하기보다 독립적인 형태의 발전소 건설이 더 적합하다는 의견에 대해서는 임소영,『신재생에너지를 중심으로 한 농촌 전력화 프로그램 개발협력 모델』, 서울: 한국국제협력단, 2011 참조.

[387] Dean J. Ouellette, "Energy Crisis and Its Impact on North Korea: Economy, Security, and Military," presented at the Conference titled, *Energy Cooperation and Building Peace on the Korean Peninsula*, October 17, 2012, p. 28.

[388] 안세현, 앞의 논문, p. 80.

[389] 북한의 재생에너지 도입에 있어 북한이 우선적으로 고려하는 사항은 생산원가와 이와 관련된 효율성의 문제임을 유의해야 한다. 고재원, "전력생산에서 자연에네르기의 효과적리용방도,"『경

재생에너지 지원을 통한 북한 에너지난 해소 방안은 인도주의적 차원의 민간 에너지 기본권을 확립하고, 기존 발전설비 개보수와 풍력, 태양열 등 신재생에너지 단지 조성을 통해 가정 및 산업부문의 에너지 문제를 우선적으로 해결하는 것이다.390) 이와 관련하여 북한이 메탄가스를 비롯한 신재생에너지 사업에 상당한 열의를 가지고 추진하고 있는 상황을 활용할 필요가 있다.391) 신재생에너지 사업은 생산 전력을 직류에서 교류로 변환시키는 전류변환 장치를 송배전망에 장착해야 하는데, 이에는 막대한 비용이 소모되므로 신재생에너지 발전소 건설 사업은 제반 입지조건이 적정한 특정 지역을 선정하여 송배전망에 연계되지 않는 소규모 시범사업을 실시하는 것이 바람직하다.392) UNDP와 북한 간 전략적 협력 기본계획(2007~2009)도 대북한 에너지 분야 목표 달성을 위해 농촌 에너지 분야와 지역공동체 수준의 에너지 구상(community-level energy initiatives)에 초점을 맞추고 있는 것에 주목할 필요가 있다.

셋째로는 대북한 에너지 협력이 효과성을 가지려면 에너지를 전달하는 체계와 수단인 인프라에 대한 개선조치가 이루어져야 한다. 에너지를 증산하고 대체에너지를 발굴해도 인프라가 갖추어져 있지 않으면 에너지를 제대로 공급할 수가 없다.393) 북한의 노후화된 발전 설비나 송배전망, 교통 및 통신 수단에 대한 개선작업이 우선적으로 필요하다. 직접계통을 통해 연결하기 어려운 오지나 벽지에는 신재생에너지와 스마트그리드 등을 활용한 에너지자립마을 형태로

---

제연구』, 제3호, 평양: 과학백과사전출판사, 2016, pp. 32~33.
390) 배성인, 앞의 논문, p. 82
391) 양태혁은 재생에너지 이용 방안으로 "자기 단위, 자기 지역의 특성에 맞는 자연에네르기원천을 찾아 효과적으로 리용"할 것을 제안하고 있다. 양태혁, "자연에네르기의 리용범위를 확대하는데서 나서는 중요한 문제," 『경제연구』, 제4호, 평양: 과학백과사전출판사, 2017, pp. 31~33.
392) 박지민, 앞의 논문, p. 4.
393) 남북한 인프라 협력의 종합적인 개발과 통합적 추진을 위한 연구로는 이상준·김원배·김경석·이성수 외, 『남북인프라협력사업의 통합적 추진방안 연구』, 안양: 국토연구원, 2005 참조.

사업을 실시하는 것도 검토할 수 있다.394)

넷째로, 대북한 에너지 다자협력기제의 지속가능한 운용과 관련하여 기존의 UN체제를 통한 협력을 유지하면서 에너지 효율과 신재생에너지 사업을 실시하는 것이 유용하다. 기후변화체제의 기후재원기구인 GEF나 GCF 기금을 활용하여 재생에너지 사업에 투자하거나 파리협정 제6조의 지침을 준용하여 감축사업 추진을 검토해 볼 필요가 있다.

다만, 북한에 기투자한 CDM 사업의 경우 파리협정 하에서 어떻게 전환될지 불투명한 부분이 있어 현 상태에서는 기후협상의 추이를 세밀하게 관찰해야 한다. 기존의 CDM 사업을 인정받을 경우 배출권을 획득하여 이를 판매한 대금으로 에너지 개선에 투자하는 것이 효과적이다. 즉, 탄소배출권(CERs) 거래를 통해 획득한 외화를 대북신탁기금에 기탁하여 관리하고 친환경 기술 지원으로 제공하는 방안을 검토할 필요가 있다. 이는 현금 유용에 대한 국제사회의 의구심을 방지할 수 있고 다자협력의 안정적 추진에 활력을 줄 수 있는 이점이 있다.

북한은 유엔 기후변화협약 가입국으로서 지구환경기금(GEF: Global Environment Facility)의 15개 실행 프로그램 중 "에너지 효율성 제고" 또는 "신재생에너지 도입 증진" 명목으로 GEF 기금을 지원받을 자격을 가지고 있다.395) 다만, 세계은행 미가입국이라 세계은행으로부터 자금 지원을 받을 수는 없으나 UNDP나 UNEP가 GEF와 협조하여 프로젝트를 수행하는 경우 협력 사업 실행이 가능하

---

394) 이와 관련하여 북한에 대한 녹색에너지마을(GEV: Green Energy Village) 프로젝트의 타당성을 연구한 저서로 Hoseok Kim and David von Hippel, *Development of an Energy-Independent Village in the DPRK: Scoping Study for Pilot Project,* Seoul: Korea Environment Institute, 2011 가 있다. 특히 pp. 61~117 참조.
395) 1990년에 설립된 GEF는 183개 회원국이 가입해 있으며, 환경보존을 위한 6개 중점분야 – 생물다양성 보존, 기후변화 방지, 국제수질오염 방지, 토양오염 방지, 오존층 보전, 지속성 유기 오염원 제거 – 및 15개 실행프로그램을 설정하여 이에 관련된 프로그램에 기금을 지원하고 있다. 15개 실행프로그램은 해저생태계 보존, 생물다양성 보존, 에너지 효율 제고, 신재생에너지 도입 증진, 온실가스 저배출 에너지기술 지원 등이다.

다. 북한은 1995년~2000년간 2백만 불 규모의 자금을 공여 받아 UNDP의 두만강 유역 환경 프로젝트를 추진한 경험이 있어 일정부분 역량이 갖춰져 있다고 볼 수 있다.

　세계은행은 2004년부터 북한 내 약 37개 협동농장에 사육 중인 320만 두의 축산분뇨에서 추출한 바이오가스를 활용한 전력생산 관련 정보와 데이터를 수집한바 있으며, 북한도 상당한 관심을 보이면서 협력 의사를 표명하였다.396) 아래 그림은 이러한 대북한 바이오가스 활용 전력생산 프로젝트 개념도를 표시한 것이다.

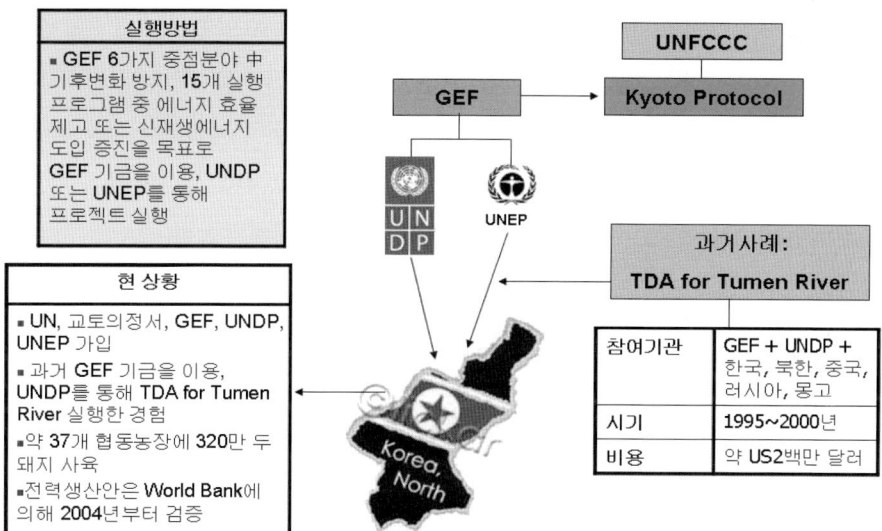

〈그림 4-1〉 대북한 바이오가스 프로젝트 추진 개요

출처: 이한희, 앞의 논문, p. 28.

396) 이한희 전문관은 돈분(豚糞)을 이용한 바이오가스 시설 지원 사업이 전력난 해소와 동시에 동물성 단백질 및 지방공급에 기여할 수 있다고 소개하면서 이는 바이오 가스를 통해 생산한 전력과 일부 육류를 북한에 제공한다는 방안으로 바이오 가스를 이용한 대체에너지 생산 시설 건립에 필요한 설비는 바세나르 전략물자 수출통제협정에도 위배되지 않는 장점이 있다고 강조하였다. 이와 관련한 구체적인 내용에 대해서는 이한희, "바이오가스와 남북한 신에너지협력: 국제기구와의 협력을 중심으로,"『Issue Paper』, 서울: 삼성경제연구소, 2007.8.27., pp. 23~24.

## 다. 다자협력의 유용성과 이행요건

대북한 에너지 다자협력기제는 빈곤 개도국이면서 기후변화 취약국이기도 한 북한에 대한 다자원조를 통해 빈곤감소 문제에 대한 대처가 양자협력에 비해 상대적으로 용이하다는데 유용성이 있다. 그러나 국제기구를 통한 다자원조에는 이행요건이 요구된다. 세계은행 등 국제개발금융기구들은 수원국 원조 제공을 위한 이행요건으로 빈곤감소전략문서(PRSP)를 작성하도록 하고 있다. 특히, 1990년대 들어 국제개발금융기구들이 개도국의 빈곤감축의 중요성에 대해 새로운 인식을 하게 되었고, 1999년 9월 세계은행·국제통화기금 연차총회가 국가주도의 빈곤감소전략을 수립하는 경우에 한해 채무구제와 양허성 차관공여를 실시하기로 합의함에 따라 빈곤감소전략보고서 작성은 필수적인 관문이 되었다.

수원국 정부는 이에 따라 포괄적 개발 기본계획(CDF: Comprehensive Development Framework)의 토대 위에서 빈곤감소전략보고서를 작성해야 했다.[397] 고채무빈곤국의 경우는 특히 외채 탕감과 아울러 국제개발협회(IDA)의 양허성 차관을 받기 위해서라도 빈곤감소전략보고서를 작성하지 않으면 안 되었다. 세계은행은 수원국의 빈곤감소전략보고서를 토대로 하여 해당국과 협의를 통해 국가지원전략(CAS: Country Assistance Strategy)을 수립하고 대출 규모와 조건을 명시하였다. 이와 같이 에너지협력과 개발협력을 연계하는 국제기구 간 협력망은 궁극적으로 북한이 스스로 구체적 목표를 세워 평가를 받고 이를 토대로 자립능력과 주인의식을 배양하도록 하는 데 기여할 수 있다. 아울러 북한이 스스로 설정된 목표를 달성하도록 하는 성과중시형 사업을 추진하는 데에도 유용하다.

---

[397] 제임스 울펀슨 세계은행 총재는 1998년 10월 IMF, IBRD 연차총회 시 포괄적 개념틀(Comprehensive Development Framework)을 제시했는데, 이는 소득분배와 인간개발, 선정(善政) 등 포괄적인 이슈들이 망라되어 있다.

북핵 폐기의 일환으로 대북한 경수로 제공과 중유지원을 위해 기능했던 KEDO는 다자주의적 기제로서 1995년부터 2006년까지 11년간 일정한 범위 내에서 남북 간 화해와 협력의 방식을 습득하는 계기가 되었다. 비록 경수로사업이 소기의 목적을 이루지 못하고 중단하고 말았지만 KEDO는 다자주의 틀 내에서 정기적이고 수시적인 남북접촉과 교류가 가능한 유용한 수단이었다. 그러나 경수로 건설이라는 막대한 비용이 소요되고 장기간에 걸친 사업 기간 중 북한과 여타 당사국들은 '상호조율된 조치'를 지속적으로 맞교환하는 데 합의를 이루지 못함으로써 KEDO의 실험은 실패하고 말았다. KEDO의 실패 사례는 대북한 에너지 다자협력 사업에 있어 2~3년 내에 가시적 성과를 낼 수 있고, 과다한 비용 투입이 필요치 않은 중·단기 에너지 사업이 보다 효과성이 높을 수 있음을 시사한다. 또한 대북한 기술협력과 교류, 인력훈련을 통해 개발역량을 지속적으로 축적하도록 하여 북한으로 하여금 성과를 체득할 수 있는 사업을 발굴하고 이행하는 능력을 배양해 주는 것이 필요함을 일깨워주고 있다.

6자회담 기제의 경우, 핵폐기와 안보/경제 교환 모델이 된 2005년 9.19 공동성명은 북한의 핵포기, 평화체제, 에너지 및 경제 지원, 외교관계 수립 등 포괄적인 요소를 포함하고 있었다. 그러나 이러한 각 요소들 간의 배분과 순서(sequencing)를 상호 조율하여 세세하게 정하고 이행하는 데 실패함으로써 6자회담은 교착상태에 빠지고 말았다. 특히 미-북 간 상호 불신은 상호 합의를 이루기가 어려울 정도로 심각한 상태이다. 잇단 핵과 미사일 도발로 고립되고 소외된 북한을 동북아 역내 차원에서의 다자협력으로 끌어 들이려는 유인이 부족한 현 단계의 국제정치적 상황을 감안할 때, 북한 경제 존속 및 발전에 절실한 에너지 분야를 통해 점진적 협력 네트워크를 갖춰 나감으로써 북한이 에너지적 맥락에서의 셈법을 바꿔나가려는 노력이 필요하다.

북한 경유를 통한 러시아의 천연가스의 도입 사업이나 대북 전력계통망 연계

사업 등 에너지 네트워크 구축은 이러한 노력의 일환으로 해석될 수 있다. 이러한 시도들은 경제적 효과성의 문제이기도 하지만 에너지 안보에 대한 인식의 문제이기도 하다. 전반적으로 대북한 에너지 네트워크 구축 등 다자협력기제를 마련함에 있어서 동북아의 갈등적 정체성의 구조와 북한 리스크와 결부된 문제, 즉 안보 딜레마와 신뢰 결핍이라는 근본적인 장애가 도사리고 있다. 그러나 북한이 필요로 하는 분야에서의 안정적인 협력 틀을 구축하고 협력의 공감을 확산할 경우, 한반도에서의 위기를 감소시키고 상호 이득을 통해 정체성과 이익을 재규정함으로써 화해와 교류의 선순환적 구조로 전환될 수 있는 단초를 제공할 수 있다.

## 4. 지속가능한 북한 에너지를 위한 미래 전략 방향

북한 에너지 문제는 식량난과 더불어 경제난의 핵심 고리로서 기후변화와 환경문제와 결부된 지속가능개발의 관건적 요소이다. 국내문제인 북한 에너지난은 북한이 자체적으로 해결해야 할 문제로서 북한도 심각성을 인식하고 3대 정책방향을 통해 자구책을 모색하였다. 그러나 에너지난 타개를 위한 국내정책이 실패하고, 대북한 에너지 양자 및 다자협력 마저도 실패함으로 인해 북한은 이중적인 실패에 직면하게 되었다. 그럼에도 북한 에너지 문제는 북한 자체적으로 해결할 수 있는 단계와 수준을 넘어섰기 때문에 국제협력의 방향과 수준에 대한 지속적인 검토가 필요하다.

한편, 북한 에너지의 다른 측면인 핵 프로그램에 대해서는 미국과 UN을 중심으로 한 국제제재를 통해 북한의 셈법을 바꾸려는 노력이 병행 추진되었다. UN은 안보리 결의를 통해 대북제재의 수준을 높여 왔으나 목표를 달성하지 못하고 실패하였다. 이러한 원인은 중국이라는 후견국의 공식적 비공식적 지원에 힘입은 것이기도 하나, 대북제재의 효과성을 전달할 수 있는 동원자원과 전달수단이 미약했기 때문이다.398) 북한은 대외적으로 고립된 상황에서 후견적인 중국의 지원에 기대면서도 자력갱생 원칙하에 대북제재를 상수로 규정하고 정책을 추진하고 있어 추가적인 대북제재로도 북한의 변화를 이끌어내기 어렵다. 이러한 상황은 대북제재에 의존한 접근으로는 한계가 있음을 보여주고 있으며, 효과적인 대북한 협력기제를 구축하여 북한을 국제사회로 견인해 내고 북한의 추가적인 협력 표명의지에 보상(payoff)을 주는 접근법도 고려할 필요가 있다.

그간 대북 에너지 협력을 고찰한 결과, 양자협력에 있어서 중-북 간 후견적 협력, 러-북 간 중립적 협력, EU-북 간 민간중심의 제한적 협력, 한-미-일 북핵 공조에 바탕을 둔 협력 단절형으로 비대칭적인 편차를 보였다. 특히 북한은 2000년대 이래 대중국 의존도가 특히 심화되면서 외압의 영향과 파급효과를 강하게 인지하고 있어서 일방적으로 한 나라에 의존하는 것보다 국제적인 다자기제를 수용하는 것에 거부감이 덜한 편이다. 한편, 다자협력은 남-북-러 위주의 동북아 역내 소다자협력과 UN체제 주도의 다자협력으로 진행되었으며, GTI와 UN체제를 중심으로 제도화가 진전되었다. 이러한 협력 구도는 북핵의 제약 요인이 양자관계에 직접적으로 투영됨으로 인해 다자협력의 잠재성이 양자협력에 비해 더 크게 되는 결과를 가져왔다.

그러나 한반도에서 긴장을 해소하고 중장기적인 협력 방안을 마련해야 하는

---

398) 가령, 미국, 유엔, EU가 주도한 대이란 제재의 경우 이란의 원유 판매와 이란에 대한 투자 및 교역을 금지함으로써 제재기제가 강력한 동원자원과 전달수단을 보유하였다. 이란은 자국에 대한 제재로 인해 1,000억 불 이상의 해외자산이 동결된 데다 2012년 이래 1,600억 불 이상의 원유수입 손실이 발생하는 등 경제가 크게 타격을 받았다. 결국 2015년 7월 14일 이란과 P5+1(미국, 영국, 프랑스, 중국, 러시아, 독일)간 핵협상이 타결됨으로써 이란에 대한 제재는 성공을 거둔 것으로 평가되었다. *BBC*, 2015년 7월 14일.

한국에게 다자협력의 유용성과 효과성을 증대시키는 것은 바람직한 방향이면서도 위장된 축복(disguised blessing)이 될 수도 있다.399) 한국은 통일기반 조성이라는 시대적 과제를 안고 있어 남북한 관계의 중심성 하에서 에너지 문제를 비롯한 북한 문제를 국제사회와 조율해 나가야 하기 때문이다. 그럼에도 한반도의 현실은 여전히 냉전적 인식으로 인한 갈등적 정체성이 뿌리 깊게 자리 잡고 있어 남북관계는 종속변수가 될 위험성이 크다. 북한과의 협력을 모색함에 있어 경성안보 면에서의 협력은 매우 중요한 선결적 이슈이기는 하나 이를 타결해 내는 것이 매우 난망하다. 따라서 제약된 다자협력의 잠재성을 우선적으로 발현토록 하여 북핵문제에 대한 진전된 접근을 견인해내고, 비대칭적이고 일방 의존성이 심화된 양자협력의 한계를 보완해 가야 한다.

북한 에너지 문제는 상당히 민감하면서 복합적이고 중층적인 과제이다. 정치적 요인과 경제적 요인이 교차하고 사회심리적인 면에까지 영향을 미치는 주제이다. 김정은 체제하의 북한 정부가 추진하고 있는 병진정책 또한 에너지 문제, 특히 전력난과 밀접히 연관되어 있다.400) 북한 에너지 문제에 대한 접근은 참여 주체의 다양성, 협력 방향, 그리고 협력의 수준 등에 대한 세밀한 디자인을 요구한다.

북한 문제 해결의 궁극적인 지향점은 한반도의 지속가능한 발전에 있다. 북한이 처하고 있는 산림황폐화, 산성비, 황사, 황해 수질오염, 남북한 공유하천의 관리, 기후변화로 인한 홍수, 태풍, 한발 등 환경적, 경제적 문제를 푸는 길은

---

399) 신현실주의에 기반한 합리적 선택이론은 국가들이 자국의 이익을 위해 국제제도를 설계하고 활용하는 데 관심을 두고 있다고 주장한다. 국가는 합리적인 이기적 행위자로서 국제기구나 국제제도를 도구적 수단으로 간주하므로 다자협력기제의 영향력이 확대되는 것을 우려하게 된다. 다자경험의 역사가 일천하고 갈등적 정체성이 강한 동북아 역내 상황에서 합리적 선택이론의 적실성을 무시하기 어렵다.

400) Anna Fifield, "North Korean drought is hobbling the power supply, and the economy with it," *Washington Post*, June 21, 2015.

북한만으로도, 한국만으로도 풀 수 없는 문제이다. 예를 들어 한국이 온실가스의 저감을 위해 화석연료의 사용을 규제한다 할지라도 북한이 석탄 중심의 에너지원 구조를 유지하는 한 한반도의 지속가능한 성장은 달성하기 어려울 것이다.

국제사회는 선진국을 중심으로 한 OECD 개발협력 논의와 UN 차원의 지속가능발전목표(SDGs)인 '2030 지속가능발전의제' 이행문제 간 상호 유기적으로 통합되고 공동 협력하는 추세에 있다.[401] 이에 따라 국제사회의 에너지 협력을 포함한 개발원조 방향은 UN 차원에서 SDGs의 이행을 중심으로 전반적 흐름이 수렴되고 있다. 대북한 에너지 다자협력기제도 지속가능한 에너지의 보편적이고 균형된 접근 보장이라는 글로벌 추세를 염두에 두고 효과적으로 모색해 가는 것이 필요하다. 이와 관련, 북한이 글로벌 규범에 대한 인식을 제고함에 따라 대북한 개발원조에 있어서도 대체에너지원 발굴과 에너지 기술 협력을 통한 '개발협력의 녹색화'(greening development cooperation)를 위한 여건이 조성되고 있음을 주목할 필요가 있다. 대북한 에너지협력은 국제개발원조 분야의 다양한 파트너십과 거버넌스와의 연계성을 도모하면서 재생에너지와 에너지 효율 개선을 통한 지속가능발전을 추구함으로써 유용성과 효과성을 높일 수 있다.

대북한 에너지협력기제는 중장기적으로는 통일 기반을 조성해 나가는 하위 개념이면서 비핵화 해결의 입구(入口)적인 구상이라고 볼 수 있다. 북한의 주도성과 참여성이 일정부분 보장되면서 참여를 용이하게 할 수 있고, 남북 간 이견이 적고 파급효과가 큰 분야인 대체에너지 부문에서 성과지향적인 협력을 확대해 나갈 필요가 있다. 이는 보다 큰 규모의 에너지 프로젝트의 이행을 가능하게 하고, 여타 분야로 이어져 전반적인 신뢰구축과 평화통일의 토대를 형성하도록 여건을 조성할 수 있다.

---

[401] OECD-UNDP간 합동지원팀(OECD-UNDP Joint Support Team)의 부산파트너십 10대 지표 이행 및 모니터링 지원 업무는 이러한 경향을 잘 보여주고 있다.

북한 에너지 문제는 이제 더 이상 북한만의 문제가 아닌 글로벌 차원의 변수들과 연계되어 고찰되어야 하며, 특히 동북아 지역적인 차원에서의 세밀한 접근이 필요하다. 남·북·러, 남·북·중 3각협력을 비롯한 소다자협력틀은 물론 동북아 에너지 안보에서의 갈등과 협력을 관리하는 지역협력 기제와의 연계성을 적극 고려해야 한다. 이러한 측면에서 대북한 에너지 다자협력기제는 북한이 국제사회와의 접점에서 정책전환을 모색하고 동북아 역내 국가 간 협력에 관여토록 하면서 지속가능한 협력으로 유인하는 접근법으로서 북한 리스크와 역내 갈등 요소 등의 한계에도 불구하고 일정한 유용성을 지니고 있다고 평가된다.

북한이 에너지난 타개를 위한 자구노력을 전개하고 국제 모니터링과 협력을 모색하고는 있으나, 실상 북한과 국제사회의 접점 영역에서의 북한의 인식변화와 국제사회의 양자 및 다자협력기제간 상호작용에 대한 부분은 여전히 모호한 영역으로 남아 있다. 이는 '진행되고 있는 사안과 사건'에 대한 설명이 상대적으로 더 어려운 구성주의 이론 자체가 가지고 있는 모호성과 한계이기도 하다. 또한 대북한 협력 자체의 환경과 실제에서 기인하는 제약과 한계가 크다는 것도 원인이라 할 수 있다. 이는 달리 말하면, 대북한 협력이 일정한 제약 속에서도 '진화하는 단계'에 있음을 반증하고 있다. 아울러 북한을 둘러싼 한반도 및 동북아 협력기제가 신뢰가 결핍된 약한 고리의 협력에서 점차적으로 제도화된 협력으로 가는 전환점에 놓여 있다는 역사적 사실을 상기시켜 주고 있다.

북한에 대한 에너지협력에 있어서 기본적으로 양자보다는 다자협력이 더욱 유용성이 있기는 하나, 아직도 효과성과 투명성 면에서는 한계를 드러내고 있다. 핵문제 해결을 위한 핵협상을 벌여 나가면서도 에너지문제 해결을 위한 협력사업도 진행해 나가되 국제기구를 중심으로 공여주체들 간 효과적인 네트워크를 이루어나가는 것이 필요하다. 특히 현재 북한과의 전략적 협력 기본계획을 진행하고 있는 UN체제의 역할이 제한적임을 유의할 필요가 있다. UN 체제의 기능과 역할을 충실히 이행해 나가되 국제 비정부기구, 국내 비정부기구, 전문가 그룹, 필요시 중앙정부의 협조아래 지자체가 가담하는 형태는 효과성을 제고시킬 수 있다. 국내 민간단체의 경우도 시민사회의 성장과 역량발전을 바탕으로 국제기구에 대한 협력의 모멘텀을 확보하고, 네트워크의 폭과 깊이를 심화시킴으로써 대북 협력기제의 틀을 안정적으로 구축해 가는 노력이 필요하다.

대북한 에너지 다자협력기제 구축 및 운영에 있어서는 보다 근본적인 문제를 극복해야 한다. 첫째는 친환경 에너지 사업을 통해 개발원조 단계에 이르기까지 핵심 장애라고 할 수 있는 재원조달 문제이다. AREP 이행과정에 있어서나 UNDP-북한 간 전략적 협력 기본계획에 있어서도 재원조달 문제는 중요하게 부각되었다. 북한도 개발금융의 필요성에 대한 인식을 확대하게 되는데, 특히 1990년대 초반의 나진-선봉지역 개방경험은 성공여부를 떠나 국제금융의 필요성과 실상을 인식하는 계기가 되었다.[402] 북한은 정체되어 있는 동북아 지역에서의 협력을 활성화하기 위해서는 역내 개발대상에 대한 참여국들의 적극적 의지가 있어야 하며, 하부구조에 필요한 자금 부족 문제가 해결되어야 함을 인식하고 있다. 이를 위해 새로운 은행이나 기금을 설립하는 등 적극적이고 혁신적인 자금조달 노력이 필요하다고 보고 있다.[403]

그러나 북한과 같이 개방도가 낮고 제도적 역량이 미약한 빈곤국 정부 및 공적부문에 대한 양허성 차관이나 상업차관이 공여될 가능성은 매우 낮다. 북한

---

[402] "라진-선봉 지구를 국제금융 중심지로 꾸리기 위해서는 무엇보다 먼저 자유경제무역지대의 특성에 맞게 금융기관들을 합리적으로 꾸리고 다양한 국제금융업무를 폭넓게 진행하여야 한다." 최영철, "라진-선봉 지구를 국제금융거래의 중심지로 꾸리는 것은 자유경제무역지대 개발의 중요 고리," 『경제연구』, 제1호, 평양, 과학백과사전종합출판사, 1998, p. 28.

[403] "계속 자금부족과 해결전망에 대한 우려에 머물지 말고 지역내에서 경제적으로 앞선 나라들에 의한 필요한 자금의 보장, 국제금융기관의 자금리용, 나아가서 지역내에 새로운 은행이나 기금을 창립하는 등 보다 적극적이고 혁신적인 자금해결방도를 모색하고 실천에 옮겨야 한다." 황금해, 앞의 글, p. 37.

이 국제사회에 온전히 통합되기 전까지는 북한 경제에 대한 자금은 양자 간 및 다자 간 국제공적자금을 조성하여 조달하는 방안이 현실적이라고 할 수 있다.[404] 북한이 녹색후원기금의 자금 조성을 위해 재외동포들에게 투자를 요청한 것도 정상적인 국가 간 관계에서 자체 역량으로 자금을 유치하기가 사실상 불가능함을 잘 알고 있기 때문이다.

재원 조달과 관련, 1990년대 고난의 행군 이후 배급제 붕괴에 따른 국가 보호막이 사라진 대신 일반 국민들이 자구책을 모색하는 과정에서 북한 내에서는 이전과는 다른 새로운 계층이 출현했는데 이들의 동향을 면밀하게 살펴볼 필요가 있다.[405] 특히 2002년 '7.1 경제관리개선조치' 이후 본격적으로 성장한 장마당 세대는 국제금융과 기업거래에 대한 일정한 이해를 바탕으로 국가 권력에 도전하지 않으면서 사적인 이익을 추구하였다. 이들은 때로 부패를 통한 유착관계를 형성하면서 부를 축적하여 일종의 상층계급을 형성하는 등 계층 분화 현상까지 발생하였다. 당과 국가, 사회 간의 공고한 체제가 다소 완화된 체제로 이행하면서 사적인 부문의 자율성을 가진 외화벌이 세력이나 신흥 부자 층의 출현은 민간부문의 사금융을 확충하는 결과를 가져왔다. 이들은 국내건설이나 프로젝트 이행 등 재원을 조달할 수 있는 능력까지 갖추게 되었다. 대북한 협력 사업에 있어서 북한 당국의 묵인하에 이러한 신흥세력들을 제한적인 범위에서나마 참여토록 할 경우 거버넌스 강화에 기여할 수 있다.

몬터레이 합의(Monterrey Consensus)는 개발재원 관련 국내 재원은 물론 해외직접투자(FDI: foreign direct investment) 등 외부재원 동원의 중요성을 강조하고 있다.[406] 외부민간재원 유입 촉진을 위해 각국은 투명하고, 안정적이며,

---

[404] 장형수 외, 『북한개발지원을 위한 국제협력 방안』, p. 164.
[405] 북한의 사금융 형성과 비즈니스 유형에 대해서는 임을출, "북한 비즈니스와 사금융," 『북한과의 비즈니스와 금융』(Doing Business in North Korea: Business and Finance in the DPRK), 국제학술회의 자료집, 2015년 6월 10일.

예측가능한 투자환경 조성 노력의 지속이 필요하다. 이에는 계약이행 및 재산권 존중, 건전한 거시경제정책 및 제도 확립, 이중과세 방지, 기업지배구조 개선은 물론 공공-민간 부문 간 협력 및 투자협정도 중요하다. 이에 따라 수원국의 수요에 부응하는 기술원조 및 능력배양 프로그램의 강화 필요성이 강조되고 있다.[407] 해외직접투자, 포트폴리오 투자, 국가 간 은행 거래 등 국제민간재원을 지속가능개발을 위한 장기적 투자에 활용하는 것이 필요하다는 의견이 제기되고 있는데, 이중 FDI는 가장 안정적이고 장기적인 민간재원으로서 매우 중요한 역할을 수행하는 것으로 평가되고 있다. 해외투자에 호혜적인 환경을 조성하기 위한 정책을 시행하고 '수지가 맞는 사업'(bankable projects)을 발굴하는 것이 긴요하다. 따라서 북한과 같이 외부로부터의 투자 유입이 어려운 환경 하에서 호혜적이면서 지속가능하고 성과창출이 가능한 녹색에너지 협력과 연계하여 재원을 다변화하는 노력이 필요하다.

두 번째로는 기술공여의 문제이다. 특히, 국제적인 신재생 에너지 기술 발전 추세를 고려할 때 북한 에너지 문제 접근에 있어 새로운 발상이 필요하다. 북한의 기후변화 대응 및 녹색 에너지 기술 수준에 대한 객관적 평가도 이루어질 필요가 있다. 새로운 에너지 기술의 발전은 북한의 뒤쳐진 기술여건상 도전요인이 될 수 있으나, 스마트 그리드와 같이 대규모 송배전망 건설을 필요로 하지 않는 사업의 경우, 오히려 북한의 에너지 산업 개선과 대북한 에너지 협력에 있어 기회요인이 되는 측면도 존재한다.

북한에 대한 개발협력에 있어서는 국제금융기구의 지원을 받는 것이 어렵기 때문에 가능한 범위 내에서 북한의 정책우선 분야와 외부 사회와의 접점을 마

---

406) 몬터레이 합의는 2002년 3월 50개국 이상의 정상급 국가대표와 200여명의 각료급 대표가 참가한 가운데 멕시코 몬터레이에서 개최된 UN 주최 개발재원 국제회의에서 합의된 개발협력 관련 문서이다. 동 문서를 보려면, http://www.un.org/esa/ffd/monerrey/MonterreyConsensus.pdf 참조.
407) 위의 합의문, 제21항.

련해 나갈 필요가 있다. 이를 위해서는 핵문제의 타결 등으로 국제금융기구 가입이전 시점이라도 북한과의 기술협력 등을 전개할 필요가 있다.[408] 기술협력은 일정한 분야에서의 지식, 기술수준, 생산 노하우 등의 전수를 통해 인적 자원을 개발하고 육성하는 체계적이고 지속적인 과정이라고 한다면, 협력 가능성이 높은 영역을 발굴하여 기술협력을 통해 교류와 접촉을 확대해 나가는 것이 필요하다.

셋째로는 북한에 대한 객관적 통계 확보의 어려움이다. 국제적인 인도지원기구의 식품 및 의약지원에 대한 모니터링 문제에서 제기된 바 있듯이 구호물자가 제대로 이루어지고 있는지에 대한 검증조차도 확인에 어려움이 존재한다. 북한의 국내 정책 관련 기본적인 데이터 부족 및 데이터 자체의 신뢰성에 대한 문제는 계속 제기되었으며, AREP이 제대로 성과를 내지 못하는 원인이 되기도 하였다. 이러한 기본적인 통계작업에서의 어려움은 북한 내의 투명성 부족에도 원인이 있지만, 국제적인 관행과 규범에 대한 이해도가 낮은 데에도 원인이 있는 만큼 기술협력을 통해 역량을 강화할 필요도 있다.[409]

북한과 UN이 2016년 합의한 제3차 전략적 협력 기본계획은 이러한 상황을 감안하여 4가지 사업 프로그램 중 '복원력과 지속성'(Resilience and Sustainability)과 '데이터 및 개발관리'(Data and Development Management)를 포함하여 중요성을 부각하고 있다. 2017년부터 2021년까지 이행될 유엔-북한 양자 간 전략적 협력 기본계획은 재원조달 및 데이터 확보에 더해 글로벌 목표 달성을 위해 국제사회가 합의한 국제 규범, 가치, 기준을 북한에 도입할 수 있는지 여부가 협

---

[408] 이종무 외, 『북한의 역량발전을 위한 국제협력 방안』, pp. 34~37.
[409] 북한도 에너지 생산이 수력과 화력의 단순한 구조에서 풍력, 태양열, 지열발전소 등 다양한 방법으로 광범위하게 생산, 공급, 이용이 이루어지고 있어 과학적인 방법론에 의해 에너지 통계작업을 개선해 나갈 필요성을 절실히 인식하게 되었다. 이에 대해서는 김봉단, "에네르기통계사업을 개선하는데서 나서는 중요문제," 『사회과학원 학보』, 제2호, 평양: 사회과학출판사, 2013, p. 60.

력사업의 성과를 좌우하는 시금석이 될 것으로 보인다.

　그러나 대북한 에너지 협력에 있어 근본적인 장애 요인은 북핵과 미사일 발사문제와 같은 경성적 이슈를 둘러싼 상호 불신, 긴장과 대립이다. 이는 양자 및 다자협력에 공히 해당되는 문제이다. 남북 관계를 포함하여 국제사회의 대북한 협상과 협력은 합의와 파기의 연속이라고 할 수 있으며, 파기가 반복되면서 불신을 확대 재생산해 왔다. 남북한의 협력을 어렵게 해온 불신의 극복을 위해서는 비군사적 분야에서의 협력을 통해 신뢰를 쌓아가려는 상호 간 정치적 의지가 필요하며, 북한을 점차적으로 국제사회에 연계해 가는 전략을 모색해야 한다. 여기서 중요한 것은 북핵문제를 북한 문제 해결을 위한 출구(出口)전략으로 볼 것인지, 아니면 입구(入口)전략으로 볼 것인지에 대한 정책적 판단이다. 대북한 에너지협력기제는 북핵문제 등 안보분야에서의 해결 노력은 지속하되, 전략적으로는 이를 우회하여 우선 호혜적인 연성분야인 에너지 분야에서의 협력을 이루어가면서 점진적 신뢰구축을 도모하고 평화를 정착하려는 입구(入口)적 시도와 밀접히 관련되어 있다.

　유럽안보협력기구(Organization for Security and Co-operation in Europe, OSCE) 보고서는 비군사적 신뢰구축을 위해 다음의 11가지의 특성이 요구된다고 밝히고 있다. 첫째는 상호성(reciprocity)이다. 둘째는 점진성(incremental), 셋째는 장기적(long-term) 접근이다. 넷째는 예측가능성(predictability), 다섯째는 투명성(transparency)이며, 여섯째는 신뢰성(reliability)이다. 일곱째는 일관성(consistency)이 요구되며, 여덟 번째는 소통(communication)이고 아홉 번째는 검증(verification)이다. 열 번째는 지역 주도성(local ownership)이며, 마지막으로 열한 번째는 다층적(multi-level) 접근이다.[410] 북한은 정치적 민감성을 가진 이슈나 체제의 존

---

410) OSCE, *OSCE Guide on Non-Military Confidence-Building Measures*, 2012, pp. 16~18.

엄과 생존의 문제와 관련된 사안에 대해 공세적인 반대의사를 표명하여 왔다. 일정 부분 신뢰회복 조치를 취하면서 이러한 신호를 장기적으로 일관되게 보내야 한다. 북한이 관심 있는 기술협력을 통해 역량을 배양하고 단기에서 장기 사업으로 이어가면서 꾸준히 제도화를 이뤄가고 대화와 협력을 통해 예측 가능성과 기대효과를 높여가는 작업이 필요하다. 아울러 북한의 주도적인 사업 추진을 위한 역량 배양과 연계해 가면서 사업성과를 지속적으로 모니터링하고 북핵의 폐기와 평화정착의 수순으로 전환할 수 있도록 다양한 검증체제를 마련하는 것이 중요하다.

# 참고문헌

## 1. 북한 문건

1) 단행본
강덕비 편, 『자력갱생과 혁명사상』, 평양: 조선로동당출판사, 1963.
『김일성 저작집』, 제44권, 평양: 조선로동당출판사, 1994.
『김정일 선집』, 제7권, 평양: 조선로동당출판사, 1996.
『김정일 선집(1995-1999)』, 제14권, 평양: 조선로동당출판사, 2004.
최중극, 『주체의 사회주의 정치경제학 연구』, 평양: 과학, 백과사전출판사, 1978.

2) 논문·연설문
고재원, "전력생산에서 자연에네르기의 효과적리용방도," 『경제연구』, 제3호, 평양: 과학백과사전출판사, 2016, pp. 32~33.
김광철, "순환경제의 발전은 현시기 경제를 끊임없이 발전시키기 위한 중요한 도구," 『경제연구』, 제1호, 평양: 과학백과사전출판사, 2009, pp. 18~19.
김덕호, "과학기술은 강성대국 건설의 힘 있는 추동력," 『경제연구』, 제4호, 평양: 과학백과사전종합출판사, 2000, pp. 11~13.
김봉단, "에네르기통계사업을 개선하는데서 나서는 중요문제," 『사회과학원 학보』, 제2호, 평양: 사회과학출판사, 2013, p. 60.
김성일, "현시기 재생에네르기 산업을 발전시키는 데서 나서는 중요문제," 『경제연구』, 제3호, 평양: 과학백과사전출판사, 2012, pp. 23~24.
김일성, "당중앙위원회 사업총회 보고, 조선로동당 제6차대회, 1980년 10월," 『북한 조선로동당 대회 주요문헌집』, 서울: 돌베개, 1988.

김정일, "당의 전투력을 높여 사회주의건설에서 새로운 전환을 일으키자," 1978년 12월 25일, 『주체혁명위업의 완성을 위하여 4』, 평양: 조선로동당출판사, 1987.

김혁철, "에네르기, 동력문제를 해결하는데서 나서는 중요한 문제," 『경제연구』, 제1호, 평양: 과학백과사전출판사, 2018, pp. 23~24.

렴병호, "인민경제의 선행부문, 기초공업부문을 앞세우는 것은 선군시대 경제건설로의 기본요구," 『경제연구』, 제3호, 평양: 과학백과사전출판사, 2008, pp. 10~11, 18.

리금순, "에네르기 자원의 합리적 개발리용은 사회주의경제건설의 중요한 요구," 『경제연구』, 제4호, 평양: 과학백과사전출판사, 2008, pp. 39~40.

리민철, "경애하는 김정일동지의 령도를 높이 받들고 공화국창건 50돐을 사회주의승리자의 대축전으로 빛내이자," 『경제연구』, 제1호, 평양: 과학백과사전종합출판사, 1998, pp. 2~3.

리부기, "중소규모탄광을 적극 발전시키는 것은 주체적인 연료기지 축성의 합법적 요구," 『경제연구』, 제2호, 평양: 과학백과사전출판사, 2002, pp. 37~40.

리승필, "지방경제의 종합적발전에서 중소형수력발전소 건설의 유리성과 그 성과적추진," 『경제연구』, 제3호, 평양: 과학백과사전종합출판사, 1999, pp. 23~25.

리승필, "지방경제의 발전에서 연료, 동력 해결을 위한 방도로서의 중소형발전소 건설," 『경제연구』, 제4호, 평양: 과학백과사전종합출판사, 1999, pp. 16~18.

리충길, "우리 당의 수력에네르기 자원 리용방침과 중소규모 수력발전소 건설," 『경제연구』, 제3호, 평양: 과학백과사전종합출판사, 1998, pp. 18~20.

리충길, "대규모수력발전소 건설은 사회주의 경제강국 건설의 에네르기적 담보를 마련하는 주요 방도," 『경제연구』, 제1호, 평양: 과학백과사전종합출판사, 2001. pp. 32~34.

림명철, "나라의 경제를 에네르기 절약형으로 발전시키는데서 나서는 중요요구, 『경제연구』, 제2호, 평양: 과학백과사전출판사, 2012, pp. 36~37.

문금철, "최신과학기술에 기초한 에네르기생산방식개선에서 나서는 몇가지 문제, 『경제연구』, 제3호, 평양: 과학백과사전출판사, 2017, pp. 15~16.

박철민, "희천속도는 경제강국 건설의 위대한 추동력," 『경제연구』, 제3호, 평양: 과학백과사전출판사, 2011, pp. 10~11.

성무철, "재생자원의 적극적리용은 지하자원의 지속적개발리용의 중요담보," 『경제연구』, 제2호, 평양: 과학백과사전출판사, 2018, pp. 18~19

양태혁, "자연에네르기의 리용범위를 확대하는데서 나서는 중요한 문제," 『경제연구』, 제4호, 평양: 과학백과사전출판사, 2017, pp. 31~33.

오선희, "공화국의 위력을 떨치는 데서 올해 사회주의경제 건설의 주요과업," 『경제연구』, 제1호, 평양: 과학백과사전출판사, 2003, pp. 7~8.

장성호, "에네르기 분배와 경제발전," 『경제연구』, 제2호, 평양: 과학백과사전출판사, 2006, pp. 20~21.

장성호, "중소형발전소건설에서 나오는 원칙적요구," 『경제연구』, 제1호, 평양: 과학백과사전출판사, 2009, pp. 25~26.

한성기, "올해 경제건설에서 틀어 쥐고 나가야 할 주공전선," 『경제연구』, 제2호, 평양: 과학백과사전출판사, 2002, pp. 12~13, 17.

한영민, "사회주의경제제도와 환경보호," 『경제연구』, 제1호, 평양: 과학백과사전종합출판사, 2001, pp. 26~28.

한지일, "현시기 원료, 연료의 주체화, 국산화는 자립경제 강국 건설의 필수적 요구," 『경제연구』, 제1호, 평양: 과학백과사전출판사, 2012, pp. 10~12.

한철호, "경제의 저탄소화는 새로운 경제발전방향," 『경제연구』, 제4호, 평양: 과학백과사전출판사, 2011, pp. 53~54.

한철호, "경제의 저탄소화를 위한 자원의 다양화," 『경제연구』, 제2호, 평양: 과학백과사전출판사, 2012, pp. 26~27.

함정련, "현시기 순환경제를 발전시키는것은 자원을 절약하고 환경오염을 막기 위한 중요한 요구," 『경제연구』, 제3호, 평양: 과학백과사전출판사, 2012, pp. 31~32.

황금해, "동북아시아나라와 지역들사이의 경제협력을 활성화하는데서 나서는 몇가지 문제," 『사회과학원 학보』, 제1호, 평양: 사회과학출판사, 2013, pp. 36~37.

3) 기타

『경제연구』

『노동신문』

『사회과학원 학보』

『조선중앙통신』

## 2. 국문

1) 단행본

강상인·오일찬·박정현, 『Rio+20 녹색경제 의제에 관한 국가비전 및 발전방안 연구』, 서울: 한국환경정책·평가연구원, 2012.

곽대종, 『북한 에너지 협력 현황과 남북 태양광 분야 협력방향』, KIET 산업경제, 세종: 산업연구원, 2018.

국가안전보장회의(NSC), 『참여정부의 안보정책 구상: 평화번영과 국가안보』, 서울: 국가안전보장회의 사무처, 2004.

진익·모주영·박승호·조은영, 『북한 경제개발 재원조달을 위한 국제기구와의 협력방안』, 경제현안분석 제95호, 서울: 국회예산정책처, 2018.12.

경수로사업지원기획단, 『KEDO 경수로사업 지원 백서』, 서울: 경수로사업지원기획단, 2007.

김경술, 『남북 에너지협력 프로젝트별 추진방안 분석 연구』, 의왕: 에너지경제연구원, 2012.

김경술, 『북한 에너지문제 해결을 위한 장·단기 전략 연구』, 의왕: 에너지경제연구원, 2003.

김경술·윤재영·최경수·나희승·황영진·박정준, 『북한 에너지·자원·교통분야의 주요 개발과제』, 안양: 국토연구원, 2013.

김계동, 『북한의 외교정책: 벼랑에 선 줄타기 외교의 선택』, 서울: 백산서당, 2002.

김근식, 『대북포용정책의 진화를 위하여』, 서울: 한울, 2011.

김석진, 『개발원조의 국제규범과 대북정책에 대한 시사점』, 서울: 산업연구원, 2009.

김재철, 『중국의 외교전략과 국제질서』, 서울: 폴리테이아, 2007.

김정수·최수영·이조원·조한범·김규륜·박영호, 『북한개발지원의 쟁점과 해결방안』, 서울: 통일연구원, 2009.

김천규·이상준·임영태·이백진·이건민, 『동북아 평화번영을 위한 두만강유역 초국경 협력 실천전략 연구』, 안양: 국토연구원, 2014.

김형국 편, 『녹색성장 바로알기』, 서울: 나남, 2011.

김호석·김종호·이정호, 『지속가능발전 관점에서의 녹색성장 의미와 평가방안 연구』, 서울: 환경정책·평가연구원, 2009.
류지철, 『대북 에너지 협력진출과 국제적 공조 방안 연구』, 의왕: 에너지경제연구원, 2002.
박건영, 『한반도의 국제정치: 평화와 통일을 위한 새로운 접근』, 서울: 오름, 1999.
박순성, 『남북한 에너지분야 협력방안 연구』, 서울: 민족통일연구원, 1996.
박형중, 『구호와 개발 그리고 원조: 국제논의수준과 북한을 위한 교훈』, 서울: 해남, 2007.
박형중·이금순·임강택·최춘흠·권율·장형수·이종무·권영경·강동완, 『국제사회의 개발지원 이론과 실제: 북한개발지원을 위한 모색』, 서울: 통일연구원, 2008.
방기열·김경술·김승철, 『북한 에너지부문 제도적 역량(Non-Physical Capacity Building) 강화를 위한 실행계획 수립 연구』, 의왕: 에너지경제연구원, 2006.
배정호·박재적·황지환·황재호·한동호·유영철, 『북한 핵의 국제정치와 한국의 대북 전략』, 서울: 통일연구원, 2011.
서창록, 『국제기구: 글로벌 거버넌스의 정치학』, 서울: 다산출판사, 2007.
양문수, 『북한경제의 구조: 경제개발과 침체의 메커니즘』, 서울: 서울대학교 출판부, 2001.
양의석, 『북한 에너지산업 재건 및 개발을 위한 투자재원 조달 방안 연구』, 의왕: 에너지경제연구원, 2004.
외교통상부, 『2005년 외교백서』, 서울: 외교통상부, 2005.
외교통상부, 『2006년 외교백서』, 서울: 외교통상부, 2006.
외교통상부, 『2007년 외교백서』, 서울: 외교통상부, 2007.
외교통상부, 『2009년 외교백서』, 서울: 외교통상부, 2009.
윤대규·임을출 편, 『북한경제개혁을 위한 새로운 패러다임: 개발협력 이론과 실제』, 서울: 한울, 2006.
이금순, 『대북 인도적 지원 개선방안: 개발구호를 중심으로』, 서울: 통일연구원, 2000.
이기현·김장호·제성훈, 『남북러 가스관과 동북아 에너지 협력의 지정학』, 서울: 통일연구원, 2013.
이상준·김원배·김경석·이성수 외, 『남북인프라협력사업의 통합적 추진방안 연구』, 안양: 국토연구원, 2005.
이상준·임을출·남경민, 『인프라 개발을 위한 국제협력 사례와 시사점』, 서울: 통일연구원, 2011.

이영휘,『핵무기로부터 경제의 세계화로: 북한의 경제개발 전략을 전환을 위한 권고』, 서울: 해남, 2008.
이용준,『게임의 종말: 북핵 협상 20년의 허상과 진실, 그리고 그 이후』, 파주: 한울, 2010.
이윤식,『남북러 가스관 사업의 효과, 쟁점, 과제』, 서울: 통일연구원, 2011.
이인우,『북한의 광물자원 통계』, 원주: 한국광물자원공사, 2017.9.
이재승,『동북아 에너지 협력을 위한 분석틀의 모색』, 서울: 외교안보연구원, 2004.
이재승,『선도프로젝트를 통한 동북아 공동체 추진 모색: 환경·에너지협력을 중심으로』, 서울: 외교안보연구원, 2005.
이재호·고일동·김상기,『동북아 분업구조하에서의 북중 경제협력: 현황과 전망, 그리고 정책적 시사점』, 서울: 한국개발연구원, 2010.
이종무·김태균·송정호,『북한의 역량발전을 위한 국제협력 방안』, 서울: 통일연구원, 2012.
이종무·임강택·김석진,『북한의 경제사회 개발전략: 쟁점과 제언』, 서울: 이화여자대학교 통일학연구원, 2011.
이종무·최철영·박정란,『국제 NGO의 원조정책과 활동』, 서울: 통일연구원, 2008.
이종무·최철영·박정란,『북한개발지원체제의 구축방안』, 서울: 통일연구원, 2009.
임강택,『창조경제 기반 문화·환경·산업 융합 남북협력 추진방안』, 서울: 경제·인문사회연구회, 2013.
임성학·서창록·민병원·전재성,『한반도 평화·번영 거버넌스의 활성화를 위한 이론적 논의와 개념적 틀』, 서울: 통일연구원, 2007.
임소영,『신재생에너지를 중심으로 한 농촌전력화 프로그램 개발협력 모델』, 서울: 한국국제협력단, 2011.
임을출,『북한개발협력을 위한 주요 쟁점과 정책과제』, 서울: 통일연구원, 2006.
張榮植,『北韓의 에너지 需要와 供給』, 서울: 對外經濟政策硏究院, 1991.
장형수·김석진·김정수,『국제사회의 개발지원전략과 협력체계 연구』, 서울: 통일연구원, 2011.
장형수·김석진·송정호,『북한개발지원을 위한 국제협력 방안』, 서울: 통일연구원, 2009.
장형수·박영곤,『국제협력체 설립을 통한 북한개발지원방안』, 서울: 대외경제정책연구원, 2000.

장형수 · 송정호 · 임을출,『다자간 개발기구의 체계 및 활동』, 서울: 통일연구원, 2008.
전성훈,『KEDO 체제 하에서 남북한 협력증진에 관한 연구: 협력이론을 중심으로』, 서울: 민족통일연구원, 1996.
정우진 · 박지민,『CDM 사업 잠재력 분석 및 남북 협력방안 연구』, 의왕: 에너지경제연구원, 2009.
정우진 · 임재규,『남북한 에너지 교류에 따른 북한의 경제적 파급효과 분석』, 의왕: 에너지경제연구원, 2004.
조명철 · 김지연,『GTI(Greater Tumen Initiative)의 추진동향과 국제협력방안』, 서울: 대외경제정책연구원, 2010.
최수영,『북한의 에너지 수급실태 연구』, 서울: 民族統一研究院, 1993.
최진욱 · 임순희 · 강동완,『북한의 국가 · 사회관계와 통일정책 거버넌스』, 서울: 통일연구원, 2008.
최춘흠 · 김영윤 · 최수영,『UN기구의 지원체계와 대북 활동』, 서울: 통일연구원, 2008.
통계청,『2017 북한의 주요통계지표』, 서울: 통계청, 2017.
통일부,『두만강지역 개발 관련 UNDP 기술조사단 타당성조사 보고서』, 서울: 통일부, 1991.12..
통일부,『2013 북한 이해』, 서울: 통일부 통일교육원, 2013.
통일부,『참여정부의 평화번영 정책』, 서울: 통일부, 2003.
홍현익,『전환기 러시아의 대외정책』, 서울: 세종연구소, 2000.

2) 논문
고수석, "북한-중국 동맹의 변천과 위기의 동학: 동맹이론의 적용과 평가," 고려대학교 박사학위 논문, 2007.
권태진, "북한의 농업 개발을 위한 남북한 협력 전략,"『농촌경제』제35권 제3호, 2012, pp. 87~110.
김관옥, "2차 북핵위기와 6자회담의 결정요인과 과정: 양면게임이론적 분석,"『평화학연구』, 제11권 제1호, 2010, pp. 227~259.
김경술, "북한 에너지 현황과 남북 에너지협력 전망," 한국원자력학회 · 한국핵정책학회 세미나 발표자료, 2018.7.

김근식, "북한의 핵협상: 주장, 행동, 패턴," 이수훈 편, 『핵의 국제정치』, 서울: 경남대학교 극동문제연구소, 2012.

김상배, "네트워크 권력의 세계정치: 전통적인 국제정치 권력이론을 넘어서," 『한국정치학회보』, 제42권 제4호, 2008, pp. 397~408.

김석진, "대북 개발지원의 과제와 추진방향," 『KIET 산업경제』, 서울: 산업연구원, 2006, pp. 34~46.

김영진, "사회주의 국가의 개혁·개방 정책과 공적개발원조(ODA)의 역할: 중국과 베트남 사례의 북한에 대한 시사점," 경남대학교 박사학위논문, 2011.

류지철·김경술, "에너지 위기와 북한 당국의 대책," 『통일연구』, 제9권 제2호, 2005, pp. 111~147.

민족21, "북의 신재생에너지 개발 어디까지 왔나: 풍력·태양열·조력·바이오매스 기초연구 탄탄," 『민족21』, 2010년 2월호, pp. 162~165.

박병인, "글로벌 개발협력 거버넌스에 대한 북한의 인식과 대응: 두만강 지역 개발을 중심으로," 『현대북한연구』, 제18권 제1호, 2015, pp. 7~45.

박병인, "중국의 경제발전과 글로벌 개발원조 거버넌스: 공적개발원조(ODA)의 역할을 중심으로," 『중국학연구』, 제62호, 2012, pp. 235~255.

박성호, "동북아 지역 내 에너지안보협의체의 등장 가능성에 대한 고찰," 『GRI 연구논총』, 제13권 제11호, 2011.4, pp. 91~119.

박지민, "북한 에너지부문 CDM 사업 현황 및 전망," 「세계 에너지시장 인사이트」, 제13-46호, 2013.12.27., pp. 3~8.

박홍도, "동북아 다자안보협력의 가능성 및 제약요인: 6자회담 사례를 중심으로," (경남대학교 박사학위논문, 2009.

배성인, "북한의 에너지난 극복을 위한 남북협력 가능성 모색: 신재생에너지를 중심으로," 『북한연구학회보』, 제14권 제1호, 2010, pp. 59~90.

백학순, "한반도에너지개발기구(KEDO): 이익, 제도, 성과," 백학순 외, 『북한문제의 국제적 쟁점』, 서울: 세종연구소, 1999.

서보혁, "탈냉전기 북-미관계에 관한 구성주의적 접근: 북한의 국가정체성을 중심으로," 한국외국어대학교 박사학위논문, 2003.

서훈, "북한의 선군외교 연구: 약소국의 대미 강압외교 관점에서," 동국대학교 박사학위논문, 2008.

신범식, "동북아시아 에너지안보와 다자 지역협력: 러-북-남 가스관 사업과 세력망 구도의 변화 가능성," 『한국정치학회보』, 제46권 제4호, 2002, pp. 247~278.

안세현, "북한의 에너지 안보 구축: 동북아시아 천연가스 협력 방안," 『국제관계연구』, 제18권 제1호, 2013, pp. 67~103.

안순철, "동북아시아 천연가스 협력 레짐의 형성: 한국의 다자주의 전략," 『국제정치논총』, 제40집 제2호, 2000, pp. 45~63.

윤성학, "남북러 가스관의 경제적 효과에 관한 연구: 한국의 경우," 『러시아연구』, 제22권 제2호, 2012, pp. 259~280.

윤재영, "동북아 SUPERGRID 구상과 전망," 『세계 에너지시장 인사이트』, 제13-13호, 2013.4.5., pp. 3~10.

이근, "구성주의 시각에서 본 남북정상회담: 양면게임을 통한 정체성 변화 모색," 『국가전략』, 제7권 제4호, 2001, pp. 29~53.

이상준, "북한의 지역개발 과제와 국제 협력 전략," 『국토연구』, 제34권, 2002.9, pp. 81~97.

이수훈, "북한 문제의 에너지적 차원," 『현대북한연구』, 제6권 1호, 2003, pp. 169~197.

이재춘, "베트남과 북한의 개혁·개방정책 비교 연구," 경남대학교 박사학위논문, 2013.

이태환, "북·중 관계," 『북한의 대외관계』, 서울: 한울아카데미, 2007.

임강택, "동북아 국제협력과 북한의 경제발전," 통일연구원 주최 '북한 경제의 변화와 국제협력' 세미나 발표자료, 2005.

이한희, "바이오가스와 남북한 신에너지협력: 국제기구와의 협력을 중심으로," 『Issue Paper』, 서울: 삼성경제연구소, 2007.8.27., pp. 1~66.

임을출, "글로벌 개발협력 거버넌스에 대한 북한의 시각과 대응: 새천년개발목표(MDGs) 체제와의 관계를 중심으로," 『통일정책연구』, 제22권 제2호, 2013, pp. 137~164.

임을출, "동북아 개발협력: 북한의 인식과 법제적 대응," 『통일정책연구』, 제19권 2호, 2010, pp. 237~269.

전재성, "구성주의 국제정치이론과 남북관계," 『국방대 교수논집』, 제24호, 2002, pp. 313~340.

정옥임, "국제기구로서의 KEDO: 각국의 이해관계와 한국의 정책," 『한국과 국제정치』, 제

14권 제1호, 1998, pp. 237~273.

정우진, "북한의 체제와 에너지난," 현대경제사회연구원, 『북한 경제의 오늘과 내일』, 서울: 현대경제사회연구원, 1996.

조성렬, "북핵문제 외교적 해법의 실패원인과 시사점: 6자회담의 재평가와 재개 논의를 중심으로," 『국제관계연구』, 제19권 제2호, 2014, pp. 67~101.

주시엔핑(朱顯平), "두만강유역 국제개발의 진전 및 중국·한국·북한의 협력," 이태환 편, 『중국 동북3성과 한반도의 미래』, 서울: 오름, 2012.

허은녕, "남북한 에너지 자원과 에너지 정책 비교," 윤여창 외, 『남북한 환경정책 비교연구』, 서울: 서울대학교 출판부, 2008.

3) 기타

『경향신문』

『국민일보』

『노컷뉴스』

『동아일보』

『디지털 타임스』

『매일경제신문』

『미국의소리방송』(VOA)

『민족21』

『서울신문』

『아시아투데이』

『NK뉴스』

『연합뉴스』

『자유아시아방송』(RFA)

『조선일보』

『파이낸셜 뉴스』

『통일뉴스』

『한국일보』

『KBS』

## 3. 영문

### 1) 단행본(번역서 포함)

ADB, *Asian Development Bank Member Fact Sheet: People's Republic of China (April 2019)*

ADB, *Asian Development Bank Member Fact Sheet: Mongolia, (July 2019)*.

ADB, *Completion Report: Gansu Clean Energy Development Project in the People's Republic of China*, September 2009.

ADB, *Report and Recommendation of the President to the Board of Directors on a Proposed Loan to the People's Republic of China for the Gansu Clean Energy Development Project*, November 2003.

ADB, *Technical Assistance Performance Audit Report on Advisory and Operational Technical Assistance Grants to the Energy Sector in Mongolia*, January 2000.

Axelrod, Robert, *The Evolution of Cooperation*, New York: Basic Books, 1984.

Bachrach, Peter and Morton Baratz, *Power and Poverty: Theory and Practice*, New York: Oxford University Press, 1970.

Bull, Hedley, *The Anarchical Society: A Study of Order in World Politics*, New York: Columbia University Press, 1977.

Byne, David, *Complexity Theory and the Social Sciences: An Introduction*, London: Routledge, 1998.

Ekins, Paul, *Economic Growth and Environmental Sustainability: The Prospects for Green Growth*, New York: Routledge, 2000.

EU, *The EC-Democratic People's Republic of Korea Country Strategy Paper (2001-2004)*, December 2001.

FAO/UNDP, *Agricultural Recovery and Environment Protection Programme in DPR Korea*, December 1998.

Haas, Ernst B., *The Uniting of Europe: Political, Social and Economic Force, 1950-1957*, Stanford: Stanford University Press, 1958.

Harrison, Selig S., *Korean Endgame: A Strategy for Reunification and U.S. Disengagement*,

New Jersey: Princeton University Press, 2002.

IEA, *World Energy Balances*, 2018 edition.

Jacobson, Harold K., *Networks of Interdependence: International Organizations and the Global Political System*, 2nd ed., New York: Knopf, 1984.

Karns, Margaret P. and Karen A. Mingst 지음, 김계동·김현욱·이상현·이상환·최진우·황규득 옮김, 『국제기구의 이해: 글로벌 거버넌스의 정치와 과정』, 서울: 명인문화사, 2011.

Keohane, Robert O., *International Institutions and State Power: Essays in International Relations Theory*, Boulder: Westview Press, 1989.

Keohane, Robert O. and Joseph S. Nye, *Power and Interdependence: World Politics in Transition*, Boston: Little, Brown, 1977.

Kim, Hoseok and David von Hippel, *Development of an Energy-Independent Village in the DPRK: Scoping Study for Pilot Project*, Seoul: Korea Environment Institute, 2011.

Kindleberger, Charles P., *The World in Depression, 1929-39*, Berkeley: University of California Press, 1973.

Krasner, Stephen D. ed., *International Regimes*, Ithaca, New York: Cornell University Press, 1983.

Lancaster, Carol, *Foreign Aid: Diplomacy, Development, Domestic Politics*, Chicago: Chicago University Press, 2007.

Lavergne, R. and A. Alba, *CIDA Primer on Programme-Based Approaches*, Ottawa: CIDA, 2003.

Ministry of Land and Environment Protection (DPRK), *DPRK's First National Communication under the Framework Convention on Climate Change*, April 2000.

Oberdofer, Don, and Robert Carlin, *The Two Koreas: A Contemporary History*, New York: Basic Books, 2001.

Oberdofer, Don and Robert Carlin 지음, 이종길 외 옮김, 『두 개의 한국』, 개정판, 서울: 길산, 2014.

OECD, *Interim Report of the Green Growth Strategy: Implementing our Commitment for a Sustainable Future*, Meeting of the OECD Council at Ministerial Level, May 27-29, 2010.

OECD, *The Paris Declaration on Aid Effectiveness*, 2005.

OECD, *Shaping the 21 Century: The Contribution of Development Cooperation*, 1996.

OECD, *Towards Green Growth: Monitoring Progress – OECD Indicators, Tools for Delivering on Green Growth*, 2011.

Onuf, Nicholas Greenwood, *World of Our Making: Rules and Rule in Social Theory and International Relations,* Columbia: University of South Carolina Press, 1989.

OSCE, *OSCE Guide on Non-Military Confidence-Building Measures,* 2012.

Pearce, David William, Anil Markandya and Edward Barbier, *Blueprint for a Green Economy*, London: Earthscan, 1989.

Pritchard, Charles 지음, 김연철·서보혁 옮김, 『실패한 외교』, 서울: 사계절출판사, 2008.

Sagan, Scott D., Kenneth Waltz, *The Spread of Nuclear Weapons: A Debate*, New York: W. W. Norton, 1995.

Sigal, Leon V., *Disarming Strangers: Nuclear Diplomacy with North Korea*, Princeton, N. J.: Princeton University Press, 1998.

Smith, Hazel, *Hungry for Peace: International Security, Humanitarian Assistance, and Social Change in North Korea*, Washington, D.C.: United States Institute of Peace Press, 2005.

Snyder, Scott, *Negotiating on the Edge: North Korean Negotiating Behavior*, Washington, D. C.: United States Institute of Peace Press, 1999.

Stein, Arthur A, *Why Nations Cooperate: Circumstances and Choice in International Relations*, Ithaca, N.Y.: Cornell University Press, 1990.

UN, *Draft country programme document for the Democratic People's Republic of Korea (2011-2015)*, July 19, 2010.

UN, *Strategic Framework for Cooperation between the United Nations and the Government of the Democratic People's Republic of Korea 2007-2009*, September 2006.

UN, *Strategic Framework for Cooperation between the United Nations and the Government of the Democratic People's Republic of Korea 2011-2015*, November 2009.

UN, *Transforming Our World: The 2030 Agenda for Sustainable Development*, September 2015.

UNDP, *Second Thematic Roundtable on Agricultural Recovery and Environment Protection Programme in DPR Korea*, May 2000.

UNEP, *DRR Korea: State of the Environment 2003*, 2003.

Waltz, Kenneth N., *Theory of International Politics*, Reading, MA: Addison-Wesley, 1979.

Wendt, Alexander, *Social Theory of International Politics,* Cambridge: Cambridge University Press, 1999.

Wit, Joel S., Daniel B. Poneman and Robert L. Gallucci, *Going Critical: The First North Korean Nuclear Crisis* (Washington D.C.: Brookings Institution Press, 2004.

2) 논문

Checkel, J., "The Constructivist Turn in International Relations Theory," *World Politics*, Vol. 50, No. 2, 1981, pp. 326~327.

Cox, Robert W., "Civil Society at the Turn of the Millennium: Prospects for an Alternative World Order," *Review of International Studies*, Vol. 25, No. 1, 1999, pp. 3~28.

Gaddis, John Lewis, "Toward the Post-Cold War World," *Foreign Affairs*, Vol 70, No. 2, Spring 1991, pp. 101~122.

Grzelczyk, Virginie, "Uncovering North Korea's Energy Security Dilemma: Past Policies, Present Choices, Future Opportunities," *Central European Journal of International and Security Studies*, Vol. 6, No. 1, 2012, pp. 132~154.

Habib, Ben, "Climate Change and the Terminal Decay of the North Korean Regime," submitted to the Oceanic Conference on International Studies, 2008.

Hayes, Peter, "Supply of Light-Water Reactors to the DPRK," in Kihl, Young Whan and Peter Hayes, *Peace and Security in Northeast Asia: The Nuclear Issue and the Korean Peninsula*, Armonk, New York: M.E. Sharpe, 1997.

Hayes, Peter, David von Hippel, and Scott Bruce, "The DPRK Energy Sector: Current Status and Future Engagement Options," *The Korean Journal of Defense Analysis*, Vol. 23, No. 2, June 2011, pp. 159~173.

Hippel, David von ed., "Transforming the DPRK through Energy Sector Development," *38 North*, March 4, 2011.

Hippel, David von and Peter Hayes, "An Updated Summary of Energy Supply and Demand in the Democratic People's Republic of Korea (DPRK)," *NAPSNet Special Report*, April 15, 2014.

Hoffmann, Mathew J., "What's Global about Global Governance? A Constructivist Account," Alice D. Ba and Mathew J. Hoffmann, eds, *Contending Perspectives on Global Governance: Coherence, Contestation and World Order*, Abingdon: Routledge, 2005.

Keohane, Robert O., "Institutional Theory and the Realist Challenge After the Cold War," in David A. Baldwin, ed., *Nationalism and Neoliberalism: The Contemporary Debate*, New York: Columbia University Press, 1993.

Kim, Young-Hoon, "The AREP Program and Inter-Korean Agricultural Cooperation," *East Asian Review*, Vol. 3, No. 4, 2001, pp. 95~111.

Kindleberger, Charles P., "International Public Goods Without International Government," *American Economic Review*, Vol. 76, No. 1, March 1986, pp. 1~13.

Koremenos, Barbara, Charles Lipson and Duncan Snidal, "The Rational Design of International Institutions," *International Organization*, Vol. 55, No. 4, Autumn 2001, pp. 761~799.

Manyin, Mark E. and Mary Beth D. Nikitin, "Foreign Assistance to North Korea," *CRS Report*, April 2, 2014.

McConnell, Allan, "Policy Success, Policy Failure and Grey Areas In-Between," *Journal of Public Policy*, Vol. 30, No. 3, December 2010, pp. 345~362.

Mearsheimer, John J., "The False Promise of International Institute," *International Security*, Vol 19, No. 3, Winter 1994/1995, pp. 9~12.

Ouellette, Dean J., "Energy Crisis and Its Impact on North Korea: Economy, Security and Military," presented at the Conference titled, *Energy Cooperation and Building Peace on the Korean Peninsula*, October 17, 2012, pp. 3~30.

Paik, Keun-Wook, "Natural Gas in Korea," in Jonathan Stern, ed., *Natural Gas in Asia:*

*Challenge of Growth in China, India, Japan and Korea*, Oxford: Oxford Institute for Energy Studies, 2008, pp. 174~219.

Pyongyang International Information Centre of New Technology and Economy, "Renewable Energies Growing in DPRK," *World Wind Energy Association Quarterly Bulletin*, Issue 1, March 2015, pp. 36~39.

Ruggie, John Gerald, "Multilateralism: The Anatomy of an Institution," in John G. Ruggie, ed., *Multilateralism Matters: The Theory and Praxis of an Institutional Form*, New York: Columbia University Press, 1993.

Ruggie, John Gerald, "What Makes the World Hang Together?: Neoutilitarianism and the Social Constructivist Challenge," *International Organization*, Vol. 52, No. 4, 1998, pp. 855~885.

Simmons, Beth A., and Lisa L Martin, "International Organizations and Institutions," in Walter Carlsnaes, Thomas Risse and Beth A. Simmons, eds., *Handbook of International Relations*, Thousand Oaks, CA: Sage Publications, 2002.

Stephen, Hobden, "Historical Sociology: Back to the Future of International Relations?," Stephen Hobden and John M. Hobson, eds., *Historical Sociology of International Relations*, Cambridge: Cambridge University Press, 2002.

UNDP, "Capacity Assessment and Development: In a Systems and Strategic Management Context," *Technical Advisory Paper*, No. 3, January 1998.

Walsh, James I., "Policy Failure and Policy Change: British Security Policy After the Cold War," *Comparative Political Studies*, Vol. 39, No. 4, May 2006, pp. 490~518.

Wendt, Alexander, "Agent-Structure Problem in International Relations Theory," *International Organization*, Vol 41, No. 3, Summer 1987, pp. 335~370.

Williams, H. James, David von Hippel, and Nautilus Team, "Fuel and Famine: Rural Energy Crisis in the DPRK," *Asian Perspective*, Vol. 26, No. 1, 2002, pp. 111~140.

Yergin, Daniel, "Ensuring Energy Security," *Foreign Affairs*, Vol. 85, No. 2, March/April 2006, pp. 69~82.

3) 기타

*BBC*

*New York Times*

*The Guardian*

*Washington Post*


## 4. 인터넷사이트

경남대학교 극동문제연구소, www.ifes.kyungnam.ac.kr.
기사통합검색사이트, www.kinds.or.kr.
기획재정부 홈페이지, www.mosf.go.kr.
외교부 홈페이지, www.mofa.go.kr.
통일부 홈페이지, www.unikorea.go.kr.
통계청 홈페이지(북한통계), www.kosis.kr/bukhan.
학술연구정보서비스, www.riss.kr.
FAO 홈페이지, www.fao.org.
GCF 홈페이지, www.news.gcfund.org.
GGGI 홈페이지, www.gggi.org.
GTI 홈페이지, www.tumenprogramme.org.
Nautilus 연구소, nautilus.org.
OECD 홈페이지, www.oecd.org.
UNDP 홈페이지, www.undp.org.
UNFCCC 홈페이지, www.unfccc.int.

## 저자소개

권 세 중

강원도 홍천에서 태어나 춘천고를 졸업하고 서울대 외교학과에서 수학하였다. 미국 노스웨스턴대학에서 법학석사(LLM) 학위를 받았으며, 경남대에서 정치학 박사학위를 받았다. 1994년 제28회 외무고시를 거쳐 외교부에 입부하여 기후변화환경외교국 심의관, 기후환경과학외교국장을 역임하였고 과학, 우주, 북극, 해양 등 프론티어 외교 영역을 확대하였다. 2012년에는 글로벌녹색성장연구소(GGGI)에 파견되어 국제기구 전환 임무를 성공적으로 수행하였다. 2019년에는 대한민국 정부의 북극협력대표로 북극이사회와 각종 북극 관련 포럼과 주요 행사에 정부를 대표하여 참가하였다. 현재 주미국대사관 공사 겸 워싱턴총영사로 근무하고 있다.